Praxis Schule 5–10 Extra:

Differenzieren und individualisieren

Ingrid Ahlring (Hrsg.)

westermann

Die Titelabbildung stammt von Hans Traxler.

1. Auflage Druck 5 4 3 2 1
Herstellungsjahr 2006 2005 2004 2003 2002

www.westermann.de

Lektorat und Herstellung: Babette Burgtorf, Nicole Hotopp
Titelgestaltung: Andrea Heissenberg
Druck und Bindung: Maul-Druck GmbH, Braunschweig

ISBN 3-14-**161001**-0

Inhalt

Seite

VII. Differenzieren durch Stationen und Lernwerkstätten

VIII. Differenzieren durch Gruppenarbeit

IX. Differenzieren bei der Arbeit mit Lektüren

X. Differenzieren durch kreatives offenes Lernen

XI. Differenzieren durch Projektarbeit

XII. Differenzierung und Begabungsförderung

Vorwort

Kein anderes Wort der Pädagogik ist in den letzten Jahren so sehr enttabuisiert worden wie das Wort „Binnendifferenzierung". Es hat sich vom Schreckgespenst der Gesamtschullehrerinnen und -lehrer gemausert zum Modebegriff der Nach-Pisa-Ära. „Das Gymnasium nivelliert nach unten" titelt *Reinhard Kahl* in „Die ZEIT". In der „Frankfurter Rundschau" beklagt der Präsident des Instituts für Arbeit und Technik, dass in Deutschland Bildung mit einer Arbeitsorganisation produziert werde, die „allen Erkenntnissen und Einsichten moderner Arbeitswissenschaft Hohn spricht", und fordert mehr Dezentralisierung auch im Bildungsbereich.[1] In einer Diskussionsrunde mit „Spitzenschülern" erfahren Redakteure der ZEIT, dass sture Curricula und veraltete Inhalte, vor allem aber das frontale Lehrerregiment und das Festbinden der Schülerinnen und Schüler an ein angenommenes Mittelmaß einer angenommenen homogenen Gruppe die Jugendlichen stört und daran hindert, ihre Leistungspotenziale auszuschöpfen. Unterschiedliche Begabungen im Klassenraum stören diese Schülerinnen und Schüler dabei gar nicht, im Gegenteil. Als störend empfunden werden nur Lehrerinnen und Lehrer, die Kommunikation, gegenseitige Hilfe, Teamarbeit und das Einbringen eigener Ideen und Interessen unterbinden.[2]

Jenseits aller schul- und bildungspolitischen Tabuzonen deuten diese – ersten – Reaktionen auf die PISA-Studie vor allem darauf hin, dass wir eine neue Unterrichtskultur brauchen. Die Spitzenreiter der Untersuchung haben nicht nur integrative Schulsysteme, sondern sie haben solche, die „Egalisierung mit einer Individualisierung der Förderung" verknüpfen.[3]

Eine solche Individualisierung der Schülerförderung ist in der Bundesrepublik Deutschland längst überfällig und bisher weitgehend von der Illusion der Homogenität in unterschiedlichen Schulformen verhindert worden. Sie bedeutet nicht nur Förderung eines jeden Schülers auf seinem Niveau und damit eine optimale Ausschöpfung der Bildungsressourcen eines Landes, sondern löst letzten Endes auch das ein, was unser Grundgesetz als „Recht auf freie Entfaltung der Persönlichkeit" (Art. 2,1) festschreibt. In der Pädagogik ist dieser Ansatz zwar nicht neu und wurde bereits von *Céléstin Freinet, Maria Montessori* und anderen Reformpädagogen entwickelt und erprobt, jedoch hat er erst in den letzten Jahren in der Schulentwicklung der Bundesrepublik an Breitenwirkung gewonnen. *Ulrich Becks* soziologische Kategorien der „Zweiten Moderne" und der „Risikogesellschaft" schreiben dem Individuum andere Aufgaben, andere Lebensmuster, andere Entscheidungsbereiche zu. Vor dem Hintergrund dieses gesellschaftlichen Wandels muss sich auch Schule ändern, sich anderen Problemfeldern annähern, andere Qualifikationen lehren.[4]

Die anthropologische Begründung des Rechtes auf optimale Förderung wurde dabei kürzlich von *Michael Schratz* noch einmal in die Debatte um die Entwicklung einer guten Schule mit gutem Unterricht eingebracht. Er zitiert den bekannten Soziologen und Glücksforscher *Mihaly Czikszentmihalyi*, der den Glückszustand des *flow*, des in sich vertieften, konzentrierten Tuns, so beschreibt, dass sich „die Herausforderungen mit den Fähigkeiten des Menschen die Waage halten" müssen – eine Begründung für guten, das Lernen anregenden Unterricht schlechthin.[5]

Im vorliegenden Band beschäftigen sich drei Beiträge mit der Begründung für binnendifferenzierenden Unterricht – ausgehend von jeweils unterschiedlichen Ansätzen (*Ahlring*, S. 8 ff.; *Becker*, S. 13 ff; *Vater*, S. 17 ff.). Die Diskussion über pädagogische Schulentwicklung, eine neue Unterrichtskultur, eine Hinwendung zu selbstständigen Lernformen, autonomen Lernprozessen, wie sie sich in den letzten zehn Jahren in der pädagogischen Literatur abbildet, rückt dabei individualisierende Lernprozesse mehr und mehr in den Vordergrund. Das bedeutet automatisch auch Differenzierung und für den Lehrer eine Veränderung seiner Rolle weg vom Instruktor und hin zum Lernbegleiter und Lernberater. In diesem Band beschreibt *Peter Gautschi* diese neue Rolle (S. 30 ff.).

Wenn jeder einzelne Schüler „individuell maximal gefordert und damit optimal gefördert" werden soll, dann bedarf der Unterricht differenzierender Strukturen.[6] Hier ist es, wo auch die Begabtenförderung ansetzen muss. „Wenn jeder Schüler seine je besondere Art zu sein und zu lernen haben dürfte, würden auch diese Kinder nicht so sehr unter ihrer Andersartigkeit leiden" schreibt die Schulpsychologin *Beatrix Malsch* und fordert binnendifferenzierenden Unterricht zur Förderung besonders begabter Kinder ein.[7] Der Begabtenförderung ist daher einer der Beiträge in diesem Buch gewidmet (*Platzer*, S. 218 ff.).

In der pädagogischen Literatur deutete sich die Wiederentdeckung der inneren Differenzierung seit etwa fünf Jahren an; renommierte Verlage nehmen sich dieses Themas nach über zwanzigjährigem Schweigen wieder an.[8] Dabei werden hier zumeist lerntheoretische Begründungen angeboten, vor allem aber methodische Strukturierungen versucht – in vielen Fällen allerdings eher als Baukästen oder Schnittmusterbogen für zukünftige Lehrkräfte gedacht denn als Anregung zum Nachmachen für bereits praktizierende Lehrerinnen und Lehrer.[9] Diese Lücke möchten wir mit diesem Buch füllen. Die Zeitschrift PRAXIS SCHULE 5–10 hat seit Beginn ihres Bestehens immer wieder Aufsätze mit Unterrichtsbeispielen publiziert, die zeigen, „wie es in der Praxis geht". Vieles von dem, was hier erprobt und dargestellt wurde, lässt sich auf andere Unterrichtssituationen transferieren, häufig sogar von einem Fach zum anderen. Die derzeitige Konjunktur der Differenzierung im Unterricht hat uns veranlasst, die besten dieser erwähnten Aufsätze in einem Sammelband noch einmal zusammenzufassen. Gerade Lehrerinnen und Lehrer, die bereits über Unterrichtserfahrungen verfügen, werden hier Strukturen entdecken, die sie für sich nutzbar machen können. Nicht einzelne Methoden wollen wir nochmals erklären, sondern zeigen, wie diese im Unterricht differenzierend eingesetzt werden können.

Dabei sind die Begriffe „Differenzierung" und „Individualisierung" stets Kehrseiten derselben Medaille, nicht aber identisch. Alle Aufsätze gehen von Differenzierung als „individualisierendem Angebot" aus. Die Lehrerinnen und Lehrer sortieren nicht ein, teilen nicht zu, sondern bieten an. Sie gehen dabei ganz selbstverständlich von einer Heterogenität der Schülerschaft aus und machen diese Vielfalt zum Ausgangspunkt ihrer didaktischen Überlegungen. Dies geht einher mit der Vorstellung von Kindern und Jugendlichen, die ihren Lernprozess selbst in die Hand nehmen, selbst konstruieren. Sie entwickeln eine Vorstellung von dem, was sie können und sich zutrauen, sie lassen sich motivieren und nehmen sich eines Themas an, sie entscheiden die kreative Form, der sie sich annähern möchten. Die Schülerinnen und Schüler probieren ihre Stärken, erforschen ihre Neigungen, wählen sich ein. Im Rahmen dieses individuellen Lernprozesses sind kooperative Arbeitsformen selbstverständlich möglich – Individualisierung des Lernens und Kooperation schließen sich nicht aus, sondern ergänzen sich. Einige der hier vorgestellten Lernarrangements überlassen den Schülerinnen und Schülern ausdrücklich die Wahl der Sozialform, andere – wie die Gruppenarbeit – schreiben sie vor. Dennoch gibt es auch hier ein individualisierendes Element, indem jede einzelne Schülerpersönlichkeit die Entscheidung treffen muss, welches Thema das passende ist, welche Materiallage sie sich zumuten möchte.

Die Systematik der Zusammenstellung der Beiträge in diesem Buch folgt bewusst nicht der der Unterrichtsfächer, obwohl fast alle Fächer vertreten sind. Vielmehr versuchen wir verschiedene Möglichkeiten, differenzierenden Unterricht zu strukturieren, hier quer zu den Fächern darzustellen. Dabei geht es nie um einzelne methodische Elemente, sondern stets um differenzierende Strukturen einer Unterrichtseinheit. Ein Überblick über solche „Muster und Module binnendifferenzierenden Unterrichts“ wird in dem Beitrag „Es führen viele Wege nach Rom“ (*Ahlring*, S. 22 ff.) gegeben. Dabei wird deutlich, dass binnendifferenzierender Unterricht aus sehr unterschiedlichen Arrangements bestehen kann. Die Möglichkeiten differenzierender Elemente in einem eher klassischen, zentral gelenkten Unterricht werden zwar in der Übersicht mit aufgenommen, aber die Beiträge dieses Buches konzentrieren sich auf Unterricht mit dezentraler Struktur, da wir davon ausgehen, dass erfahrene Lehrerinnen und Lehrer ohnehin über ein Repertoire an Methoden verfügen, die sie in eher „klassisch“ zentral organisiertem Unterricht einsetzen können.

Der Versuch der Systematisierung dieser Beiträge zeigt jedoch deutlich, dass die Unterrichtspraxis eine strenge Systematisierung eigentlich gar nicht zulässt, sie immer wieder durchbricht. (Im Umkehrschluss bedeutet es auch, dass mit systematisch angebotenen methodischen Versatzstücken nicht schon automatisch guter differenzierender Unterricht gemacht werden kann ...). So ist zum Beispiel eine Differenzierung mit Schulbüchern immer auch ein Angebot an Schülerinnen und Schüler sowie häufig verbunden mit Gruppenarbeit, möglicherweise auch kombinierbar mit Wochenplanarbeit. Eine differenzierende Lektürearbeit besteht ebenfalls aus Angeboten – aber eben nicht nur. Die Unterrichtseinheit „Niemand verlässt gern seine Heimat“ (*Soltau/Volger*, S. 157 ff.) unter „Gruppenarbeit“ einzuordnen heißt nicht, dass nicht auch die Methodenvarianz und die angebotenen Strukturhilfen differenzierende Elemente dieses Unterrichts wären. Offenes und kreatives Lernen findet sich ebenfalls in vielen angebotenen Strukturen: Auch mit Schulbüchern und Lernstationen kann kreativ gearbeitet werden; Gruppenarbeiten enthalten offene Lernformen und bieten kreative Lernmöglichkeiten – und selbstverständlich gilt dies auch für Projekte.

Diese Beispiele zeigen, dass individualisierende und differenzierende Unterrichtspraxis stets ein ganzes Geflecht von differenzierenden Elementen beinhaltet – insofern kann jedwede Systematisierung nur ein Hilfskonstrukt sein, um sich eine Übersicht zu verschaffen. Wichtig war uns jedoch, die Fächer nicht in den Vordergrund zu stellen, denn vieles lässt sich auf andere Fächer übertragen. Angebotsorientierte Gruppenarbeit in Gesellschaftslehre lässt sich ebenso in Religion, in Kunst oder Naturwissenschaften durchführen, differenzierende Arbeit mit Lektüren im Fach Deutsch ist ebenso im Fremdsprachenbereich möglich (siehe beispielsweise S. 170/171), das Gruppenpuzzle lässt sich in allen Fächern einsetzen und Klassenprojekte sprengen ohnehin oft Fächergrenzen. Die „höchste Form“ differenzierenden Unterrichts, das Projektlernen, haben wir nur am Rande einbezogen. Ihm soll ein weiterer Sammelband der Reihe „PRAXIS SCHULE 5–10 EXTRA“ gewidmet werden. An dieser Stelle wollen wir lediglich zwei Klassenprojekte einbeziehen (*von Soden*, S. 208; *Feuser*, S. 213 ff.) sowie eine thematisch begrenzte Projektarbeit in Naturwissenschaften vorstellen (*Bendrien*, S. 200 ff.).

Ungelöst ist nach wie vor das Problem der Bewertung und Benotung in differenzierendem Unterricht. Die in Verordnungen zementierte Notengebung ist produktorientiert und schulformbezogen. Standardisierte Ziffernbenotung ist das Gegenteil von individualisierendem Unterricht und ihm angemessener prozessorientierter Bewertung. Hier gibt es Ideen, aber noch keine Allheilmittel. Die Tagung „Leistung sehen – fördern – werten“ in Bielefeld im September 2000 rückte diese Problematik etwas deutlicher ins Rampenlicht der Öffentlichkeit. Lerntagebücher, Lernentwicklungsberichte, Portfolios sind erste Schritte in diese Richtung.[10] Aber differenzierenden Unterricht nicht zu versuchen, weil die Notengebung dafür noch nicht kodifiziert ist, hieße, die Zukunft nicht zu wagen. Die Beiträge in diesem Band sollen dazu Mut machen.

Ingrid Ahlring

---

[1] *Reinhard Kahl* in „Die ZEIT“ vom 27.12.2001, S. 34; *Franz Lehner* in „Frankfurter Rundschau“ vom 13.12.2001, S. 17.

[2] „Bringt Teamgeist in die Klassenzimmer“, in: „Die ZEIT“ vom 19.12.2001, S. 32.

[3] „Mangelhaft. Setzen.“, in: „Der Spiegel“ 50/2001, S. 75.

[4] *Beck, U.*: Risikogesellschaft. Auf dem Weg in eine andere Moderne. Frankfurt/Main 1986; *ders.*: Die Erfindung des Politischen. Frankfurt/Main 1993; *Bildungskommission NRW*: Zukunft der Bildung – Schule der Zukunft. Neuwied/Berlin 1995. Vgl. dazu auch *Messner, R.*: Pädagogische Schulentwicklung als Sicherung einer umfassenden Qualität von Schule, in: *Maas, M.* (Hrsg.): Jugend und Schule. Baltmannsweiler 2000, S. 10–35; *Ahlring, I./Brömer, B.*: Schule machen. Baltmannsweiler 1999, bes. Kap. 1.

[5] *Czikszentmihalyi, M.*: Flow – Das Geheimnis des Glücks. Stuttgart 1999, S. 79; vgl. dazu auch *Schratz, M.*: Schulentwicklung und didaktische Erneuerung, in: Schulmagazin 5–10, H. 3/2001, S. 4–7.

[6] *Paradies, L./Linser, H.-J.*: Differenzieren im Unterricht. Berlin 2001, S. 9.

[7] *Malsch, B.*: Die Not hochbegabter Schüler als Denkanstoß, in: Report Psychologie 3/2001, S. 164–169, bes. S. 166.

[8] PRAXIS SCHULE 5–10, H. 2/1997 (Lernwege differenziert gestalten) und H. 6/2000 (Vielfalt als Chance); Pädagogik, H. 12/1997 (Differenzierung im Unterricht); *Meister, H.* (Hrsg.): Differenzierung von A–Z. Stuttgart 2000; *Paradies, L./Linser, H.-J.*, a.a.O.

[9] Im wahrsten Sinne des Wortes ein Schnittmusterbogen findet sich bei *Manfred Bönsch*: Innere Differenzierung, in: Lernwelten, H. 4/2001, S. 195–200. Diese Versuche, komplexe Strukturen in Grafiken umzusetzen, verwirren mehr, als sie nützen ...

[10] Vgl. dazu Pädagogik, H. 10/2001 (Lernergebnisse sichern), und in PRAXIS SCHULE 5–10: *Ahlring, I.*: Beurteilung als Dialog (H. 6/1997, S. 18–20); *Baurmann, J.*: Von der Fremd- zur Selbstbeurteilung (H. 6/1997, S. 22–25); *Engstler, K.*: Portfolio und Lernzielkatalog (H. 2/2001, S. 22–24); *Gautschi, P.*: Beurteilung als Kompass für das Lernen in Projekten (H. 6/2001, S. 19–25) und *Stamm, R.*: Projektbewertung für Schülerinnen und Schüler transparent machen (H. 6/2001, S. 48–53).

I. Innere Differenzierung – Hintergründe und Strukturen

Vielfalt als Chance

Ingrid Ahlring

Binnendifferenzierung ist nötig – und machbar!

Abbildung 1: Wer „Teil der Welt" sein bzw. bleiben will, muss mit der Vielfalt leben können und wollen – auch in der Schule.

Fotos: Veit Mette/ Bielefelder Fotobüro

Die Globalisierung ist angekommen im Bildungssystem, sie macht sich bemerkbar mit erhöhten Leistungsanforderungen und dem Wunsch, wirtschaftlich international konkurrenzfähig zu bleiben. Kultusministerien mühen sich nachzukommen. Abschlussprüfungen, Profilbildung der Schulen, mehr Autonomie bis hin zur völligen Selbstverwaltung schälen sich als Richtung heraus.

Den Schulempfehlungen von Grundschule und Orientierungsstufe zum Trotz: Eltern haben begriffen, worum es geht. Sie melden ihre Kinder auf der höchstmöglichen Leistungsstufe an. Dafür ist unser klassisches dreigliedriges Schulsystem allerdings nicht gemacht: Der Anteil derer, die laufbahnbedingte Misserfolge einstecken müssen, wird immer höher.[1]

Aber: Globalisierung hat nicht nur eine Seite

Internationale Leistungsvergleiche, Rettung des Wirtschaftsstandorts Deutschland, Green Cards und Blue Cards, Leistung und Hochbegabung – das ist die eine Seite. Kehrseiten dieser Entwicklung sind, dass, wer nicht mithalten kann, durch die Raster fällt. Der Zwang, die einmal gewählte Schulform verlassen zu müssen, ist eine Sache. Keinen Job zu finden eine andere. Soziologen sprechen verharmlosend von der Zwei-Drittel-Gesellschaft. *Viviane Forrester* nennt es drastischer „Terror der Ökonomie" und beschreibt, welche Aggressionspotenziale in den Vorstädten freigesetzt werden.[2]

Hooliganismus und immer besser organisierte rechtsextreme Organisationen sind Antworten auf eine Gesellschaft der ökonomischen und sozialen Ausgrenzung, der Jugendarbeitslosigkeit und sozialen Orientierungslosigkeit. In Deutschland findet Rassismus seinen besten Nährboden dort, wo sich die Menschen kollektiv als „Menschen zweiter Klasse" fühlen, wo gesellschaftliche Umbrüche als Abwertung und Ausgrenzung spürbar sind.[3] Wer in der Gesellschaft keinen Sinn sieht, sucht ihn sich gegen sie.

Es könnte noch schlimmer kommen, warnen vereinzelt Experten. Die ersten Zeitungsartikel verknüpfen inzwischen offen die Einwanderer-Debatte mit der Rentenfrage. Schonungslos heißt es in der „Woche": „Vor allem mangelt es auf Dauer an Beitragszahlern für die Renten der immer älter werdenden Deutschen"[4]. Die UN-Demographen denken noch weiter und sehen größere Bevölkerungsverschiebungen voraus. Industrieländer brauchen Arbeitskräfte – an der Leistungsspitze und bei einfachsten Tätigkeiten. Entwicklungsländer haben Bevölkerungsüberschuss – da liegen Schlussfolgerungen auf der Hand. „Wer sein schrumpfendes Arbeitskräfteheer mit Erwerbstätigen aus dem Ausland auffüllen wolle, sei gut beraten, das eigene Volk langsam darauf einzustimmen. Schon die Kleinsten in der Schule müssten lernen, dass ‚wir Teil der Welt sind'", wird UN-Direktor *Joseph Chamie* von der Abteilung für Bevölkerungsfragen zitiert.[5]

Wer Teil der Welt sein will, muss integrieren

Ausländerbedarf und Ausländerfeindlichkeit, Weltoffenheit und Rechtsextremismus – das geht nicht zusammen. Globalisierung heißt nicht nur konkurrenzfähig, sondern auch weltoffen sein. Das bedeutet zum Beispiel, nicht nur auf (noch) bessere Leistungen zu achten, sondern auch auf soziales Lernen, Toleranz, ein lernendes Miteinander. Wer

„Teil der Welt" sein will, muss mit der Vielfalt leben können – und wollen.

Für unser Bildungssystem folgt daraus, sich nicht (nur) in Richtung auf Leistungssteigerung, Abschlussprüfungen, Selektion zu orientieren, sondern Integration, Gemeinsamkeit, Voneinander-Lernen mit in den Blick zu nehmen. Nicht umsonst hat *Johannes Rau* dem Bildungsanstoß seines Vorgängers in Richtung auf Profilschärfung und Leistungssteigerung die soziale Komponente hinzugefügt: „Die Bildungspolitik ... muss ... verhindern, dass das Tempo der Veränderungen zu wachsender sozialer Ausgrenzung führt und damit zu einer neuen Form der Klassengesellschaft", formulierte er auf dem Bildungskongress in Berlin. Er betonte die notwendige Vermittlung der Schlüsselqualifikationen, verlangte, soziales und intellektuelles Lernen stärker zusammenzufügen, und fügte hinzu: „Unsere Jugendlichen müssen vor allem auch neugierig darauf werden, andere Kulturen kennen zu lernen ... auch schon in der Schule."[6]

Bildung heißt soziales und intellektuelles Lernen zu verbinden ...

In diesem Sinne ist dringend ein Umdenken in den Schulen geboten. Das bedeutet zum Beispiel für Lehrerinnen und Lehrer, eher vom „Input" her zu denken als vom „Output". Wenn Schulen die Schüler in ihrer Vielfalt in den Blick nehmen und nicht länger von vorgestellten Schüler-Idealmaßen ausgehen, ändert sich der Blickwinkel. Wer sich seine Klasse als windschnittige, homogene Gruppe denkt, wird Abweichungen von dieser vorgestellten Einheitlichkeit stets als negativ und störend empfinden. Die Wahrnehmung von „schwierigen Lerngruppen" und „störenden Schülern" ist entlarvend und bestimmt vor allem auch das weitere Vorgehen: Störenfrieden möchte man das Handwerk legen. Da sie „den Frieden stören", muss man sie zur Not loswerden – jedenfalls werden sie zum „Gegner" des Lehrers. „Schwierige Lerngruppen" meidet man nach Möglichkeit, versucht, sie wieder abzugeben – alles Sichtweisen der Ausgrenzung.

Zahllose Unterrichtsentwürfe von Referendaren enthalten in der Rubrik „Zur Lerngruppe" die Beschreibung der Heterogenität gleichsam als Entschuldigung dafür, dass perfekte Vorzeigestunden nicht zu erwarten sind. Statt die Beschreibung der Lerngruppe dazu zu nutzen, die eigene Methodik auf genau diese Lerngruppe einzustellen und für genau diese Schüler sorgsam auszuwählen, läuft der Prozess im Kopf andersherum ab: Es existiert ein Idealbild von Unterricht, das wegen schwieriger Lerngruppen nicht erreicht werden kann. Die Lerngruppe dient damit gleichsam als Entschuldigung dafür, dass die Unterrichtsinhalte an genau diese Lerngruppe nicht herangetragen werden können. Die Perversion ist perfekt.

Abbildung 2:
In den Köpfen vieler Lehramtsanwärterinnen und -anwärter existiert noch immer ein Idealbild von Unterricht, wobei die fehlende Homogenität der Lerngruppe dann als Entschuldigung für das Nichterreichen der gesteckten Lernziele dienen kann.

Vielfalt statt Einfalt

Es ist nötig, dieses Bild vom Kopf auf die Füße zu stellen, zu akzeptieren, dass in einer Lerngruppe eine Vielfalt von Persönlichkeiten, Ethnien, Leistungspotenzialen sitzt. Eine Akzeptanz dieser Tatsache macht den Weg frei zu strukturellen Lösungen: Was für Unterrichtsstrukturen brauchen wir um alle diese Kinder optimal zu fördern? Welche Zusatzprogramme muss die Schule anbieten um allen gerecht zu werden? Worauf muss jenseits des Unterrichtsgeschehens geachtet werden um das Miteinander zu gewährleisten? Nur auf diese Weise können auch das Schulleben, eine Vielfalt von Sport, Musik, Theater, Stadtteilarbeit, außerunterrichtliche Angebote, Sommerakademien, Konfliktlösestrategien, Beratungsangebote usw. in den Blick kommen, die heute eine gute Schule ausmachen. Nur so machen Schulprogramme Sinn – als Zielsetzung und gemeinsames Leitbild für ganzheitliche Erziehungsprozesse.

Demokratische Strukturen in der Schule sind mit formalen Mitbestimmungsprozessen nicht abgehakt, Solidarität beschränkt sich nicht nur auf den – wichtigen, aber durchaus auch egoistischen – Aspekt der Vertretung eigener Interessen. Demokratische Alltagspraxis bedeutet auch Verantwortungsbereitschaft, Zivilcourage und konstruktive Streitkultur, Solidarität auch immer Hilfsbereitschaft, Ehrlichkeit, soziale Gerechtigkeit.[7] Das Ausgehen von Homogenität im Klassenraum und die Beschränkung auf die Vermittlung von Stoff taugen nicht mehr für die globalen Herausforderungen. *Otto Herz* verglich einmal die homogene Lerngruppe mit einer „Monokultur", die zwar sehr leistungsfähig sei, aber auch Gefahrenpotenzial berge.[8] Nur wer die Vielfalt akzeptiert, kann ihr *strukturell* begegnen. Nur wer nicht ausgrenzt, kann verhindern, dass Ausgegrenzte aggressiv reagieren.

Die jüngste Shell-Jugendstudie zeigt, dass Ausländerfeindlichkeit dort am größten ist, wo es am wenigsten Ausländer gibt.[9] Die Hochbegabten-Literatur ist voll mit Beispielen von Kindern, die nicht nur nicht gefördert, sondern ausgegrenzt wurden, weil ihr Verhalten nicht dem erwarteten Mittelmaß entsprach.[10] Kurz: Vielfalt fördert ein Klima des Dialogs in einer demokratischen Gesellschaft. Wer den Dialog will, sollte auf Vielfalt setzen. Wer in der Schule auf Vielfalt setzt, muss Kinder differenziert wahrnehmen und entsprechend unterrichten und sich von der Illusion stromlinienförmiger Lerngruppen verabschieden.[11]

Was macht die Vielfalt im Klassenraum aus?

Die Grafik einer Sonnenblume (siehe *Abbildung 3* auf Seite 10) zeigt eine Lerngruppe mit individuellen Schülerinnen und Schülern, die sich in vielfältiger Hinsicht voneinander unterscheiden, und zwar

• nach ihrem persönlichen *Erfahrungshintergrund* (ihrer kulturellen, nationalen und sozialen Identität, den elterlichen Erziehungsstilen und -einflüssen beispielsweise auf Re-

Abbildung 3: Die Sonnenblumengrafik

gelverhalten, Umgang mit Autorität, Leseverhalten, Abstraktionsvermögen, Bewegung usw.),

- nach ihrer Fähigkeit, bestimmte *Arbeitstechniken* (Ordnen, Entnehmen, Alphabetisieren, Umgang mit Lexika, Registern, Inhaltsverzeichnissen usw.) anzuwenden,
- nach ihren allgemeinen *Fähigkeiten* (Konzentrations-, Abstraktions- und Transferfähigkeit, künstlerisches und kreatives Ausdrucksvermögen, sportliche Eigenschaften, logisches Denken usw.),
- nach ihrer *Motivation* (Lust und Freude, sich auf ein Thema einzulassen, sowie Vorverständnis für bestimmte Fächer oder Themen: „Mathe kann ich nicht" oder „Geschichte ist langweilig" usw.),
- nach ihrem Arbeits- und *Lerntempo* (Zeitplanung, Ausdauer, Konzentration, Organisation, Schnelligkeit beim Schreiben, Zeichnen, Rechnen usw.),
- nach ihren *Kenntnissen* (kognitive Vorerfahrungen aus Grundschule und Elternhaus, durch unterschiedliches Lese- und Fernsehverhalten usw.) sowie, last but not least,
- nach ihrer *Persönlichkeit* (Schüchternheit, Motorik, Ängstlichkeit, Offenheit, Extro- bzw. Introvertiertheit, unterschiedliche Lerntypen[12] usw.),
- nach ihrer *Arbeitshaltung* (zielgerichtetes Arbeiten versus Langsamkeit, Durchhaltevermögen versus Entmutigung und Resignation, Zielvorstellungen, Stolz auf eigene Produkte versus Unsicherheit usw.).

Es soll hier nicht um absolute Kategorien oder Trennschärfe gehen, sondern nur darum, aufzuzeigen, dass sich in einer heterogenen Lerngruppe nicht nur Kinder unterschiedlicher kognitiver Fähigkeiten befinden, denen mit einem Satz niveauunterschiedener Arbeitsblätter zu begegnen wäre, nicht nur um Kinder und Jugendliche mit unterschiedlicher Motorik, für die abwechselnde Phasen der Ruhe und Bewegung nötig sind, sondern um ein kompliziertes Geflecht individueller Unterschiede, auf die mit wohl überlegten Unterrichtsstrukturen und -organisationen eingegangen werden muss. Wichtig ist daher eine Ausgewogenheit zwischen individualisierenden Angeboten und gemeinsamen Phasen zwischen individualisierendem und sozialem Lernen.

Ausgewogenheit ist wichtig

Die Grafik zeigt, dass eine heterogene Lerngruppe etwas sehr Buntes, Schönes, Vielfältiges sein kann. Sie zeigt aber auch, dass die Schönheit etwas mit der Ausgewogenheit zu tun hat. Das Zentrum der Sonnenblume ist die Lerngruppe, die einzelnen Kerne sind die Schülerinnen und Schüler, je unterschieden durch die in den Blättern benannten Eigenschaften.

Besteht der Unterricht hauptsächlich aus gemeinsamem und zentral organisiertem Lernen, so verblassen die individuellen „Kerne" angesichts der ausschließlichen Inszenierung des Gruppenlernprozesses. Dadurch kann – und wer hätte das nicht schon selbst erfahren? – eine Situation entstehen, in der Gemeinsamkeit nicht mehr möglich ist, weil alle unzufrieden sind: eine Situation, die in manchen Lerngruppen zu einem explosiven Gemisch, in anderen zu gähnender Langeweile führen kann.

Umgekehrt kann ausschließliches Eingehen auf einzelne Schüler und Vernachlässigung einer sozial angenehmen, toleranten Lernatmosphäre dazu führen, dass sich einige Individuen egozentrisch ausdehnen, dass manche Schülerinnen und Schüler andere dominieren, dass Leistungsscheren sich vergrößern, dass Konkurrenz gnadenlos wird – auch dies eine Situation, in der Lernen nur schwer möglich ist. Es ist also nötig, eine ausgewogene Zwischenform zwischen dem ausschließlichen Interesse am individuellen Lernprozess und dem Anspruch, alles gleichzeitig und womöglich gleichmäßig zu machen, zu finden.

Eine solche Ausgewogenheit zwischen sozialem und individualisierendem Lernen könnte in einer *Kombination aus Strukturen und Ritualen* für das Miteinander einerseits und *Binnendifferenzierung* für das individuelle Lernen andererseits bestehen (siehe *Abbildung 4* auf Seite 12). So kann differenzierendes Lernen eine Lösung für schwierige Gruppensituationen oder auch eine gemeinsame Inszenierung individuell erstellter Ergebnisse aus Einzelprodukten ein Gruppenerlebnis darstellen.

Soziales Lernen als Basis für differenzierendes und individualisierendes Lernen

Erfolgreiche Binnendifferenzierung bedarf also eines stabilen gemeinsamen Rahmens. Dabei geht es um

• Rituale der Konfliktregelung, um zu verhindern, dass Stören zum Dauerthema wird und Freiräume im Chaos enden. Solche Rituale könnten sein: *Freinet*'sche Wandzeitungen[13], Lobbücher, Klassenrat, Klassenlehrerstunden, Tutorenstunden, Schülerausschüsse zur Konfliktvermittlung, funktionierende SV-Arbeit usw. Durch gemeinsames Spielen können die Schüler lernen zu gewinnen und zu verlieren, Kompromisse zu schließen und Absprachen zu treffen.

• Rituale der Gesprächsführung, des ruhigen Stundenbeginns, Reden und Zuhören lernen, Einüben von Gesprächs- und Diskussionsstrukturen, Morgenkreise oder Montagmorgenkreise, gezieltes Üben von „Blitzlichtrunden" zum Zuhören und Tolerieren abweichender Meinungen, „Umräumrituale" dort, wo Gruppentische nicht üblich sind usw.

• Rituale der Gemeinsamkeit wie Klassenfeste, Eltern-Kind-Abende mit Vorführungen, Schulfeste, gemeinsame Aktionen, Exkursionen, Klassentagebücher, Gestalten des Klassenraumes, gemeinsames Präsentieren der Unterrichtsergebnisse, Vernissagen usw. Ein solcher Hintergrund bietet sowohl funktionierende Kommunikationsstrukturen als auch solides „Zu-Hause-Fühlen".[14]

Individualisierendes Lernen ist schülerorientiertes Lernen – und macht Lehrern Angst ...

Viele Kolleginnen und Kollegen lehnen Binnendifferenzierung strikt ab – warum? Ein Grund dafür könnte die Angst vor dem Unbekannten sein, die jedoch zum größten Teil unbegründet ist. Unbegründet, weil die meisten Lehrer Mehrarbeit, Materialmenge und Unübersichtlichkeit befürchten, dabei aber vergessen, dass sie bereits über ein sehr vielfältiges Repertoire verfügen, das binnendifferenzierend nutzbar gemacht werden kann.

Kehren wir noch einmal zu der Sonnenblumengrafik zurück. Die Ausführungen über das Sonnenblumenzentrum, also die Kommunikationsstrukturen der Lerngruppe, haben gezeigt, dass alle Kollegen, die sich bisher um stabile Rituale der Konfliktregelung, Gesprächsführung und die Inszenierung gemeinsamer Aktionen gekümmert haben, bereits einen wesentlichen Grundstein gelegt haben, auf dem Binnendifferenzierung aufbauen kann.

Ebenso haben diejenigen Kollegen, die sich bisher um Methodenvielfalt bemüht haben, die frontale Phasen mit dezentralen abgewechselt, Exkursionen initiiert und Rollenspiele ausprobiert haben, die Schüler zwar schreiben, aber auch malen, handeln, spielen, agieren und sich bewegen lassen, bereits binnendifferenziert: Sie sind auf die unterschiedlichen Persönlichkeiten eingegangen, haben unterschiedliche Motivationslagen berücksichtigt und unterschiedliche Fähigkeiten in Anspruch genommen.

Auch Kollegen, die in ihrem Unterricht nicht nur reden, sondern verschiedene Formen von Visualisierungstechniken (Tafel, Wandzeitung, Moderationstechnik, Folien usw.) anwenden, die Musik mit einbringen, Fantasiereisen machen und Schüler zu szenischen Präsentationen und Standbildern ermuntern, arbeiten bereits binnendifferenziert, denn sie berücksichtigen die unterschiedlichen Lerntypen.

Und weiter: die Lehrer, die Arbeitstechniken gezielt einführen, überprüfen, Heftführung kontrollieren, Rückmeldung geben, mit Lobstempeln arbeiten usw. lassen diejenigen Schüler nicht im Stich, die noch erhebliche Defizite im Umgang mit Arbeitsmaterialien haben. Wer schon einmal eine Lernkartei als Begleitmaterial eingesetzt hat, wer Lernspiele für Wiederholungszwecke parat hält und im Klassenraum Material für „Pufferzeiten" anbietet, wer Stationsläufe organisieren kann und Erfahrung mit Arbeit in Lernwerkstätten hat, der kann auch bereits mit unterschiedlichen Lerntempi und Kenntnisständen umgehen.

Es ist davon auszugehen, dass sich viele Leserinnen und Leser in dieser Beschreibung irgendwo wiederfinden und daher möchte ich Ihnen Mut machen: *Eigentlich können wir es alle!* Es kommt nur darauf an, unser methodisches Können gleichsam zusammenzubinden und gezielt einzusetzen.

Binnendifferenzierung ist vielfältig, weil sie auf Vielfalt reagiert

Wenn Binnendifferenzierung die Reaktion auf die bunte Vielfalt einer Lerngruppe sein soll, kann sie nicht eindimensional sein. Von den vier Differenzierungsmodellen, die *Manfred Bönsch* aufgestellt hat,[15] trifft meines Erachtens nur eines auf diese Vielfalt zu. Er nennt dieses Modell „eine Kombination vermittelnden Unterrichts und selbstverantworteten Lernens" – oder anders formuliert: einen „zentralen", vermittelnden, aber vielfältige methodische Ansätze ausnützenden Unterricht einerseits kombiniert mit weiten dezentralen Phasen mit individueller Angebots- oder Gruppendifferenzierung andererseits.

Damit ist gemeint, dass „zentrale" Einstiege in ein neues Unterrichtsthema sehr vielfältiger Art sein können und sollen, um den unterschiedlichen Motivationslagen der Schüler entgegenzukommen. Es kann mit strukturierender und visualisierender Moderationstechnik in ein Thema eingestiegen werden, eine Fantasiereise kann am Anfang stehen, ein Fall kann vorgetragen oder gelesen werden, Vorerfahrungen können gesammelt, mithilfe einer Collage oder von Mind Maps verglichen und ausgetauscht, Fragen entwickelt werden. Bilder können zu Assoziationen anregen, ein Spiel kann eine neue Struktur beinhalten, ein Lied in einen Sachverhalt einführen. Jeder von uns kennt vielfältige Zugänge dieser Art.

In dezentralen Vertiefungs- und Bearbeitungsphasen kann individuellen Neigungen, Lerntempi, Schwerpunkten, Lerntypen und Ansprüchen entgegengekommen werden. Die methodischen Inszenierungen solcher dezentraler Phasen sind ebenfalls vielfältig, ihre Gestaltung richtet sich nach

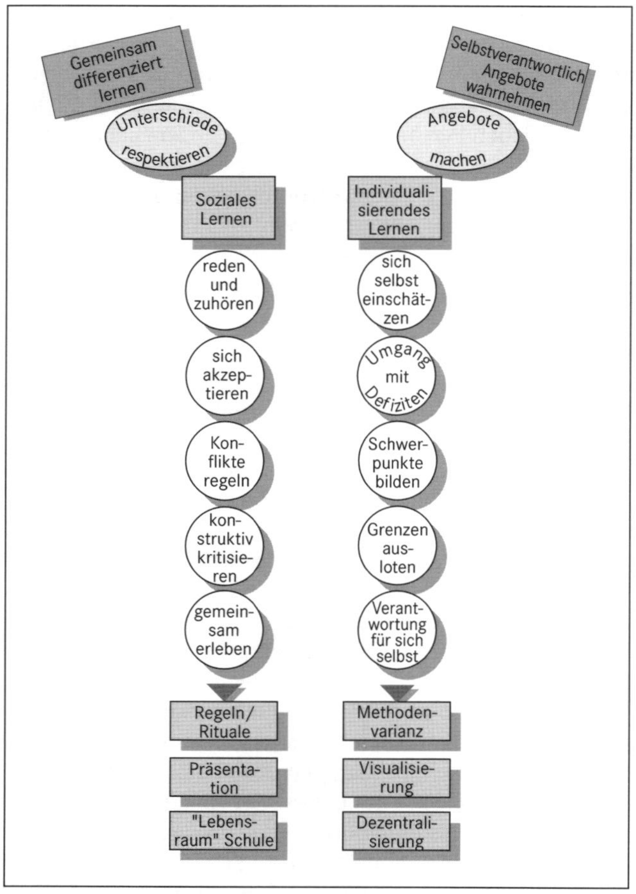

Abbildung 4: Binnendifferenzierungsmodell

Fach, Schwerpunkt, Alter der Schüler, äußeren Bedingungen der jeweiligen Schule und vielem mehr.

Wer entscheidet, welche Schüler womit und auf welchem Niveau arbeiten?

Um es gleich vorweg zu sagen: Ich halte nichts von wie auch immer gearteten Diagnosen. Erstens können diese nie die gesamte Palette der Schülervielfalt erfassen und zweitens sind diese Diagnosen stets lehrerorganisiert.

Mein Stichwort heißt *Angebotsdifferenzierung*. Angebote geben den Schülerinnen und Schülern die Möglichkeit, sich einzuordnen, auszuprobieren, getroffene Entscheidungen zu revidieren oder auch, je nach Schwierigkeitsgrad und Interesse, schwierigere und leichtere Aufgaben miteinander zu kombinieren, sich das Additum einmal zuzutrauen und ein anderes Mal wegzulassen. In diesem Findungsprozess ist der Lehrer Beobachter und Berater – Schüler, die sich unterfordern, werden ermutigt, sich mehr zuzutrauen; Schüler, die immer wieder an ihren eigenen Ansprüchen scheitern, werden ermuntert, sich realistischer einzuschätzen.

Das bedeutet: Die Schüler selbst erhalten die Verantwortung für ihren eigenen Lernprozess – ein Aspekt, der besonders in den höheren Jahrgängen von großer Wichtigkeit ist.

Angebotsdifferenzierung, wenn sie langfristig angelegt ist, überlässt es den Schülern, den richtigen Weg zu finden. Diagnosebögen, unvorbereitete Ersteinstufungen und ähnliches sind stets Lehrerentscheidungen und hinterlassen bei Schülern und Eltern häufig das ungute Gefühl, in eine Schublade gesteckt worden zu sein.

Eine Angebotsdifferenzierung, die unterschiedliche Lösungsstrategien anbietet, auf verschiedene Lerntypen Rücksicht nimmt oder intensivere Wiederholungsphasen für langsame Lerner einbaut, ist natürlich in schulformbezogenen Systemen oder bereits differenzierten Kursen ebenfalls sinnvoll – denn eine homogene Lerngruppe gibt es nicht.

Und die Bewertung?

Ein „heißes Eisen", macht diese Frage doch die Widersprüche zwischen Realität und der Form, in die sie gepresst wird, stets aufs Neue deutlich. Manchmal findet sich diese Widersprüchlichkeit sogar in Erlassen und Verordnungen des Gesetzgebers selbst wieder. Das mag uns ermutigen, unsere eigenen Wege in diesen Nischen zu finden. Grundsätzlich jedoch gilt: Das „Notendilemma" mildert sich durch Transparenz, Offenheit, Beratung und Hilfe auf ein lebbares Maß. Wenn Vielfalt und die Akzeptanz von Individualität Strukturprinzip von Unterricht werden, werden auch die Schüler von Anfang an akzeptieren, dass auch Bewertung sich nach individuellen Lernleistungen und allgemeinen Anforderungen richten muss. ■

---

[1] Ein Beispiel unter vielen fand sich am 12.7.2000, also am Tag des Ferienbeginns in Niedersachsen, in der Nordwest-Zeitung in Oldenburg. Dort heißt es unter der Schlagzeile „Gymnasium bleibt beliebteste Schulform": „Viele Kinder hätten zwar keine Gymnasialempfehlung aus der Orientierungsstufe vorzuweisen, doch werde das von zahlreichen Eltern ignoriert. Eine Entwicklung, die sich auch in den Realschulen fortsetzt, wo viele Kinder angemeldet werden, die eine Hauptschulempfehlung haben ..."

[2] Vgl. *Forrester, V.*: Der Terror der Ökonomie. München 1997. *Forrester* beschreibt in ihrem Buch drastisch das Anwachsen des Rassismus als Folge sozialer Ausgrenzung. Vgl. dazu auch für die Bundesrepublik: *Heitmeyer, W.* u. a.: Gewalt – Schattenseiten der Individualisierung bei Jugendlichen unterschiedlicher Milieus. Weinheim/München 1995; und *Mansel, J./Hurrelmann, K.*: Alltagsstress bei Jugendlichen. Weinheim/München ²1994. *Holtappels* und *Tillman* zeigen diesen Zusammenhang für die Schule auf. In: Pädagogik, H. 1/1999, S. 8 ff.

[3] Vgl. ein ZDF-Interview mit *Gregor Gysi*, zit. in: Hessisch-Niedersächsische Allgemeine Sonntagszeit vom 6.8.2000, S. 2.

[4] „Die Woche" vom 7.7.2000, S. 1.

[5] Zit. nach *Ostwald, G.*: Zukunftskonzepte fehlen überall. In: Hessisch-Niedersächsische Allgemeine v. 11.7.2000, S. 2.

[6] *Rau, J.*: Rede auf dem Bildungskongress in Berlin am 14.7.2000, erhältlich im Internet unter *www.forum-bildung.de* oder unter *www.bundespraesident.de*.

[7] Vgl. dazu *Meyer, G.*: Zivilcourage im Alltag – und wie man sie fördern kann. In: POLIS 2/2000, S. 10 ff.; und *Bierhoff, H.-W.*: Zwei konkurrierende Solidaritäten, ebd., S. 8 ff.

[8] So *Otto Herz* auf einer Veranstaltung der Offenen Schule Waldau am 18.5.2000.

[9] Deutsche Shell (Hrsg.): Shell-Studie: Jugend 2000. Opladen 2000 (Shell-Jugendstudie 13) Vgl. auch den Bericht von *Toralf Staud* in „DIE ZEIT" vom 6.7.2000, S. 4, über Erfahrungen in ostdeutschen Klassenzimmern.

[10] Vgl. z. B. *Jost, M.*: Extra-Klasse. Wiesbaden 1999, Kap. 2–3, sowie die Fallbeispiele in der Broschüre des Ministeriums für Bildung in Schleswig-Holstein „Kinder mit besonderen Begabungen", S. 9 ff.

[11] Vgl. *Werning, R.*: Konstruktivismus – eine Anregung für die Pädagogik. In: Pädagogik, H. 7–8/1998, S. 39 ff., S. 41. Vgl. dazu auch *Ahlring, I./Brömer, B.*: Schule machen. Baltmannsweiler 1999, bes. Kap. 1 und 2.

[12] Vgl. *Vester, F.*: Denken, Lernen, Vergessen. München 1975. Kürzlich hat sich *L. Paradies* in ihrem Unterrichtsbeispiel aus der Mathematik insbesondere auf dieses Differenzierungskriterium bezogen: *Paradies, L.*: Wahldifferenzierung in der Unterrichtsplanung. In: Pädagogik, H. 4/1996, S. 12 ff.

[13] Vgl. beispielsweise *Rüegsegger, R.*: Freinet-Praxis. In: Pädagogik, H. 2/1993, S. 8ff.

[14] Vgl. *Oerter, R.*: Rituale in der Schule. In: PRAXIS SCHULE 5–10, H. 4/1999, S. 6–8.

[15] *Bönsch, M.*: Differenzierung im Unterricht – Maßnahmen zur Optimierung von Lernprozessen. In: Lehrer-Schüler-Unterricht, März 1995, Abtlg. C 3.8, S. 2–19.

Der lange Abschied von der großen Illusion

Gerold Becker

Lernwege differenziert gestalten

Abbildung 1: Eine Jungenklasse in einer Bremer Volksschule, um 1910.

Quelle: Schulgeschichtliche Sammlung Bremen, Verlag H. M. Hauschild GmbH Bremen

Angefangen hat das Elend vor ein paar hundert Jahren. Schon vor Comenius. Nämlich als man begann, das, was in Schulen geschah oder geschehen sollte, nun auch zu systematisieren. Aber dem Comenius verdankt jenes Elend, das ich „die große Illusion" nenne, ein eindrucksvolles und scheinbar überzeugendes Bild.

Folgenden Feldzugsplan stellte er 1632 in seiner „Großen Didaktik" auf: „Der Lehrer muss es in allen Stücken halten wie ein Offizier, der seine Übungen nicht mit jedem Rekruten einzeln durchnimmt, sondern alle zugleich auf den Exerzierplatz führt, ihnen gemeinsam den Gebrauch und die Handhabung der Waffen zeigt (...) Damit der Lehrer dies kann, dürfen 1. die Schulen nur einmal im Jahr beginnen (...); muss 2. alles, was getan werden soll, so geordnet sein, dass jedes Jahr, jeder Monat, jede Woche, jeder Tag und sogar jede Stunde ein eigenes Pensum hat, wodurch alle gleichzeitig zum Ziel geführt werden, ohne zu straucheln."

Der fromme Bischof der mährischen Brüdergemeine hatte immerhin die Hoffnung, seine Methode werde allen Menschen helfen, ihr Leben in Übereinstimmung mit dem Wesen, dem Ursprung und dem Ziel aller Dinge zu führen. Der endgültige Siegeszug der großen Illusion im 19. Jahrhundert verdankte sich aus anderen Motiven.

In der nach und nach immer weniger feudalen, zugleich zunehmend industrialisierten und dennoch hierarchisch-obrigkeitlichen Gesellschaft (in deren Endphase wir wohl leben) musste die Frage, wer Macht, Einfluss und Privilegien haben sollte, zu einer Schlüsselfrage werden. Und „Leistung" wurde zu einem der verschleiernden Schlüsselwörter. Das Berechtigungswesen hat seitdem die Schule verhext. Es ist eine der Haupttriebkräfte der großen Illusion geworden. Die große Illusion: Lernen lasse sich so organisieren, dass alle Schülerinnen und Schüler im Gleichschritt, zur gleichen Zeit an gleichen Aufgaben das Gleiche lernen, das dann mit Recht zum Stichtag an einheitlichem Maßstab „abgeprüft" werden kann, weil sie ja alle die gleichen Lernchancen hatten. Die landläufigen Vorstellungen von schulischen Lernwegen und „Leistungen" sind nur verständlich vor dem Hintergrund dieser Annahme.

Ihre äußeren Kennzeichen waren und sind: Frontalunterricht, die Einzelstunde als perfekt geplantes Gesamtkunstwerk und immer präzisere Lehrpläne. Alle drei sind im Lauf der Zeit zu manchmal bewundernswerter Vollkommenheit entwickelt worden – dabei die Erfahrungen vieler Lehrergenerationen und der Verwaltung kombinierend und nutzend, einer Verwaltung, deren Grundprinzip das Misstrauen war (und oft noch ist): Nur wenn genauestens vorgeschrieben wird, was Lehrerinnen und Lehrer zu tun haben, was und wie Schülerinnen und Schüler zu lernen haben, werden die einen „richtig" lehren, die anderen „richtig" lernen.

Der Frontalunterricht

Er folgt fast von selbst, so lange die große Illusion unser aller Bewusstsein prägt. Nur wenn der Lehrer in jedem Augenblick alle Fäden in der Hand hat, das gesamte Geschehen im Klassenraum kontrolliert, ist zu garantieren, dass niemand aus der Marschkolonne ausbricht, herumtrödelt, eigene Wege und Umwege geht. Dafür ist Frontalunterricht die beste denkbare Lösung, selbst wenn er ab und zu von Phasen der „Gruppenarbeit" unterbrochen sein mag. Auch sie folgen ja dem gleichen Muster: Am Ende einer solchen Phase sollen sich alle wieder am gleichen Zwischenziel befinden, damit die gesamte Klasse erneut im Gleichschritt weitergehen kann.

Es geht nicht darum, den Frontalunterricht zu verdammen, ihn als die Ursünde der Schulpädagogik zu denunzieren. Das ist er ebenso wenig wie es in einem längeren Unterrichtsvorhaben straffe, lehrgangsartige Abschnitte sind, in denen sich die Lehrerin oder der Lehrer an die ganze Klasse oder Lerngruppe wendet und in denen tatsächlich alle für eine Weile das Gleiche tun. Frontalunterricht und Lehrgang haben ihre Berechtigung für die Verwirklichung bestimmter (beschränkter) didaktischer Absichten. Sie können auch hilfreich sein für einige Kinder und Jugendliche, denen es (noch) sehr schwer fällt, selbstständig und selbsttätig zu arbeiten.

Die perfekt geplante Einzelstunde

Fast alle Berufsanfänger im Lehrerberuf haben seit Generationen Unterrichtsentwürfe anfertigen müssen, die dem Muster des Drehbuchs entsprechen: Lehrerimpuls, Schülerreaktion, Darbietungsphase, Vertiefungsphase, Festigungsphase, Ergebnissicherung usw. – möglichst mit exakten Zeitvorgaben. Die Pädagogin *Elisabeth von der Lieth* hat so etwas einmal die „Didaktik des Straßenbahnfahrplans" genannt: 9.06 Uhr Wilhelmsplatz, 9.09 Uhr Nelkenweg, 9.14 Uhr Hauptbahnhof, Pausenklingel, Endstation, alle aussteigen! Gibt es hier oder da eine kleine Panne oder Verzögerung, dann hat der Lehrer die Aufgabe, den Plan später geschickt zu verkürzen, die verlorene Zeit wieder einzuholen, damit am Ende doch alles „wie am Schnürchen" gelaufen ist. Die disziplinierende Wirkung (positiv gemeint), der Zwang zu Rationalität und vorwegnehmendem Nachdenken und Planen anstelle von Schlamperei und ungefährem „irgendwie", die von solcher Erwartung ausgehen, sollen nicht kleingeredet werden.

Die Verteilung der Schülerinnen und Schüler auf unterschiedliche Schulformen (oder auch auf „Leistungsgruppen") half, dass man an der großen Illusion festhalten konnte, selbst wenn sich hier und da Zweifel anmeldeten. Man hatte doch homogene Gruppen geschaffen, leider nicht immer, es blieb „ein Erdenrest, zu tragen peinlich".

Jedenfalls: die Ergebnisse des Lernens waren mit anscheinend unanfechtbarer Begründung überprüfbar. Die Verfahren dazu folgten und folgen ihrerseits dem von der großen Illusion vorgegebenen Denkschema: Klassenarbeiten (von deren Zensuren bis in Berechnungen auf die erste Dezimalstelle nach dem Komma immer mehr abhängt) oder das „Abfragen", dessen Ergebnis sofort in einer Note festgehalten wird. Das ist doch unbezweifelbar „gerecht": Alle hatten genau die gleichen Chancen, waren genau der gleichen Behandlung ausgesetzt, folgerichtig müssen sie sich auch zum gleichen Zeitpunkt am gleichen Maßstab messen lassen. Wenn dann manche versagen, gibt es nur zwei Erklärungen: dumm oder faul. In jedem Fall beruhigend, weil die „Schuld" bei der Schülerin bzw. bei dem Schüler liegt.

Wie aber, wenn doch nicht alle die gleichen Chancen hatten, weil möglicherweise das gleiche Phänomen, der gleiche Zusammenhang, der gleiche Begriff auf sehr unterschiedliche Weise gelernt und verstanden wird und nur manche durch den in der perfekt geplanten Einzelstunde vorgezeichneten Weg wirklich unterstützt werden? Was, wenn diese Fahrplan-Didaktik (oft noch verbunden mit einer Beschleunigungspädagogik – schneller, effektiver, mehr in der gleichen Zeit erreichen!) vielleicht einigen entspricht, andere aber benachteiligt, weil ihnen für die schwierigen Verknüpfungen und Fragen nie genug Zeit bleibt und sie deshalb schlechte Schüler sind?

Abbildung 2:
Vergleicht man die beiden Abbildungen miteinander, unterscheidet sich der Unterricht heute nicht sehr vom Unterricht um 1910.

Foto: Veit Mette/Bielefelder Fotobüro

Abbildung 3: Individuelles Lernen muss auch im Unterrichtsalltag möglich sein.

Ungehört verhallt war offenbar *Johann Friedrich Herbarts* strenger Hinweis, dass man den Zögling nur an sich selbst und seinen Voraussetzungen, nicht aber an anderen messen dürfe. Vergeblich alle Untersuchungen *Karlheinz Ingenkamps* und vieler anderer vor mehr als 20 Jahren, die nachgewiesen haben, dass Leistung mit Leistung vielleicht noch innerhalb einer Unterrichtsgruppe - gemessen an den in ihr geltenden, meist sehr eindimensionalen Maßstäben (sie sollen ja eindeutig und gerecht sein) - verglichen werden kann; dass aber die Vergleichbarkeit der Zensuren jenseits dieser Bezugsgröße in eigentlich jeder Hinsicht „fragwürdig" ist.

Doch auch die Lernpsychologie, misstrauisch gegenüber der Messgenauigkeit von Zensuren und ihrer Eignung für verlässliche Prognosen, jedoch besessen von der Hoffnung, einen eigenen Königsweg zu finden, erwies sich von ihren Anfängen bis zur Grundlegung der *computer aided instruction* nur zu oft mit ihren Tests und Programmen als Dienstmagd der großen Illusion.

Die Lehrpläne

Lange Zeit waren die Lehrpläne dadurch vervollkommnet worden, dass sie immer präziser und detaillierter festzulegen suchten, welcher „Stoff" und mit welchem „Lernergebnis" verbindlich sei. Doch solche Stoffpläne sahen sich zunehmender Kritik ausgesetzt, als auch öffentlich argumentiert wurde, der Unterricht müsse mehr, „Allgemeineres", erreichen („allgemeine Lernziele") als „Stoffbeherrschung". Das Zauberwort „Curriculum" schien Ende der 60er Jahre einen Ausweg zu weisen: nicht nur den „Stoff" und die Lernziele festlegen, sondern auch die Lernwege. Die geheime Hoffnung war das *teacherproof curriculum*. Ein Plan für den gesamten Unterricht, von den besten „Experten" ausgearbeitet, an dem auch der armseligste Lehrer nichts mehr verderben kann.

Vergeblich waren offenbar die Bemühungen *Maria Montessoris, Berthold Ottos* und vieler anderer in diesem Jahrhundert, auch um des wirkungsvolleren und nachhaltigeren Lernens willen, die Aufgaben und notwendigen Herausforderungen dem einzelnen Kind und seiner besonderen Lernweise, seinem Entwicklungsstand anzupassen. Vergeblich *John Deweys* Versuch, Lernen in einen unauflösbaren Zusammenhang mit Erfahrung zu bringen, die immer individuell ist, auch wenn sie mit anderen gemeinsam gemacht wird.

Erst in den letzten 20 Jahren hat langsam und durchaus nicht ohne Ängste und Rückschläge der Abschied von der großen Illusion begonnen. Einer der Gründe war vermutlich, dass wir mittlerweile mehr darüber wissen, wie unterschiedlich Menschen leben. Ein Wissen, das seit Mitte der 70er Jahre auch ins breitere Bewusstsein drang, zum Beispiel durch das immer noch lesenswerte Buch von *Frederic Vester* „Denken, Lernen, Vergessen"*. Und wer (wie in der neueren Diskussion) Lernen ganz allgemein als einen „Vorgang ständig neuer subjektiver Bedeutungskonstruktion" versteht, der kann nicht mehr an den Gleichschritt glauben.

Ein anderer Grund mag gewesen sein, dass sich die Alltagserfahrung vieler Lehrerinnen und Lehrer – zuerst wohl in der Grundschule – zu einer Erkenntnis verdichtete, die in den Hamburger „Richtlinien für Erziehung und Unterricht" von 1986 so ausgedrückt ist: „Der Erfolg der Schule hängt davon ab, ob sie ihre Schülerinnen und Schüler erreicht." Und zur Erläuterung heißt es: „Die Ansprüche der Schule bewirken wenig, ihre Bemühungen sind vergeblich, wenn sie an dem jungen Menschen vorbeigehen. Vor allem kommt es also darauf an, dass die Schule ihre Schüler erreicht. Nur so kann sie ihren Erziehungs- und Bildungsauftrag erfüllen. Das aber heißt, dass die Schule auf ihre Schüler eingeht, auf ihre Fragen, auf ihr Denken und auf ihr Bedürfnis zu handeln."

Seit etwa zehn Jahren wird außerdem eine Diskussion nicht nur in Expertenzirkeln, sondern von Lehrerinnen und Lehrern und auch in der „Öffentlichkeit" geführt: die Diskussion um die „gute" Schule. Auch dieses Nachdenken hat mittelbar zum langsamen Abschied von der großen Illusion beigetragen, weil es gegenstandslos war, wenn es nicht Verständigung suchte über Antworten auf die Frage nach dem eigentlichen Zweck der Schule. Geht es in der Schule nur um die Erfüllung von Stoffplänen? Und wenn es um mehr geht, um was geht es dann? Wir sind noch weit davon entfernt, bei den Antworten auf solche Fragen einig zu sein. Weder unter den Lehrenden noch unter den Lernenden bzw. den Eltern noch unter all den Gruppen, die an dieser Diskussion teilnehmen.

Jedoch vor allem bei denen, die sich „nah" auf das Lernen der Schülerinnen und Schüler einlassen, auf seine Glücksmomente ebenso wie auf seine Nöte beginnt sich eine Übereinstimmung abzuzeichnen:

Lernen ist grundsätzlich ein individueller Vorgang, auch und gerade dann, wenn es in Gruppen geschieht oder an Gegenständen, an denen alle gemeinsam arbeiten. Lässt man nur einen Weg gelten („Lernen im Gleichschritt"), dann mag man am Ende zwar feststellen können, wie viele genau auf diesem Weg wie weit gekommen sind. Aber man hat eben gerade nicht erprobt, ob nicht viele von ihnen auf einem der denkbaren anderen Wege viel weiter gekommen wären.

Individuelles Lernen im Schulalltag

Schule ist ein Ort des Lernens. Und Schule ist immer zugleich auch ein gemeinsamer Lebensraum. Das Lernen in der Schule ist kein Selbstzweck. Es soll Kindern und Jugendlichen so wirkungsvoll wie möglich helfen,

- sich in der Welt, in der sie leben, selbst zu orientieren, Zusammenhänge und Bedeutungen zu verstehen,
- durch Übung und Erfahrung, durch Versuch und Irrtum, durch „Lernarbeit" die Kenntnisse, Einsichten und Fähigkeiten zu erwerben, die sie benötigen,
  - um selbstständig und mündig zu werden,
  - um die nachfolgenden Abschnitte ihrer Ausbildung (ob Berufsausbildung oder weiterer Schulbesuch) mit verlässlichen Grundlagen zu beginnen,
  - um Verantwortung zu erkennen und zu übernehmen.

Das ist nur möglich, wenn sie zugleich lernen, sich mit anderen zu verständigen, fremde Gefühle und Überzeugungen zu achten und dabei auch die eigenen immer besser zu verstehen und vertreten zu können.

Damit möglichst alle Schüler dies lernen können, müssen unterschiedliche Lernwege und Lernformen im Alltag der Schule immer wieder möglich sein. Eine Projektwoche kurz vor den großen Ferien (die, positiv oder negativ, von allen als ein merkwürdig exotischer Fremdkörper erlebt wird) reicht dafür nicht aus.

Neuerdings wird gern gesagt, die Schule müsse auch „Spaß" machen – und von anderen wird das heftig bestritten. Das ist eine törichte Kontroverse. Es geht nicht um „Spaß". Und Lehrer sind keine Spaßmacher. Sich in der Welt zu orientieren, in ihr seinen Stand zu fassen, ist eine schwierige und ernsthafte Aufgabe. Erwachsenwerden ist kein Zuckerschlecken und schon gar nicht die Teilnahme an einer unaufhörlichen *game show*. Spaß ist etwas anderes als Freude oder Befriedigung.

Dies ist in der Tat einer der entscheidenden Maßstäbe für die „Qualität von Schule": Lernen, und vor allem Verstehen, muss auch erfreuen, muss auch befriedigend sein. Es muss für den Lernenden befriedigend sein, wenn ihm die „Welt", andere Menschen und Zusammenhänge verständlicher werden. Würde er nicht auf diese Weise „belohnt", er würde das Lernen bald aufgeben, sich nur noch unter der Androhung von Strafe (schlechte Zensur) oder Verheißung einer Belohnung (gute Zensur), die mit seiner Erkenntnislust nichts zu tun hat, Vorgeschriebenes einprägen. Auf einem anderen Blatt steht, dass individuelle und gemeinsame ernsthafte Lern-Arbeit in einer Atmosphäre am besten gelingt, die gerade nicht dumpf, langweilig, angsterfüllt und gedrückt ist, sondern in der man auch miteinander fröhlich sein kann, in der Vergnügen über einen guten Einfall ebenso möglich ist wie der Stolz auf die eigene oder die gemeinsame Leistung. ■

* *Vester, F.*: Denken, lernen, vergessen. Was geht in unserem Kopf vor, wie lernt das Gehirn und wann lässt es uns im Stich? München 1996.

„Multiple Intelligences in the Classroom"

Brigitte Vater

... und ihre Bedeutung für bilinguales, kreatives, fächerübergreifendes Fremdsprachenlernen

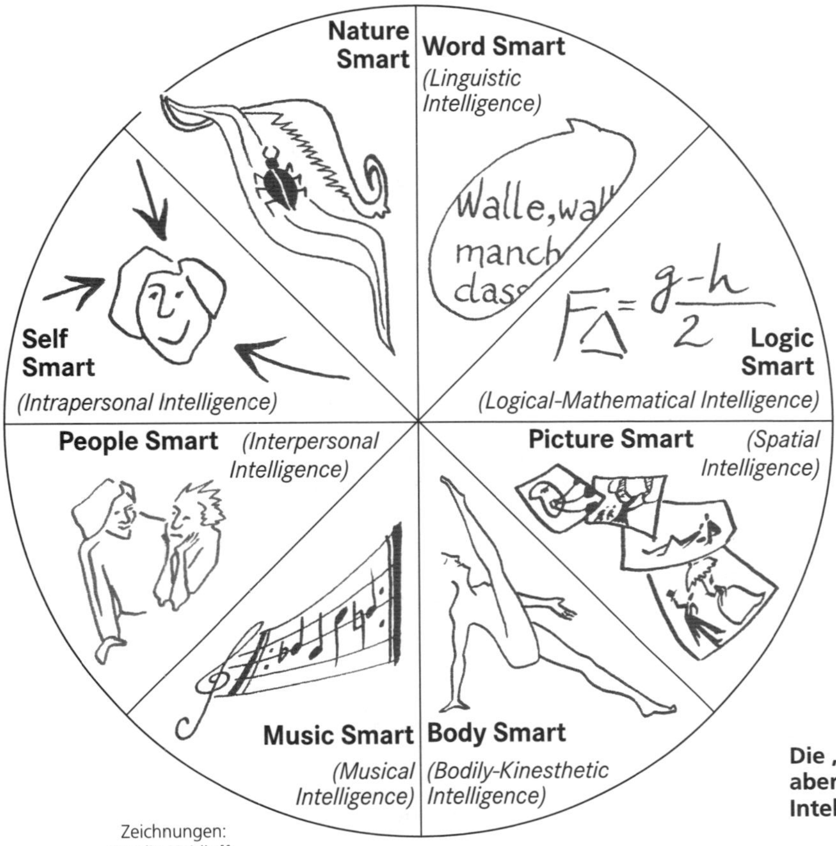

Zeichnungen: Carolin Heidloff

Die „MI Pizza" nach Thomas Armstrong[1], aber hier erweitert um die „Naturalist Intelligence"

Der Fremdsprachenunterricht befindet sich weltweit in einer Phase der Neuorientierung. Tief greifende Veränderungen im politischen Raum sowie in wirtschaftlichen Zusammenhängen fordern von Lehrenden wie von Lernenden Kompetenzerweiterungen, deren Ausmaße augenblicklich noch nicht absehbar sind. Umso erfreulicher ist es, wenn vielfältige Versuche unternommen werden, den Herausforderungen zu begegnen.

Multiple Intelligences" – ein solcher Begriff ruft bei praxisorientierten Leserinnen und Lesern wohl eher Abwehr als Zustimmung hervor, da er in Bezug auf die Bewältigung hautnaher Probleme im Schulalltag keine einfachen, hilfreichen Tipps zu signalisieren scheint. Vermutlich weckt er auch Erinnerungen an langjährige Diskussionen und Schulversuche zu Möglichkeiten und Grenzen von Binnendifferenzierung, in deren Verlauf wohl niemand den Wert unterschiedlicher Angebote und Lernstrategien für verschiedene Lernertypen bestritten hat. Doch trotz des zu beobachtenden Konsenses in der Auseinandersetzung mit entsprechenden breit gefächerten Modellen und ermutigenden unterrichtspraktischen Erfahrungen schienen und scheinen Wunschvorstellungen und Realität nach wie vor auseinander zu klaffen.

Wie wirkt vor dem Hintergrund einer solchen Aussage *Howard Gardners* knappe Zusammenfassung der Theorie, für die er sich im Rahmen des „Project Zero" an der Universität Harvard (USA) und in dem Ringen um eine praxisnahe Umsetzung seiner Ideen eingesetzt hat?

> „The essence of the theory is to respect the many differences among people, the multiple variations in the ways that they learn, the several modes by which they can be assessed, and the almost infinite number of ways in which they can leave a mark on the world."[2]

Gardner weist ausdrücklich auf den hohen Wert der Veröffentlichungen *Thomas Armstrongs* hin, dessen genaue und klare Darstellungen, umfangreiche Verweise und Lehrerzugewandtheit (*„the teacher-friendliness of his tone"*) er hervorhebt. Und besonders letzterer Aspekt hat mich bewogen, mich in meinen Ausführungen und Anregungen auf *Armstrong* zu beziehen, da ich gerade in der augenblicklichen Situation im Bildungsbereich nicht Verunsicherung, sondern Ermutigung der Lehrerinnen und Lehrer im Blick habe.

Eine Theorie für die Praxis

Die Theorie von „Multiple Intelligences" in der von *Gardner* und *Armstrong* präsentierten Fassung empfinde ich nicht als bedrohlich, sondern in ihrem pragmatischen Ansatz als motivierend. *Gardner* gelangt zu einer Erweiterung des in den 70er Jahren populären *„right brain/left brain models"* und stellt die Existenz von mindestens sieben, inzwischen acht relativ autonomen Systemen des Gehirns fest, die ihre Entwicklungskurven während des Lebens eines Menschen mit Höhepunkten, Abbau und Tiefpunkten aufweisen. Dabei verwendet er zugespitzt und provokativ den Begriff *„intelligences"*, um dem, was wir wohl eher als „talents"/Talente oder „aptitudes"/Begabungen bezeichnen würden, die Bedeutung zuzumessen, die ihnen nach den Ergebnissen seiner Forschungsarbeit zukommt.

Folgendes Zitat und die entsprechende Grafik auf Seite 17 sollen *Gardners* „Multiple Intelligence Theory" veranschaulichen helfen:

> „The theory advances a mental paradigm in which each individual's mind can be thought of as a delicious pie, with seven large pre-cut slices, each with its own distinct taste. In other words, Gardner proposed at least seven relatively autonomous intellectual capacities that individuals employ to approach problems and create products."[3]

Unterrichtspraktische Umsetzungsmöglichkeiten

Es wäre an dieser Stelle reizvoll, eine gründliche wissenschaftliche Auseinandersetzung mit *Gardners* Intelligenzbegriff in Abgrenzung zu anderen Theorien und Definitionen zu leisten. Ebenso wichtig wäre es, *Gardners* und *Armstrongs* Konzept in die reformpädagogischen Bewegungen seit Beginn dieses Jahrhunderts einzuordnen, da *Armstrong* selbst einen diesbezüglichen Impuls liefert, indem er vom *„spirit of John Dewey's ideas"* spricht. Eine derartige, sicherlich interessante Arbeit würde jedoch den Rahmen dieses Beitrages sprengen und mit großer Wahrscheinlichkeit die Erwartungen der Leser verfehlen. Ich beschränke mich daher auf die Anmerkung, dass *Gardners* Veröffentlichungen vor dem Hintergrund solider Forschungsarbeit entstanden sind.[4]

Die auf der ***Materialseite*** 20 angebotene Übersicht, die die wesentlichen Aspekte der einzelnen „intelligences" knapp charakterisiert, soll Lehrenden eine erste Orientierung ermöglichen. Es wird dann zu überlegen sein, ob uns hier ein praxisnaher Entwurf vorgestellt wird oder ob wir mit einer Vision konfrontiert werden, die mit der Schulrealität nicht zu vereinbaren scheint (oder ist).

Wer täglich mit Kindern und Jugendlichen umgeht, kann sich deren spontanen vielfältigen Äußerungen und Verhaltensweisen nicht entziehen. Und trotz entmutigender Erfahrungen in schwierigen Lerngruppen gibt es sicherlich immer wieder auch Momente, in denen die Zeit keine Rolle zu spielen scheint und Schüler wie Lehrer zu einer nicht zu übersehenden Hochform aufblühen: Sternstunden in dem sonst häufig als fremdbestimmt erlebten Unterrichtsgeschehen, in dem die Beteiligten zu verkümmern scheinen oder sich störend zur Wehr setzen. Die Seltenheit und Kostbarkeit der Phasen, in denen sich Kinder, Jugendliche und Erwachsene mit möglichst vielen Facetten ihrer Persönlichkeit wahrnehmen, einbringen und entfalten, hat mich persönlich ermutigt, mich ähnlich wie *Armstrong* verstärkt um unterrichtspraktische Umsetzungsmöglichkeiten der Ideen *Gardners* zu bemühen – denn Schule braucht Visionen.

Offene Türen sind wichtig

Will man sich in Bewegung setzen, darf man nicht vor Mauern oder verschlossenen Türen zurückschrecken. *„MI theory opens the door to a wide variety of teaching"*, sagt *Armstrong*[5] und bietet für Lehrer und Schüler Hilfen an um eigene Stärken zu erkunden und die Bereiche zu entdecken, die entwicklungsbedürftig sind. Dabei entscheidet er sich im Einklang mit *Gardners* Vorstellungen gegen möglichst perfekte Methoden. Um die verschiedenen „intelligences" aufzuspüren, räumt er der Beobachtung große Bedeutung ein und schlägt damit ein Instrumentarium vor, das für Fachleute und Laien, Erwachsene, Jugendliche und Kinder gleichermaßen handhabbar ist:

- In „notebooks, diaries, journals" sollen zum Beispiel Notizen festgehalten werden, wie Kinder und Jugendliche ihre Freiräume in der Schule nutzen und welches Fehlverhalten deutlich wird, das die betreuenden Lehrkräfte motivieren könnte, nach den Ursachen zu forschen.
- Dokumente wie Fotos, Kassetten, Zeichnungen usw. sollen weitere Puzzle-Steinchen auf dem Weg der Entdeckung der verschiedenen „intelligences" liefern, ebenso wie „portfolios" mit Sammlungen verschiedenster Beiträge der einzelnen Schüler zum jeweiligen Thema.
- Und „inventories" für Erwachsene und Kinder sollen unterstützend wirken, eigene Lebenserfahrungen mit den verschiedenen „intelligences" zu verknüpfen.

Ganz pragmatisch und somit in leistbaren kleinen Schritten könnten auf diese Weise Profile sichtbar werden und in der Folge zu Entdeckungen entsprechender Lehr- und Lernstrategien führen. *Gardner* und *Armstrong* gehen davon aus, dass die von ihnen in den Blick genommenen „intelligences" in jedem Menschen mehr oder weniger ausgeprägt vorhanden sind.

Ein Beobachtungsbogen als Ausgangspunkt für eine „Abenteuerreise"...

Was entdecke ich an mir? Diese Frage regt an, als Lehrer zunächst einmal ernsthaft die eigenen „intelligences" zu identifizieren. „Ich nutze im Unterricht überwiegend den Lehrervortrag, denn den beherrsche ich besonders gut", sagte neulich ein Lehrer zu mir. Diese Aussage fordert geradezu heraus, dem Kollegen eine aufregende Abenteuerreise in die Bereiche der übrigen „intelligences" zu wünschen (vgl. dazu die ***Materialseite*** 21 mit dem entsprechenden *„inventory"* zur Selbst- und Fremdwahrnehmung, das in Anlehnung an *Armstrongs* Vorschläge formuliert worden ist).

In meiner eigenen Unterrichtsarbeit erwiesen sich folgende Schritte als hilfreich:

1. Aufspüren meiner eigenen „intelligences" mithilfe des von *Armstrong* vorgeschlagenen „inventory" in Verknüpfung mit persönlichen Lebenssituationen;

2. Modifizierung der vorgeschlagenen Selbsteinschätzungsaspekte im Hinblick auf die von mir betreuten Lerngruppen;
3. Vorstellung von *Gardners* „Multiple Intelligence Theory" in den Lerngruppen anhand der „Pizza"- oder „Pie"-Grafik sowie des „inventory" mit anschließender Diskussion;
4. Selbsteinschätzung der Schüler unter Nutzung der Grafik und des „inventory" mit anschließender gemeinsamer Aussprache;
5. Formulierung von Evaluationsbogen zur Selbsteinschätzung für die Schüler nach Abschluss einer Unterrichtseinheit mit Aspekten, die sich explizit auf das abgelaufene Vorhaben beziehen, Aussprache;
6. Vergleich von Selbstwahrnehmungen (Schüler), Fremdwahrnehmungen (Beobachtungen der Lehrkraft) und Ergebnissen von Klassenarbeiten.

Ich kann zu einem derartigen Vorhaben nur ermutigen. Ich habe in verschiedenen Lerngruppen große Aufgeschlossenheit und Ehrlichkeit beobachtet und die anschließenden Gespräche als wichtige Erfahrungen auf dem Weg eines offenen und durchsichtigen Austausches von gegenseitigen Beobachtungen und Einschätzungen erlebt. Außerdem haben die Jugendlichen völlig neue Aspekte an sich selbst entdeckt und darauf sowohl selbstkritisch als auch selbstbewusst reagiert.

> „Before applying any model of learning in a classroom environment, we should first apply it to ourselves as educators and adult learners, for unless we have an experiential understanding of the theory and have personalized its contents, we are unlikely to be committed to using it with students."[6]

Dieser Appell *Armstrongs* ist aus meiner Sicht wesentlich. Es gab und es gibt Menschen, die durch ihre Authentizität, ihre Glaubwürdigkeit und ihren persönlichen Einsatz nicht nur Türen öffnen, sondern selbst wie Türen wirken – offene Türen zu ganz neuen Lebensmöglichkeiten. Und es gibt Menschen, die das Gegenteil bewirken, im außerschulischen wie im schulischen Bereich. Es wird wohl kaum möglich sein, die Vielschichtigkeit anderer wahrzunehmen, wenn Selbst- und Fremdwahrnehmung auf stark begrenzte Weise erfolgen. Aber reichen in diesem Zusammenhang Lektüren von Autorenbeiträgen und die Auseinandersetzung mit stichwortartigen „inventories" aus?

Learning by doing

Nach langjähriger eigener Erfahrung in Unterricht, Lehreraus- und -fortbildung zweifle ich zunehmend an dem hohen Stellenwert von Diskussionen über neue Entwürfe, Theorien, Konzepte, Modelle usw. ausschließlich anhand von schriftlichen Darstellungen. Aus diesem Grund erscheint es mir wichtig, in den oben genannten Bereichen über den Einsatz von „inventories" hinauszugehen.

Neugierig geworden durch *Gardners* und *Armstrongs* Ideen und positive Rückmeldungen aus Unterrichtsprojekten, beschlossen Teilnehmer eines Fachseminars Englisch (Sekundarstufe I) am Landesinstitut für Schule in Bremen einen Projekttag, an dem solche Unterrichtsansätze selbst ausprobiert werden sollten. Selbst- und Fremdwahrnehmung sowie auswertende Gespräche ließen erkennen, dass die eigenen „intelligences" deutlicher identifiziert werden konnten und die Motivation für eine weiter gehende Auseinandersetzung mit *Gardners* und *Armstrongs* Anregungen auch in Bezug auf die Entdeckung adäquater Lernstrategien und Möglichkeiten sinnvollen „assessments" bereits nach diesem ersten Versuch gewachsen war. Und allen Referendarinnen ist es gelungen, Aspekte von „Multiple Intelligences" in lehrbuchorientierte sowie lehrbuchunabhängige Unterrichtsphasen zu integrieren. ■

[1] Vgl. *Armstrong, T.*, a. a. O., p. 39.
[2] Ebd., Preface, p. VII/VIII.
[3] http://www.aenc.org/ABOUT/MI-Gardner.html
[4] Ebd.: Dr. Gardner is Co-Director of Project Zero and Professor of Education at the Harvard Graduate School of Education. He is also Adjunct Professor of Neurology at the Boston University School of Medicine and a research psychologist at the Boston Veteran Administration Medical Center. Dr. Gardner has also written "The Mind's New Science", "To Open Minds", "Multiple Intelligences", "Creating Minds" and "Leading Minds".
[5] *Armstrong, T.*, a. a. O., p. 65.
[6] Ebd., p. 16.

Literatur

Armstrong, T.: Multiple Intelligences in the Classroom. Alexandria (VA: ASCD/Association for Supervision and Curriculum Development) 1994
Gardner, H.: Frames of Mind – The Theory of Multiple Intelligences. New York (Basic Books) 1983
ders.: Multiple Intelligences – The Theory in Practice. New York (Basic Books) 1993
Ergänzende und aktuelle Beiträge zum Thema „Multiple Intelligences" sind über dieses Stichwort sowie über die Namen der Autoren im Internet vorhanden und abrufbar.

Multiple Intelligences in the Classroom*

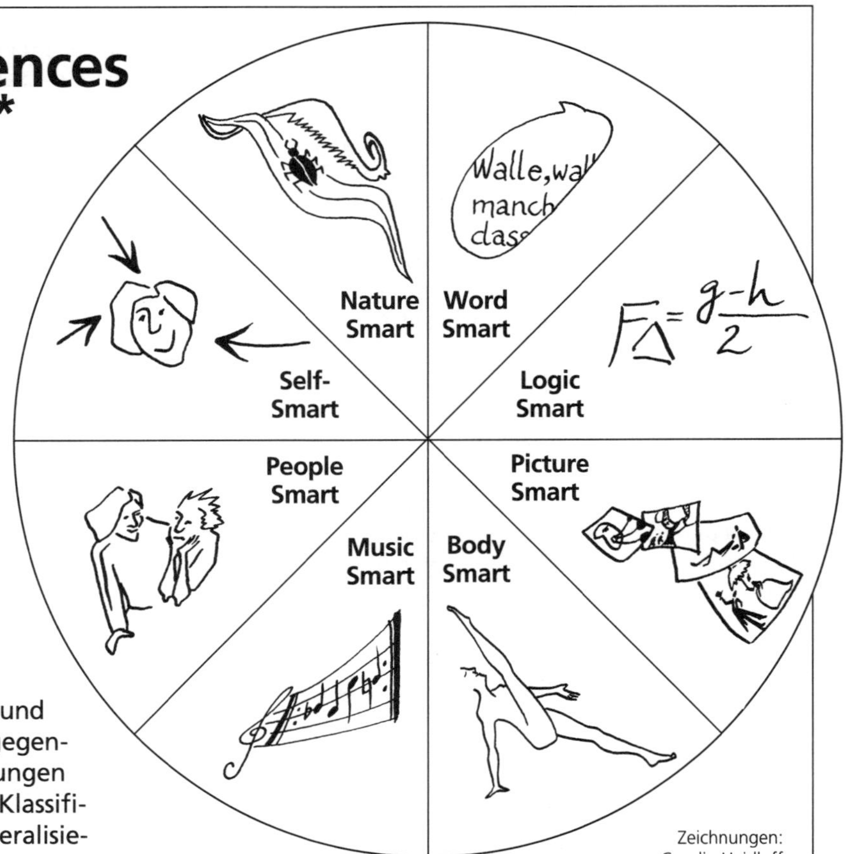

Zeichnungen: Carolin Heidloff

❶ Linguistische Intelligenz
(Linguistic Intelligence)

Fähigkeit, Begriffe adäquat zu gebrauchen; Fähigkeit, die Strukturen des sprachlichen Systems zu er-kennen und die pragmatische Dimension des Sprachgebrauchs zu erfassen.

❷ Logisch-mathematische Intelligenz
(Logical-Mathematical Intelligence)

Fähigkeit, Zahlenräume zu erfassen und Zahlen zu gebrauchen; Sensibilität gegenüber logischen Mustern und Beziehungen – dazu gehören Kategorisierungen, Klassifizierungen, Schlussfolgerungen, Generalisierungen usw.

❸ Räumliche Intelligenz
(Spatial Intelligence)

Fähigkeit, die visuell-räumliche Umgebung wahrzunehmen und sich in ihr sicher zu bewegen dies beinhaltet auch Sensibilität für Farbe, Form/Gestalt, Raum, Richtung/Verlauf und die Beziehungen, die zwischen diesen Elementen existieren.

❹ Kinästhetische Intelligenz
(Bodily-Kinesthetic Intelligence)

Fähigkeit, mit dem ganzen Körper Ideen und Ge fühle auszudrücken – dies beinhaltet auch Fähigkeiten in Bezug auf Koordinierung, Balance, Flexibilität, Geschicklichkeit im motorischen und haptischen Bereich, Kraft und Tempo.

❺ Musikalische Intelligenz
(Musical Intelligence)

Fähigkeit, musikalische Formen wahrzunehmen, zu unterscheiden und auszudrücken – dazu gehört auch Sensibilität für Rhythmus, Tonhöhe, Melodie.

*Nach *Armstrong, T.*: Multiple Intelligences in the Classroom. Alexandria 1994; und *Gardner, H.*: Frames of Mind – The Theory in Practise. New York 1993

❻ Interpersonale Intelligenz
(Interpersonal Intelligence)

Fähigkeit, Stimmungen, Intentionen, Motivationen und Gefühle anderer wahrzunehmen und zu unterscheiden – dazu gehören Sensibilität für Gesichtsausdruck, Stimme, Gestik und die Fähigkeit zur Dekodierung entsprechender Signale.

❼ Intrapersonale Intelligenz
(Intrapersonal Intelligence)

Selbstwahrnehmung und die Fähigkeit, auf der Basis derselben anpassungsfähig zu handeln – dazu gehören die Einschätzung eigener Stärken und Grenzen, das Bewusstsein innerer Regungen/Stimmungen, Intentionen, Motivationen, Wünsche, Neigungen, charakterlicher Besonderheiten und die Fähigkeit zu Selbstdisziplin, Selbstachtung sowie die Mitteilungsfähigkeit über das eigene Ich.

❽ Naturkundliche Intelligenz
(Naturalist Intelligence, added in 1996)

Besondere Fähigkeit, naturkundliche Phänomene zu beobachten, sie zu verstehen und zugrunde liegende Muster und Regelkreise zu erkennen. Diese Fähigkeit zum Beobachten, Sammeln und Kategorisieren können Kinder wie Erwachsene auch in anderen Bereichen ihrer Umwelt zeigen.

Beobachtungsbogen zur Selbst- und Fremdwahrnehmung von „Multiple-Intelligence"-Aspekten*

❶ Linguistic Intelligence

- ❒ Texte sind sehr wichtig für mich.
- ❒ Ich kann bei mündlicher und schriftlicher Äußerung meiner Gedanken auf einen umfangreichen Wortschatz zurückgreifen.
- ❒ Bei der Informationsaufnahme ziehe ich Radiosendungen oder Audiokassetten Filmen oder Fernsehübertragungen vor.
- ❒ Ich spiele gern Sprachspiele wie z. B. Scrabble, Anagramme.
- ❒ Ich habe Freude an Zungenbrechern, Spaßreimen oder Wortspielereien.
- ❒ Ich werde bei schriftlichen Formulierungen häufig von anderen um Rat gebeten.
- ❒ Ich erinnere mich genau an Quellen, die ich bei mündlichen oder schriftlichen Beiträgen sinnvoll in meine Äußerungen einbeziehen kann.
- ❒ Ich habe während meiner eigenen Schulzeit sprachliche Fächer den mathematisch-naturwissenschaftlichen vorgezogen.
- ❒ Meine schriftlichen Darstellungen werden von anderen wahrgenommen und finden Anerkennung.

❷ Logical-Mathematical Intelligence

- ❒ Ich habe großes Interesse daran zu erfahren, wie Dinge funktionieren.
- ❒ Mathematik/Naturwissenschaften gehörten zu meinen Lieblingsfächern.
- ❒ Ich habe Freude an Spielen und Denksportaufgaben, die logisches Denken erfordern, z. B. Schach, Mühle usw.
- ❒ Ich mache mir oft Gedanken über Ursache-Wirkungs-Zusammenhänge, auch in alltäglichen Situationen.
- ❒ Ich forsche nach Strukturen, Regeln oder logischen Abfolgen.
- ❒ Ich bin an Fortschritten/neuen Erkenntnissen in den Naturwissenschaften sehr interessiert.
- ❒ Ich bin überzeugt, dass es für fast alles eine rationale Erklärung gibt.
- ❒ Ich bin in der Lage, mir ohne Zuhilfenahme von Begriffen und Bildern klare abstrakte Konzepte vorzustellen oder solche zu entwickeln.
- ❒ Ich akzeptiere Erkenntnisse leichter, wenn sie gemessen, quantifiziert, analysiert und klassifiziert sind.

❸ Spatial Intelligence

- ❒ Ich habe eine große Vorstellungskraft.
- ❒ Ich habe ein ausgeprägtes Differenzierungs- und Speichervermögen in Bezug auf Farben.
- ❒ Ich neige dazu, meine Umgebung und wichtige Eindrücke mithilfe eines Fotoapparates oder einer Video-Kamera festzuhalten.
- ❒ Ich ziehe visuelle Präsentationen (Filme, Dias, Fotos usw.) anderen Formen vor.
- ❒ Ich habe eine Vorliebe für vielfältige dekorative und inhaltlich erhellende Illustrationen (z. B. bei Texten).
- ❒ Ich bin in der Lage, meine Vorstellungen künstlerisch umzusetzen (z. B. in Zeichnungen, Bilder).
- ❒ Ich ertappe mich häufig dabei, dass ich auf Zetteln usw. Kritzeleien anfertige.
- ❒ Ich träume in ausdrucksstarken Bildern und erlebe auch Tagträume.
- ❒ Ich habe in der eigenen Schulzeit zu Geometrie leichter Zugang gefunden als zu Algebra.
- ❒ Ich habe in der Regel auch in unvertrautem Gelände einen guten Orientierungssinn.
- ❒ Ich habe wenig Mühe mit dreidimensionalen Objekten und Darstellungen aus der Vogelperspektive.

❹ Bodily-Kinesthetic Intelligence

- ❒ Ich übe regelmäßig mindestens eine Sportart aus und bewege mich gern.
- ❒ Ich kann nicht über einen längeren Zeitraum still sitzen.
- ❒ Meine Feinmotorik ist gut entwickelt und zeigt sich in sicheren Fertigkeiten bei handlungsorientierten Aktivitäten wie Weben, Schnitzen, Modellieren, Mechanik.
- ❒ Ich zeige eine ausgeprägte Körpersprache in der Kommunikation mit anderen.
- ❒ Ich lerne neue Fähigkeiten und Fertigkeiten leichter durch praktische Erprobung als durch Gebrauchsanweisungen oder Filmsequenzen.

❺ Musical Intelligence

- ❒ Ich habe ein feines Unterscheidungsvermögen für Töne und erkenne Missklänge/Abweichungen auf Anhieb.
- ❒ Ich höre häufig Musik und kann mir ein Leben ohne Musik nicht vorstellen.
- ❒ Ich spiele ein Instrument, habe eine gute Singstimme und singe gern allein oder in einem Chor.
- ❒ Ich erlebe oft, dass mir Melodien bzw. Musikstücke nicht aus dem Kopf gehen.
- ❒ Ich behalte viele verschiedene Lieder oder Musikstücke und gebe sie musikalisch korrekt wieder.
- ❒ Ich produziere häufig rhythmische Folgen durch Klopfen oder den Gebrauch einfacher Schlaginstrumente oder entsprechender Gegenstände.
- ❒ Ich nehme Umweltgeräusche sensibel wahr und kann sie problemlos identifizieren.

❻ Interpersonal Intelligence

- ❒ Ich bin sensibel für Probleme anderer und werde oft um Rat und Hilfe gebeten.
- ❒ Ich ziehe Mannschaftssportarten Einzelsportarten vor.
- ❒ Ich erkenne an mir Führungsfähigkeiten bzw. ich werde von anderen so eingeschätzt.
- ❒ Ich habe mehrere soziale Kontakte und auch enge Freunde.
- ❒ Ich ziehe soziale Freizeitaktivitäten und Spiele individuellen Erholungsmöglichkeiten vor.
- ❒ Ich engagiere mich außerberuflich in sozialen Bereichen wie Kirchen, Gemeinden, Parteien, Umweltorganisationen usw.
- ❒ Ich gebe meine Erfahrungen/mein Wissen/meine Kenntnisse gern an andere weiter.
- ❒ Ich gehe lieber auf Partys und zu anderen gesellschaftlichen Ereignissen, als einen Abend ganz für mich allein zu verbringen.

❼ Intrapersonal Intelligence

- ❒ Ich verbringe regelmäßig Zeit um wichtige Lebensfragen zu erkennen und ihnen meditativ oder reflektierend nachzugehen.
- ❒ Ich habe Beratungen, therapeutische Gespräche, Supervisionen usw. genutzt um mehr über mich zu erfahren.
- ❒ Ich bin in der Lage, eigenes Fehlverhalten, Erfolge und Rückschläge realistisch einzuschätzen, durchzustehen und innerlich zu verarbeiten.
- ❒ Ich arbeite gern allein und verbringe auch Freizeit lieber allein als in einer größeren Gruppe.
- ❒ Ich schätze mich selbst als willensstark, selbstständig und relativ unabhängig von anderen ein.
- ❒ Ich kann meinen Gefühlen treffend Ausdruck verleihen.
- ❒ Ich habe Freude daran, innere Vorgänge niederzuschreiben, z. B. in einem Tagebuch.

❽ Auf die **Naturalist Intelligence** wird hier wegen ihrer geringen Relevanz für den Fremdsprachenunterricht verzichtet.

*Nach *Armstrong, T.*: Multiple Intelligences in the Classroom. Alexandria 1994

Es führen viele Wege nach Rom ...

Ingrid Ahlring

Muster und Module binnendifferenzierenden Unterrichts

„Binnendifferenzierung ist eine Illusion." – „Alle reden davon und keiner kann es." – „Die Forderung nach Binnendifferenzierung ist eine Überforderung für alle Lehrerinnen und Lehrer." – „Binnendifferenzierung und neuer Leistungsgedanke – wie geht das noch zusammen?" – „Älteren Kolleginnen und Kollegen ist dieser Spagat nicht mehr zuzumuten." – „Wenn man Binnendifferenzierung nur lernen könnte – aber es gibt niemanden, der es einem zeigen kann ..."

Foto: Veit Mette/Bielefelder Fotobüro

Für jeden einzelnen Schüler, jede einzelne Schülerin ist es wichtig, als Individuum wahrgenommen zu werden.

Diese Meinungen über das „Reizthema" Binnendifferenzierung wurden gesammelt innerhalb nur eines Monats zu ganz verschiedenen Gelegenheiten. Die Aussprüche spiegeln Resignation und Hilflosigkeit, aber durchaus auch die Einsicht, dass es „eigentlich" nötig sei, sich nach wie vor damit zu beschäftigen. Im Folgenden soll Mut gemacht werden, sollen Unterrichtsstrukturen beschrieben werden, die es ermöglichen könnten, Ordnung in ein Chaos diffuser Vorstellungen zu bringen ...

Der erste Schritt findet im Kopf statt ...

Als sich in unserer Schule die Schulprogrammgruppe „Binnendifferenzierung" zusammenfand und überlegte, wie wir unsere komplexe Aufgabe angehen könnten, wurde uns nach längerem Gedankenaustausch klar, dass der erste, entscheidende Schritt hierzu in den Köpfen der Kolleginnen und Kollegen stattfindet. Der individuelle Blick auf die Schülerinnen und Schüler wird zweifellos dreierlei zur Folge haben:

1. Persönliches, individuelles Reagieren auf die Kinder und Jugendlichen ist gefordert

Wer die Vielfalt im Klassenraum akzeptiert, der stellt sein eigenes Lehrerverhalten in konstruktiver Weise darauf ein und erkennt: Unterschiedliche Kinder brauchen unterschiedliche Lehrerreaktionen. Einige Kinder erhalten Bestätigung und Ruhe durch mehr Zuwendung, kleine körperliche Kontakte wie eine beruhigende Hand auf der Schulter, ein freundliches Knuffen, vielleicht sogar eine kleine, angedeutete Umarmung. Andere brauchen Distanz und Abgrenzung, klare Anweisungen, Autorität, Unnachgiebigkeit, müssen sich reiben. Einige verstehen sofort, können und wollen gleich anfangen mit der Arbeit, andere sind versponnen, brauchen einen zweiten Anlauf, die persönliche Ansprache. Einige sind hungrig nach Freundlichkeit, Anerkennung, Lob, andere reagieren darauf mit Verachtung, wollen Ansporn, Richtung, Herausforderung. Einige brauchen eine kleine Geste, ein Augenzwinkern um das Signal zu erhalten: Ich bin wichtig, ich bin wahrgenommen worden. Andere sind kleine Egomanen und brauchen eher Reaktionen, die ihnen zeigen, dass es gleichberechtigt mit ihnen noch andere Kinder gibt.

2. Aus lauter kleinen Individuen muss eine Lerngruppe gemacht werden, die trotz Vielfalt interagieren kann

Keine Lehrerin und kein Lehrer kann sich allerdings in 25 oder gar 30 Teile teilen und ständig und zu jeder Zeit mehr als 20-fach reagieren. Die Lerngruppe braucht als Gruppe Stabilität und Sicherheit um individuelles Agieren und Reagieren auszuhalten, aber auch Gemeinsamkeiten zu ermöglichen. Werden diese Prozesse vernachlässigt, entstehen möglicherweise Konkurrenz und Neid. Gemeinsamkeiten und Gruppenerfahrungen in der Klasse, feste Regeln und Rituale sowie eine Kultur der Rückmeldung und Ergebnispräsentation, die Unterschiedlichkeit akzeptiert und integriert sowie offensiv und konstruktiv mit Ungleichheiten umgeht, sind nötig und müssen aufgebaut werden.[1]

3. Der Unterricht muss der Vielfalt der Schüler und Lehrer Rechnung tragen

Einen „Königsweg" zur Binnendifferenzierung gibt es nicht; wie die ***Materialseite*** 27[2] zeigt, verträgt sich Binnendifferenzierung aber mit ganz unterschiedlichen Unterrichtsansätzen. Denn wie es in jedem Klassenraum eine Vielfalt unterschiedlicher Schülerpersönlichkeiten gibt, so gibt es in jedem Kollegium auch eine Vielzahl sehr unterschiedlicher Lehrerpersönlichkeiten: Einige Kollegen möchten ihren Unterricht lieber zentral organisieren und die Fäden in der Hand halten, andere sind dagegen willens und in der Lage, „die Leine etwas länger" zu lassen, den Schülern auch über größere Zeiträume hinweg individuelle Freiräume zu gestatten. Beide „Grundformen" von Unterrichtsorganisation eignen sich für Binnendifferenzierung. Das ist wichtig zu wissen, da häufig vermutet wird, Binnendifferenzierung könne nur in sehr dezentralen, offenen Unterrichtsformen stattfinden, und das ist bekanntlich nicht jedermanns Sache. Im Folgenden sollen einige Beispiele für Differenzierungsmöglichkeiten in beiden Unterrichtsformen aufgezeigt werden.

Binnendifferenzierung im zentral organisierten Unterricht

Differenzierung durch Methodenvarianz

In jedem Referendariat spielt der Methodenwechsel eine große Rolle. Man kann also davon ausgehen, dass dies zum Grundrepertoire eines jeden Lehrers gehört. Das bedeutet, dass Formen der Binnendifferenzierung tendenziell von jedem Lehrer geleistet werden und geleistet werden können, der Wechsel in seinen Unterricht bringt. Ein Bildimpuls, ein Lied als Einstieg, eine Fantasiereise zur Sammlung oder Beruhigung, ein Wechsel von Unterrichtsgespräch und Eigenarbeit am Tisch, ein Standbild zur Literaturinterpretation statt nur immer Worte, eine Mindmap zu zweit oder am Gruppentisch statt des sonst üblichen Sammelns an der Tafel, Regeln und Formeln auf Postern an der Klassenraumwand statt einmal angeschrieben und weggewischt, Arbeit mit Kartentechnik statt des klassischen Frage- und Antwortspiels bei Textanalysen, Einbeziehung von Lernsoftware, kreative Schreibrunden, Wechsel zwischen Sitzkreis und Arbeit am Tisch, ein Rollenspiel zur Klärung eines Problems anstatt endloser Diskussionen, Aufsuchen außerschulischer Lernorte statt immer neuer Texte – all dies sind nur einige Beispiele dafür, dass im Grunde bereits die tägliche Alltagsarbeit, die sich unterscheidet von dem viel karikierten „Buchaufschlagen - Textlesen - Fragenbeantworten", eine Form von Binnendifferenzierung darstellt, weil sie Kindern unterschiedliche Lernzugänge ermöglicht und von daher den verschiedenen Lerntypen eine Chance gibt.[3]

Unterschiedliche Lernzugänge gewährleisten

Eng damit zusammen hängt diese Form der Differenzierung im Klassenraum. Auch sie geht auf unterschiedliche Lerntypen ein. Der Unterschied zu dem oben Erwähnten besteht lediglich darin, dass hier unterschiedliche Lernzugänge parallel angeboten werden. So kann ein Arbeitsblatt zum Beispiel sowohl einen Text zu einer Problematik enthalten als auch eine Karikatur oder einen Comic oder eine Grafik – die Schüler suchen sich dann das aus, was ihnen am besten liegt.

Im Fremdsprachenbereich werden häufig Lehrbuchtexte auch in gesprochener Form auf Kassette angeboten - auch dies wäre eine Möglichkeit, Schülern die Wahl zu lassen, wie sie sich den Text aneignen möchten. Gerade denjenigen, die eine Lese-Rechtschreibschwäche haben, würde ein solches Angebot sehr entgegenkommen.

Eine geometrische Form selbst zusammenbauen, sich eine Geschichte aus Einzelteilen zusammenpuzzeln – dies könnten Alternativen für haptische Lerner sein, während ihre Mitschüler „klassische" Lernformen bevorzugen.

Gerade dies letzte Beispiel zeigt auch, dass das parallele Anbieten unterschiedlicher Zugangsweisen in sehr heterogenen Gruppen Vorteile hat. Leistungsstarke Schüler, die über abstraktes Denkvermögen verfügen, müssen nicht unbedingt Dinge anfassen um sie zu verstehen. Sie sollten allerdings verstehen lernen, dass andere Schüler auf diese Weise besser lernen können. Dieses gegenseitige Verständnis wird sicherlich eher gefördert, wenn sie selbst so lernen können, wie sie es für angemessen halten.

Schülern Lernhilfen anbieten

Es gibt vielfältige und sehr verschiedene Möglichkeiten, auch im zentral organisierten Unterricht Lernhilfen für Schüler zur Verfügung zu stellen. Ein Arbeitsblatt mit einem komplexen Text zum Beispiel kann vom Lehrer in einer zweiten Form, in der Zwischenüberschriften und Strukturierungshilfen wie Unterstreichungen, Absätze, Pfeile und Markierungen am Rand usw. bereits vermerkt sind, bereitgehalten werden. Für eine geforderte Textzusammenfassung können Strukturhilfen (Stichworte, Gliederung) angeboten werden.[4] Mathematikaufgaben können durch eine „Anfangshilfe" unterstützt werden, mit der Schüler dann selbst weiterrechnen können. Diese Art Hilfen können den Schülern entweder angeboten oder auf Nachfrage bereitgehalten werden.

Eine der einfachsten Lernhilfen, die sicherlich jeder Kollege schon praktiziert hat, besteht darin, während der Arbeitsprozesse herumzugehen und Schülern Tipps zu geben, sie auf den Weg zu bringen, hilfreiche Fragen zu stellen usw. Bei Klassenarbeiten lösen diese Formen von Zuwendung oft Denkblockaden und Angstattacken; nach dem Zerschlagen dieses „Anfangsknotens" können Schüler dann häufig allein weiterarbeiten. Weiß man als Lehrer vorher, welche Art von Blockaden zu erwarten ist, lassen sich auch kleine Strategien vorher vereinbaren oder beruhigende Gesten anwenden.[5]

Poster im Klassenraum können ebenfalls Erinnerung und Hilfe zugleich sein. Ob nun eine Tabelle die Verwendung der Zeiten im Englischen, ob die Präpositionsregeln für Französisch, ein Zeitstrahl für Geschichte an der Wand hängen – viele Schüler mögen dies gar nicht wahrnehmen, aber für andere bedeuten diese „stummen Erinnerungen" doch immer wieder Unterstützung.

Weitere Formen von Lernhilfen bestehen darin, Schüler arbeitstechnisch zu unterstützen. Jede Form von Training von Arbeitstechniken ist natürlich eine Lernhilfe[7]; werden diese Techniken und Lernstrategien allerdings im direkten Zusammenhang mit Unterrichtsinhalten vermittelt, sind Lernerfolge nachweislich am größten und haben mehr Schüler etwas davon.[7] Schließlich kann die Ausstattung des Klassenraums mit Nachschlagewerken jeder Art bzw. die Benutzung elektronischer Enzyklopädien und Wörterbücher eine Hilfe sein.

Zusatzaufgaben anbieten (Differenzierung nach Quantität)

Häufig sitzen im Klassenraum Schüler, die einfach schneller sind als andere. Das kann, muss aber nichts mit Leistungsfähigkeit zu tun haben. Es ist fatal, wenn Schüler, die

Eine von vielen Differenzierungsmöglichkeiten ist langfristige Gruppenarbeit, bei der die Schüler sich zum Beispiel themenorientiert zusammenfinden können.

Foto: Veit Mette/
Bielefelder Fotobüro

ihre Aufgabe erledigt haben, lustlos im Klassenraum herumhängen. Sind diese Schüler auch noch energiegeladen und motorisch aktiv, werden sie bald im Klassenraum herumspringen und andere bei der Arbeit stören. Hier sind Aufgaben, die nach Fundamentum und Additum differenzieren, eine große Hilfe. Die Langsameren werden das Fundamentum schaffen und damit doch das Gefühl haben, „alles erledigt zu haben", während die Schnelleren noch zusätzliche Knobelaufgaben, grammatische Kniffligkeiten, kleine Extratexte mit interessanten Themenstellungen bearbeiten oder in Karteien und mit Lernspielen arbeiten, die im Klassenraum bereitstehen.

Diese Form der Differenzierung muss allerdings wohl dosiert sein – keinesfalls sollte bei den „Schnellen" der Eindruck entstehen, sie würden durch zusätzliche Belastungen für ihre Schnelligkeit „bestraft". Daher sollten die Zusatzaufgaben Anreize bieten und Spaß machen, nicht aber demotivieren.[8] Wichtig ist auch, dass Zusatzangebote echte „Zusätze" sind und nicht bedeuten, im vorgesehenen Unterrichtsstoff schon weiter voranzugehen, das nächste Buchkapitel zu beginnen o. Ä. Dies würde die Schere im Klassenraum nur vergrößern.

Nach Niveau unterschiedenes Material anbieten (Differenzierung nach Qualität)

Niveauunterschiedenes Material zu suchen oder selbst herzustellen macht natürlich Mühe, oft ist es jedoch viel unproblematischer als befürchtet. In Sozialkunde zum Beispiel könnte dabei zu einem Thema je ein Text aus einer Lokalzeitung und aus einer anspruchsvolleren überregionalen Zeitung entnommen werden. Ein und derselbe Text kann in ausführlicher und komprimierter, auf das Wesentliche beschränkter Form angeboten werden. Ein fremdsprachlicher Text kann für leistungsschwächere Schüler etwas vereinfacht werden – so können sie immerhin inhaltlich mithalten und geraten nicht vollends ins Abseits. In Geschichte könnten Originalquellen parallel zu Autorentexten im Schulbuch angeboten werden, in der Mathematik könnten Schüler selbst entscheiden, ob sie weitere Übungen im einfacheren „Grundsatzformat" brauchen, um sicher zu werden, oder sich bereits komplexere Übungsformen zutrauen.[9] Im Fremdsprachenbereich können authentische Zeitungstexte für Leistungsstarke angeboten werden, während andere die einfacheren Schulbuch- oder Arbeitsblatttexte bearbeiten.

Schulbücher machen Angebote: Nutzen Sie sie!

Schließlich und endlich muss darauf hingewiesen werden, dass inzwischen alle großen Schulbuchverlage Schulbücher in ihrem Programm haben, die differenzierende Angebote machen. Dabei werden sowohl unterschiedliche Übungsarten angeboten, als auch verschieden schwierige Texte und Übungen präsentiert; es gibt Aufgaben, die zum komplexeren Weiterdenken auffordern, und interessante zusätzliche Anregungen für die Schule oder zu Hause. Selbst wenn Schulbücher nicht ausdrücklich Differenzierungsangebote machen, lässt sich Differenzierung mit ihnen inszenieren.[10]

Binnendifferenzierung in dezentralen Unterrichtsformen

Vorab sei erinnert, dass jeder dezentrale Unterricht eines gemeinsamen Einstiegs in das Thema bedarf und mit einer gemeinsamen Präsentation oder auch einem gemeinsamen Plenum enden sollte um nach wie vor ein Lernerlebnis der gesamten Lerngruppe zu sein.

Differenzierung in verschiedenen kurzen Unterrichtsphasen

Nach einem gemeinsamen thematischen Einstieg kann die vertiefende Bearbeitung in Kleingruppen erfolgen, die einen begrenzten Arbeitsauftrag erhält. Oftmals erstreckt sich diese Form der Arbeit lediglich über eine Doppelstunde und wird am Ende durch kleine Gruppenpräsentationen oder Visualisierungen wieder zusammengebunden. In dieser bekannten Form der Unterrichtsstruktur lassen sich sehr gut differenzierende Elemente nach den oben genannten Kriterien einbauen. Sind die Tischgruppen insgesamt leistungshomogen zusammengesetzt, kann ein Auftrag mit einer leichteren Aufgabe an eine Gruppe mit eher leistungsschwächeren Schülern vergeben werden. Sind die Gruppen in sich sehr heterogen, empfehlen sich Arbeitsaufträge mit einem Fundamentum und Additum oder, wenn Arbeitsteilung möglich ist, mit deutlich gekennzeichneten leichteren und schwereren Aufgaben. Noch einfacher sind solche differenzierenden Angebote in Partnerartbeit zu organiseiren. Eine Neuzusammensetzung von Gruppen aufgrund verschiedener Aufgabenangebote ist für eine Unterrichtsstunde sicherlich zu aufwendig - dies sollte längeren Gruppenphasen vorbehalten bleiben.

Auch das Freistellen einer Präsentationsform gibt Kleingruppen die Möglichkeit, je nach den Fähigkeiten und Neigungen ihrer Mitglieder zu entscheiden. Eine sehr interessante Variante bietet hier die in der PRAXIS SCHULE 5-10 bereits mehrfach vorgestellte Gruppenpuzzle-Methode, die es ermöglicht, aus heterogen zusammengesetzten Tischgruppen kurzfristig homogene Kleingruppen zu machen, welche dann ihre Ergebnisse in die ursprüngliche Tischgruppe wieder hineintragen.[11]

Differenzierung durch Individualisierung
Gelegentlich, aber nicht ständig, kann der Unterricht nach dem Einstieg ins Thema völlig individualisiert werden. In diesen Phasen kann jeder nach seinem eigenen Lerntempo, gegebenenfalls auch nach seinen Neigungen arbeiten. Die Rolle des Lehrers verschiebt sich hierbei auf die Vorbereitung dieses Prozesses und die Beratung und Lernkontrolle.[12] Schüler empfinden diese Formen in der Regel als erholsame Abwechslung von Unterrichtsstrukturen, in denen sie ständig auf den frontal agierenden Lehrer konzentriert sein müssen. Es ist erlaubt miteinander zu kommunizieren und auch zu zweit zu arbeiten, kleine Konzentrationspausen gönnt sich jeder selbst. Besonders in den Pubertätsjahrgängen kann diese Form den Unterichtsstress für Lehrer und Schüler erheblich mindern und sogar positiv wenden, da sich hier Gelegenheit für individuelle Hilfen, Gespräche, Ratschläge ergibt. Ein solcher Unterricht lässt sich sowohl mithilfe von Lernstationen organisieren, die die Schüler nach und nach durchlaufen müssen, als auch mit Lernwerkstätten, Arbeit an Lernkarteien oder langfristigen individuellen Aufgaben oder Projekten. Differenzierende Aspekte können sich hier auf das Lerntempo beziehen, auf die zu erarbeitende Quantität (ein Pflichtpensum für alle, danach Zusatzmöglichkeiten), auf niveauunterschiedene Angebote zum Beispiel an den einzelnen Stationen oder aber auch auf Neigung oder Lernzugänge.[13]

Differenzierung durch langfristige Gruppenarbeit oder durch Gruppenprojekte
Selbstverständlich ist jede Form von Projektarbeit auch differenzierender Unterricht, da die Schüler sich an Themen wagen, die sie interessieren, Materialien suchen, die sie bewältigen können und deren Bearbeitung in aller Regel ihrer Leistungsfähigkeit und ihrem Lernstil entspricht. Langfristige Gruppenarbeit ist eine Art Vorform dazu. Eine Differenzierungsmöglichkeit besteht darin, als Lehrer Themenangebote zu machen, die von Anfang an Hinweise darauf haben, ob die Materiallage schwer oder leicht ist, der Zugang zum Thema kompliziert und die Fragestellung komplex oder eher einfach ist.[14] *Hans-Eberhard Piepho* nennt eine solche Differenzierung im Fremdsprachenbereich „task-based approach“, das heißt „aufgabenbezogener Ansatz“. Indem Schüler das gemeinsam eingeführte Thema in unterschiedlichen Aufgabenbereichen bearbeiten, die sich sowohl thematisch als auch vom Schwierigkeitsgrad her unterscheiden können, arbeiten alle gemeinsam an einer Sache und sind doch individuell gefordert.[15] Gibt der Lehrer selbst Material vor, das zu bearbeiten ist, kann auch dies schon von unterschiedlicher Quantität und Qualität sein (zum Beispiel aufbereitete Schulbuchtexte versus Originaltexte aus Zeitungen o. Ä.). Die Schüler entscheiden dann selbst, welches Thema sie sich zutrauen und mit wem sie zusammenarbeiten möchten. Es ist allerdings auch möglich, individuell mit Schülergruppen die Anforderungen zu besprechen und zu vereinbaren.

Differenzierung durch zeitweilige Gruppenteilung
Eine Form dezentralen Unterrichts kann sein, wechselseitig intensiv mit unterschiedlichen Schülergruppen zu arbeiten.

Differenzierung zeichnet sich (auch) aus durch Ungleichzeitigkeiten im Unterrichtsverlauf. Darauf muss man sich als Lehrer vorbereiten,will man Unterrichtsstörungen und sonstigen Problemen vorbeugen.

Foto: Bert Butzke

Dies ist nicht – wie ein erster Blick vermuten lassen könnte – eine Form der äußeren Differenzierung in der inneren, sondern flexibles Reagieren auf unterschiedliche Schülerbedürfnisse. In Mathematik, Englisch oder Deutsch kann ein Teil der Schüler an den Tischen an einer Aufgabe arbeiten, während ein anderer Teil mit dem Lehrer zusammensitzt und ein grammatisches Problem noch einmal gemeinsam durchgeht, in eine neue Rechenoperation eingeführt wird oder die vorbereiteten Texte liest und gemeinsam beurteilt. Auf diese Weise können Lernschwächere, langsamere Lerner oder Schüler mit Lerndefiziten sich noch einmal vergewissern, trauen sich zu fragen, was ihnen in der Großgruppe schwer fallen würde. Sensible, intime Gedanken zu einem Text oder einer Lektüre können in kleinem Kreis eher geäußert werden als im Plenum, schnelle Denker und sehr begabte Kinder können in solchen Situationen mit abstrakterer Sprache und komplexeren Gedankengängen konfrontiert werden.

Dabei müssen diese Teilgruppen nicht immer identisch sein: Wer einmal längere Zeit gefehlt hat, gesellt sich im Kreis denen zu, die langsamer lernen, später wird er wieder bei den anderen dabei sein. Geometrie liegt einer Schülerin gar nicht und sie braucht mehr Erklärungen und Hilfen, bei Algebra hingegen kann sie bei den Schnelleren mitarbeiten. Ein Schüler interessiert sich brennend für aktuelle politische Themen und diskutiert hier komplexe Sachverhalte mit, wirtschaftliche Sachzusammenhänge lassen ihn kalt und er ist froh, das Fundamentum bearbeiten zu können.

Diese Art von Arbeit mit wechselnden Kleingruppen kann auch ohne langfristige Vorbereitung oder große Differenzierungserfahrung versucht werden: „Stillarbeit" kann jeder veranlassen und organisieren, und während einige still arbeiten, können die anderen gut intensiv mit dem Lehrer lernen.

Ein „Begleitprogramm" sollte stets dabei sein

Alle erwähnten Unterrichtsstrukturen zeichnen sich durch Ungleichzeitigkeiten aus. Diese bedingen automatisch Leerläufe infolge von unterschiedlich schnellem Erledigen der Arbeit und Ärgernissen wie vergessenes Material (ein Schüler kann nicht am Thema weiterarbeiten), Krankheit von Klassenkameraden (eine Gruppe ist nicht funktionsfähig) oder Ähnlichem. In Unterrichtsstörungen und -problemen endet dies nur dann, wenn man als Lehrer blind hineinstolpert anstatt vorzusorgen und ein „Begleitprogramm" parat zu haben. Am günstigsten ist ein Angebot, das im Zusammenhang mit dem Unterrichtsthema steht und doch außerhalb liegt. Dies können Lernspiele zum Thema sein, begleitende Schulbuch-Software, kleine Aufträge, die zu einer Ausstellung zum Thema beitragen und den Klassenraum verschönern (Wappenzeichnen beim Thema Mittelalter, Bilder für die Klassenzeit-Leiste erstellen), Weiterarbeit an einem langfristigen Klassenprojekt (E-Mail-Kontakte mit Partnerklassen), Aufgaben aus der „Knobel-Kiste" oder einfach Bücher zum Thema.

Binnendifferenzierung ins Bewusstsein des Kollegiums rücken

Last, but not least, sei dazu ermutigt, das Thema nicht zu lassen, sondern hartnäckig zu sein. Viele Möglichkeiten können auch mit recht einfachen Mitteln realisiert werden. Die ***Materialseite*** 28 dokumentiert ein Beispiel für Differenzierung im Unterricht mithilfe von Gruppenthemen und zeigt, dass die oben beschriebenen „Module" in jeder Unterrichtseinheit anders zusammengesetzt werden können – je nach Lerngruppe und Neigung des unterrichtenden Lehrers. Vieles davon kann zwar jeder für sich in seiner Lerngruppe ausprobieren, leichter geht es aber allemal im Team. ■

---

[1]Auf diesen Sachverhalt wird besonders in meinem Artikel „Vielfalt als Chance" auf S. 28 ff. in diesem Band hingewiesen. Vgl. dazu auch *Messner, R.*: Innere Differenzierung und Schulentwicklung. In: Pädagogik Zeitgemäß, H. 36, hrsg. v. Pädagogischen Zentrum Rheinland-Pfalz, S. 3 ff., bes. S. 21.

[2]Diese Materialseite lehnt sich an eine Skizze an, die erstmals veröffentlicht wurde in: *Ahlring, I./Brömer, B.*: Schule machen. Baltmannsweiler 1999, S. 28.

[3]Die Serie „Methoden-Tipps" in der Zeitschrift PRAXIS SCHULE 5–10 versucht einen solchen Fundus bereitzustellen.

[4]Vgl. dazu *Brömer, B.*: Mit Unterschieden leben und arbeiten. In: PRAXIS SCHULE 5–10, H. 2/1997, S. 25 ff.

[5]Hier bieten die NLP-Ansätze einfache und interessante Möglichkeiten. Vgl. dazu *Kliebisch, U. W.*: Fast wie ein Wunder. Baltmannsweiler 1999; sowie *Kliebisch, U. W./Basten, K.-H.*: Lernen wie die Profis. Baltmannsweiler 1997

[6]Vgl. hierzu die verschiedenen von *Heinz Klippert* angebotenen Trainingsformen und -möglichkeiten in seinem Buch „Methodentraining", Weinheim 1994. Vgl. auch *Klippert, H.*: Der Schüler muss Methoden lernen! In: PRAXIS SCHULE 5–10, H. 2/2000, S. 18 ff.

[7]Dies betonen *Weinert, F. E./Schrader, F.-W.*: Lernen lernen als psychologisches Problem. In: Enzyklopädie der Psychologie, Bd. 4. Göttingen 1997, Kap. 7, bes. S. 326 f.

[8]Beispiele könnten „Knobel-Kisten" im Klassenraum sein, Aufgaben, die an den Ehrgeiz der Schüler appellieren ein Problem zu lösen und etwas herauszufinden. Vgl. dazu auch die regelmäßig angebotene, gleichnamige Rubrik in der PRAXIS SCHULE 5–10 mit Beispielen für verschiedene Fächer und Themen.

[9]Vgl. dazu den Aufsatz von *Wolfgang Krippner* auf S. 89 ff. in diesem Band.

[10]Vgl. dazu den Aufsatz von *Werner Broders* auf S. 50 ff. in diesem Band.

[11]Vgl. dazu den Aufsatz von *Beate Vogel* auf S. 140 ff. in diesem Band sowie *Frey, K./Frey-Eiling, A.*: Das Gruppenpuzzle. In: PRAXIS SCHULE 5–10, H. 2/1998, S. 67 ff.

[12]Vgl. zur veränderten Lehrerrolle bes. den Artikel von *Peter Gautschi* auf S. 30 ff. in diesem Band.

[13]Vgl. zum Stationenlernen *Vogel, B.*: Who's afraid of differentiation? Teil 2. In: PRAXIS SCHULE 5–10, H. 5/1997, S. 56 ff.; *Hegele, I.*: Stationenarbeit – ein Weg zum offenen Unterricht. In: PRAXIS SCHULE 5–10, H. 5/1998, S. 69 ff.; *Bauer, R.*: Lernen an Stationen. In: PRAXIS SCHULE 5–10, H. 2/2000, S. 59 ff.; sowie *ders.*: Lernen an Stationen. In: Pädagogik, H. 7–8/1998, S. 25 ff.

[14]Ein Beispiel dazu findet sich bei *Schnurer, J.*: Reif für die Insel. In: PRAXIS SCHULE 5–10, H. 6/1998, S. 30 ff., bes. die Kopiervorlage mit den Materialien auf S. 35.

[15]Vgl. *Piepho, E.*: Handout zum Thema „Task-Based Approach" der 39. Arbeitstagung der Bundesarbeitsgemeinschaft Englisch an Gesamtschulen, 21.–24.11.2000.

Muster und Module binnendifferenzierenden Unterrichts

Voraussetzungen:
- *Akzeptanz der Unterschiede in der Lerngruppe*
- *Entwicklung von Regeln und Ritualen zur Stabilisierung der Lerngruppe*

Zentral organisierter Unterricht

☆ Differenzierung durch Methodenvarianz
- Fantasiereisen
- Rollenspiele
- Metaplan
- Partnerarbeit

☆ Differenzierung nach verschiedenen Lernzugängen
- Sehen
- Hören
- Tun
- Lesen

☆ Differenzierung durch Lernhilfen
- Strukturvorgaben
- Arbeitstechniken
- Visualisierung im Klassenraum
- persönlicher Zuspruch

☆ Differenzierung durch Zusatzangebote (Quantität)
- Fundamentum/Additum
- Begleitmaterial im Klassenraum

☆ Differenzierung durch Niveauunterschiede (Qualität)
- Basis- vs. Komplexübungen
- Experimente vs. Theorie
- unterschiedliche Steilheit bei Texten
- Abstraktionsgrad

Begleitprogramm bereithalten!

Eher dezentraler Unterricht

☆ Differenzierung in verschiedenen kurzen Unterrichtsphasen
- kurze Partner- und Gruppenarbeit
- Qualitäts-/Quantitätsdifferenzierung
- Gruppenpuzzle

☆ Differenzierung durch Individualisierung
- Lernkarteien
- Lernprogramme
- Lernstationen
- Lernwerkstätten

☆ Differenzierung durch langfristige Gruppenarbeit
- Materiallage
- Themenkomplexität
- Umfang
- Neigung

☆ Differenzierung durch Projektarbeit
- individuelle Bestimmung von Niveau, Umfang und Thema

☆ Differenzierung durch zeitweise Gruppenteilung
- eine Gruppe arbeitet still
- eine Gruppe arbeitet mit Lehrer im Kreis

Entwicklung und Unterentwicklung am Beispiel Asiens – Gruppenthemen

*(Die Anzahl der * verweist auf den Schwierigkeitsgrad.)*

Land/Ländergruppe	Stichworte zum Material	Mögliche * Schwerpunkte	Namen
Japan ***	**Schulbuchtexte,** als Ergänzung möglich: Info-Heft mit Grafiken, Buch „Japan", Ordnerblatt	Gründe für Japans Wirtschaftskraft, Löhne, Mentalität usw.	
Russland/GUS ** ***	**Schulbuchtexte,** Karten als Ergänzung möglich: Info-Heft mit Grafiken, Greenpeace-Heft, Zeitungsartikel, Ordnerblätter	Nachfolgestaaten der Sowjetunion, Probleme bei der Umstellung von Plan- auf Marktwirtschaft, Umweltprobleme	
Kleine Tigerstaaten ***	**Schulbuchtexte,** ergänzende Zeitungsartikel, Ordnerblätter	Ursachen für die Wirtschaftskraft, soziale und politische „Kehrseiten"	
Nepal *	Encarta-Stichworte, Ordnerblatt	Gründe für Armut, Tourismus	
Afghanistan *	Humeiras-Wandzeitung, Zeitungsartikel, Ordnerblatt	Lebenssituation der Menschen	
Israel/Palästina ** ***	**Schulbuchtexte,** Zeitungsartikel, als Ergänzung möglich: Themenheft	Entstehung des Staates Israel, bisherige und derzeitige Konflikte	
Indonesien/Ost-Timor ***	Zeitungsartikel, Buchinformationen, Ordnerblatt	Kolonialgeschichte, ethnische Konflikte, Umweltprobleme	
Indien **	**Schulbuchtexte,** als Ergänzung möglich: Info-Heft mit Grafiken	Bevölkerungsstruktur, Stadt-Land-Problem, Konflikt mit Pakistan	
China ** *** (mit Taiwan)	**Schulbuchtexte,** Zeitungsartikel, Ordnerblätter	Bevölkerungspolitik, Staudammprojekt und Umweltfragen	
OPEC-Staaten Irak/Saudi-Arabien/Kuwait usw. ** ***	Atlaskarten, Buchinformationen, Encarta, Ordnerblatt	Erdöl und Macht, Erdöl als Entwicklungsfaktor	

II. Veränderung der Lehrerrolle

Wissenschaftler, Manager oder Coach?

Peter Gautschi

Veränderung der Lehrerrolle im binnendifferenzierten Unterricht

Abbildung 1: Binnendifferenzierter Unterricht: Was macht die Lehrperson?

Foto: Stephanie Tremp

Die Schule ist im Umbruch. Sowohl ihr Einbezug als soziale Institution in die Gesellschaft als auch das Geschehen, das in der Schule und im Klassenzimmer selbst abläuft, haben sich in den letzten Jahren verändert.

Augenfällig wird dies besonders anhand von Fotografien aus dem Unterricht. Während in älteren Aufnahmen die Lehrerinnen und Lehrer als Dirigenten, Fachwissenschaftler, Darsteller oder Instruktoren erscheinen, sind sie auf neueren Bildern Coach oder Manager und manchmal sogar überhaupt nicht mehr zu sehen (siehe *Abbildung 1*). Wenn diese Veränderungen als „kopernikanische Wende" interpretiert werden, schüren sie Ängste und provozieren Widerstand. Dabei ist es viel hilfreicher aufzuzeigen, dass es heute nicht darum geht, die Lehrerrolle radikal neu zu definieren, sondern darum, eine neue Balance zu finden im wichtigsten Aufgabengebiet von Lehrpersonen, dem Unterrichten. Binnendifferenzierter Unterricht braucht Lehrerinnen und Lehrer, die sowohl viel von der Sache und dem Fach verstehen, als auch in der Lage sind, Lernprozesse günstig zu begleiten und das Geschehen im Klassenzimmer wirksam zu managen. Vor allem aber müssen Lehrerinnen und Lehrer heute bereit sein, die eigene Berufskompetenz in all diesen Aufgabenfeldern weiterzuentwickeln.

Das didaktische Dreieck – ein traditionelles Modell

Traditionellerweise werden die verschiedenen Momente des Unterrichts mit dem „didaktischen Dreieck" veranschaulicht. Wer beispielsweise Geschichte lehrt, versucht historisches Lernen zu ermöglichen. Schülerinnen und Schüler sollen ihre Aufmerksamkeit auf Vergangenes richten, dieses wahrnehmen und für sich rekonstruieren und deuten. Um den Lernprozess günstig zu unterstützen, agieren Lehrpersonen in drei Dimensionen: Sie beschäftigen sich erstens als Wissenschaftler mit dem Lerninhalt, sie gestalten zweitens als Manager Lernwege und Lernsituationen, um die zur Verfügung stehende Zeit günstig zu rhythmisieren, und sie setzen sich drittens als Coaches mit den Schülern auseinander. Guten Unterricht können Lehrpersonen dann ermöglichen, wenn es ihnen gelingt, ihr Handeln in diesen drei Rollen optimal zu verknüpfen.

Das didaktische Dreieck eignet sich aber nicht nur um die verschiedenen Rollenaspekte deutlich zu machen, sondern auch um das historische Lernen von Schülern zu erklären. In der *Abbildung 2* ist das geschichtliche Universum, die Sache, um die es im Geschichtsunterricht geht, oben links dargestellt. Dieses wird konstituiert durch die Achsen Zeit, Raum und Inhaltsbereich. Die Schüler, welche sich im Unterricht mit dem geschichtlichen Universum auseinander setzen sollen, sind oben rechts dargestellt. Sie nehmen Vergangenes wahr und deuten es. Dieser Rekonstruktionsprozess wird durch ein kognitives Bezugssystem, das so genannte Geschichtsbewusstsein geleitet. Historisches Lernen ist also der Prozess, der sich zwischen Lernern und dem historischen Universum abspielt.

In der Schule sollen Kinder und Jugendliche in die Lage versetzt werden, sich kompetent und selbstständig mit Vergangenem zu beschäftigen um für ihre Zukunft zu lernen. Lehrpersonen, welche Geschichte lehren, können historisches Lernen unterstützen. Deshalb sind sie im didaktischen Dreieck unten dargestellt. Sie bahnen den Lernprozess an, indem sie Themen aus dem historischen Universum auswählen und strukturieren, indem sie durch ihre Beziehung zu den Lernenden ein lernförderliches Klima aufbauen und in-

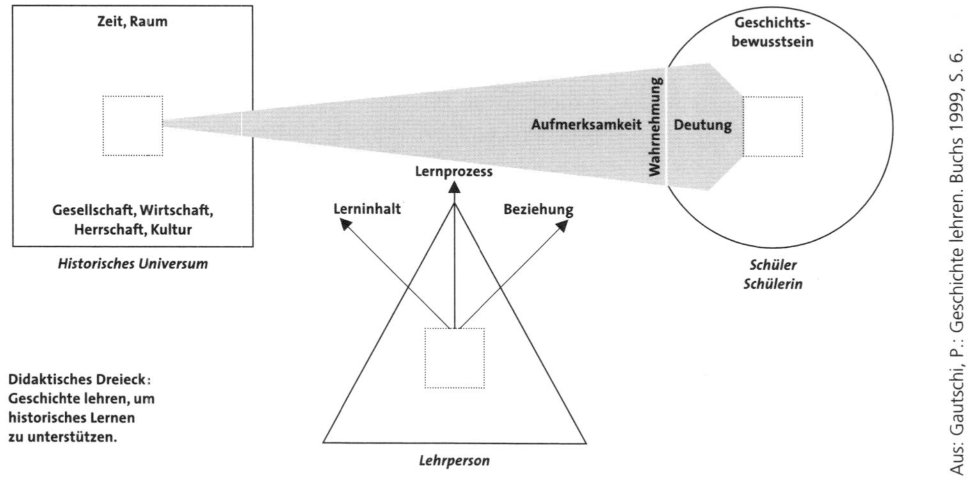

Abbildung 2: Didaktisches Dreieck: Geschichte lehren um historisches Lernen zu unterstützen

dem sie Lernziele anvisieren, Lernwege anbieten sowie Lernsituationen für historisches Lernen arrangieren.

Mehraufwand und größerer Zeitbedarf für binnendifferenzierten Unterricht

Im lehrerzentrierten, standardisierten Klassenunterricht durchdringen die Lehrpersonen die Sache, bereiten sie zum Zwecke der Vermittlung auf, diagnostizieren den durchschnittlichen Lernstand von Schülern, legen einen Lernweg fest, von welchem sie annehmen, dass er für die meisten günstig ist, und führen den Lernprozess sach- und kindgemäß durch. Dieser für alle Schüler identische, lehrergesteuerte Klassenunterricht ist in zweierlei Hinsicht problematisch:

- Erstens ist es je länger desto schwieriger, einen durchschnittlichen Lernstand von Schülern zu definieren: Gesellschaftliche Entwicklungen haben zu einer Pluralisierung der Lebensziele und -stile geführt, sodass Banknachbarn im Unterricht manchmal kaum noch Gemeinsamkeiten haben.
- Zweitens ist die Durchführung von solchem Unterricht sehr anspruchsvoll. Gleichzeitig alle drei Rollen (Wissenschaftler, Manager und Coach) einzunehmen, simultan also selbst die Inhalte zu konstruieren und darzubieten, die Lernorganisation sicherzustellen und einzelne Jugendliche im Auge zu behalten, erfordert Geschick und Erfahrung. Wer über das eine oder andere nicht, noch nicht oder nicht mehr verfügt, fühlt sich schnell überfordert.

Binnendifferenzierter Unterricht ermöglicht es, zuerst die Inhalte in aller Ruhe aufzuarbeiten und für den Unterricht festzuhalten. Dies entlastet Lehrpersonen in der Durchführung des Unterrichts weitgehend von der Sachdimension. Sie haben mehr Zeit für die Prozessbegleitung und Lernberatung. Dafür liegt der hohe Anspruch beim binnendifferenzierten Unterricht nun darin, einerseits stärker auf die einzelnen Jugendlichen einzugehen, sie bewusster als Individuen wahrzunehmen, und andererseits für die einzelnen Schüler je angepasste Lernwege und Lernsituationen anzubieten. Das alles bedeutet Mehraufwand und braucht mehr Zeit.

Dass wir Lehrer dies leisten müssen, hängt auch mit Erkenntnissen der neueren Lern- und Kognitionsforschung zusammen, die zeigt, dass Lernen ein hochgradig individueller Prozess ist, und die auch deutlich macht, dass erfolgreiche Lerner ihr eigenes Lernen selbst und bewusst steuern, dass sie in der Lage sind, sich selbst konkrete Ziele zu setzen, ihr Anspruchsniveau zu definieren und Erwartungen zu formulieren. Erfolgreiche Lerner setzen sich also selbst aktiv mit dem „Wie“ des Lernens auseinander. Und da die Kompetenz, selbst erfolgreich zu lernen, in der heutigen Welt zweifellos eine Schlüsselqualifikation ist, bedeutet dies für uns Lehrer, dass wir den Schülern diesen Spielraum zur eigenaktiven Gestaltung des Lernprozesses öffnen müssen.

Ob und wie die Lernenden den zur Verfügung gestellten Spielraum nutzen, entzieht sich letztendlich der Verfügungsgewalt der Lehrpersonen. Jeder ist für sein Lernen selbst verantwortlich. Kein Lehrer kann den Schülern den Konstruktionsprozess abnehmen. Aber als Lehrer kann ich anregen, verlangen, motivieren, fordern, anleiten, begleiten, Wissen zur Verfügung stellen, klären. So kann es gelingen, vielfältige sachadäquate Lernwege zu organisieren, auf denen ich als Lehrperson die Lernprozesse der Jugendlichen begleiten kann.

Sachadäquate Lernwege organisieren

Dieser Begleitung von fachspezifischen Lernprozessen kommt im binnendifferenzierten Unterricht eine hohe Bedeutung zu. Da ich als Lehrer weder mit Darbietungen für die ganze Klasse noch mit der Gesprächsführung belastet bin, da ich auch nicht durch die gemeinsame Lektüre führe, habe ich Zeit für das Arbeiten mit einzelnen Gruppen oder Lernenden. Dies ermöglicht ein schärferes Fokussieren auf die individuellen Lernprozesse und ergibt hoffentlich einen besseren Blick auch für die Lernprodukte.

Wenn ich beispielsweise im Rahmen des lehrerzentrierten Geschichtsunterrichts mit der ganzen Klasse die Reihenfolge von zwölf Bildern aus verschiedenen Epochen (vgl. dazu die ***Kopiervorlage*** auf Seite 33) behandle, so wird ein Ziel sein, dass die Schüler nach dem Unterricht die verschiedenen Epochen unterscheiden und die Bilder richtig zuordnen können. Andere Bildreihenfolgen als die von mir als richtig angenommene werden im lehrerzentrierten Unterricht als falsch taxiert und für den Lernprozess als störend empfunden. Wenn ich aber Zeit habe, im binnendifferenzierten Unterricht mit den einzelnen Jugendlichen zu diskutieren und nachzufragen, wieso sie das Entdeckerbild vor dem Pyramidenbild platzieren, erkenne ich deren Gedankengang besser und merke plötzlich, wie ein 12-jähriger Junge glaubt, Ägypten läge in Mittelamerika und die Geschichte dort begänne erst mit den Entdeckungen. Im Klassenunterricht hätte er wohl nicht auf seinem Vorwissen beharrt, und die von ihm im Heft festgehaltene Lösung wäre eine angelernte gewesen. Dank dem persönlichen Gespräch hat er sich hier getraut, der Sache auf den Grund zu gehen. Ich als Lehrer verstehe sein Konzept und ich kann den Sachverhalt auf eine Weise richtig stellen, dass der Schüler ihn versteht.

Binnendifferenzierter Unterricht entbindet die Lehrpersonen nicht von der inhaltlichen Verantwortung. Auch hier sollen die Schüler nach dem Unterricht die verschiedenen Epochen unterscheiden. Bloß sind die Bilder jetzt ein Gesprächsanlass. Sie unterstützen den Lernprozess und dienen zur Ausdifferenzierung des Geschichtsbewusstseins und nicht zur Kontrolle. Auf diese Weise ist es der Lehrperson möglich, die individuellen Denkstrategien der Jugendlichen aufzudecken. Was im Klassenunterricht als Fehler taxiert wird, beruht manchmal auf durchaus logischen Ableitungen und intelligenten Schlussfolgerungen. Statt dass die Lehrperson Äußerungen als richtig oder falsch beurteilen muss, ergibt sich im binnendifferenzierten Unterricht die Möglichkeit, die Schüler in ihrem Denken positiv zu ermuntern. Auf diese Weise werden Denkleistungen und nicht reproduzierendes Auswendiglernen gefördert.

Damit ich als Lehrer in die Lage komme, Einzelgespräche zu führen und auf diese Weise fachspezifische Lernprozesse zu begleiten, muss ich den Unterricht so organisiert haben, dass während der Zeit meiner Einzelgespräche die anderen Schüler selbstständig arbeiten können.

Günstige Lernwege zu organisieren erfordert von den Lehrpersonen also nicht nur didaktische Fantasie, sondern auch eine gute Sachkenntnis. Deshalb ist eine vertiefte Auseinandersetzung mit dem Fach, eine wissenschaftliche Vertiefung, für Lehrer in der Aus- und Weiterbildung dringend notwendig, aber nicht hinreichend, denn Unterricht wird erst dann funktionieren, wenn neben der Sachkenntnis der Lehrperson zudem ihr Klassenmanagement so ausgereift ist, dass die Schüler auch tatsächlich bei der Sache sind. Das fordert von den Lernenden spezifische Kompetenzen, etwa Selbstdisziplin, Selbstständigkeit und Arbeits- und Lernhaltungen. Sie sollen ja ihren Spielraum für die eigenständige Arbeit nicht verwechseln mit einer günstigen Möglichkeit, sich vor dem Lernen zu drücken.

Sachbezogene Lernstrategien fördern

Damit die Schüler den Spielraum zum eigenständigen Lernen auch nutzen können, damit sie selbst in der Lage sind, sich mit der Sache auseinander zu setzen, müssen sie zudem über sachbezogene Lernstrategien verfügen. Wer beispielsweise im Geschichtsunterricht an einer Station selbstständig eine Quelle lesen soll, muss methodisch bewusst vorgehen können. Die Lernenden müssen also wissen, dass sie zuerst Schlüsselbegriffe suchen, dann die Hauptaussage finden, anschließend den Zweck der Quelle reflektieren, ihr Vorwissen aktivieren, Hypothesen entwickeln und Fragen stellen sollen. So gibt es in jedem Fach viele sachbezogene Lernstrategien (vgl. dazu die ***Kopiervorlage*** auf Seite 34).

Weil in Geschichte die primäre Anschauung nur selten möglich ist, spielen die Medien eine große Rolle. Schüler müssen beispielsweise umgehen können mit Bildern, Filmen, Statistiken oder dem Internet. Damit Jugendliche sich wirklich mit Vergangenem auseinander setzen können, darf nicht das Recherchieren, das Chatten oder das Mailen die hauptsächliche Lernanforderung sein, sondern diese Fähigkeiten sollten eingesetzt werden können um beispielsweise die Zuverlässigkeit einer Internet-Seite zu prüfen. Die Unterscheidung von Fakten und Fiktion ist ein zentraler Aspekt für den Geschichtsunterricht, nicht das Mailen oder das Chatten.

Solche sachbezogenen Lernstrategien erwirbt man dadurch, dass man sie kennen lernt, übt, darüber nachdenkt und darüber spricht. Die Expertenforschung hat gezeigt, dass gerade diese dritte Phase des Nachdenkens und des Darüber-Sprechens eminent wichtig ist für den Lernerfolg. Für diese wie auch für die zweite Phase des Übens scheint ein binnendifferenzierter Unterricht günstiger zu sein, weil die Lernstrategien eingebettet angewendet und situativ reflektiert werden. Für die erste Phase des Kennenlernens ist durchaus lehrerzentrierter Klassenunterricht denkbar, wo die Fähigkeiten und Fertigkeiten direkt und isoliert trainiert werden.

Die eigene Berufskompetenz weiterentwickeln

Sachwissen aufzubauen und anderen beim Aufbau dieses Wissens zu helfen, sachadäquate Lernwege zu organisieren und sachbezogene Lernstrategien zu fördern sind also die Kernaufgaben von Lehrpersonen im binnendifferenzierten Unterricht. Dies ist zweifellos ein anspruchsvolles Unterfangen. Viele Ereignisse treten während des Unterrichtens gleichzeitig auf, etwa dass die einen Schüler eine Quelle bereits gelesen und verstanden haben und jetzt weitere Aufgaben suchen, während andere Schüler noch mitten in einer Bildinterpretation stecken und eine Erklärung brauchen. Zudem treten die Ereignisse in einer schnellen Abfolge ein und sind oft kaum vorhersehbar. Da ist es für die Lehrperson schwierig, sich im Nachhinein ein genaues Bild des Abgelaufenen zu machen. Gut also, wenn man Kollegen hat, die einen periodisch im Unterricht beobachten. Wenn man diese beispielsweise bittet, einzelne Schüler während einer Lektion im binnendifferenzierten Unterricht genauer zu beobachten und deren Lerntätigkeiten zu protokollieren, kann man daraus viel über das Unterrichtsarrangement und die eigene Lehrtätigkeit erfahren (vgl. dazu die ***Materialseite*** 35). Auf diese Weise ist es möglich, sich mit den hohen Ansprüchen auseinander zu setzen, die der Lehrberuf im Allgemeinen und der binnendifferenzierte Unterricht im Besonderen stellt, und dies ist die beste Möglichkeit, die eigene Berufskompetenz permanent weiterzuentwickeln. ■

Literatur

Achermann, E./Gautschi, P./Rüegsegger, K.: Lernpartnerschaften – Im Tandem und in Gruppen gemeinsam lernen. Aarau (Erziehungsdepartement des Kantons Aargau) 2000

Beck, E. u.a.: Eigenständig lernende Schülerinnen und Schüler. In: *Beck, E.* u.a. (Hrsg.): Eigenständig lernen. St. Gallen 1995, S. 15–58.

Beck, E.: Lernen mit und ohne Netz. In: Beiträge zur Lehrerbildung, H. 1/2000, S. 26–28.

Bönsch, M.: Variable Lernwege – Ein Lehrbuch der Unterrichtsmethoden. Stuttgart ^{2}1995

Bromme, R.: Kompetenzen, Funktionen und unterrichtliches Handeln des Lehrers. In: *Weinert, F. E.* (Hrsg.): Psychologie des Unterrichts und der Schule. Göttingen, Bern, Toronto, Seattle 1997 (Bd. 3 der Enzyklopädie der Psychologie. Hrsg. von *N. Birbaumer* u.a.), S. 177–204.

Dubs, R.: Lehrerverhalten. Zürich 1995

Gautschi, P.: Geschichte lehren – Lernwege und Lernsituationen für Jugendliche. Buchs 1999

Messner, H.: Die kompetente Lernerin, der kompetente Lerner. In: forum schule heute, H. 4/1998, S. 3–6.

Reusser, K.: Und sie bewegt sich doch – aber man behalte die Richtung im Auge! Zum Wandel der Schule und zum neu-alten pädagogischen Rollenverständnis von Lehrerinnen und Lehrern. In: Die neue Schulpraxis, H. 7–8/1999, S. 11–15.

Rüesch, P.: Gute Schulen im multikulturellen Umfeld. Ergebnisse aus der Forschung zur Qualitätssicherung. Zürich 1999

Scheunpflug, A.: Biowissenschaft und Pädagogik. In: Pädagogik, H. 1/2000, S. 47ff.

Terhart, E.: Konstruktivismus und Unterricht. Gibt es einen neuen Ansatz in der Allgemeinen Didaktik? In: Zeitschrift für Pädagogik. H. 5/1999, S. 629–647.

Wahl, D./Weinert, F. E./Huber, G. L.: Psychologie für die Schulpraxis. Ein handlungsorientiertes Lehrbuch für Lehrer. München ^{6}1997

Weinert, F. E.: „Der gute Lehrer", „die gute Lehrerin" im Spiegel der Wissenschaft. In: Beiträge zur Lehrerbildung, H. 2/1996, S. 141–151.

Bilder aus verschiedenen Epochen

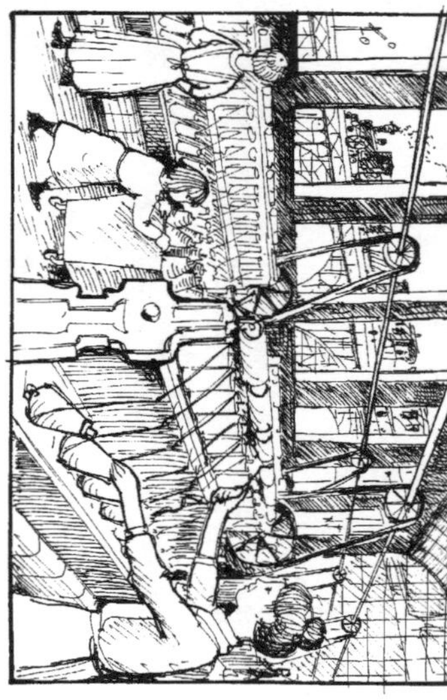

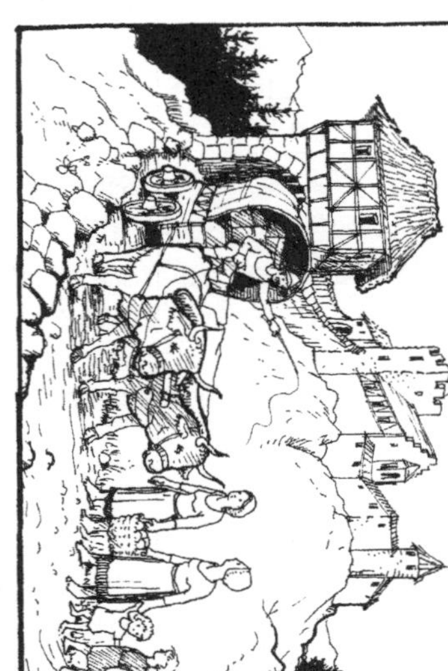

Illustrationen: Niklaus Wüthrich

Umgang mit Bildern und Tabellen

Mit Bildern lernen

❶ Empfindungen

a) Was fühlst du beim Anblick des Bildes?

b) Woran erinnert dich das Bild?

❷ Beobachtungen

a) Welche Gegenstände und Personen siehst du?

b) Wie ist das Bild gegliedert?

❸ Vermutungen

a) Was scheint dir am wichtigsten zu sein?

b) Welchem Zweck dient das Bild?

❹ Fragen

a) Was musst du wissen um zu entscheiden, ob das Bild glaubwürdig ist?

b) Welche Fragen interessieren dich?

Lea Grundig: Die Lage im Ghetto (1946)

Aus Tabellen lernen

Jahreszahl	*Indianer*	*Europäer*	*Mischlinge und Afrikaner*	*Total*
1500	30,00 Mio.	–	–	30,00 Mio.
1600	10,00 Mio.	0,25 Mio.	0,50 Mio.	10,75 Mio.
1700	9,00 Mio.	2,50 Mio.	5,00 Mio.	16,50 Mio.
1800	7,50 Mio.	5,00 Mio.	15,00 Mio.	27,50 Mio.
1900	20,00 Mio.	60,00 Mio.	70,00 Mio.	150,00 Mio.
2000	35,00 Mio.	120,00 Mio.	135,00 Mio.	290,00 Mio.

Quelle: Weltgeschichte im Bild. Lehrerhandbuch 8. Buchs 1983, S. 143. (auf ganze Jahrhunderte extrapoliert)

❶ Zahlenmaterial erfassen

a) Welchen Titel könnte man der Tabelle geben?

b) Welche Informationen lassen sich der Tabelle entnehmen?

c) Welche Informationen scheinen besonders wichtig zu sein?

d) Auf welche Fragen könnte die Tabelle eine Antwort geben?

❷ Statistik umsetzen und gestalterisch darstellen

a) Versuche aus den Zahlen ein Diagramm zu entwickeln.

b) Wenn du gestalterische Fantasie hast, gelingt es dir mithilfe von grafischen Elementen vielleicht sogar, ein Schaubild zu entwickeln.

❸ Darstellung interpretieren

a) Lassen sich Entwicklungen feststellen?

b) Wodurch könnten diese Entwicklungen ausgelöst worden sein?

c) Was will der Herausgeber/Autor mit der Statistik zeigen?

❹ Anschlussfragen

a) Welche Fragen möchtest du nach dem Studium der Statistik beantwortet haben?

b) Was musst du wissen um zu entscheiden, ob die Zahlen glaubwürdig sind?

Lerntätigkeiten im Geschichtsunterricht beobachten

Anliegen:
Die Güte von Unterricht zeigt sich oft daran, was Schülerinnen und Schüler während einer Lektion tun.

Anleitung:
Die Beobachterin oder der Beobachter hält die Lerntätigkeit von einer ausgewählten Schülerin, einem ausgewählten Schüler alle zwei Minuten mit einem Kreuz in der zutreffenden Zeile fest. Es können auch gleichzeitig mehrere solcher Protokollbogen parallel, zum Beispiel um eine Minute verschoben, geführt werden.

Interpretationshilfe:
Mögliche Kategorisierung von Lerntätigkeiten

1. Aufnehmen und Verarbeiten von Wissen und Können
2. Etwas nachahmen
3. Repetieren und Üben
4. Anwenden und Wiedergeben von Wissen und Können
5. Denken und Problemlösen
6. Selbstständiger Aufbau von Wissen und Können
7. Etwas selbstständig entdecken
8. Zusammenarbeiten
9. Über das Lernen nachdenken
10. Ausdrücken und Darstellen

Verlaufsprotokoll (Zeit in Minuten):
2 4 6 8 10 12 14 16 18 20 22 24 26 28 30 32 34 36 38 40 42 44 46 48 50 52 54 56 58 60

1. a) einer Geschichte/ Erzählung zuhören
b) einer Erklärung zuhören
c) einen Sachtext lesen
d) eine erfundene Geschichte lesen
e) am Zeitenstrahl arbeiten
f) einen Film anschauen
g) ein Museum aufsuchen
h) eine Exkursion machen
i) ein Lied singen
j) ein Musikstück hören
k) …

2. a) eine historische Handlung vollziehen
b) Experimentalgeschichte
c) …

3. a) Geschichte festhalten
b) geschichtliches Wissen repetieren
c) im Archiv arbeiten
d) einen Zettelkasten führen
e) …

4. a) eine Erklärung abgeben
b) einen geschichtlichen Text entwickeln
c) Geschichte vortragen
d) Wissen in Prüfung wiedergeben
e) …

5. a) über Geschichte in der Klasse reden
b) eine Quelle interpretieren
c) mit Bildern arbeiten
d) mit Karikaturen arbeiten
e) mit Comics arbeiten
f) Statistiken und Grafiken entschlüsseln
g) mit Karten arbeiten
h) Geschichte spielen
i) Interview mit fiktiven Zeitzeugen
j) …

6. a) einen Zeitzeugen befragen
b) geschichtliche Informationen beschaffen
c) ein Objekt betrachten und interpretieren
d) Zeitung lesen
e) im Internet Geschichte nachspüren
f) mittels CD-ROM Geschichte lernen
g) Feldforschung betreiben
h) …

7. a) mit einer Lernaufgabe Geschichte entdecken
b) Wortbedeutungen nachspüren
c) Ahnenforschung
d) …

8. a) über Geschichte in Gruppen diskutieren
b) …

9. a) über das Geschichtslernen nachdenken
b) über das Geschichtslernen reden
c) eine Geschichtsprüfung analysieren
d) …

10. a) ein geschichtliches Rollenspiel aufführen
b) ein geschichtliches Plakat entwickeln
c) Geschichte zeichnen, malen, gestalten
d) …

III. Differenzieren durch Individualisierung

„Der Wochenplan ist eine gute Idee, weil wir lernen, selbstständig zu arbeiten."

Dieter Vaupel

Mit Wochenplänen den Unterricht öffnen

Abbildung 1: Wochenplanarbeit verlangt natürlich auch nach geigneten Räumlichkeiten und Ausstattungen.

Foto: Dieter Vaupel

Wochenplanarbeit wurde noch bis vor kurzem von den meisten Lehrerinnen und Lehrern als eine Unterrichtsform angesehen, die ausschließlich in der Grundschule ihre Daseinsberechtigung hat. Das hat sich in den letzten Jahren verändert. Zunehmend wird erkannt, dass sie gerade in der Sekundarstufe in nahezu allen Fächern und Schulformen Möglichkeiten bietet, die Schülerinnen und Schüler zum selbstständigen Lernen zu führen. Im Folgenden möchte ich vorstellen, wie man mit Wochenplänen arbeiten und wie der Wochenplan zu einer schrittweisen Öffnung des Unterrichts beitragen kann.[1]

Was ist ein Wochenplan?

Wochenplanarbeit trägt der Tatsache Rechnung, dass Lernen immer ein individueller Vorgang ist, auch dann, wenn es in Gruppen oder an gemeinsamen Gegenständen geschieht. „Lässt man nur einen Weg gelten („Lernen im Gleichschritt"), dann mag man am Ende zwar feststellen können, wie viele genau auf diesem Weg wie weit gekommen sind. Aber man hat eben gerade nicht erprobt, ob nicht viele von ihnen auf einem der denkbaren anderen Wege viel weiter gekommen wären."[2] Die Vielfalt dessen, was Kinder und Jugendliche an Vorerfahrungen und Vorwissen mit in die Schule bringen, kann im Wochenplanunterricht einbezogen werden. Ihre individuellen Ausgangslagen lassen sich weitestgehend berücksichtigen und die Schülerinnen und Schüler können eigenständig auf ganz unterschiedlichen Wegen lernen. Heterogenität der Lerngruppe wird zu einem konstruktiven Element.

Ein Wochenplan umfasst in der Regel eine Liste von *Pflichtaufgaben,* die von allen Schülern verbindlich zu bearbeiten sind, sowie zusätzliche *Wahlaufgaben* für eines oder mehrere Fächer. Diese Aufgaben sind in vorher festgelegten Stunden – meist im Verlauf einer Woche – zu erledigen. Ein Wochenplan sollte die folgenden Fragen beantworten:

- Was muss ich tun?
- Was darf ich tun?
- Wie kann ich vorgehen?
- Was benötige ich zur Lösung der Aufgaben?
- Wann arbeite ich nach dem Plan?

Die Beantwortung dieser Fragen ist entscheidend für das Gelingen des Wochenplans. Schafft man es nicht, sie für die Schüler klar und in einer ihnen verständlichen Sprache zu beantworten, so wird dies zu Problemen und Nachfragen führen. Die beabsichtigte eigenständige Arbeit, ohne den Lehrer als ständigen Vermittler, wird so unmöglich gemacht.

Die Schüler können bei der Wochenplanarbeit über die Reihenfolge der Aufgabenbearbeitung, das Lerntempo und teilweise über die Sozialform entscheiden. Ein ausgewogenes System von Pflicht- und Wahlaufgaben sowie die Möglichkeit zur Arbeit an Zusatzaufgaben und freien Tätigkeiten sorgen dafür, dass mit Wochenplänen auf ideale Weise innere Differenzierung betrieben werden kann. Wochenpläne können individuell verändert werden, das heißt Teile des Plans lassen sich reduzieren oder erweitern, um einzelne Aspekte besonders zu trainieren und Lücken aufzuarbeiten.

Die Wochenplanarbeit ist *mehr als ein organisatorischer Rahmen*. Sie sollte nicht ausschließlich aus einer Zusammenfassung der sonst über die Woche verstreuten Kurzphasen von Still-, Partner- und Gruppenarbeit bestehen. Sie hat die zunehmende Mitgestaltung der Kinder bzw. Jugendlichen zum Ziel. Die Arbeit mit den Plänen darf nicht erstarren, Wochenpläne dürfen nicht zum „Instrument“ werden, mit dem der Lehrer seine Schüler dirigiert. Sie müssen mit den Schülern weiterentwickelt werden, um den Unterricht immer mehr zu öffnen.

Aus der geschlossenen Form – von der Lehrerin oder dem Lehrer aufgestellte Wochenpläne – werden schließlich Wochenpläne, die gemeinsam mit den Lernenden oder gar von ihnen allein aufgestellt werden. Jugendliche werden so Schritt für Schritt angeleitet, eigene Aufgaben zu formulieren und sich selbst Ziele zu setzen.

Einstieg in die Wochenplanarbeit

Der Einstieg in die Wochenplanarbeit eröffnet Möglichkeiten des Übergangs vom lehrerzentrierten Unterricht hin zu einer Praxis, in der den Schülern Raum für selbst gesteuertes Lernen gegeben wird. Wie groß der Raum dafür ist, hängt von vielen Rahmenbedingungen ab: den Unterrichtsfächern des „Wochenplanlehrers“, dem Stundenplan, der Situation der Klasse, dem pädagogischen Klima an der Schule, den räumlichen Gegebenheiten, der Materialausstattung usw.

Anfangen kann man mit der Wochenplanarbeit allerdings in jeder Situation, ob man nun als Klassenlehrer mit mehreren Fächern in „seiner“ Klasse ist oder ob man in einer Klasse nur ein einziges Fach unterrichtet. Im ersten Fall wird der Einsatz von Wochenplänen erleichtert; im zweiten Fall bedarf es Einfallsreichtum und variabler Lösungen. Bedacht werden sollte, dass der Wochenplan nie den gesamten Unterricht einer Klasse oder auch nur den Unterricht in einem Fach umfassen kann, denn gemeinsame Erarbeitungs- und Gesprächsphasen mit der gesamten Lerngruppe sind unverzichtbar. Die „totale Wochenplanschule“ ohne Anbindung an andere Unterrichtsformen kann also nicht funktionieren.

Die überschaubarste Form beim Einstieg in die Wochenplanarbeit ist der *Tagesplan*, der sich nach und nach zum Wochenplan hin entwickeln kann. Dies hat den Vorteil, dass sich die Schüler zunächst an die neue Arbeitsform gewöhnen können. Die Aufgaben eines Tagesplans lassen sich besser überblicken als der Zeitraum einer ganzen Woche. Erfolgserlebnisse können sich so schneller einstellen. Allerdings ist die Gefahr der Einengung und Lenkung über den Tagesplan groß, da die Wahlmöglichkeiten für die Schüler eingeschränkt sind.

In der Regel wird sich der erste Tagesplan auf ein Bündeln der ansonsten im Unterricht verstreut vorhandenen Stillarbeitsphasen beschränken. Dies beinhaltet die Gefahr der Überbetonung des Ausfüllens von Arbeitsbogen, zumal den meisten Schülern das „Konsumieren“ bekannter Aufgaben zu Beginn leichter fällt als das selbstverantwortliche Lernen, das es ja durch die Wochenplanarbeit erst noch zu entwickeln gilt.

Wochenplan – Aufgabenstellung

Eure Aufgabe ist es, eine **Werbeschrift über euren Wohnort/Stadtteil** zu gestalten. Die Vorteile, die euer Ort/Stadtteil für Einheimische und Auswärtige bietet, sollen darin möglichst ansprechend und werbewirksam zusammengetragen werden.
Die Schrift bzw. Broschüre soll Historisches und Aktuelles enthalten. Der Ort/Stadtteil selbst, seine Lage und seine wichtigen Gebäude sollen ebenso wie Kultur- und Freizeitangebote vorgestellt werden. Natürlich könnt ihr auch eigene Schwerpunkte bei eurer Darstellung setzen.
Die Broschüre soll selbstverständlich nicht nur Text enthalten – auch Fotos, Zeichnungen, statistische Darstellungen usw. können mit einbezogen werden.
Ihr könnt die Aufgabe allein oder mit anderen gemeinsam bearbeiten.
Eure Werbeschriften sollen zum Abschluss in der Klasse vorgestellt und dann zur Benotung abgegeben werden.

Einige Hinweise zum Vorgehen

- Tragt zunächst alle Informationen, die ihr über euren Ort/Stadtteil bekommen könnt, zusammen.
- Besorgt euch zielgerichtet Material (Prospekte, Bücher usw.) in Gemeindebüchereien, bei der Gemeindeverwaltung, bei Geschichtsvereinen, ...
- Ihr könnt Gespräche/Interviews führen, zum Beispiel mit dem Ortsvorsteher/Bürgermeister, mit Vereinsvorsitzenden oder mit älteren Bürgerinnen und Bürgern, um etwas über euren Ort/Stadtteil zu erfahren. Ihr könnt aber beispielsweise auch mithilfe einer Befragung ermitteln, wie Jugendliche über das Leben in eurem Ort/Stadtteil denken.
- Wenn ihr euch sachkundig gemacht habt, geht an die Planung der Inhalte und der Gliederung eurer Werbeschrift.
- Besorgt euch alte und aktuelle Fotos, macht euch Abzüge oder Kopien davon.
- Denkt daran, die Broschüre auch in ansprechender äußerer Form zu gestalten.
- Überlegt euch einen möglichst zugkräftigen, einprägsamen Titel.
- Zeigt eure Entwürfe anderen Menschen aus eurem Ort/Stadtteil und versucht deren Anregungen aufzunehmen, bevor ihr an die endgültige Umsetzung eurer Werbeschrift herangeht.

Abbildung 2: Möglicher Inhalt eines fachbezogenen Wochenplans

Wochenplanarbeit im Urteil der Schülerinnen und Schüler

- „Durch den Wochenplan habe ich gelernt, selbstständiger und unabhängiger zu arbeiten. Außerdem wird durch die Arbeit mit dem Wochenplan der Team-Geist gefördert. ... Ich finde die Wochenplanarbeit einfach toll und ich würde es gut finden, wenn der Wochenplan auch in anderen Fächern eingeführt wird."
- „Man lernt dabei, sich die Arbeit und die Zeit gut einzuteilen und zu entscheiden, in welcher Reihenfolge man die Aufgaben erledigt. Auch über die Art und Weise, in der man die Arbeit macht, muss man entscheiden, außerdem muss man selbstständig Schwerpunkte setzen. Und schließlich muss man entscheiden, ob man die Aufgaben allein, zu zweit oder in Gruppen erledigt. Bei der Arbeit mit mindestens zwei Leuten muss man dann auch koordinieren, wer welche Arbeit erledigt, damit es kein Chaos gibt."
- „Der Wochenplan ist eine gute Idee, weil wir lernen, selbstständig zu arbeiten, und dabei auch Verantwortung zeigen müssen. Jeder lernt so, frei zu arbeiten und trotzdem alle Aufgaben ordentlich zu bewältigen. Außerdem kann man die Aufgaben zuerst bearbeiten, die man will. Dabei steht man nicht unter Druck, und es macht mehr Spaß, selbst zu entscheiden. ... Die Wochenplanarbeit läuft nicht so streng und so ‚steril' ab wie der normale Unterricht, wo der Lehrer vorne steht und seinen Unterrichtsstoff durchzieht."

Abbildung 3

Von Anfang an sollte man darauf achten, offene Aufgabenstellungen zu formulieren, die Freiräume zulassen und – wenn immer möglich – die Schüler frühzeitig in Planungsprozesse einbeziehen. In jeder Klasse gibt es Kinder bzw. Jugendliche, die gerade bei offenen Aufgabenstellungen „aufblühen" und besondere Fähigkeiten entwickeln, wenn sie eigene Lernwege suchen können. Ihre Ergebnisse können im Klassenplenum vorgestellt werden und somit Anreiz und Orientierung auch für andere bieten. Tagesplanarbeit kann man zunächst mit einer Unterrichtsstunde beginnen und sie dann auf zwei oder drei Stunden oder einen ganzen Vormittag ausweiten. Die Umstellung eines kleinen Bereiches des Unterrichts ermöglicht es den Schülern – und auch den Lehrern, die diese Form zum ersten Mal erproben wollen –, nach und nach Erfahrungen mit der neuen Arbeitsform zu machen.

Mit Tagesplänen lässt sich auch dann arbeiten, wenn man nur ein einziges Fach in einer Klasse unterrichtet. Sie können dann sogar zu einer dauerhaften Form werden.

Wochenpläne, die mehrere Fächer enthalten

Hat man in einer Klasse in mehreren Fächern Unterricht oder bieten sich Kooperationsmöglichkeiten an, so ist es sinnvoll, mit Wochenplänen zu arbeiten, die sich auf mehrere Fächer beziehen.[3] Dadurch ist eine Vielfalt bei den zu bearbeitenden Aufgabenstellungen gewährleistet. Die Schüler haben mehr Möglichkeiten auszuwählen als bei Plänen, die nur auf ein einzelnes Fach bezogen sind. Sie können entscheiden, mit welchem Fach sie anfangen, wie sie weiter vorgehen und was sie zuletzt bearbeiten. Sieht man sich in einer Klasse um, in der gerade an Wochenplänen gearbeitet wird, die sich auf mehrere Fächer beziehen, so kann man beobachten, dass jeder seinen eigenen Arbeitsrhythmus entwickelt, jeder seine ganz persönlichen Vorlieben und auch seine ganz persönlichen Abneigungen hat.

Ein breites Wochenplanangebot gewährleistet, dass jeder einzelne Schüler etwas finden kann, was gerade seinen Interessen besonders nahe kommt oder ihm besonders liegt. Gleichzeitig lernt er auch den Umgang mit solchen Angeboten, die eher auf seinen Widerstand stoßen. Da es durch eine größere Anzahl von Fächern im Wochenplan keine sachlogisch notwendige Reihenfolge bei den Aufgaben gibt, ist hier wirklich eine „freie" Auswahl möglich. Allerdings fordert ein solcher Plan von den Lernenden gleich zu Beginn einiges: Sie müssen den Plan, der in einer gemeinsamen Besprechung eingeführt wird, überschauen und sich überlegen, in welchen Arbeitsschritten sie vorgehen. Von jedem muss eine eigene Strategie entwickelt werden. Gleichzeitig ist zu kalkulieren, wie lange sie für die Erledigung der Aufgaben brauchen, um die Arbeitszeit sinnvoll auf die zur Verfügung stehenden Stunden zu verteilen. Das setzt einige Erfahrungen mit dem selbst organisierten Lernen voraus. Wo dieser Erfahrungshintergrund noch nicht vorhanden ist, sollten vorsichtige Hilfestellungen gegeben werden, mit dem Ziel, die Schüler nach und nach zur Selbstständigkeit zu führen.

Wochenpläne in einem Fach

Während man in Grundschulklassen, in denen der überwiegende Teil des Unterrichts in der Hand des Klassenlehrers liegt, in der Regel mit Wochenplänen arbeitet, die mehrere Fächer enthalten, hat sich im Bereich der Sekundarstufe auch die Form des Wochenplans für ein einzelnes Fach bewährt. Von vornherein sind natürlich die Wahlmöglichkeiten bei fachbezogenen Wochenplänen eingeschränkter, denn die Schüler können – abgesehen von einzelnen fachübergreifenden Aspekten – immer nur aus dem Angebot eines Faches auswählen. Eine weitere Einschränkung ergibt sich oft noch daraus, dass eine bestimmte Abfolge bei der Aufgabenbearbeitung einzuhalten ist. Hierin liegt eines der zentralen Probleme solcher Wochenpläne. Daher ist gerade beim Aufstellen von fachbezogenen Wochenplänen besonderer Wert darauf zu legen, den Schülern eine breite Palette von unterschiedlichen Aktions- und Handlungsmöglichkeiten anzubieten (vgl. dazu die *Abbildung 2* auf Seite 39 und die ***Kopiervorlage*** auf Seite 42). Auch Kooperation sollte initiiert werden. Gruppenarbeiten lassen sich über solche Pläne gut organisieren.

Fachbezogene Pläne können jedoch nicht in jeder Woche eingesetzt, sondern müssen „dosiert" angewandt werden, weil nicht jeder Unterrichtsgegenstand sich für diese Arbeitsform eignet. Dabei braucht kein Fach ausgeklammert zu werden. Solche Pläne eröffnen jedem Fachlehrer – auch wenn er nur ein Fach mit wenigen Stunden in einer Klasse unterrichtet – die Möglichkeit, in einem Teil seines Unterrichts alle Lernenden aktiv in das Unterrichtsgeschehen einzubeziehen.

Offene Wochenpläne

Wenn die Wochenplanarbeit zur Selbstständigkeit führen soll, so kann sie sich nicht darauf beschränken, verpflichtende Arbeitsanweisungen in der Form eines Lernprogrammes zu enthalten. Wochenpläne sollen den Unterricht öffnen und – wo immer dies möglich ist – auch Elemente von freier Arbeit und Projektunterricht miteinander verbinden.

Diesen Ansatz möchte ich mit einem Beispiel belegen, einem Wochenplan zum Thema „Gewalt – nein danke!" (vgl. dazu die ***Kopiervorlage*** auf Seite 43). Dieser Plan enthält keine Pflichtaufgaben, sondern eine Angebotspalette, aus der ausgewählt werden kann. Die Schüler können frei über Tätigkeiten, Wege und Mittel, über Zeit und Reihenfolge und über ihren Arbeitsplatz entscheiden. Alle arbeiten jedoch an einem gemeinsamen Thema, das in diesem Fall von den Schülern einer 10. Klasse – aufgrund aktueller Vorfälle in der Region – ausgewählt worden war.

Neben der eigenständigen Arbeit an dem Thema während der Unterrichtsstunden kommt der Arbeitsvereinigung eine wichtige Aufgabe zu. In einer „Metaphase" muss die Vielfalt der Ergebnisse sinnvoll strukturiert und in einen Gesamtzusammenhang gebracht werden. Die Schüler stellen nach Abschluss der Wochenplanarbeit kurz vor, woran sie gearbeitet haben und wie sie vorgegangen sind. Die Themen werden notiert und eine Struktur gefunden, bevor die Ergebnisse im Detail dem Klassenplenum zur Kenntnis gebracht werden. Die Palette dessen, was erarbeitet wird, kann dabei von Informationssammlungen zu aktuellen Ereignissen, Pressespiegeln, der Bearbeitung von Täterkarrieren und dem Erstellen von Wandzeitungen über Erörterungen, Kommentare, Sprüche und Gedichte bis hin zur Durchführung von Befragungen und Interviews oder zur Produktion eines Videofilms reichen. Die Vorstellung der Ergebnisse bietet Gelegenheit zur Ergänzung durch andere Gruppen, Querverbindungen können gezogen und Klassendiskussionen zu einzelnen Aspekten durchgeführt werden.

Ein so angelegter offener Unterricht kann wiederum Ausgangspunkt für neue, weiterführende Projekte und Ideen sein. In ihm werden nicht Fragen beantwortet, die ausschließlich der Lehrer gestellt hat, sondern Schülerfragen in das Zentrum gerückt.

Neue Lehrer- und Schülerrolle

Bei der Wochenplanarbeit verändert sich sowohl die Lehrerals auch die Schülerrolle. Während der Wochenplanstunden muss man als Lehrer Abschied nehmen von der Rolle des „Infotainers" und allgegenwärtigen Lenkers des Unterrichtsgeschehens. Das ist kein leichtes Unterfangen. Allein die Beherzigung des Ratschlags „Lehrer, sei mal still!"[4] scheint anfangs ein kaum zu bewältigendes Unterfangen. Die neue Situation – Schüler lernen selbstständig und eigenverantwortlich – verunsichert zunächst („Was kommt dabei wohl heraus?") und setzt Ängste frei. Da man vom Unterrichten im traditionellen Sinne entbunden ist, hat man Zeit zur Beratung von Einzelnen oder von Schülergruppen und ist frei für die Beobachtung. Wenn die Wochenplanarbeit erst einmal läuft, bedeutet dies eine erhebliche Entlastung.

Von den Schülern wird bei der Wochenplanarbeit viel mehr verlangt als im Frontalunterricht, in dem sie vielfältige Möglichkeiten haben, sich zu verstecken, zu „maskieren" und möglichst geschickt zu taktieren. Aktivität wird von ihnen nur in einem geringeren Teil des Unterrichts gefordert. Schon nach wenigen Jahren werden die Schüler „geradezu Profis in der Wahrnehmung der Schülerrolle"[5] und setzen ihre Aktivitäten dosiert ein, um dann wieder „abtauchen" zu können. Dies ist bei der Wochenplanarbeit nicht möglich, da von jedem Einzelnen nachweisbare Ergebnisse gefordert werden. Von den Lernenden wird bei der Wochenplanarbeit ein sehr hohes Maß an Eigenverantwortlichkeit und Selbstständigkeit verlangt, zum Beispiel beim Aufgabenverständnis, der Aufgabenauswahl, der Zeiteinteilung und der Ergebniskontrolle. Eine wichtige Rolle spielen auch die sozialen Kompetenzen: zum Beispiel anderen helfen, mit ihnen kooperieren, Verantwortung tragen, Rücksichtnahme, Toleranz und Disziplin.

Diese Fähigkeiten sind gleichzeitig Voraussetzungen und dauerhaftes Ziel. Um sich diesem Ziel zu nähern, brauchen Lehrer die Bereitschaft, sich gemeinsam mit den ihnen anvertrauten Kindern und Jugendlichen auf den Weg zu begeben. Das sollte man nicht auf die „lange Bank" schieben. Zu sagen: „Irgendwann fange ich damit an", kann auch „nie" bedeuten. Besser ist der Entschluss: „Und morgen fange ich damit an!" ■

---

[1] Ausführlich ist mein Konzept dargestellt in: *Vaupel, D.*: Das Wochenplanbuch für die Sekundarstufe. Schritte zum selbstständigen Lernen. Weinheim und Basel [2]1996.

[2] *Becker, G.*: Der lange Abschied von der großen Illusion. Lernwege differenziert gestalten, S. 13 ff. in diesem Band.

[3] Beispiele zu dieser Wochenplanform sind zu finden in: *Vaupel* 1996, S. 38 ff. und 119 ff.

[4] *Fehrmann, S./Unruh, Th.*: Das Lernen (wieder) lernen. In: Pädagogik, H. 9/1990, S. 20.

[5] *Meyer, H.*: UnterrichtsMethoden II. Praxisband. Frankfurt/Main [6]1994, S. 202.

Illustrationen: Wolfgang Seipelt

Wochenplan

für die Zeit vom __________ bis zum __________

Name: ______________________________

❑ Ich bearbeite mein Thema allein.
❑ Ich bearbeite mein Thema zusammen mit:

____

Wochenthema: Die Lebensweise der Römer

In den nächsten Wochen sollst du in den Gesellschaftslehre-Stunden und zu Hause an einem der aufgeführten Themen arbeiten.

- Jeder sucht sich im Schulbuch zunächst die Kapitel aus, die zu seinem Thema passen, arbeitet sie durch und versucht einen Überblick über das Gesamtthema zu gewinnen.
- Von allen sollen weitere ergänzende Materialien zu dem Thema herangezogen werden.
- Jeder hat die Aufgabe, zu seinem Thema ein möglichst interessantes und abwechslungsreiches „Buch" oder eine Zeitung zusammenzustellen, das bzw. die Meldungen, Reportagen, Kommentare, Fotos, Zeichnungen, Schaubilder usw. enthalten sollte. Denkt auch daran, unterschiedliche Schriftgrößen (zum Beispiel für Überschriften) zu benutzen. Gestaltet ein Titelblatt und legt ein Inhaltsverzeichnis an. Alle Ergebnisse sollen im Klassenplenum vorgestellt werden.

Wie die Römer wohnten

- Siedlung
- Hausbau
- Wohnverhältnisse

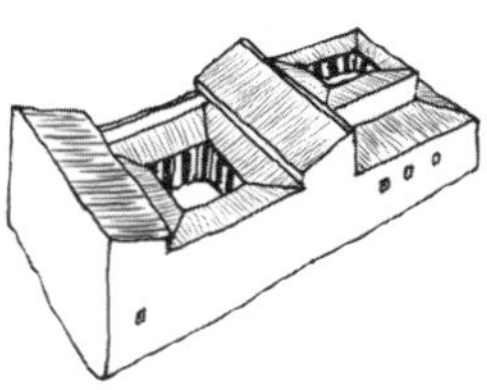

Aus dem römischen Alltag

- Essen
- Bekleidung
- Spiele
- Schule
- Geld
- Handwerkliches

Stand der Technik und Kultur

- Wasserleitungen
- Thermen
- Straßenbau und Brücken
- öffentliche Bauten
- Veranstaltungen

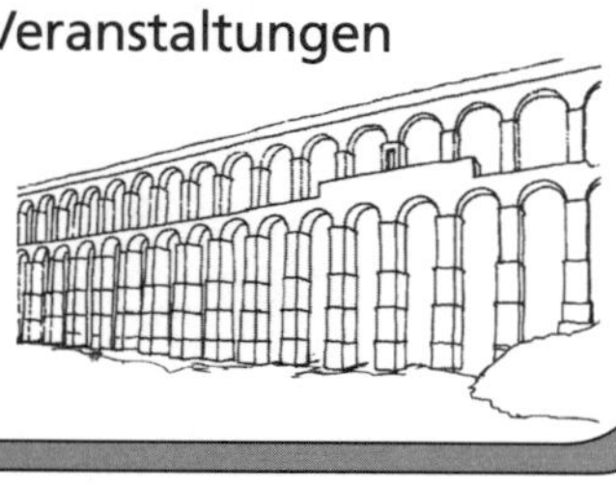

Gruppen innerhalb der römischen Bevölkerung

- Kaiser
- Patrizier
- Plebejer
- Sklaven

Das römische Heer

- Aufbau
- Organisation
- Eroberungen
- Waffentechnik

Wochenplan

für die Zeit vom ____________ bis zum ____________

Thema: Gewalt – nein danke!

Verlasst euch nicht auf Gewalt!

Zeichnung: Manfred Bofinger

Bei diesem Wochenplan sollt ihr euch selbstständig gründlich mit dem Thema auseinander setzen, eigenständig Informationen aus unterschiedlichen Informationsquellen zusammentragen und auswerten. Dabei soll von euch besonders der **Zusammenhang zwischen Rechtsradikalismus, Ausländerfeindlichkeit und Gewalt** beachtet werden. Ihr könnt selbst entscheiden, ob ihr allein oder mit einer Partnerin bzw. einem Partner arbeiten wollt. Was ihr zu dem Thema erarbeitet und wie ihr vorgeht, das ist ganz allein eure Sache.

Hier sind einige Tipps, was ihr tun könnt:

- Informationsmaterialien sammeln, bearbeiten und kommentieren
- eine Untersuchung/Befragung über Gewalt an der Schule oder in eurem Ort durchführen
- Mitschüler/innen nach ihrer Meinung befragen
- Lehrer/innen und Schüler/innen befragen, wo ihnen Gewalt begegnet
- Situationen sammeln, in denen Gewalt vorkommt/vorkam, und sie kommentieren
- Menschen interviewen, die Opfer von Gewalt geworden sind
- nach Lösungsmöglichkeiten gegen die Gewalt suchen
- einen Vortrag über das Thema vorbereiten
- das Thema in einer Erörterung bearbeiten
- eine Diskussionsrunde organisieren
- ein Rollenspiel entwickeln und durchführen
- Flugblätter, ein Plakat, Aufkleber gegen Gewalt, Rechtsradikalismus und/oder Ausländerfeindlichkeit entwerfen
- eine Wandzeitung gestalten
- eine Collage erstellen
- eine Erzählung oder eine Kurzgeschichte zum Thema schreiben
- einen Kommentar schreiben
- einen Leserbrief für die Tageszeitung verfassen
- Vorschläge machen, was jeder Einzelne gegen Gewalt tun kann
- einen Liedertext oder ein Gedicht analysieren
- selbst einen Liedertext oder ein Gedicht verfassen
- literarische Texte zum Thema Gewalt lesen und bearbeiten
- Anti-Gewalt-Sprüche erfinden
- einen Anti-Gewalt-Film mit der Videokamera produzieren
- eine Mappe zum Thema anlegen
- ein historisches Ereignis untersuchen
- eine Person vorstellen, die für „Gewaltfreiheit" steht (z. B. *Martin Luther King, Mahatma Gandhi, Mutter Theresa*)

Zeichnung: Karl-Heinz Brecheis/Baaske Cartoons

Sicher habt ihr noch **weitere Ideen** zum Thema. Besprecht sie mit mir, bevor ihr an die Umsetzung eurer Ideen geht. Wichtig ist, dass am Ende jeder ein **Ergebnis** zum Thema vorlegen und dies den anderen Schülerinnen und Schülern präsentieren kann. In der kommenden Woche werden eure Ergebnisse dann im Mittelpunkt des Unterrichts stehen.

IV. Differenzieren mit Schulbüchern

Selbstständiges Lernen mit dem Schulbuch?

Markus Bente

Ein Unterricht nur „stur nach Lehrbuch" muss nicht sein, denn viele Konzeptionselemente ...

Fotos: Bert Butzke

In der Regel trifft man bei der Beurteilung von Schulbüchern durch Lehrerinnen und Lehrer häufiger auf Skeptiker als auf Schulbuch-Fans. Schon bei der Erwähnung des Unterrichtsmediums „Schulbuch" zucken sie zusammen. Viele Kollegen möchten nicht der geschlossenen Struktur vorliegender Schulbücher folgen, sondern das angebotene Material als Steinbruch für offeneres Lernen verwenden. Allerdings: Das geht auch mit Schulbüchern!

Konzeptionelle Möglichkeiten: „Peripherie"-Elemente

Seit den 80er Jahren warten Schulbücher – die Rede ist hier vor allem von solchen für sozialwissenschaftliche Fächer – mit Konzeptionselementen auf, die gezielt die Schüler als Lernpartner ansprechen. Auftaktseiten, Begriffs- und Methodenglossare bilden günstige Voraussetzungen für die Erziehung zum selbstständigen Umgang mit dem Schulbuch und können so zur Schaffung eigenverantwortlicher Lernprozesse seitens der Schüler beitragen – sofern die Lehrkräfte hierauf Wert legen.

- **Auftaktseiten** können in idealer Weise die Selbstständigkeit der Lernenden befördern. In der Regel stellen sie jene Themenbereiche und zentralen Fragestellungen vor, die im nachfolgenden Kapitel eingehender untersucht werden. Dabei unterbreiten sie den Schülern meist auch Handlungsangebote. Zum Beispiel regen sie zu Collagen an, fordern zur Recherche auf oder schlagen vor, Meinungsbilder über Umfragen zu ermitteln. Je nach Schulform und potenziellem Anforderungsniveau werden die Binnenthemen als Text oder als Bildleiste präsentiert. Ziel dabei ist es, die Schüler bei der Entscheidung der Schwerpunktsetzung für die folgende Unterrichtseinheit mitentscheiden zu lassen. Gemäß ihren Interessen und Vorkenntnissen sollen sie die Möglichkeit haben, gemeinsam mit dem Lehrer, im Sinne eines demokratischen Unterrichtsprozesses, zu entscheiden, welche Themen im Zentrum der künftigen Stunden stehen und welche der Angebote für sie besonders reizvoll sind. So kann ihnen das Gefühl vermittelt werden, Verantwortung für den gewählten Weg zu tragen; sie fühlen sich nicht länger „ausgeliefert". Der Lehrer spielt dabei eher die Rolle des beratenden Experten.

Gibt es Leitfragen zu den Auftaktseiten, kann am Ende einer Unterrichtseinheit überprüft werden, ob die gesteckten Lernziele erreicht wurden.

- Auch Glossare unterstützen auf spezifische Weise eigenverantwortliche Lernprozesse. Ein solides *Begriffsglossar,* das in der Regel ein von Band zu Band ansteigendes Anspruchsniveau aufweist, lässt Schüler erkennen, dass es für unbekannte oder komplexe Begriffe und Sachverhalte Nachschlagemöglichkeiten gibt. Ein Glossar oder ein Lexikon im Anhang des Schulbuchs lässt den Umgang mit Nachschlagewerken selbstverständlich werden. Ist dies zur Routine geworden, ergibt sich wie von selbst der Griff zum Lexikon oder der Gang zur Bibliothek.

Ähnliches leistet ein *Methodenglossar.* Für die Schüler ist die Nennung selbst einer bekannten Methode - zum Beispiel das Rollenspiel - noch nicht gleichbedeutend mit deren Verständnis. Haben Schüler die Möglichkeit, Grundzüge einzelner Methoden in Erarbeitungsphasen nachzuschlagen, leistet ein solches Glossar Hilfe bei der Orientierung und weckt gegebenenfalls die Bereitschaft, ein breiteres Methodenrepertoire zu nutzen. Sie erhöhen damit ihre Problemlösungskompetenz und können das Bewusstsein gewinnen, einen selbst gewählten Weg für Problemlösungsstrategien auszuprobieren.

Methodische Möglichkeiten: „Kern"-Elemente

Zentraler für die Förderung selbstständigen Lernens können der Autorentext, das Methodencurriculum und die Arbeitsaufträge sein.

- **Autorentexte** stehen häufig im Kreuzfeuer der Kritik, und dies sicher nicht immer zu Unrecht. Immer wieder sind die gleichen Grundsatzprobleme feststellbar: Texte, die alles erklären wollen, die handbuchartig verkürzen und verallgemeinern, die dem Vollständigkeitswahn nachhängen und zudem Verständlichkeit und Zielgruppenangemessenheit vermissen lassen. Autorentexte schließlich, die durch Kursivdruck und halbfett gesetzte Wörter und Teilsätze die zentralen Begriffe hervorheben, erübrigen jede Textarbeit. Fragen und Erforschen ist hier genauso unnötig wie das Nachschlagen. Zudem bieten sie häufig „didaktische Fertigware", wirken also selbstständigem Denken eher entgegen. Solch eindimensionale und deskriptive Autorentexte torpedieren jedes methodische Ansinnen und reduzieren die Schüler zu Konsumenten. Die Folge: Die Lernenden nehmen Inhalte auf, reproduzieren sie und - vergessen sie.

Moderne Autorentexte fordern dazu auf, sie als zu *er*arbeitende und zu *ver*arbeitende Informationen zu verstehen, in denen Meinungen identifiziert werden und Probleme multiperspektivisch entdeckt werden können. Selbstständiges Problematisieren tritt an die Stelle des rezipierenden Faktenlernens. Ein problemorientierter Arbeitstext, der Zusammenhänge entdecken lässt, bildet Wirklichkeit ab und wird so zum Simulationsfeld, in dem Eigenverantwortlichkeit und Selbstständigkeit gefordert sind.

- **Methoden** sind unzweifelhaft der Schlüssel zu jeder Form selbstständigen Arbeitens. Methodenorientierung ist in den letzten Jahren konstitutiv für jeden Lehrplan geworden. Entsprechend findet sich beispielsweise kaum noch ein Schul-

... können als Initial für eigenverantwortliche und selbstständige Schülerarbeit genutzt werden.

buch für die Fächer bzw. Lernbereiche Geschichte, Politik/ Sozialwissenschaften, Gemeinschaftskunde, Gesellschaftslehre oder auch Erdkunde, das auf die Einführung in Methoden verzichtet.

In der Regel wird der Begriff sehr weit definiert. Über Fachmethoden hinausgehend werden darunter auch allgemeine Arbeitsmethoden wie „Statistikanalyse", „Umgang mit Sekundärliteratur", „Pro-und-kontra-Diskussion" oder „Referat" verstanden, ja selbst Unterrichtsmethoden wie „Formen der Ergebnispräsentation". Sie können in unterschiedlichen unterrichtlichen und thematischen Zusammenhängen angewendet werden und haben eine grundlegende Bedeutung für die Arbeitswelt, denn sie gehören zu den geforderten Schlüsselqualifikationen bzw. Lernompetenzen.

Die Hilfestellung, die Schulbücher mit diesem Konzeptionselement geben, stellt ein Initial für eigenverantwortliche und selbstständige Schülerarbeit dar. Methodenbewusstsein zum Prinzip zu erheben heißt: durchgängige Einführungen von für die Jahrgangsstufen möglichen Methoden, curricularer Methodenaufbau als Reihenkonzeption und vor allem ausreichend Übungsmöglichkeiten. Für Schüler kann sich der Wert einer Methode nur in konkreten Verwendungszusammenhängen eröffnen. Das zeigt sich im Ideal eines inhaltlich-methodischen Plausibilitätszusammenhanges, in welchem Schüler neuen Methoden in einer „zwingenden" Kombination begegnen, zum Beispiel das Thema „Drogen" kombiniert mit der Methode „Expertenbefragung" oder „Stadt im Mittelalter" mit der„Spurensuche". Nicht nur innerhalb des Kapitels, sondern auch innerhalb des Gesamtbandes wird immer wieder auf die Methode zurückgegriffen, um sie systematisch einzuüben und den Schülern Gelegenheit zu geben, sich Methodenkompetenz anzueignen.

• **Arbeitsaufträge**, als drittes Kern-Element, haben für das selbstständige Lernen eine herausragende Bedeutung. Sie eröffnen einerseits Möglichkeiten des methodischen Umgangs mit den dargebotenen Materialien und bestimmen andererseits die Unterrichts- und damit die Arbeitsform. Ohne inspirierende, ermutigende, aktivierende Arbeitsaufträge vermögen die Schüler sich nur schwer jene Impulse zu geben, mit deren Hilfe Problemstellungen erfasst, Materialien gedeutet und Arbeits- bzw. Handlungsprodukte hergestellt werden können.

Arbeitsaufträge können auch zu sozialem Lernen oder zur Ausbildung von Teamfähigkeit hervorragende Beiträge leisten. Darüber hinaus können sie eine Verbindung zwischen (abstrakter) „Schulbuchwelt" und (realer) „Alltagswelt" herstellen, indem sie zu Recherche und Befragung, zu Informationsbeschaffung und Realitätsdurchdringung (zum Beispiel durch Fotografieren) ermutigen. Die **Materialseite** 49 bietet Beispiele für derartige Arbeitsaufträge und soll Anregungen geben, Fragekategorien und Formulierungsvorschläge, zum Beispiel für Arbeitsblätter oder Projektunterricht, zu erarbeiten, mit deren Hilfe die Erziehung der Schüler zur Selbstständigkeit gefördert werden kann.

Gleichsam als Nebeneffekt führt das zu einer Aufhebung eines der größten strukturellen Probleme von Schulbüchern: Die für Schulbücher so typische Komplexitätsreduktion infolge des begrenzten Platzangebotes wird zumindest teilweise aufgehoben, indem der „Gesichtskreis" der Lernenden über die Schulbuchinformationen hinaus auf die Außenwelt erweitert wird. So lassen sich über Aufgabenstellungen zunehmend die Kompetenzen in der erstrebten Breite und Verknüpfung entwickeln und ausweiten: Die Selbstkompetenz (eigenes Können) kann in Verbindung mit der Sozialkompetenz (im Team arbeiten, Kontakt zu externen Personen wie Experten, Zeitzeugen herstellen usw.) treten, und zwar in einer methodisch durchdachten Weise, also in einer durch die für den Zweck reflektierten Methode. ■

Selbstständiges Lernen „trotz" Schulbuch

Arbeitsaufträge auf der Basis von Schulbuchinhalten
Die nachfolgenden Beispiele für Formulierungen von Arbeitsaufträgen zielen auf selbstständiges Lernen der Schülerinnen und Schüler.
Sie sind in Kategorien eingeteilt und lassen sich prinzipiell für die unterschiedlichen Bedürfnisse der verschiedenen Fächer modifizieren sowie leicht auf andere Themen anwenden.

Zeichnung: Kerstin Tieste

Informationen beschaffen

- *„Versucht etwas über die jüdischen Familien eures Ortes in der ersten Hälfte des 20. Jahrhunderts herauszufinden. Fragt bei der Stadt- oder Gemeindeverwaltung eures Wohnorts und bei älteren Menschen nach, die Anfang des Jahrhunderts geboren sein könnten."*

Beratung durch Experten

- *„Ladet einen in Deutschland lebenden Menschen muslimischer Herkunft ein und sprecht mit ihm über Probleme des Zusammenlebens. Arbeitet vorher in Gruppen- oder Partnerarbeit Fragen aus, die euch geeignet/wichtig erscheinen."*

Bilder und Karikaturen interpretieren

- *„Sicher fällt dir an dem Bild manches auf. Beachte vor allem das Schiff und die Personengruppen und ihre Blickrichtungen. In einem modernen Buch steht unter diesem Bild: ‚Insulaner ergreifen vor Kolumbus die Flucht'. – Stimmt das so? Finde eine eigene Unterschrift für das Bild."*
- *„Setzt die Aussagen der Karikaturen (…) fort und entwerft dabei Lösungsvorschläge. Benutzt dazu die Form eines Dialogs."*

Erforschen/Erkunden

- *„Mitgift und Aussteuer gab es früher auch bei uns. Erkundige dich bei Eltern, Großeltern oder in der Bücherei, welche Mitgiftpraxis bei uns herrschte. Überlege, ob damit Nachteile für Frauen verbunden waren."*

Vergleichen

- *„Vergleicht eine Nachrichtensendung in einem öffentlich-rechtlichen und einem privaten Sender. Wählt vergleichbare Hauptnachrichten-Sendungen eines Abends. Protokolliert dabei Themen, Reihenfolge, Darbietung, Dauer und Verständlichkeit. Welche Unterschiede stellt ihr fest?"*

Perspektivwechsel/Empathie

- *„Versuche dich in die Lage Montezumas zu versetzen und die Vorgänge mit seinen Augen zu sehen. Schreibe eine geheime Botschaft, die Montezuma in der Gefangenschaft verfasst haben könnte, um seinem Sohn zu beschreiben, wie es zu seinem Unglück kam."*
- *„Versetzt euch in die Lage der Bauernfamilien von Togo: Was würdet ihr tun, um bei unzureichender Ernte die Hungermonate zu überstehen? Entwickelt Vorschläge in der Gruppe. Bedenkt, dass ihr eine große Familie seid."*

Nachspielen

- *„Spielt die Gerichtsverhandlung gegen die Fuldaer Juden nach. Bildet Gruppen, die vor dem Kaiser ihre Argumente vortragen: Fuldaer Bürger, zum Christentum übergetretene, ehemals jüdische Wissenschaftler. ‚Kaiser Friedrich II.' trifft nach Befragung der verschiedenen Gruppen eine Entscheidung und begründet sie."*

Ergebnisse präsentieren

- *„Präsentiert eure Darstellung zum Thema ‚Mali'. Plant eine Aktion im Zusammenhang mit eurer Präsentation, zum Beispiel eine Ausstellung für einen Elternabend. Wählt dazu eine Präsentationsform aus. Vergleicht und diskutiert sie in Bezug auf Vor- und Nachteile."*

Gestalten/Entwerfen

- *„Entwerft ein Plakat zu dem Problem von Überflutungen. Versucht durch Zeichnungen und aufgeklebte Bilder eine möglichst umfassende und überzeugende Darstellung der Ursachen und Folgen von Flussüberschwemmungen anzufertigen. Kennzeichnet dabei die Ursachen und Folgen mit unterschiedlichen Farben. Stellt durch verbindende Pfeile Beziehungen her."*

Mit Schulbüchern differenziert unterrichten

Werner Broders

Dass Schulbücher eher selten Angebote für differenziertes Arbeiten machen, widerspricht den Forderungen aktueller Pädagogik. Dennoch hat der von den Schulbuchverlagen angenommene Unterricht eine weitgehend lineare Struktur, was häufig damit begründet wird, dass der Markt nichts anderes erwarte und dass in den Schulen nichts anderes praktiziert werde. So sind Lehrerinnen und Lehrer entweder darauf verwiesen, in aufwendiger Kleinarbeit selbst Unterrichtseinheiten mit Differenzierungsangeboten zu entwickeln oder sich über den Kopierer in die Verzettelungs-Differenzierung zu flüchten, die mehr oder weniger zufällige Angebote machen kann. – Es geht aber auch anders ...

Foto: Veit Mette/Bielefelder Fotobüro

Zu vielen Unterrichtsthemen lassen sich – zum Beispiel als Form der Differenzierung in der Präsentation von Lernergebnissen – Lernspiele herstellen. Im Gegensatz zur Lernwege-Differenzierung geht es hier nicht in erster Linie um die Aneignung von Lernstoff, sondern um die Weitergabe der Lernergebnisse an andere.

Von der Möglichkeit, Unterrichtseinheiten in Schulbüchern differenziert bearbeiten zu lassen, soll in diesem Artikel die Rede sein. Vier Formen der Differenzierung lassen sich dabei nach meiner Erfahrung unterscheiden:

- die Differenzierung nach Themenschwerpunkten,
- die Differenzierung nach Lernwegen,
- die Differenzierung in der Präsentation.
- Möglich wären auch noch von den Schülerinnen und Schülern erarbeitete differenzierte Verfahren zur Lernerfolgskontrolle.

Argumente für das differenzierte Arbeiten mit dem Schulbuch

In allen Fällen wird davon ausgegangen, dass das Schulbuch der schwerpunktmäßige Lieferant der Informationen ist. Weitere Informationsquellen können nach Maßgabe der jeweiligen Möglichkeiten genutzt werden. Dann dient das Schulbuch als Leitmedium.

Die Lerngegenstände sollten für das differenzierte Arbeiten mit dem Schulbuch nicht zu klein geschnitten sein, um individuelle Schwerpunktbildung und Auswahl in den dargebotenen Informationen zu ermöglichen. Schließlich geht es darum, dass die Schülerinnen und Schüler individuell mit den dargebotenen und schon für das Schulbuch gefilterten Informationen umgehen. Solche Themen könnten sein: „Ägypten – Land der Pyramiden", „Unterwegs – Zu Hause und in der Fremde", „Polargebiete und Wüsten – lebensfeindliche Räume"[1]. Der Umfang solcher Themen in Schulbüchern beläuft sich häufig auf etwa 20 Seiten. Dabei sollen auf die in Schulbüchern angebotenen sehr unterschiedlichen Sachinformationen eher „standardisierte Verfahren" angewendet werden, die auch bei jeweils sehr unterschiedlicher Thematik Ergebnisse zeitigen können.

Auch heute noch ist von Lehrerinnen und Lehrern zu hören, dass Differenzierung eine „Masche" sei, die vorgaukle, dass Lernen Spaß bringe. Somit lenke sie von der Notwendigkeit harter Lernarbeit ab. Hier sollen nur einige Argumente zur Begründung differenzierten Arbeitens – auch mit dem Schulbuch – angeführt werden.

Zunächst ermöglicht das Angebot unterschiedlicher Arbeitsmöglichkeiten Wahlfreiheit. Es ist aus der Motivationspsychologie bekannt, dass selbst gewählte Aufgaben mit größerem Engagement und mit größerer Ausdauer sowie mit qualitativ besseren Ergebnissen bearbeitet werden. Außerdem werden sowohl Sozial- wie auch Selbstkompetenz der Lernenden weiter entfaltet. Es werden Absprachen zwischen den Lernenden erforderlich. Es sind eigenverantwortlich Entscheidungen zu fällen. Es müssen Prioritäten gesetzt werden. Die eigene Arbeit wird einer kritischen Bewertung unterzogen. Ständig werden die Lernenden mit der Frage konfrontiert, ob sie den Lernstoff verstehen bzw. für wichtig halten. Lernbereitschaft, die sonst stillschweigend bei der Arbeit mit dem Schulbuch vorausgesetzt wird, kann hier entwickelt und durch Erfolge gestützt werden. Schließlich werden beim differenzierten Arbeiten mit dem Schulbuch Lern- und Arbeitstechniken erprobt, die das Spektrum der Methodenkompetenz der Schüler erweitern können.

In einer demokratisch organisierten Mediengesellschaft sind die eigenverantwortliche Aneignung und Bewertung von Medienangeboten sowie deren individuelle Verarbeitung von besonderer Bedeutung für die Entwicklung einer „Lern- und Gesprächskultur", in der „um Sachen geredet" wird.

Differenzierung in unterschiedlicher Form

Im Folgenden beschreibe ich das Arbeitsverfahren in den von mir unterschiedenen Differenzierungsformen.

Differenzierung nach Themenschwerpunkten

Die Schüler verschaffen sich einen Überblick über das jeweilige Thema, indem sie das ausgewählte Kapitel durchblättern und anlesen. Dabei notieren sie sich auf DIN-A4-Blättern Fragen, die ihnen wichtig sind. Im Stuhlkreis setzen sich Schüler zusammen und „gewichten" die erarbeiteten Fragen nach den Gesichtspunkten „wichtig" (!!!) oder „nicht so wichtig" (!) und „einfach" (+) oder „schwierig" (+++). Nachdem die Fragen entsprechend im Gespräch gewichtet worden sind, wählt die Klasse zehn Fragen aus, die bearbeitet werden sollen. Diese Fragen werden auf Packpapier oder Plakatkarton notiert und in der Klasse ausgehängt. Die Lehrkraft kann ebenfalls Fragen formulieren.

Dann beginnt die Arbeit. Die Schüler suchen in den Schulbuchtexten nach Antworten auf die Fragen. Sie notieren ihre Antworten auf Zetteln und kleben sie zu den jeweiligen Fragen. Schließlich werden die Kartons mit den Beiträgen zu den einzelnen Fragen abgenommen. Es werden Arbeitsgruppen gebildet. Je eine Arbeitsgruppe bearbeitet eine Frage und die dazu vorgelegten Beiträge. Sie stellt daraus einen Informationstext her und vervielfältigt ihn für alle.

Zum Schluss werden die Texte in der Klasse einer Kritik unterzogen.

Differenzierung nach Lernwegen

Grundlage ist auch hier ein Kapitel aus dem Schulbuch. Ziel ist das Aneignen der im Schulbuch angebotenen Informationen in Teilaspekten oder als Gesamtheit. Dabei werden mehrere Wege zur Aufbereitung der dargebotenen Informationen angeboten: ein Begriffsraster (Glossar) erstellen, eine Lernlandkarte (Mindmapping) anfertigen, ein Frage-Antwort-Spiel machen. Diese drei Lernwege werden parallel zueinander angeboten.

- Das **Begriffsraster** entsteht so: Die Schüler arbeiten das Schulbuchkapitel durch. Dabei notieren sie sich wichtige Begriffe. Ist dieser Schritt abgeschlossen, versuchen die Schüler die Begriffe in kurzen Sätzen oder Texten zu erklären. Im Idealfall sollten sie es zunächst ohne das Buch versuchen. Sind sie mit den eigenen Ergebnissen nicht zufrieden, können sie das Schulbuch erneut zu Rate ziehen. Die Begriffsraster sollten zum Schluss der Arbeit vervielfältigt und kritisch durchgesehen werden. Die kritische Durchsicht des Arbeitsergebnisses kann auch zu einer erneuten abschließenden Bearbeitung des Begriffsrasters führen.
- Die **Lernlandkarte** entsteht so: Die Schüler benötigen eine kurze Einführung in die damit einhergehende Methode des Mindmapping, zum Beispiel auf der Basis von Fachliteratur[2], von Sachliteratur für Kinder[3], von bereits veröffentlichtem Material aus PRAXIS SCHULE 5–10[4] oder anhand der ***Kopiervorlage*** auf Seite 53. Die Schüler lesen das Schulbuchkapitel durch und fertigen dabei – auf einem großen unlinierten Blatt Papier (mindestens DIN A4, besser ein Flip-Chart-Blatt) – allmählich ihre Lernlandkarte an. Zum Schluss wird die Lernlandkarte den übrigen Schülern vorgestellt. Sie kann durch Überklebungen auch überarbeitet werden. Wenn das Format es zulässt, kann sie außerdem vervielfältigt werden.
- Das **Frage-Antwort-Spiel** entsteht so: Die Schüler verwenden Karteikarten (nicht kleiner als DIN A7) und passende Behälter (vom selbst gefalteten Kasten über den Karteikasten bis hin zum Briefumschlag). Auf den Vorderseiten der Karten werden Fragen notiert. Auf der Rückseite steht die Antwort in einem kurzen Satz. Zum Schluss werden die Fragen in der Klasse gestellt und beantwortet. Dabei werden die Fragen kritisch durchgesehen. Die Schüler entscheiden, was für den Lernstoff von Bedeutung ist und was nicht.

Differenzierung in der Präsentation

Hier zeigen die Schüler ihre Lernergebnisse durch Einsatz verschiedener standardisierter Präsentationsformen. Nach meiner Erfahrung haben sich das Lernposter (Wandzeitung), das Minibuch und das Lernspiel besonders bewährt, weil sie schriftliche Präsentationsformen sind. Im Gegensatz zur Lernwege-Differenzierung geht es hier nicht in erster Linie um die Aneignung von Lernstoff, sondern um die Weitergabe der Lernergebnisse an andere. Dabei beziehen sich die einzelnen Angebote dieser Differenzierungsform so aufeinander, dass eine kleine Dokumentation oder Ausstellung entstehen könnte.

- Das **Lernposter** (Wandzeitung) entsteht so: Den Schülern wird Material für die Herstellung des Posters ausgehändigt (Plakatkarton, Stifte, Klebstoff, verschiedene Papiere). Zusätzlich erhalten sie einen Arbeitsbogen, der ihnen bei der Herstellung des Posters helfen soll (vgl. dazu die ***Kopiervorlage*** auf Seite 54). Aus mehreren Lernpostern zu unterschiedlichen Themenaspekten kann auch eine größere Wandzeitung entstehen. Dort, wo es möglich ist, kann diese Wandzeitung dann auch als Vorlage für eine PowerPoint-Präsentation benutzt werden.
- Das **Minibuch** (Broschüre/Faltblatt) entsteht so: Die Schüler schreiben einen zusammenfassenden Text zu der Schulbucheinheit. Diesen Text überarbeiten sie. Dabei kann ihnen die Lehrkraft helfen. Anschließend überlegen sie, wie sie den Text auf die einzelnen Buchseiten verteilen und wie sie das Buch technisch herstellen wollen. Dann wird das Buch oder die Broschüre in der festgelegten Anzahl hergestellt.
- Das **Lernspiel** entsteht so (vgl. dazu die ***Kopiervorlage*** auf Seite 55): Die Schüler schreiben Minitexte zu Teilaspekten des Themas. Jeder Minitext sollte so gestaltet sein, dass er mindestens vier Sätze enthält. Den Text verteilen die Schüler auf jeweils vier Karten. So entstehen mehrere Sätze von vier Karten. Diese vier Karten werden jeweils mit einer Überschrift und einem Symbol oder Piktogramm versehen. Wie mit den Kartensätzen gespielt werden soll, legen die Schüler fest.

Ob das Ergebnis ein Plakat, ein Minibuch o. Ä. ist – auf jeden Fall können Schulbuchinhalte auf unterschiedlichen Wegen erarbeitet werden.

Foto: Veit Mette/Bielefelder Fotobüro

Differenzierte Verfahren zur Lernerfolgskontrolle

Auch für die Lernerfolgskontrolle könnten die Schüler differenziert unterschiedliche Materialien erarbeiten. Dabei könnten Buchstabengitter, Silbenrätsel, Satzreihen-Quiz und Lückentexte entstehen.

• Für die Erstellung eines **Buchstabengitters** legen die Schüler zunächst das Thema und die Wörter fest, nach denen sie fragen wollen. Dann formulieren sie Umschreibungen für diese Begriffe und verteilen die Begriffe senk- und waagerecht auf ein Karo-Raster. Für die Herstellung eines Buchstabengitters erhalten die Schüler folgende (zusätzliche und mit Illustrationen versehene) Anleitung:

- Ihr fertigt das Gitter an, in das die Begriffe eingetragen werden sollen.
- Ihr tragt die Begriffe in das Gitter ein.
- In das Anfangsfeld schreibt ihr fortlaufend jeweils eine Zahl.
- Ihr zeichnet noch einen Pfeil ein. Er gibt die Richtung an, in der die Buchstaben des Wortes einzutragen sind.
- Felder, die frei bleiben, schwärzt ihr.
- Ihr zeichnet das Gitter ohne die Lösungsbuchstaben ab.
- Ihr schreibt zu den Zahlen unter dem Gitter Umschreibungen der Begriffe.
- Das fertige Gitter vervielfältigt ihr.

Ähnlich wird bei der Herstellung von Silbenrätseln verfahren.

• Ein **Satzreihen-Quiz** (vielen sicher aus der Fernsehsendung „Dingsda“ bekannt) entsteht so: Zunächst wählen die Schüler Begriffe aus, die mit jeweils fünf Sätzen umschrieben werden sollen. Hier ein Beispiel aus dem Thema „Ägypten - Land der Pyramiden“: *1. Es ist ein Bauwerk. 2. Es ist schon sehr alt. 3. Viele Menschen haben daran gearbeitet. 4. Es hat eine quadratische Grundfläche. 5. Darin wurden die Pharaonen bestattet.* - Wenn die befragten Personen die Lösung *Pyramide* nach dem ersten Satz nennen, erhalten sie 50 Punkte, nach dem zweiten Satz 40 Punkte usw. Die Satzreihen notieren die Schüler zusammen mit der Lösung auf Karteikarten. Die weiteren Spielregeln legen die Schüler fest.

• **Lückentexte** können leicht aus den von den Schülern geschriebenen informativen zusammenfassenden Texten entwickelt werden, indem die wichtigen Begriffe durch Lücken ersetzt werden. Die eigene Lösung kann dann mit der Musterlösung auf einem gesonderten Lösungsblatt verglichen werden.

Das Ziel: eine (etwas) andere Lernkultur

Was in diesem Artikel vorgeführt wurde, ist nichts Spektakuläres. Es ist von mir gedacht als ein kleiner Beitrag zur Entwicklung einer anderen Lernkultur. In ihr geht es um selbst bestimmte aktive Aneignung von Sachinhalten und die Erweiterung von Sozial- und Selbstkompetenz. Dabei soll die moderne Aufbereitung von Lerninhalten durch zeitgemäße Schulbücher genutzt und mit anderen medialen Angeboten verknüpft werden. ■

[1]Vgl. *Dziak-Mahler, M.* u. a.: Gesellschaft bewusst. Gesellschaftslehre 1. Braunschweig (Westermann Schulbuchverlag) 1999
[2]*Buzan, T./Buzan, M.*: Das Mind-Map-Buch. Landsberg 1997
[3]*Feichtenberg, C./Wechdorn, S.*: Mind-Mapping für Kinder. Wien 1996
[4]*Steps, M.*: Mind Mapping im Unterricht. In: PRAXIS SCHULE 5–10, H. 5/1997, S. 25–29.

Eine Lernlandkarte entsteht

Benötigtes Material

- leere unlinierte Blätter (mindestens Format DIN A4)
- unterschiedlich dicke und verschiedenfarbige Stifte

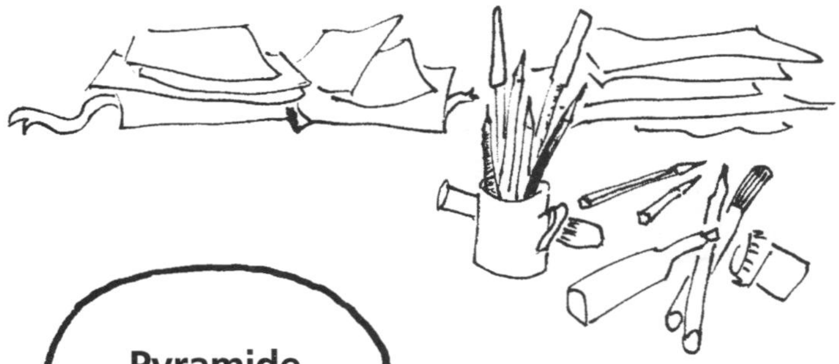

Und so geht's:

❶ Das Thema der Lernlandkarte schreibst du so (oder ähnlich) in die Mitte:

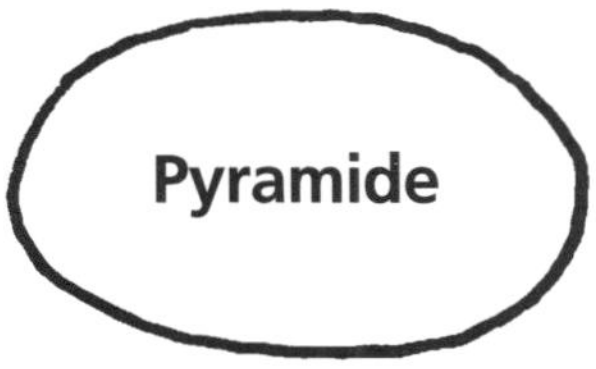

❷ Die wichtigsten Begriffe schreibst du an Arme, die hin zur Mitte führen:

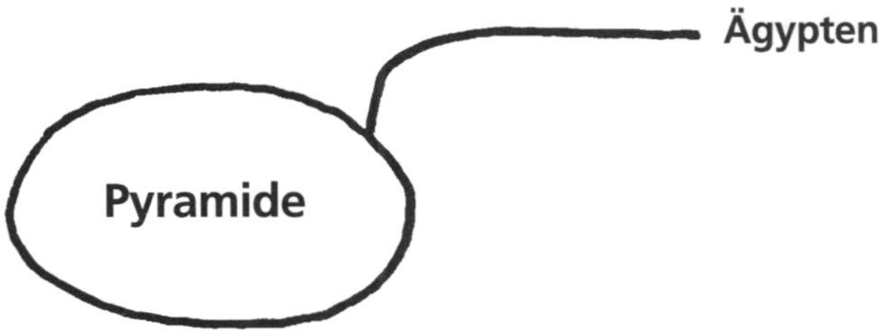

❸ Du beginnst oben rechts. Dann folgen weitere Arme:

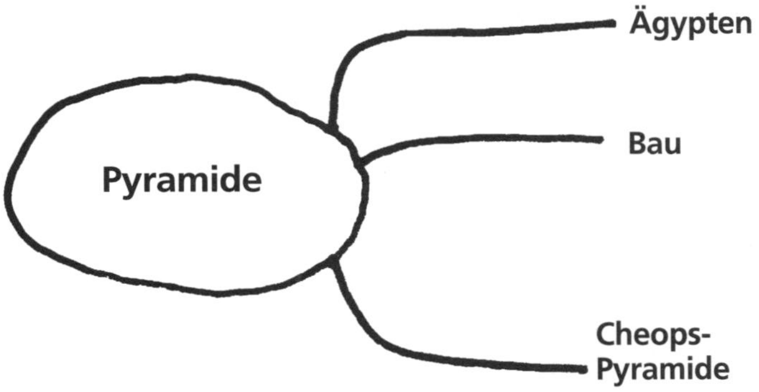

❹ An die Arme der Lernlandkarte kannst du weitere Zweige hängen:

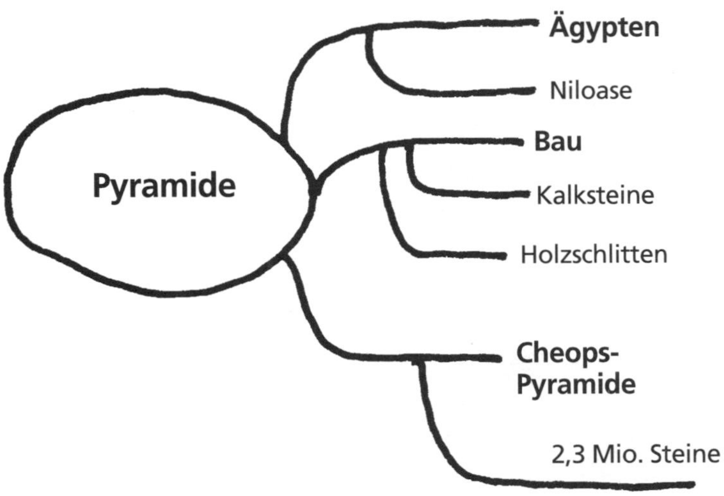

❺ Du kannst auch Farben und Zeichnungen in deine Lernlandkarte einbauen.

Zeichnungen: Carolin Heidloff

Wir planen und gestalten ein Lernposter

❶ Was wir brauchen:

- Plakatkarton
- Papiere
- Stifte
- Klebstoff
- Schere
- verschieden geformte Papiere

❷ Die ersten Schritte: texten, auswählen, kopieren, zeichnen.

- Wir legen eine Überschrift fest.
- Wir schreiben kleine Texte.
- Wir korrigieren unsere Texte.
- Wir gestalten die Texte.
- Wir zeichnen.
- Wir wählen Bilder aus.
- Wir kopieren Bilder.

❸ Wie probieren das Layout.

- Wir legen alle Teile des Posters bereit.
- Wir legen die Teile auf den Karton.
- Wir probieren verschiedene Anordnungen aus.
- Wir testen die „Fernwirkung".
- Wir verändern einzelne Teile.
- Wir legen die Anordnung der Teile fest (Skizze).
- Wir ergänzen eine Liste der Bücher, aus denen wir unsere Texte zusammengestellt haben (Autor, Titel, Ort, Jahr).

❹ Wir stellen das Poster fertig.

- Wir kleben die Teile des Posters sorgfältig fest.
- Wir notieren unsere Namen klein in eine Ecke des Posters.

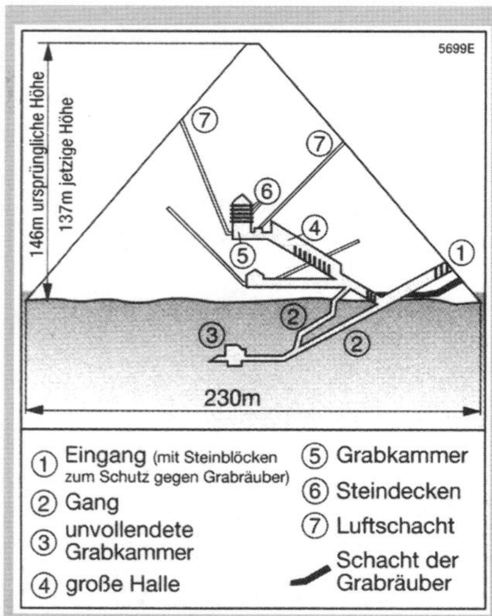

Die Cheops-Pyramide

Die Cheops-Pyramide besteht aus über 2,3 Millionen Kalksteinen. Aneinander gelegt ergibt dies eine Steinreihe von München bis Athen. Jeder Stein wiegt etwa 2 500 Kilogramm, so viel wie drei Kleinwagen. Die Steine waren so genau behauen, dass sie ohne Fuge aneinander und aufeinander passten. Die Werkzeuge der Handwerker waren aus Kupfer angefertigt. Die Steine wurden auf Holzschlitten transportiert, denn in Ägypten war das Rad nicht bekannt. Über 20 000 Arbeiter waren täglich zehn Stunden im Einsatz. Der Bau dauerte 23 Jahre. Die Grabkammer ist mit Wandbildern geschmückt, die von den Taten des Pharaos berichten.

(Aus: Dziak-Mahler, M. u. a.: Gesellschaft bewusst, Bd. 1. Braunschweig (Westermann Schulbuchverlag) 1999, S. 226.)

❺ Wir hängen das Poster am vorgesehenen Platz auf.

12 Schritte zum Lernspiel

❶ Wir legen die Themenstichworte fest.

Pyramiden, Pharaonen, Ägypten, Niloase, Mumien, ...

❷ Wir brauchen mindestens vier Sätze zu einem Themenstichwort.

1. Es sind Bauwerke.
2. Sie bestehen aus Kalksteinen.
3. 20 000 Arbeiter arbeiteten an ihnen.
4. Der Bau der Cheops-Pyramide dauerte 23 Jahre.

❸ Wir verteilen die Sätze auf vier Karten.

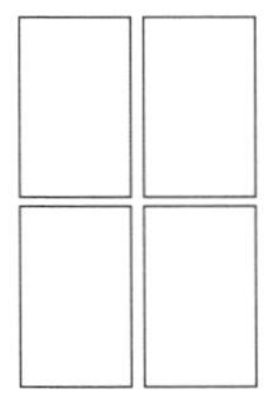

Die Karten sollten mindestens das Format DIN A7 haben!

❹ Wir zeichnen auf jede der vier Karten das gleiche Symbol.

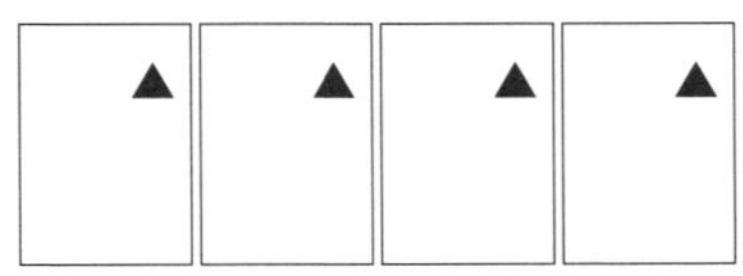

❺ Wir schreiben das gleiche Themenstichwort auf jede Karte.

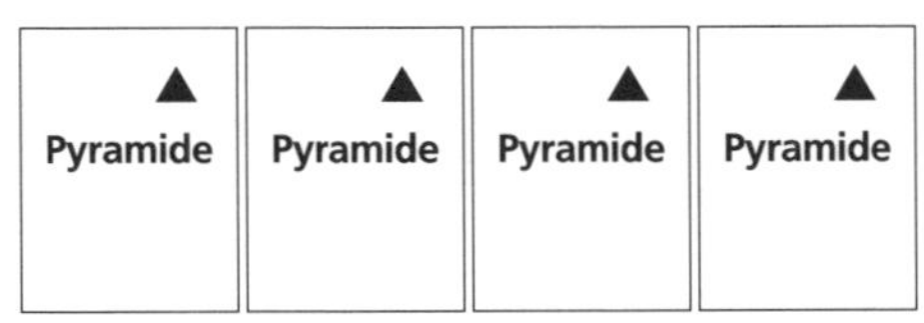

Wir schreiben je einen Satz auf eine der vier Karten.

❻ Jetzt haben wir einen Kartensatz fertig.

❼ Wir fertigen weitere Kartensätze an.

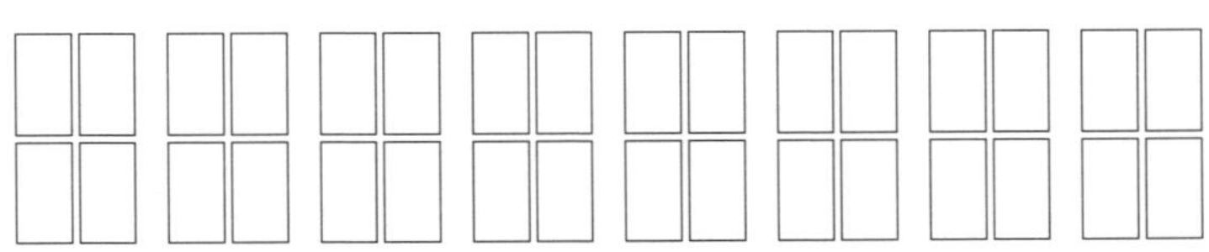

❽ Wir haben eine ganze Menge Kartensätze fertig.

❾ Wir legen die Spielregeln fest.

❿ Wir schreiben die Spielregeln auf.

Unser Spiel heißt ...
1. Für das Spiel braucht man ...
2. Ziel des Spiels ist ...
3. Gewonnen hat, wer ...
4. ...

⓫ Wir wählen einen geeigneten Behälter für das Spiel aus.

Karton? Gefrierdose? Briefumschlag? Sichthülle?

⓬ Wir mischen die Karten und spielen das Spiel.

V. Differenzieren mit Lernspielen

Spielend differenzieren – differenziert spielen

Helga Artelt

Binnendifferenzierung mit Lernspielen

Differenzierung durch Lernspiele kann sowohl ein „Einstieg" in differenzierendes Lernen sein als auch differenzierende Maßnahmen im Fachunterricht sinnvoll ergänzen. Sie sind wesentlicher Bestandteil eines Klassenraums mit Werkstattcharakter, in dem dezentral und differenziert gelernt werden kann.

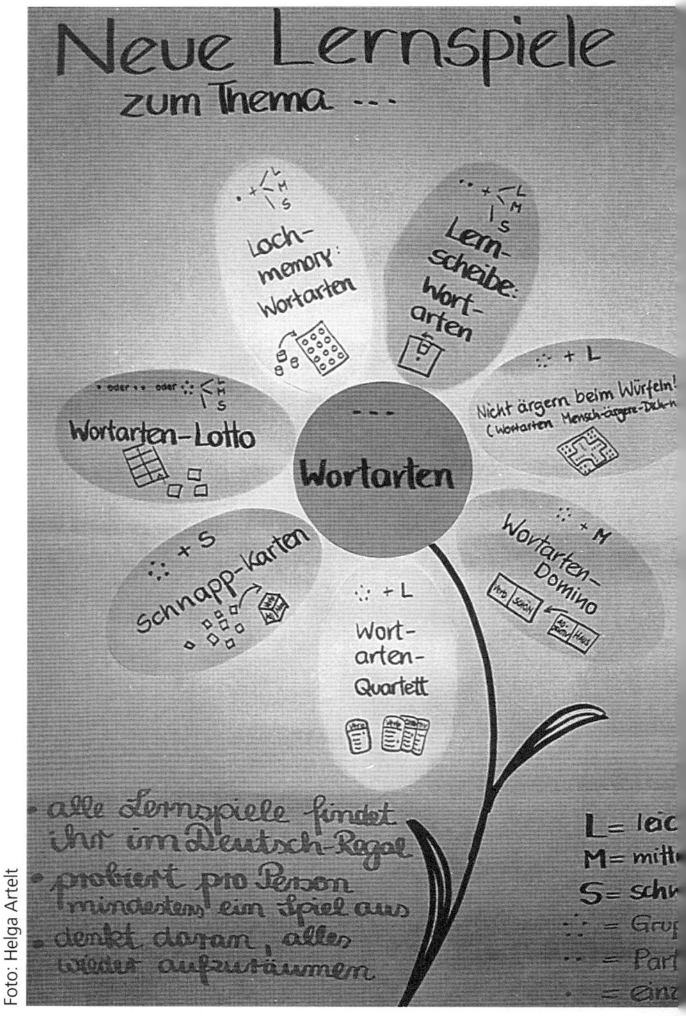

Foto: Helga Artelt

Wie kann man sich aber einen Fundus an Lernspielen für die Klasse zulegen, ohne sich als einzelner Lehrer zu überfordern? Eine Strategie der kleinen Schritte liegt hier nahe. So kann zunächst einmal gefragt werden:

- Welche Arbeitsformen eignen sich besonders für den schnellen Einsatz zur Binnendifferenzierung?
- Wo erhält man brauchbares Material, das sich leicht einsetzen lässt?
- Wie kann ich vorhandenes Material abwandeln?

Welche Spiele eignen sich?

Fast jeder Lehrer besitzt einige Spiele, die mit geringem Aufwand für verschiedene (Lern-)Notwendigkeiten abgewandelt werden und dann zur gelenkten Binnendifferenzierung, aber auch zur Wahldifferenzierung genutzt werden können. Auch einige Verlage, wie zum Beispiel der Westermann Schulbuchverlag, bieten Lernspielpakete zu verschiedenen Fächern an,[1] die für Differenzierungsmaßnahmen genutzt werden können. Differenzierende Varianten einer Spielidee lassen sich in der Regel durch Veränderungen eines Spielaspektes herstellen:

- *Das Tempo einer Spielhandlung wird erhöht:* Beispiel: x-Minuten-Quiz (Deutsch, Mathematik, Gesellschaftslehre, Naturwissenschaften, Fremdsprachen). Es gibt zum vorgegebenen Thema Fragekarten zur Wiederholung des Lernstoffes. Die Karten können leicht selbst hergestellt werden und richten sich nach dem behandelten Lernstoff. Die Kleingruppe sollte aus drei bis sechs Schülern bestehen. Der rechte Nachbar stellt die Frage. Jeder erhält entsprechend seiner Leistungsfähigkeit eine Zeitvorgabe (unterschiedliche Sanduhren, Stopp-Uhr oder Uhr mit Sekundenzeiger) als Handikap. Wird die Aufgabe gelöst, darf der Befragte diese Karte behalten und nun seinen Nachbarn fragen. Falsch oder nicht beantwortete Karten wandern wieder unter den Stapel. Sind alle Fragen beantwortet, ist die Runde beendet und jeder zählt seine beantworteten Karten.

  Dieses Spiel lässt sich sowohl in homogenen als auch in heterogenen Leistungsgruppen spielen.
- *Die Spieler erhalten unterschiedliche Hilfen:* Beispiel: Textpuzzle (Deutsch, Gesellschaftslehre, Naturwissenschaften, Fremdsprachen). Jede Kleingruppe (zwei bis vier Schüler) erhält die Aufgabe, einen Text aus Puzzle-Streifen sinnvoll zusammenzulegen. Schwache Schüler dürfen, bevor sie die Puzzleteile erhalten, den Text lesen. Außerdem kann differenziert werden nach Anzahl der Puzzleteile (je weniger Teile, desto mehr Hilfe).
- *Der Umfang des Themas/Spielinhaltes wird reduziert:* Beispiel: Wortarten-Quartett (Deutsch, Englisch, Französisch). Zu jeder Wortart gibt es ein oder mehrere Quartette

(vier Karten). Schwache Schüler sammeln nur die Hauptwortarten: Nomen, Verb, Adjektiv. Je nach Leistungsvermögen kommen noch Pronomen, Präposition, Konjunktion, Adverb und Partikel dazu. Die Spielregel ist die bekannte Quartett-Regel. Auch grammatische Strukturübungsspiele, Steckspiele usw. eignen sich hervorragend für diese Fundamentum-Additum-Variationen.[2]

• *Die Regel wird variiert:* Beispiel: In Memoriam[3] (Geschichtsspiel). Es handelt sich hierbei um ein historisches Kim-Spiel. Den Gruppen wird von ihrem (neutralen) Spielleiter für kurze Zeit eine bestimmte Anzahl von historischen Motiven gezeigt. Anschließend hat jeder Mitspieler bzw. jede Kleingruppe Zeit (etwa fünf bis zehn Minuten), das Erinnerte schriftlich zu benennen.

Schwierige Regelvariante: Der Spielleiter nennt 30 geschichtliche Ereignisse, an die sich die Spieler erinnern müssen (eventuell mit dazugehöriger Jahreszahl).

• *Das Anforderungsniveau kann ausgewählt werden:* Mit dieser Variante arbeiten im Grunde alle Quizspiele,[4] bei denen die Teilnehmer die Möglichkeit haben, sich eine höhere oder niedrigere Punktzahl zu erspielen. Dabei ergibt ein niedrigeres Anforderungsniveau zwar weniger Punkte, aber zu viel „Risiko“ kann auch Punkte verspielen – richtiges Einschätzen ist also gefragt.

• *Es werden unterschiedliche Teilthemen zu einem Oberthema vermittelt:* Beispiel: Spielend durch Europa (Erdkunde).[5] Diese Sammlung enthält acht Lernspiele für die Jahrgänge 5–7 zum Thema Europa. Die Spiele sind sofort einsetzbar und beschäftigen, parallel eingesetzt, eine ganze Klasse. (Zu einigen Spielen gibt es auch Varianten nach Leistungsvermögen).

• *Die Menge der zu erledigenden Aufgaben ist für Einzelne bzw. Gruppen unterschiedlich:* Beispiel: Kartenwürfeln: s-ss-ß? (vgl. die ***Kopiervorlage*** auf Seite 61). Mit diesem Spiel wird die neue Rechtschreibung geübt. Nach gemeinsamer Einführung des Regelschwerpunktes wird die Lerngruppe in Kleingruppen à vier bis sechs Schüler aufgeteilt. In der Mitte liegen verschiedene, zum Thema passende Lückenwörter. Reihum wird mit einem mit s-ss-ß beschrifteten Würfel gewürfelt. Wer an der Reihe ist, versucht zu seinem Wurf ein passendes Lückenwort zu finden: Beispiel: ss + ku__ = Kuss. Ist die getroffene Wahl falsch (Lösung steht auf der Rückseite) kommt das Wort zurück in die Mitte.

Wer als Erster vier „richtige“ Lückenwörter hat, hat gewonnen. Eine Differenzierungsmöglichkeit für schwächere Schülerinnen und Schüler besteht darin, das stimmhafte s wegzulassen und nur als Joker einzusetzen. Sehr gute Schü-

Benötigte Materialien

Wegespiel für zwei bis sechs Schüler (Beispiel: neue Rechtschreibung).
Vorbereitung:
- ein Spielbrett (DIN-A3),
- verschiedene Spielchips (oder Pfennige, Streichhölzer usw.),
- sechs Spielfiguren,
- einen Würfel,
- mindestens 30 nummerierte Aufgabenkarten in drei Schwierigkeitsgraden (verschiedene Farben) und Lösungsblatt nach Nummern,
- mindestens 30 Erlebniskarten (thematisch passend),
- Hilfen wie Rechtschreibbuch, Regelwerk, Wortliste, Lernkärtchen usw.

Spielidee und Regeln

Es ist herrliches Winterwetter. Die Klasse hat den Klassenlehrer dazu überredet, einen Wandertag zu dem zugefrorenen See zu machen, um Schlittschuh laufen zu können. Leider erhalten sie die Genehmigung von der Schulleitung nur unter der Bedingung, dass sie dort verschiedene Aufgaben lösen.
Die Gruppe teilt sich die Aufgaben nach verschiedenen Schwierigkeitsgraden:

Route 1 (leicht): Ⓐ und Ⓔ
Route 2 (mittel): Ⓔ und 🅐
Route 3 (mittel): Ⓔ und ⓐ

Zu Beginn des Spiels wählt jeder eine Startposition (und auch das Ziel!) der schwarzen Punkte 1–6. Dann wird reihum gewürfelt und gesetzt. Es gibt auf allen Wegen Erlebnisse und Aufgaben (Karten). Die jeweils andere Route darf begangen werden, die Aufgaben müssen aber nicht gelöst werden. Nur bei der leichteren Route müssen die Fragen beantwortet werden.

Nach Erledigung der Aufgabe erhältst du einen Chip, die Karte wandert unter den Stapel und es geht weiter (Lösungsblatt hilft bei Unklarheit. Variante: Statt auf einem Lösungsblatt nachzuschauen, schreiben alle ihre Lösungen auf und geben sie beim Lehrer ab). Hilfe gibt dir der Lehrer am Uferrand (Buch, Wortliste, Lernkärtchen). Dafür musst du einmal aussetzen. Ziel ist es, dass jeder Mitspieler mindestens fünf Aufgaben gelöst hat:

Route 1 = 5 x Ⓐ
Route 2 = 5 x 🅐 *oder* 5 x Ⓐ + 2 x 🅐
Route 3 = 5 x ⓐ *oder*
5 x Ⓐ + 3 x 🅐 + 2 x ⓐ

Nach getaner Arbeit gibt es ein Wettrennen zurück zum eigenen Startplatz. Jetzt werden die Sonderfelder nicht beachtet.
Gewonnen hat derjenige, der als erster mit den entsprechenden Chips am Ausgangspunkt angekommen ist.

Materialien und Regeln für das Spiel „Eislauf auf dem See“

ler müssen sechs Wörter und/oder zwei von jeder Schreibweise haben.

• *Die Lernqualität (kleinschrittige Wiederholung, Festigung, Erweiterung, Transfer, Neuerarbeitung) wird verändert:* Beispiel: Wegespiel auf dem Brett (für nahezu alle Fächer einsetzbar). Diese Spiele geben auf einem Spielbrett einen Weg vom Start bis zum Ziel vor. Die Spieler erhalten Spielfiguren, mit denen sie sich per Würfelwurf oder Schrittregel über den Parcours bewegen. Dieser enthält meist hervorgehobene Felder, „auf denen etwas passiert": eine Aufgabe muss gelöst werden, eine Aktivität muss durchgeführt werden, dem Spieler widerfährt Glück oder Pech (Erlebniskarten).

Das Brettspiel „Eislauf auf dem See" (vgl. dazu die ***Kopiervorlagen*** auf den Seiten 62 und 63) bietet eine Fülle von Differenzierungsmöglichkeiten, zum Beispiel durch die Variation des Schwierigkeitsgrades der Aufgaben, durch das Einbeziehen von Abkürzungen bzw. das Einsetzen von Umwegen. In meinem Beispiel (Materialien und Regeln siehe den *Kasten* auf Seite 59) werden folgende Möglichkeiten angeboten:

- Wem das Thema vollkommen neu ist, kann „am Ufer" bei dem Lehrer Hilfe (Nachschlagewerke, Wortliste usw.) finden.
- Wurde das Thema gemeinsam im Klassenverband eingeführt, durchlaufen leistungsschwache Kleingruppen den Normalparcours in kleinen Schritten.
- Gute Schüler gehen einen Umweg, lösen auf diese Weise schwierigere Aufgaben und erweitern für sich das Thema.

In der Literatur gibt es eine Reihe dieser variabel einsetzbaren Wegespiele, auch für historische und geographische Themen.[6] Einige sind durch ihre Konzeption und Spielregeln für Schüler mit unterschiedlichem Leistungsniveau geeignet, indem sie entweder nur eine (Zeit-)Reise auf dem Spielbrett simulieren oder noch zusätzlich durch ihr Regelwerk Anwendung von Gelerntem und Transfers erfordern.

Einsatz der Spiele im Unterricht

Eine gute Möglichkeit, selbstständiges Arbeiten und gelenkte Differenzierung zu verbinden, ist das Lernplakat (siehe die *Abbildung* auf Seite 58). Im Klassenraum aufgehängt zeigt es alle vorhandenen Lernspiele, die zu dem Thema passen. Zur Erleichterung der Auswahl gibt es Hinweise auf Sozialform (zum Beispiel Partnerarbeit) und Schwierigkeitsgrad. So kann jeder Schüler das Lernniveau nach eigener Einschätzung bestimmen und sich nach eventuell falscher Wahl neu orientieren. Diese Methode eignet sich für Wochenplanarbeit und Freiarbeitsphasen.

Alle hier vorgestellten Differenzierungsformen können einzeln oder kombiniert angewendet werden. Sogar die gleichzeitige Anwendung in einer heterogenen Lerngruppe ist möglich, setzt allerdings eine genaue Kenntnis der Lerngruppe und ihrer Fähigkeiten und Möglichkeiten voraus.

Es ist auch möglich, zu einem (Stunden-) Thema verschiedenartige Spiele mit gleichem Inhalt aber unterschiedlichem Schwierigkeitsgrad einzusetzen.

Damit Lernspiele im differenzierenden Unterricht den gewünschten Erfolg bringen, sollte darauf geachtet werden, dass jedem Schüler entsprechend seinen Fähigkeiten Lernspiele zur Verfügung stehen. Die Selbstständigkeit aller Schüler sollte nicht aus dem Blick geraten – ebenso wenig wie die Tatsache, dass der Unterricht stets auch eine Gemeinschaftsveranstaltung ist und bleiben muss. Dies lässt sich beispielsweise durch die besondere Betonung von Gruppenspielen vorteilhaft beeinflussen.

Differenzierungsmaßnahmen sind nur ein Teil des Schulalltags – und in diesem Rahmen auch zu schaffen! ■

---

[1]Beispielsweise zu den Fächern Mathematik, Erdkunde, Deutsch, Englisch, Sachunterricht und Geschichte.

[2]Vgl. dazu die Beispiele im Rahmen des Themenschwerpunktes „Lernspiele" der PRAXIS SCHULE 5–10, H. 4/1996 von *Dorothea Nadzeika-Humbaraci*: Spielen und Lernen im Englischunterricht (S. 20 ff.) und von *Ingrid Ahlring*: Spielerisches Üben im Englischunterricht (S. 30 ff.).

[3]*Heitmann, F.*: Historix & Co. 30 Geschichtsspiele für Klasse 6–13. Lichtenau [3]1994.

[4]Vgl. dazu den Beitrag von *Markus Bernhardt:* Wie hieß der „Vater" Dampfmaschine? In: PRAXIS SCHULE 5–10, H. 4/1996, S. 42 ff.

[5]*Nebel, J./Kirch, P./Kreuzberger, N.*: Spielend durch Europa, Klasse 5–7. Westermann Schulbuchverlag, Braunschweig 1994.

[6]Stellvertretend für solche Spiele seien hier die „Reise durch das Römische Reich" und „Wo die Götter wohnen" als leichte Brettspiele zum Thema „Altertum" genannt. Für leistungsstärkere Schüler eignet sich die „Nilreise 2000 v. Chr.", in der es darum geht, Gelerntes zum Thema Ägypten zu festigen und anzuwenden (Spiele zum alten Rom und Ägypten in: *Hessisches Institut für Lehrerfortbildung/Sekundarstufe I* (Hrsg.): Lernspiele 2. Fuldatal 1992. Spiel zum alten Griechenland in: *Bergner, M.* u. a.: IGL-Buch 1. Stuttgart 1995, S. 130 f.).

Kartenwürfeln: s – ss – ß ?

Beispiele für Schnapp-Karten

der Ku___	e___en	der Ha___e
die Ra___e	die Do___e	ich wei___
das Ma___	der Schlu___	die Ho___e
du mu___t	schlie___lich	viele Bu___e
die Ro___e	er lä___t es	die Stra___e
sie a___ Brot	der Strau___	wir ra___en
das Schlo___	der Fu___	hä___lich
die Ma___ern	verla___en	au___er

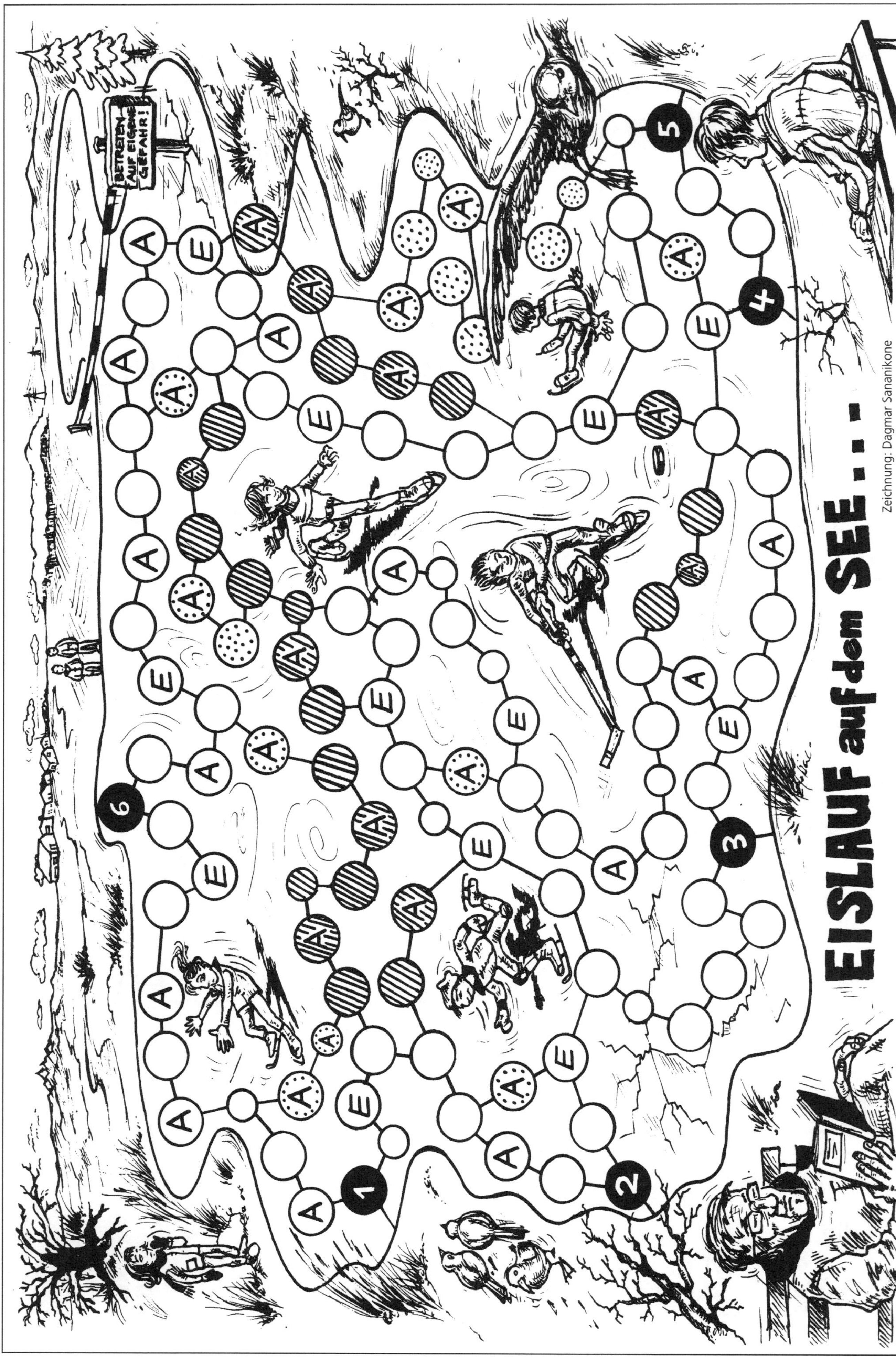

Zeichnung: Dagmar Sananikone

Eislauf auf dem See – Spielkarten

Beispiele für Aufgabenkarten

Ⓐ Nr. 19

Wie trennt man jetzt

Ⓐ Nr. 21

Wie trennt man „knusprig"?

Ⓐ Nr. 24

Nenne zwei Möglichkeiten der Silbentrennung für Februar!

Ⓐ Nr. 3

s - ss - ß?

Wie schreibt man:

Ⓐ Nr. 12

Wie schreibt man jetzt das zusammengesetzte Nomen aus:

Ⓐ Nr. 29

Wenn du einen Brief schreibst, welche Anredepronomen schreibst du auch zukünftig noch groß?

Ⓐ Nr. 3

ss oder ß?

Nach einem betonten, kurzen Vokal höre ich ein stimmloses **s**

ich schreibe:

Ⓐ Nr. 7

Hat sich bei der neuen Rechtschreibung etwas bezüglich der Schreibweise von Nomen geändert?

Ⓐ Nr. 15

Wie schreibt man das Wort und warum? Nenne ein weiteres Beispiel für diese Regel!

Ⓐ Nr. 5

Wann weiß man sicher, dass in einem Wort ein **ß** geschrieben wird?

Ⓐ Nr. 12

Wie lautet die Regel für die Schreibung von zusammengesetzten Wörtern, bei denen mehrere gleiche Buchstaben aufeinander treffen? ***Nenne mindestens drei Beispiele!***

Ⓐ Nr. 18

Wann werden Zusammensetzung bei Adjektiven, Verben oder Adverbien ***unbedingt*** zusammengeschrieben?

Beispiele für Erlebniskarten

Ⓔ Du bist trotz Warnschild in die Nähe der Einbruchstelle gefahren und mit einem Bein hineingerutscht:

zweimal aussetzen!

Ⓔ Eine Mitschülerin hat dir ein paar Tricks zur Verbesserung der Lauftechnik gezeigt; jetzt bist du doppelt so schnell: **Augenzahl noch einmal setzen!**

Ⓔ Du hast deinen rechten Handschuh verloren:

zwei Felder zurück!

Ⓔ Dein Hockey-Puck hat einen Mitspieler erwischt:

einmal aussetzen für erste Hilfe!

Ⓔ Du hast deine beste Freundin entdeckt:

ziehe auf das nächste Feld neben einer Person!

Ⓔ Das Hin- und Herlaufen reicht dir nicht mehr. Du willst etwas Neues lernen:

ziehe auf das nächste Ⓐ-Feld!

Unkraut im Wortfeld

Bärbel Brömer

Lernspiele im Deutschunterricht

Abbildung 1:
Welches Bild passt in welches Wort? Mit dem Wörter-Versteck lassen sich altbekannte Worte neu entdecken.

Foto: Bärbel Brömer

Dass Spielen und Lernen kein Gegensatzpaar sind, hat sich mittlerweile herumgesprochen. In vielen Klassen und Schulen haben kommerzielle oder selbstentwickelte Spiele ihren Platz im Unterricht oder in der freien Arbeit erobert, abhängig davon, wie die jeweilige Lehrkraft zu Lernspielen steht. In Lerngruppen, die mit selbstständigem und gruppenbezogenem Arbeiten vertraut sind, können Lernspiele ein Bindeglied zwischen Deutschunterricht und freier Arbeit sein.

Über die fachdidaktischen Überlegungen hinaus gibt es Vorstellungen, aber auch Erfahrungen zum Einsatz von Lernspielen, die mit kommunikativen und handlungsorientierten Formen des Unterrichts einhergehen. Zwar haben Lernspiele auch ihren Platz in einem eher lehrgangsartig ablaufenden Unterricht, doch ihre kommunikativen und differenzierenden Möglichkeiten entfalten sich erst in dezentralen Unterrichtssituationen und in freier Arbeit, in denen Schülerinnen und Schüler dazu angeleitet werden, eigene Schritte im verantwortlichen Umgang mit den eigenen Lernprozessen zu unternehmen. In diesen dezentralen Situationen können Spiele ein Bindeglied sein zwischen Fachunterricht und freier Arbeit. So verstanden können Lernspiele dabei helfen,

- sich in Partner- und Gruppensituationen zu verständigen, Absprachen zu treffen, sich gegenseitig zu helfen, Spaß miteinander zu haben;
- sich selbstständig und möglichst vom Lehrer oder von der Lehrerin unabhängig Spielanleitungen zu erarbeiten und in Handlung umzusetzen, aber auch Spielvarianten zu entwickeln; sich gegenseitig („Schneeballeffekt“) Spiele beizubringen;
- durch die selbstständige Auswahl der Spiele und das Ausprobieren das eigene Können und Wissen einschätzen zu lernen und sich eigene Ziele und Lernwege zu organisieren;
- Ideen zum Selbst-Erfinden von weiteren Spielen zu bekommen;
- durch die den meisten Spielen immanente Selbstkontrolle unabhängiger vom Lehrer zu werden.

Lernspiele sind vielseitig einsetzbar

- **Anwendung von Gelerntem:** Nach einem Lehrgang „Satzglieder“ bekommen die Tischgruppen einer 5. Klasse verschiedene Lernspiele, die die Anwendung der Begriffe und Fragen auf spielerische Weise festigen helfen. Die Schülerinnen und Schüler beschäftigen sich in kleinen Gruppen, indem sie Sätze würfeln, Satzglieder umstellen, die Zahl der Satzglieder in einem Satz ermitteln, die richtigen Fragen nach einem bestimmten Satzglied stellen usw. Wenn ein Spiel seinen Reiz verloren hat oder zu einfach geworden ist, wird, sofern noch Zeit zur Verfügung steht, mit einer anderen Gruppe getauscht.[1]

• **Aufarbeitung von Defiziten:** Stefan verwechselt nach wie vor Dativ und Akkusativ. In einer Phase dezentralen Unterrichts bekommt er von der Lehrerin ein zu diesem Thema erstelltes Legespiel. Stefan muss in einen Satz mit Lücke „ihn“ oder „ihm“ einsetzen. Als Kontrolle, ob er das Pronomen im richtigen Fall gewählt hat, dient die Markierung auf der Rückseite des Streifens.

Halime hat noch Probleme mit den Stammformen der starken Verben. Im freien Lernen rät ihr die Lehrerin zu einem Puzzlespiel (siehe *Abbildung 2*). Drei Puzzleteile gehören zusammen und ergeben so die drei Stammformen. Eine Kontrolle seitens der Lehrerin ist nicht notwendig, denn Halime erkennt an dem Zusammenpassen der Puzzleteile, dass sie richtig gelegt hat. Diese Formen kann sie sich einprägen und aufschreiben. Zu einem anderen Zeitpunkt arbeitet sie an dieser Schwierigkeit mit einem Starke-Verben-Trimono.

• **Innere Differenzierung:** Während ein Teil der Klasse Briefe an eine Partnerklasse schreibt und bewusst auf die Großschreibung von Anredepronomen achten soll (Pronomen waren im Rahmen von „Wortarten“ Thema des Unterrichts), arbeiten zwei kleinere Schülergruppen mit Lernspielen, die die unterschiedlichen Pronomen noch einmal verdeutlichen helfen sollen.[2]

• **Herausforderungen:** Nora und Martin sind mit ihren Aufgaben innerhalb der Stunde zu einem bestimmten Thema fertig. Sie möchten etwas tun, nur vom Schreiben haben sie vorerst genug. Für eine höhere Klasse hat die Lehrerin ein Lernspiel hergestellt, das sie den beiden nun vorstellt. Sie freuen sich, dass ihnen das schwierige Lernspiel zugetraut wird und probieren es aus.

• **Begriffe auffrischen und lebendig halten:** Üblicherweise wird nach einem Lehrgang zu einem bestimmten Thema davon ausgegangen, dass die Begriffe und Zusammenhänge sich bei den Schülern eingeprägt haben, um sie später jederzeit abrufbar zu haben. Ohne Hilfen und Stützen gelingt dies aber in der Regel nur wenigen Schülern. „Verpackt“ in ein Lege-, Zuordnungsspiel oder Quiz, die nur wenige Minuten in Anspruch nehmen, können Begriffe oder Erklärungen einfach und wirkungsvoll aufgefrischt und „konserviert“ werden.

• **Abwechslung von Verfahren:** In einem Lehrgang „Groß- und Kleinschreibung“ haben die Schüler geübt und dabei viel geschrieben. Nicht alles haben sie sicher verstanden, möchten aber trotzdem nicht noch ein weiteres Arbeitsblatt zum gleichen Thema bearbeiten. Abwechslung ist gefragt. Auf ein Würfelspiel, das die unterschiedlichen Regeln auf bestimmten Feldern thematisiert, lassen sie sich gern ein.

• **Vorbereitung für Klassenarbeiten:** Für eine Grammatik-Arbeit gilt es, eine Vielzahl von Begriffen präsent zu haben. Mithilfe eines Steck-Quiz können die Schüler sehr schnell, vielleicht sogar unmittelbar vor der Arbeit in einer Pause, das Gelernte memorieren und sich gegenseitig abfragen.[3]

Verschiedene Arten von Lernspielen im Deutschunterricht

Mix-Max – Ein Satzglieder-Spiel

Nicht immer muss bei dem bestehenden Wunsch, im Deutschunterricht auch Spiele einzusetzen, das Rad neu erfunden werden. In Anlehnung an verbreitete Schreibspiele wie „Onkel Otto sitzt in der Badewanne ...“ und bekannte lustige Kombinationsspiele (alle Arten von Mix-Max[4]) kann ohne größeren Aufwand ein kreatives Legespiel zur Kombination von Satzelementen (Adverbiale, Subjekt, Prädikat, Objekt) gebastelt werden. Das Spiel macht viel Spaß. Es ist ohne große Einführungsprobleme verständlich und es hilft durch die immer wiederkehrende Begrifflichkeit auf jeder Karte, nebenbei die zunächst abstrakten Kategorien „einzuschleifen“. Kinder mit nicht-deutscher Muttersprache können mit diesem Spiel häufige Satzmuster trainieren. Leerkarten im Kasten können darüber hinaus die Ideen der Schülerinnen und Schüler aufnehmen.

Die einfachste Möglichkeit, ein solches Spiel herzustellen, ist, ein vorhandenes oder billig auf dem Flohmarkt erstandenes Mix-Max-Spiel durch Bekleben der Vorderseiten zu variieren; möglich ist aber auch eine Herstellung auf zugeschnittenen Pappteilen. Wichtig ist, dass die gewählten Verben ein Objekt haben können und dass alle Legekombinationen einen – möglicherweise ungewöhnlichen – Sinn geben. Zusätzlichen Reiz bekommt das Spiel dann, wenn schul- oder ortsbezogene Angaben auf den Karten vorkommen (vgl. dazu die ***Kopiervorlage*** auf Seite 67).

Roulette einmal anders – Wortstämme, Wortschatz, Rechtschreibung

Die neuen Sprachbücher greifen spielerische Ideen zum Umgang mit Grammatik und Rechtschreibung auf, können aber als Bücher „echte“ Spiele nicht ersetzen. Wenn es dort heißt „Baut euch ...“, „Besorgt euch ...“, „Für dieses Spiel braucht ihr ...“ oder gar der Spielplan selbst innerhalb des Buches bespielbar sein soll, dann drückt sich hier auch eine gewisse Hilflosigkeit mit dem Medium „Spiel“ aus. Ohne „Eigenbau“ und Extra-Bastelnachmittage wird das „Spielen nach Buch“ keinen Spaß machen.

Eine gelungene Idee, die sich bei Vorhandensein eines alten Roulette-Spiels gut umsetzen lässt, ist das „Ableitungsroulette“.[5] Mithilfe von Listen von Vorsilben, Stammwörtern und Nachsilben (auch Doppelnachsilben) bilden die Schüler einzeln oder in Gruppen innerhalb einer bestimmten Zeit

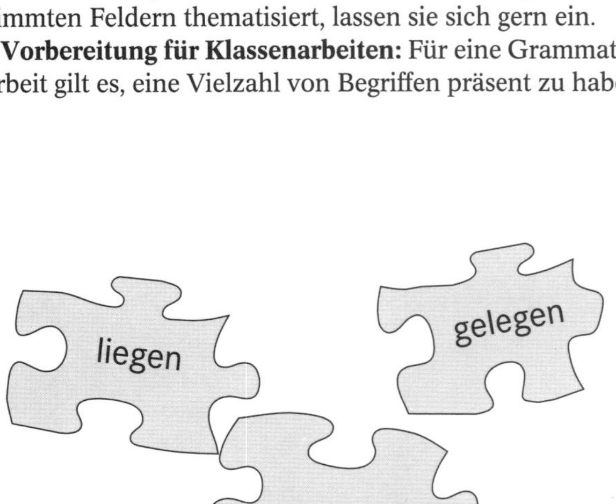

Abbildung 2:
Beispiel für das Puzzle „Starke Verben“

(Vorschlag: 30 Sekunden) möglichst viele Wortableitungen aus einem Stamm, für die sie einen Chip aus dem Spiel erhalten. Auch hier gilt wie für alle Übernahmen von Buch-Ideen: Die Spielanleitung im Spielekasten muss eindeutig sein, sodass Schülerinnen und Schüler sie auch ohne Lehrerhilfe verstehen können, und die Liste der Stammwörter muss auf die eigenen Lerngruppen abgestimmt werden.

Sprachspaß mit Wortbildern – „Wörterversteck"

Die Fähigkeit der Schüler, sich Wortbilder einzuprägen, schnell zu lesen und ihre Bestandteile zu kennen, ist unterschiedlich ausgeprägt. Manche Schüler lernen gut mithilfe von „logischen" Strukturen wie beispielsweise Stammformen und Ableitungen (s. o.), bei anderen wieder vollziehen sich Behaltensvorgänge visuell oder emotional.

Ebenfalls aus einer Schulbuch-Idee[6] entstand ein motivierendes Legespiel, das Wortbilder ganz anders wahrnehmen und behalten lässt als vielfach praktiziert: Im Innern ausgesuchter Wörter werden „Bilder" aufgespürt, die normalerweise überlesen werden, wie beispielsweise in „Leselampe". Das „Buchstabengerüst" wird auf Pappstreifen geschrieben, die eine Lücke oder einen Rahmen für das einzufügende Bild bilden (siehe *Abbildung 1*). Die Herstellung dieses Spiels erfordert eine längere Such- und Schnippelarbeit in Zeitschriften, denn nicht immer findet man schnell eine „Nacht" für „Unachtsamkeit" oder einen „Tiger" für „Fertigerzeugnisse".

Am meisten Spaß macht die Suche immer neuer „Wörterverstecke" in Kleingruppen. Dieses Legespiel ist keinem bestimmten Thema oder Lehrgang zuzuordnen, es ist eher etwas für das freie Lernen, für Vertretungsstunden oder zwischen zwei Unterrichtseinheiten einsetzbar, und es bietet besonders für leistungsstärkere Schüler Herausforderungen, die nach dieser Anregung auch gern selbst auf die Suche gehen (vgl. dazu die ***Kopiervorlage*** auf Seite 68).

Umgang mit Wortschatz und Wortgenauigkeit

Außer allgemeinen Klagen über den geringen Wortschatz unserer Schüler gibt es nur bedingt Ansätze zur gezielten oder spielerischen Erweiterung des Wortschatzes und der Bewusstmachung von Wortgenauigkeit. Hier könnte ein Spiel helfen, das wir[7] „Unkraut im Wortfeld" genannt haben. Auf vielen verschiedenen Karten stehen jeweils Begriffe deutlich abgehoben in der Mitte, um die herum etliche mit gleicher oder ähnlicher Bedeutung gruppiert sind, aber auch drei mit nicht passendem Bedeutungsgehalt. Diese drei Begriffe müssen jeweils herausgefunden werden, wofür es einen Chip (oder eine trockene Bohne) gibt. Die Lösung steht klein auf der Kartenrückseite (vgl. dazu die ***Kopiervorlage*** auf Seite 69).

Überlegungen zur Herstellung und zum Einsatz von Lernspielen

- Entscheidend ist der erste Schritt. Wer einmal ein Lernspiel hergestellt und eingesetzt hat, wird auf weitere Ideen – nicht zuletzt in Schulbüchern – stoßen[8] und selbst eigene Ideen bekommen. Auch das Stöbern in anderen Klassenräumen und Schulen und das gemeinsame Arbeiten mit Kolleginnen und Kollegen bringt neue Ideen.
- Die Spiele müssen für Schülerinnen und Schüler „attraktiv" sein. Sicherlich ist an selbsthergestellte Spiele kein professioneller Anspruch zu stellen, aber stabil, haltbar, bunt und sinnvoll verpackt sollten sie schon sein! Aus ausgemusterten Gesellschaftsspielen im Keller oder vom Flohmarkt lassen sich ohne großen Aufwand neue Spiele „kleben" oder wenigstens in den stabilen Kästen verpacken.
- Die Spiele sollten im Hinblick auf die eigene Lerngruppe mit ihren unterschiedlichsten Ansprüchen konzipiert und ausprobiert werden.

Wunder sind jedoch von Lernspielen nicht zu erwarten. Weder gelingt mit ihrer Hilfe automatisch ein schülerorientierter Unterricht, noch werden Lernziele ganz leicht und spielerisch erzielt. Ein Überangebot an Lernspielen im Klassenraum kann auch Spielunlust erzeugen („Schon wieder!"). Es erscheint mir nahe liegend, dass Lernspiele nur von Lehrerinnen und Lehrern eingesetzt werden können und sollten, die selbst gern spielen und mitspielen! ■

---

[1]Anregungen und Materialien u. a. aus: *Küppers, H.*: Der Satz-Bau-Kasten. Mülheim an der Ruhr 1991.
[2]Siehe Beispiele in: Lernspiele Grammatik 5/6, Westermann Schulbuchverlag, Braunschweig 1990.
[3]Siehe auch Lernspiele Teil I. Hrsg.: *Hessisches Institut für Lehrerfortbildung*, Außenstelle Kassel, Fuldatal 1992, S. 105 f.
[4]Mix-Max, Ravensburg o. J.
[5]Vgl. Sprachwelt 6, Ausgabe N, Hannover 1989, S. 38 f.
[6]nach *Maar, P.*: Hirschgraben Lesebuch 7, Berlin 1992.
[7]Wie auch das „Wörterversteck" gemeinsam entwickelt mit *Helga Artelt*, Kassel.
[8]Vgl. *Reinecke, C.*: Lernangebot Spiele – auch zur Rechtschreibung und Grammatik. In: PRAXIS SCHULE 5–10, H. 1/1991, S. 12 f.

Satzglieder Mix-Max

Unter der Schulbank Adverbiale	**Laut schluchzend** Adverbiale
findet Prädikat	**sucht** Prädikat
Liselotte Subjekt	**der Weihnachtsmann** Subjekt
Spaghetti mit Ketchup Akkusativobjekt	**einen spannenden Krimi** Akkusativobjekt

Rückseite

Mitten in der Nacht Adverbiale	
vermisst Prädikat	
der Boxweltmeister Subjekt	
die lila Badehose Akkusativobjekt	

Wörterversteck

Fun  r

(Kuh)

St 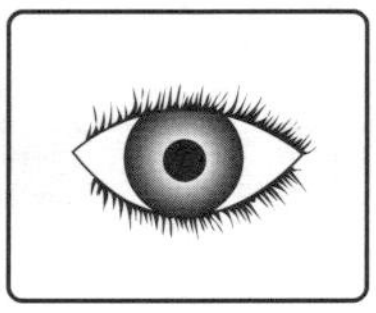 fahr

(Auge)

Mordver 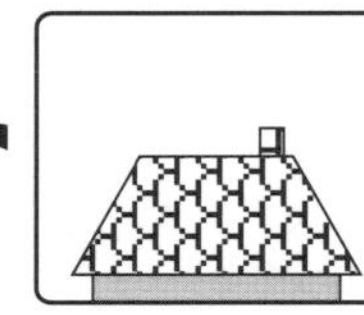 t

(Dach)

Au 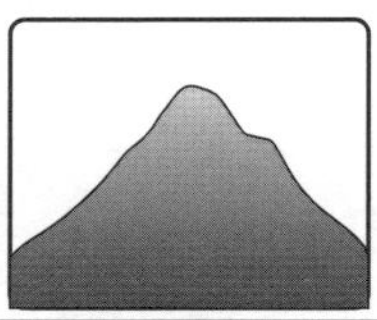 ine

(Berg)

Sch  e

(Wein)

V 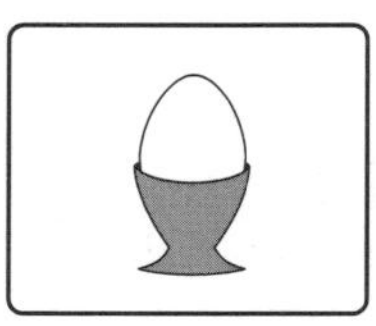 lchen

(Ei)

Sch  egal

(Uhr)

Na  ild

(Mensch)

B  piel

(Eis)

Verf 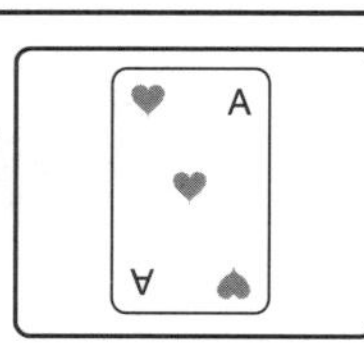 er

(Ass)

Hau  fgabe

(Sau)

K  etasse

(Affe)

Festsch 

(Maus)

B 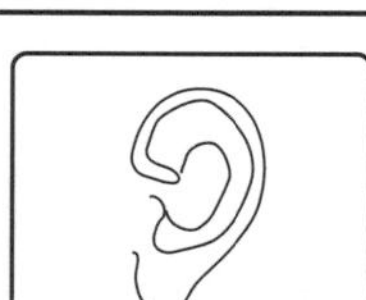 er

(Ohr)

B  eerkuchen

(Laub)

Unkraut im Wortfeld

Vorderseite

Rückseite

Vorderseite	Rückseite
austüfteln eine Idee hervorbringen ausbrüten prüfen verbreiten aushecken ausgrübeln **(sich) ausdenken** ersinnen erfinden ausklügeln aufschreiben grübeln überlegen erwägen	verbreiten, prüfen, aufschreiben
Tollkühnheit Tapferkeit Courage Traute Experiment Beherztheit Kühnheit Mumm **Mut** Zivilcourage Furchtlosigkeit Bravour Schneid Unerschrockenheit Abwehr Überwindung Wagemut	Experiment, Überwindung, Abwehr
ab und an bisweilen nicht immer augenblicklich gelegentlich zuzeiten **manchmal** oft unaufhörlich mitunter dann und wann ab und zu zuweilen	augenblicklich, oft, unaufhörlich

Ein Schüler sitzt vor einer kleinen Gruppe Mitschüler und zeigt die Vorderseite einer Karte. Auf jeder Karte sind drei Begriffe vorhanden, die zu dem Wort in der Mitte nicht passen. Diese müssen herausgefunden werden. Jeder, der ein solches Wort richtig nennt, bekommt einen Chip.

VI. Differenzieren mit unterschiedlichen Angeboten

Von „Tigers" and „Elephants"

Barbara Groß

Angebotsdifferenzierung bereitet Lernweg-Entscheidungen vor

"Okay, boys and girls. Let's do the exercises. Here, these are the Tiger tasks and the Elephant exercises are over there. Who is who today?" Die Lehrerin zeigt dabei auf die Aufgaben an den aufgeklappten Tafelflügeln, schaut umher und stellt befriedigt fest, dass sich schon fast alle Kinder ihrer 6. Klasse entschieden haben. Entschieden – wozu?

Foto: Barbara Groß

„Tigers" (oder „Elephants"?) bei der Arbeit: Die Schülerinnen und Schüler erledigen – gemäß ihrer eigenen Einschätzung – Aufgaben unterschiedlicher Anspruchsniveaus.

Manche zum nachahmenden, wiederholenden Tun nach demselben Muster, wie es gerade gemeinsam mündlich in der Klasse geübt wurde. Andere zum nur im Einstieg wiederholenden Tun, das recht bald schon andere bisher gelernte Strukturen mit einbeziehen wird, die wegen der Verwechselbarkeit zuvor in der gemeinsamen Übung nicht vorgekommen waren.

Oder: "Get out your workbooks and look at the pages x, y, z. Let's find out which the Tiger and which the Elephant tasks are! Who's got an idea?" Die Jungen und Mädchen vergleichen die Aufgabenstellungen und vor allem die Beispiele mit dem, was sie schon sicher beherrschen oder was sie gerade gelernt haben, und entscheiden, welche Übung ihnen mehr Hilfestellung gibt, welche darüber hinaus weiterführt, welche mehr mit einbezieht als nur die einfach strukturierten Nachahmaufgaben und ihnen deshalb mehr abverlangt. Viele Kinder können die Tiger- und die Elephant-Aufgaben sicher identifizieren. Sie begründen ihre Einschätzung (auf Deutsch!).

Oder: "Miss, I want to read a booklet. I'm looking for an Elephant book." "That's a really good idea! It's your first Elephant book, isn't it? Congratulations! Get a book with the two marks! Show me when you've decided! And have fun with it!" Die letzte Stunde am Dienstag ist für „Free Work" reserviert und die Schüler suchen sich aus, was sie arbeiten wollen. In einigen Materialien oder Anregungen finden sich wiederum die beiden Begriffe „Tiger" und „Elephant". Auch hier können die Schüler entscheiden, ob sie eine Lektüre oder eine andere Übung mit dem Tiger- oder dem Elephant-Anspruch wählen (vgl. dazu als Beispiel die ***Kopiervorlage*** auf Seite 75 in Verbindung mit dem *Kasten* auf Seite 73). Zur Orientierung sind Lektüren mit Bild- oder Farbsymbolen unterschiedlich markiert, Übungsaufgaben zum Beispiel im Workbook werden gemeinsam gekennzeichnet, aber Entscheidungshilfe können die Jungen und Mädchen auch bei der Lehrerin erhalten oder – noch viel wichtiger – durch Mundpropaganda.

Oder: Die Klasse übt ein Theaterstück ein, jede Rolle wird doppelt besetzt (weil es ja einen Ausfall geben könnte) und jedes Kind spielt mit (weil ja so viele Rollen einen Spieler brauchen). Selbst die Schüler mit Sonderförderbedarf haben mitgespielt, wenn auch vielleicht nur mit einem einzelnen Satz oder Wort – das dafür aber an der richtigen Stelle und mit der richtigen Energie! Immer sind beim Sketch oder Theaterstück die Rollen auch in der sprachlichen Anforderung verschieden und somit sehr geeignet für das Zusammenspiel von Kindern mit unterschiedlicher Begabung.

Oder: Eine Englisch-Arbeit wird geschrieben. Die Kinder haben zwei verschiedene Varianten vor sich liegen: Einige Aufgaben sind identisch (häufig der Vokabelteil, gelegentlich ein Diktatteil, manchmal das freiwillige Additum), andere drehen sich um dieselbe Sache, sind aber verschieden strukturiert. So können für die Tigers die inhaltlichen Überprüfungen eines gemeinsam gelesenen Textes so aussehen, dass in einen Lückentext die alphabetisch sortierten Wörter an die richtige Stelle zu setzen sind, während die Elephants diese Hilfe nicht bekommen. Oder bei einem Lückendiktat hören die Tigers auf, während die Elephants noch ein paar Sätze dazudiktiert bekommen. Oder bei den Tigers wird zum Beispiel der Gebrauch des „Simple Past" nur in Aussagesätzen abgetestet, während Elephants auch noch Fragen und Verneinungen vorfinden. Oder ein unbekannter Text wird mithilfe von Inhaltselementen nacherzählt, während für die anderen Kinder eine solche Hilfe fehlt. Oder, oder, oder...

Angebote auf zwei Niveaus

In den 6. Klassen unserer Schule arbeiten wir also gelegentlich in zwei unterschiedlichen Anspruchsniveaus und überlassen es weitgehend den Kindern, das ihnen gemäße zu wählen. Das erfordert sorgfältige Vorüberlegungen in der Strukturplanung einer Stunde, aber auch des Englischunterrichts generell. Zum einen stellt sich die Frage: Wie und wo lassen sich Phasen sinnvoll einbauen, die den Zugang zu einem inhaltlichen Stoff oder zu einer grammatikalischen Struktur auf verschiedene Weise anbieten, und wie müssen diese Phasen aussehen? Zum anderen muss überlegt werden, wie ein solcher Unterricht zu organisieren ist.

Einleuchtend ist es, eine *gemeinsame Einführung* – zum Beispiel des „Present Perfect" – zu machen, vielleicht mit spielerischen Elementen wie einem Interview im Kreis. Die formalen und vor allem die inhaltlichen Besonderheiten von Fragen und Antworten werden in der Gesamtgruppe herausgearbeitet und optisch in der Mitte des Kreises sowie später durch ein Tafelbild unterstützt. Sie werden dann als vertiefende mündliche Übung in die Tischgruppe verlagert, die ebenfalls heterogen zusammengesetzt ist. Erst danach erhalten die Schüler die Gelegenheit, schriftlich und auf sich selbst gestellt zu üben. Angeboten werden *zwei Anforderungsniveaus*. Die Schüler entscheiden sich für die nachahmende Aufgabe oder dafür, selbst auf die analoge Anwendung auch der anderen Personen und/oder in Aussagesätzen zu kommen.

Möglich ist auch eine andere Variante. Stellen wir uns vor, es ginge um „much" und „many" (= countables und uncountables) und wäre neu für die Kinder. Die Lehrerin ermuntert alle „klugen Denker und Herausfinder" (= Elephants). Gleichzeitig sucht sie Leute, die mit ihr gemeinsam arbeiten wollen um die anderen zu überprüfen (= Tigers). Die Klasse teilt sich in zwei (unterschiedlich große) Gruppen. Eine geht hinaus auf die Gemeinschaftsfläche und arbeitet dort allein entweder als Gruppe oder auch in Partner- oder Einzelarbeit. Sie wird anhand von Beispielen und eventuellen Fragen oder weiterführenden Stichwörtern sowie den Regelhinweisen im Buch selbstständig herausfinden, was es damit auf sich hat, wie man es erklären kann und was man sich merken muss. Dafür wird eine Zeitspanne vereinbart. Die Lehrerin holt sich inzwischen die anderen Kinder zusammen und erarbeitet mit ihnen dasselbe Problem. Sie unterstützt sie dabei, die Regel zu erkennen und zu formulieren. Sie hilft ihnen, sich Aufgaben für die anderen Kinder auszudenken, anhand derer sie prüfen können, ob die anderen ihre Sache richtig verstanden haben. Wenn die Klasse wieder zusammenkommt, erzählen die Kinder von draußen, was sie herausgefunden haben und wie sie es erklären würden.* Diejenigen, die drinnen gearbeitet haben, stellen ihre Aufgaben und sind die „Experten".

Auch der umgekehrte Weg ist möglich: Die einen üben vertiefend etwas Bekanntes, während die Lehrerin mit den anderen etwas erarbeitet, was über das Basiswissen hinausgeht, zum Beispiel Ausnahmen in der Pluralbildung und solche Pluralbegriffe, die im Deutschen singular gebraucht werden.

Ähnlich lässt sich mit Texten umgehen: Die Schüler erarbeiten verschiedene Teile einer Geschichte (unterschiedlichen Umfangs oder unterschiedlicher Schwierigkeit) und berichten sich gegenseitig. Oder die einen spielen pantomimisch oder als Standbild Szenen vor und die anderen erzählen. Oder die einen lesen ein kurzes Stück und die anderen ein längeres. Oder, oder, oder ...

Kinder entscheiden selbst

Wozu wir diesen Aufwand betreiben, der gelegentlich doppelte Planung und Vorbereitung bedeutet? Zunächst einmal ist dies eine binnendifferenzierende Maßnahme, die dazu führen soll, Kinder individueller zu fördern. Dabei sollen Aspekte wie unterschiedliche Zugänge zu Themen und Strukturen, verschiedenartige Unterstützungsnotwendigkeit und unterschiedliche Selbstständigkeit im Lernen berücksichtigt werden.

Für die Schüler ergibt sich die Möglichkeit, sich entsprechend ihrer Befindlichkeit einzugruppieren und so zu arbeiten, wie sie das im Augenblick mit der größten Aussicht auf Erfolg können. Das hat sich sehr gut bewährt. Zwar sind die Motive nicht immer nur themen- oder arbeitsbezogen, denn oft streift ein Blick vor der Entscheidung hin zu den Freunden, was die wohl tun werden. Aber auch dies ist legitim und lässt sich vom Lehrer notfalls verhindern und einsehbar erklären, wenn die Erfahrung gezeigt hat, dass auf diese Weise keine gute Arbeit zu erwarten ist. Die Selbst-Zuordnung der Schüler hat den großen Vorteil, dass sie nicht zu einem Tiger gemacht werden, dass sie nicht Elephant sein müssen, sondern dass sie es sein *wollen*. Eine Stigmatisierung entfällt völlig, vor allem auch, weil die Kinder situationsabhängig neu entscheiden können.

Kinder brauchen Zeit

Warum ist uns das so wichtig? Betrachten wir unsere Lage. Wir sind eine Integrierte Gesamtschule mit bewusst sehr weit gefächerter Leistungszusammensetzung in den Klassen; wir zögern den Beginn der äußeren Differenzierung bis zum Limit hinaus und stufen erst zur Klasse 7 ein und streben dennoch auch in der heterogenen Klasse eine bestmögliche individuelle Förderung in den Fächern Englisch (auch in Mathematik, mit leicht modifizierter Vorgehensweise) an – drei Ansprüche, die jeder für sich wohl begründbar sind.

Aus 30-jähriger Erfahrung sind wir an unserer Schule davon überzeugt, dass eine Integrierte Gesamtschule nur funktionieren und ihre Stärken nur ausspielen kann, wenn in ihr Schüler aller Begabungsbreiten manchmal enger, gelegentlich lockerer gemeinsam lernen. Daraus folgt konsequenter-

The old sailor's story

Part 1

"So the old sailor told Jack and me this story," said Len. "Do you see that farmhouse over there? The white house on those cliffs? It's empty now, but a long time ago two brothers lived there. Their names were Bob and Jim. Jim hated Bob. Why did he hate him? Well, because Bob never worked on the farm. And because he spent all their money in the pub.

One day Bob was alone on the beach and he found an old box. It was full of gold coins! What did he do? He went to the farm with two coins in his hand and told his brother. 'Look. These are gold coins!' he said. 'I found them on the beach.' When Jim saw the gold he just smiled, but he didn't say a word. So the two men went to the beach and then carried the box into the house.

Part 2

We last saw the brothers that day. That evening Bob went to the pub. It was his thirty-first birthday. He drank a lot of beer and talked about his plans. I was there, too. I listened to every word. There were three hundred and thirty-two coins in the box. He wanted a new life in South America with the money. But that night there was a terrible storm. The two men and their boat disappeared.

That was on March 7th fifty years ago. Where did the brothers go?
What happened? I don't know. But this is their boat.
It appeared last night ..."

Quelle: English Live 2 B, Unit 4, S. 41, Langenscheidt-Longman/Westermann, München1992.

weise, dass wir uns darum bemühen, unsere Klassen bunt gemischt zusammenzusetzen. Und so ist denn das ganze Spektrum vertreten: von den – einzelnen – Hochbegabten bis hin zu Schülern mit verschiedenem Förderbedarf und eigenen Lernzielvorgaben. Diese Mischung geht einher mit den sehr verschiedenen sprachlichen und kulturellen Erfahrungen, von denen die Kinder außerhalb der Schule geprägt werden. Das sind unsere Schüler – und so wollen wir sie haben.

Diese Kinder müssen als Klasse zusammenwachsen und in der Gruppe ihre sozialen Bedürfnisse gemeinsam gestalten lernen, wenn wir nicht nur Wissen vermitteln, sondern auch unseren persönlichkeitsbildenden Auftrag ernst nehmen wollen. Wir üben Verhalten ein, das den Einzelnen schützt und stärkt, die Gruppe funktionieren lässt, den anderen achtet. Dazu braucht der Mensch Zeit. Da macht es wenig Sinn, diesen Prozess durch äußere Differenzierung zu früh zu unterbrechen. Deshalb bleiben die Klassen die gesamte Förderstufe über zusammen.

Doch wo bleibt da die Unterschiedlichkeit der Lernerpersönlichkeiten? Wo bleiben die Vorbereitungen auf die äußere Differenzierung? Ist nicht entweder Leistungsabfall durch Unterforderung und damit niedriges Niveau in dem künftigen Erweiterungskurs programmiert? Oder bleibt nicht beim Anziehen der Anforderungen ein großer Teil der Schüler auf der Strecke, wenn sie die erforderliche Leistung nicht bringen können – ja, auch nicht dürfen, denn die schlechte Note muss sie ja als Grundkursschüler ausweisen? Die Folgen für die Lernbereitschaft in den späteren Grundkursen kann man sich nach solchen Erfahrungen vorstellen.

Kinder schätzen die eigene Leistungsfähigkeit ein

Solche Überlegungen haben uns zu unseren Tigers and Elephants gebracht. Sie bedeuten eine fließende, anfangs immer wieder neu zu bestimmende und damit offene, später sich stabilisierende zeitweilige „äußere Differenzierung innerhalb des Klassenraums", zwei Niveaus in einer Gruppe. Um sie einzuführen, haben wir nicht nur die Gremien der Schule dafür gewinnen müssen. In jedem Jahr ist es nötig, alle Eltern der 5. Klassen auf die Pläne für die 6. Klasse vorzubereiten und von ihrem Nutzen zu überzeugen. Wir tun dies mit einem Anschreiben, dessen Kenntnisnahme rückgemeldet werden soll (vgl. dazu die ***Materialseite*** 76). Außerdem findet der wichtigere Elternabend statt, bei dem das Anliegen erklärt wird, Beispiele sowie auch einzelne Materialien vorgestellt, Situationen geschildert und vor allem Fragen beantwortet werden. Die Eltern werden gebeten, im kommenden Jahr besonders sorgfältig zu beobachten, in welchem Niveau das Kind sich gut bewährt.

Ebenso eindringlich werden die Schüler informiert. Wir erklären, was die beiden Tiere für uns symbolisieren: Der Tiger ist ein wunderbares Tier, das unglaublich geschickt und kraftvoll zuschlagen kann, aber doch oft am liebsten dösend auf einem Ast in der Sonne liegt und die Welt genießt, um dann im passenden Moment wieder ganz bei der Sache zu sein. Der Elefant hingegen ist das große, faszinierende Tier, das so selbstverständlich seine Stärken Tag für Tag in Ruhe und Besonnenheit einsetzt, ein Herdentier, das vorbildlich für seine Mitstreiter sorgt.

Die Kinder sollen sich bei jeder Entscheidung vor Augen führen, wer sie gerade jetzt sein können. Es wird ihnen verdeutlicht, dass es unterschiedlich schnelle Lerner gibt, was sie ja aus eigener Anschauung wissen. Sie hören, dass es uns Lehrern klar ist, dass jedes einzelne Kind mal besser und schneller lernen kann und dass es manchmal nicht so gut mit sich und der Welt zurechtkommt. Sie erfahren, dass wir dies berücksichtigen und dass wir die Verantwortung in diesem Punkt an die Kinder abgeben und nur eingreifen wollen, wenn wir sehen, dass sie sich schaden würden. Das schafft Vertrauen.

Sicherheit wird den Kindern vermittelt, indem wir sie darauf hinweisen, dass sie von der 5. Klasse an darauf vorbereitet wurden. Sie haben geübt, sich selbst zu kontrollieren, sie haben im Rahmen der „Free Work" selbst bestimmt, was sie machen wollten, sie haben einzeln oder in Kleingruppen gearbeitet – alles Voraussetzungen für erfolgreiches Arbeiten als Elephant oder als Tiger, gleichzeitig keine unüberwindlichen Neuerungen.

Kinder bereiten sich auf die äußere Differenzierung vor

Wenn dann die Kinder erstmals in die Situation versetzt werden, zeigt es sich, dass eine realistische Selbsteinschätzung oft noch nicht einfach ist. Einige – häufig gerade die Leistungsstarken – sind zu selbstkritisch und nehmen sich erst einmal zaghaft die einfacheren Übungen vor. Oder sie trauen sich selbstverständlich alles zu und erleben dann die Überraschung, dass sie mit der Tiger-Aufgabe besser zurechtgekommen wären.

In den ersten Wochen muss der Lehrer für solche Erfahrungen Zeit lassen, man muss auch ab und zu das Erlebte gemeinsam reflektieren um dauernde Unterforderung und zu häufige Überschätzung zu vermeiden. Es muss gemeinsam klar werden, was eigentlich die unterschiedlichen Anforderungen bedeuten. Nachahmen ist wichtig, aber auch einfach, wenn man sich genau daran hält. Regeln helfen, man muss sie sich aber auch merken und sie im geeigneten Augenblick parat haben. ... Manchmal ist mehr Erinnerungsleistung nötig, manchmal mehr Konzentration, manchmal eigenes Nachdenken. – Aufgabenunterschiede müssen für die Kinder erkennbar werden. Viel persönliche Ansprache durch den Lehrer ist nötig – und viel positive Verstärkung.

Auch die ersten Arbeiten sind für die Schüler mit größerer Spannung verbunden. Aber sehr schnell lernen sie es, sich gut einzuschätzen, wenn sie erleben, dass sie auch im geringeren Anforderungsbereich gute Noten erreichen können.

Eine sorgfältige Buchführung nicht nur über die Arbeiten, sondern auch über die gewählten Leistungsniveaus sowohl bei Arbeiten wie beim Lernen in der Klasse ermöglicht es, den Einstufungsvorschlag auch für die Eltern transparent zu machen, die das Lernen ihrer Kinder nicht ganz so konsequent beobachten. Es fällt auf, dass die Akzeptanz gestiegen ist und wir weniger Widersprüche bei der Kurseinstufung haben. Auch die Lehrer fühlen sich sicherer in ihrer Einstufung und die meisten Kinder entwickeln ein gutes Gespür für das Niveau, in dem sie erfolgreich mitarbeiten können. Bei der endgültigen Einstufung fühlen sie sich ernst genommen.

Insgesamt sind wir zufrieden mit unseren Tigers and Elephants, weil wir Unterstützung durch die Eltern erfahren, die sehen, dass ihre Kinder gut auf die äußere Zweier-Differenzierung vorbereitet werden, weil die Kinder Selbstbewusstsein dadurch entwickeln, dass sie über sich selbst bestimmen dürfen, und weil sich für uns Lehrer herausgestellt hat, dass nicht immer ein großer Aufwand betrieben werden muss um dennoch eine große Wirkung zu erzielen. ■

---

*Hier handelt es sich um eine Differenzierung durch zeitweilige Gruppenteilung – vgl. dazu auch den Artikel „Es führen viele Wege nach Rom ..." von *Ingrid Ahlring* auf Seite 22 ff. in diesem Band, bes. S. 25 f.

Retell a Story

① Lies dir die Geschichte „The old sailor's story"*
noch einmal genau durch.
Nun decke die Geschichte ab.

② Die folgenden Stichwörter sollen dir helfen, die Geschichte in eigenen Worten zu erzählen. Schau dir die Stichwörter an und bilde zu jeder Wortreihe einen Satz.

Bob – Jim – old farmhouse
Jim – hat – Bob – never work – spend money
Bob – beach – old box – gold coins
Bob – farm – Jim – smile
Brothers – beach – carry – house
Bob – pub – birthday
Beer – plans – new life – South America
Terrible storm – boat – disappear

③ Wenn du dich sicher fühlst, kannst du noch versuchen, die Ergänzungswörter einzufügen. Sie können am Satzanfang stehen oder auch zwei Sätze miteinander verbinden.

50 years ago
In the evening
Later
The next morning
But ...
That night

*Die Geschichte „The old sailor's story" ist enthalten in dem Lehrbuch „English Live 2 B", Unit 4, S. 41 (Langenscheidt-Longman/Westermann, München).

Retell a Story

1. Bob and Jim	**A.** a box on the beach.
2. Jim hated Bob	**B.** about his plans.
3. He spent all his money	**C.** lived in a farmhouse.
4. One day he found	**D.** the box home.
5. The box was	**E.** because he never worked on the farm.
6. The brothers carried	**F.** with their boat.
7. Bob went to the pub	**G.** a terrible storm.
8. There he talked	**H.** full of gold coins.
9. That night there was	**I.** in the pub.
10. The men disappeared	**J.** in the evening.

1	2	3	4	5	6	7	8	9	10

Schritte zur Nacherzählung

① Lies diese Sätze laut in der richtigen Kombination und trage die Buchstaben in die Kästchen ein.

② Lies den Anfang, schließe die Augen und versuche das Ende zu erinnern.

③ Knicke die Seite in der Mitte. Lies die Anfänge, erinnere dich an die Enden.

④ Schreibe dir für jeden Satz ein Stichwort auf einen Zettel.

⑤ Nun versuche es nur mithilfe dieses Stichwortzettels.

Zeichnungen: Antje Springstubbe

„Tigers and Elephants“: Elternbrief

Liebe Eltern des Jahrgangs 6!

Die Sommerferien sind vorüber und für Ihre Kinder beginnt ein neues Schuljahr. Die Kinder sind älter geworden, der Lernstoff wird schwieriger. Einige Kinder werden die neuen Anforderungen leichter bewältigen als andere, einige werden Hilfe brauchen, andere können weitgehend selbstständig arbeiten.
In Englisch werden deshalb neue Verfahrensweisen eingesetzt, um diesen Unterschieden beim Lernen Rechnung zu tragen. Während im Jahrgang 5 die unterschiedlichen Leistungsfähigkeiten unserer Schülerinnen und Schüler weitgehend spielerisch aufgefangen wurden, wird die „Leistungsschere“ jetzt größer. Daher haben wir uns auf folgendes Konzept geeinigt:

- Im Laufe des 5. Schuljahres hat sich gezeigt, dass eine Reihe von Schülerinnen und Schülern im Fach Englisch zuverlässig gearbeitet hat und sich inzwischen in der Fremdsprache ganz gut zurechtfindet. Die Kinder haben gute Noten nach Hause getragen, die Sprache macht ihnen Spaß, sie trauen sich zu, Neues schnell zu verstehen und anzuwenden. Diese Kinder sind für uns im 6. Schuljahr die **„Elephants“**, denn sie haben gezeigt, dass sie stark sind und eine Menge Futter benötigen, welches sie in kürzester Zeit auffressen und verdauen können, ohne sich dabei allzu sehr anstrengen zu müssen.

- Alle anderen Kinder nennen wir im 6. Schuljahr die **„Tigers“**. Sie können nicht so viel fressen, sind nicht ganz so stark, aber sie liegen auf der Lauer und schätzen ihre Kräfte ab. Wie jeder weiß, fressen Tiger etwas anderes als Elefanten, aber hier kommt das Besondere an unseren **„Tigers“**: Sie können sich über das Elefantenfutter hermachen, wenn sie es sich zutrauen oder die Lehrerin bzw. der Lehrer ihnen dazu rät.

- Umgekehrt: Wenn ein **„Elephant“** mal krank war oder ein kleines Tief hat, wenn er mal etwas nicht so schnell und gut versteht und sich trotz seiner dicken Haut mal nicht so fit fühlt – kein Problem! Er darf jetzt auch mal **„Tiger“** sein und sich von seiner schwergewichtigen Rolle erholen.

- Während des gesamten 6. Schuljahres werden uns die Symbole der **„Elephants“** und **„Tigers“** auf Arbeitsmaterialien für Englisch begleiten. Leistungsstärke ist für uns kein starrer Zustand, sondern ein dynamischer Prozess. Daher bieten wir den Schülerinnen und Schülern an, jedesmal neu zu entscheiden, ob sie sich die schwierigeren Elefantenaufgaben oder die etwas leichteren Tigeraufgaben zumuten möchten. Sie sollen damit eine Chance erhalten, sich zu beweisen und ihre Möglichkeiten auszukundschaften. Wir werden sie dabei begleiten und beraten, ermutigen und unterstützen.

- Erst im Jahrgang 7 werden die Kinder dann in einem Grundkurs und einem Erweiterungskurs lernen. Welcher von beiden der Richtige für jedes Kind ist, wollen wir gemeinsam im kommenden Schuljahr herausfinden.

Mit freundlichen Grüßen

die Lehrer/innen des Jahrgangs 6

(nach: Regina Grundwald, Gabi Koch, Gerlind Otto;
abgedruckt in: Ahlring, I./Brömer, B.: Schule machen, Baltmannsweiler 1999, S. 134 f.)

Zeichnungen: Antje Springstubbe

Who's afraid of differentiation? [1]

Beate Vogel

Interaktive Möglichkeiten zu den Skills „listening comprehension" und „speaking"

„Find your partners" – eine Übung zur Schulung der Sprechfertigkeit mithilfe von Bildkärtchen

Foto: Beate Vogel

Je größer das methodische Repertoire ist, desto abwechslungsreicher gestaltet sich ein Unterricht, der den unterschiedlichen Begabungen und Fähigkeiten der Schülerinnen und Schüler gerecht werden soll. Im fremdsprachlichen Unterricht spielt die Entwicklung der Skills dabei eine wichtige Rolle. Im Folgenden sollen exemplarische Möglichkeiten der Binnendifferenzierung vorgestellt werden, die sich auf die Bereiche des Hörverstehens und des Sprechens im Englischunterricht beziehen.

Binnendifferenzierung soll bei dieser Zielsetzung aber nicht der Angleichung vorhandener Unterschiede in den zu erbringenden Leistungen dienen, sondern sie soll den Schülerinnen und Schülern aus den Unterschieden heraus angemessene Wege und Lernmöglichkeiten anbieten und ihnen von ihrem jeweiligen Lernstandort eine bestmögliche Förderung, aber auch Forderung zukommen lassen. Eine wesentliche Voraussetzung hierfür ist die genaue Kenntnis der individuellen Lern- und Leistungsfähigkeit der Schülerinnen und Schüler in den unterschiedlichen skills. Die folgenden Vorschläge können daher auch nur als Anregungen verstanden werden, die bei Bedarf auf die eigene Lerngruppe adaptiert werden müssen.

Listening comprehension – schülernah und abwechslungsreich

Die Bereitschaft der Schüler Audiotexten zuzuhören, wird nach meinen Erfahrungen höher und intensiver, wenn sie während des Zuhörens eine Aufgabe zu erfüllen haben, die auf ihr Niveau abgestimmt ist. Hörverstehensaufgaben sollten dabei auch an den Erfahrungshintergrund der Schüler anknüpfen, ihre Emotionen mit einbeziehen, ihre Neugier wecken und einen hohen Aufforderungscharakter haben. In diesem Sinne bieten sich zur Textvorentlastung die folgenden Techniken an:

- *brainstorming* (eliciting knowledge, emotions, opinions);
- *anticipation* (pictures, photos, from part to whole);
- *prediction* (guided questions, picture composition with whole class);
- *headline/caption puzzle*;
- *completion*;
- *vocabulary* (rhyming words, free associations, associograms, mindmaps).

Group Composition – die arbeitsteilige Erarbeitung eines Hörtextes mithilfe des note-taking

• Eine einfache Möglichkeit, den Inhalt eines Hörtextes mit der ganzen Klasse auf unterschiedlichen Abstraktionsebenen und Komplexitätsgraden zu erarbeiten, bietet die Methode der *group composition*. Ein geeigneter Hörtext wird mithilfe von „W-Fragen" puzzleartig zusammengestellt. Dafür wird – nach einer passenden *pre-task* – die Tafel, eine Folie oder eine wall chart in fünf Spalten unterteilt:

Who?	Where?	When?	What?	Why?

Die Klasse wird zunächst in fünf Gruppen eingeteilt, die jeweils den Hörauftrag erhalten, sich nur auf die Beantwortung einer Frage zu konzentrieren. Da die Beantwortung der Fragen unterschiedlich komplex ist, wird die Frage nach den Personen, des Ortes und der Zeit von den Gruppen bearbeitet, denen Schüler zugeordnet werden, die beim Hören eines unbekannten Textes zunächst noch Schwierigkeiten haben alles zu erfassen. Die Frage nach den Aktivitäten und den Begründungen erhalten jeweils die Gruppen, die schon in der Lage sind einen Textzusammenhang zu verstehen. Der Text wird dann ohne Unterbrechung je nach Schwierigkeitsgrad ein oder mehrere Male vorgespielt, wobei sich jedes Gruppenmitglied Notizen zu „seiner“ Frage macht, um die Ergebnisse danach miteinander vergleichen zu können. Die „schwächste“ Gruppe darf sich Notizen auf Deutsch machen. Die einzelnen Ergebnisse werden dann abgefragt und in die entsprechenden Spalten an der Tafel eingetragen. Auf diese Weise entsteht ein stichwortartiger Gesamtüberblick über den ganzen Inhalt, der gleichzeitig als Musterfunktion dient, wie ein Text sinnvoll aufgeschlüsselt werden kann. Dann wird der Text noch einmal vorgespielt und mit dem Tafelbild verglichen und vervollständigt.

Bevor man die Ergebnisse mit der ganzen Klasse vergleicht, können als zusätzlicher Zwischenschritt Gruppen gebildet werden, in denen jeweils ein Schüler mit der Who-Frage, ein Schüler mit der What-Frage usw. zusammenkommen, um in der Kleingruppe die Notizen zusammenzustellen.

Bei diesem Verfahren werden bei entsprechender Gruppeneinteilung nicht nur Unter- und Überforderungen vermieden, sondern die Schüler erfahren auch die hilfreiche Unterstützung in ihrer „peer group“ und steuern gemeinsam zum Entstehen des Ergebnisses bei. Durch das Wechselspiel von Eigenem und Anderem sowie durch immer wieder neu gesetzte Akzente bei der Bearbeitung bleibt der Anreiz bestehen, sich den Text mit den notwendigen Wiederholungen anzuhören. Dies gilt auch für alle folgenden Beispiele.

- Eine weitere Möglichkeit, Schüler auf einen Text neugierig zu machen, bietet die *prediction*. Mithilfe von unterschiedlich im Schwierigkeitsgrad abgestuften Arbeitsbogen sollen sich die Schüler zunächst Gedanken darüber machen, was im Hörtext vorkommen könnte, um dann in einem zweiten Schritt ihre Annahmen mit dem Original zu vergleichen. Im Anschluss setzen sich jeweils zwei Schüler mit einem unterschiedlichen Arbeitsbogen zusammen, um ihre Ergebnisse miteinander zu vergleichen.

Multiple Choice – Matching – Incorrect version

Eine sehr motivierende Form der Hörtexte sind Pop Songs. Der Song „Brothers in Arms“ von der Gruppe *Dire Straits* ist beispielsweise gut geeignet für den Einsatz in einer 9. oder 10. Klasse.

In einem ersten Schritt erhält jeder Schüler ein Kärtchen mit Schlüsselwörtern/Stichwörtern aus dem Text. Beispiele:

many different worlds	line on your palm
brothers in arms	mist covered mountains

Da es schwieriger ist, nur ein Wort in einem Hörtext zu identifizieren, erhalten schwächere Schüler Kärtchen mit mehreren Wörtern und die leistungsstärkeren Schüler Ein-Wort-Kärtchen. Aufgabe ist es, diese Kärtchen an die Tafel zu heften, sobald die entsprechende Stelle gehört wird. (Je nach Größe kann man die Klasse auch in zwei Gruppen teilen und hieraus einen Wettbewerb veranstalten, wenn ein Song nicht genügend Stichwörter für alle bietet oder aber die Klasse zu groß ist.) Sehr leistungsstarke Schüler erhalten *blank cards*, auf die sie alle Wörter schreiben sollen, die sie verstehen, und die sie dann ebenfalls an die Tafel heften. Alle Kärtchen werden zunächst unkommentiert stehen gelassen.

In einem zweiten Schritt wird der Song noch einmal vorgespielt. Hierzu werden den Schülern verschiedenfarbige Arbeitsbogen auf drei verschiedenen Niveaus zum Aussuchen angeboten (1/* = *lower intermediate*; 2/** = *intermediate*; 3/*** = *upper intermediate*), die sie individuell während des Zuhörens ausfüllen (vgl. dazu die ***Kopiervorlagen*** auf den Seiten 81 und 82).

Wenn nötig, wird der Song erneut wiederholt. Zum Vergleichen der Ergebnisse suchen sich die Schüler je einen Partner mit einem andersfarbigen Arbeitsbogen. Die Anlage der Arbeitsbogen ermöglicht eine gegenseitige Korrektur, während der Lehrer herumgehen und helfen kann. Zum Schluss werden die Ergebnisse an der Tafel verglichen, falls nötig korrigiert sowie als Anlass und Grundlage für eine mögliche Diskussion genommen.

Sounds intriguing – Stimulation to talk

Eine ganz andere Form von *listening tasks* als Sprechanlass, die einen kreativen und fantasievollen Umgang mit Sprache zum Schwerpunkt haben, bieten Hörkassetten mit Geräuschsequenzen, mit deren Hilfe ein Handlungsablauf oder eine Geschichte erraten werden soll. Der Zuhörer wird angeregt auszudrücken, was *er* denkt und wie *er* das Gehörte interpretiert. Dabei spielt eine Wertung nach richtig oder falsch keine Rolle. Jeder kann hier auf seinem Niveau arbeiten, da *sounds* per se zunächst weder einfach noch schwierig sind und keinen bestimmten sprachlichen Level vorgeben. Je leistungsstärker ein Schüler ist, desto eher wird er natürlich eine komplexere Interpretation anbieten können, die aber nicht unbedingt interessanter sein muss als eine einfacher dargebotene Version.

Der Anreiz zu sprechen, andere Interpretationsmöglichkeiten zu erfahren und sich darüber in einer Gruppe angstfrei (da jede Wertung ausfällt) auszutauschen, ist nach meiner Erfahrung bei dieser Art Aufgabe besonders hoch. Eine wichtige Rolle spielt ebenfalls, dass es keine besseren, schlechteren oder richtigeren Ergebnisse gibt. Dennoch ist es sinnvoll, insbesondere Sprachanfänger und sehr leistungsschwache Schüler mit entsprechenden Hilfsangeboten zu unterstützen, wie im folgenden Beispiel für eine 6. Klasse.

Ausgangspunkt war eine einfache Sequenz aus „Sounds interesting“ von *Alan Duff* und *Alan Maley* (Cambridge University Press 1983), auf der folgende Geräusche zu hören sind: Schnarchen – Wecker klingelt – Gähnen – Kirchenglocke – Schritte – Wasserhahn – eilige Schritte Treppe – Haustür schlägt zu – Taxi-Ruf – Wall Street – Motorengeräusche – Radionachrichten mit Datum – enttäuschter Ausruf „Oh, no!“.

Die Schüler hören sich die Geräusche mit geschlossenen Augen an, um ihr eigenes mentales Bild des Geschehens zu entwickeln. Dann werden sie in Gruppen eingeteilt. Leistungsschwächere Gruppen erhalten Bildkärtchen mit Strukturhilfen, die sie während des zweiten Hörens ordnen sollen. Beispiele:

alarm-clock rang

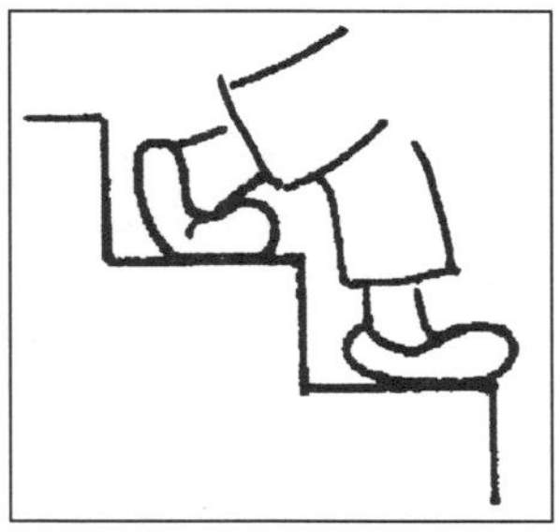

went downstairs

Leistungsstärkere Gruppen erhalten kein Material, sondern machen sich Notizen. Vor dem dritten Hören erhalten die Schüler *„guideline questions"*, um ihre Aufmerksamkeit auf die wesentlichen Aspekte zur Interpretation der Sequenz zu lenken. Diese Fragen können mithilfe des Overheadprojektors präsentiert werden.

Folgende *„guideline questions"* können zum Beispiel ein Grundgerüst für diese Art der Interpretationen bilden:

- Where is it/the scene taking place?
- How many people are there?
- Who are they?
- What are they doing?
- Is there any connection between X and Y?
- What is it?
- When is it taking place? (time of the day, the week etc.)
- Why does ... happen?
- What happens next?

Mithilfe dieser Fragen sollen sich dann die Gruppen oder Partner eine Geschichte ausdenken und sich auf eine Überschrift einigen, wobei die schwächeren Gruppen eine Auswahlliste von möglichen Überschriften erhalten (zum Beispiel „One of those days", „Bloody Sunday", „What a day!"). Die leistungsschwächeren Gruppen bekommen zusätzlich eine Liste mit Sprachmaterial, das sie für ihre Diskussion benutzen können:

- What about the first/second/... noise?
- Is it a ...?
- It could be a ...
- Do you agree?/What do you think?
- I think the same.
- That's right.
- I don't think so.

Die Gruppen entscheiden sich dann für eine Möglichkeit der Präsentation, die sie vorbereiten: Sie können ihre Geschichte entweder als Dialog oder szenisches Spiel präsentieren oder sich gegenseitig ihre unterschiedlichen Versionen erzählen. Im Anschluss daran können die verschiedenen Texte verschriftlicht werden.

Zur Veranschaulichung möge der folgende von einer leistungsschwächeren Gruppe entworfene Text dienen:

One of those days
It was early in the morning and Peter was still in bed. He was snoring when the alarm clock rang. Peter woke up and yawned. The church bell stroke. It was nine o'clock. Peter quickly got up. He ran into the bathroom, turned on the water tap and washed. Brrh! The water was really cold. Then he got dressed. He was late, so he had to hurry! Damn, no time for breakfast today! He ran downstairs, left the house and shut the door. Bang! He called a taxi. He wanted to go to his office in Wall Street. They drove off and the taxi driver turned on the radio. Oh, no, it was Sunday! No work today! Peter was very angry.

Find your partner

Je mehr sich Aktivitäten im kommunikativen Sprachlernprozess auf den Schüler selbst beziehen und ihn mit einbeziehen, je höher also der Identitätsgrad mit einer Aufgabe ist, desto höher ist auch die Motivation. Sprechanlässe sollten daher auch unter ihrem Bedeutungsaspekt für die Schüler ausgesucht werden. Darüber hinaus spielt eine entspannte und freundliche Atmosphäre in einem lernerzentrierten Unterricht eine wichtige Rolle. Nur in einem vertrauensvollen und angstfreien Miteinander können sich Schüler frei äußern – eine wesentliche Voraussetzung für die Entwicklung der Sprechfertigkeit. Dennoch beobachte ich immer wieder, dass gerade die lernschwächeren, nicht sehr selbstbewussten, aber auch die introvertierten Schüler große Schwierigkeiten haben sich zu äußern, insbesondere vor der ganzen Klasse.

Hinzu kommt ein weiteres Problem: Die Diskrepanz zwischen authentischen, persönlichen Ausdrucksbedürfnissen und der bestehenden Ausdrucksfähigkeit in der Fremdsprache ist besonders in den ersten Lernjahren sehr hoch. Damit die Schüler aber nicht im Laufe der Jahre zunehmend verstummen, können unter Berücksichtigung der anfangs erwähnten Punkte die folgenden Möglichkeiten helfen, dieses Problem zu verringern:

- die Verlagerung der Sprechaktivitäten in die kleine Gruppe,
- geeignetes, abgestuftes Hilfsmaterial (einschließlich *language needs*), das es auch den lernschwächeren Schülern ermöglicht, sich angemessen auszudrücken.

Je früher eine in diesem Sinne gezielte Schulung der Sprechfertigkeit einsetzt, desto günstiger sind die Auswirkungen. Eine sehr einfache Übung in Form einer *whole class activity* ist das folgende Beispiel für eine 5. Klasse. Auf einem sehr einfachen und sprachlich fest umrissenen Level sollen die Schüler Häuser beschreiben. Sie erhalten dazu jeweils ein Bildkärtchen, das sie niemandem zeigen dürfen. Schüler mit größeren Schwierigkeiten, sich zu äußern, erhalten ein Bildkärtchen mit semantischen und strukturellen Hilfen. Lernstärkere Schüler erhalten Bildkärtchen ohne Vorgaben und mit den meisten Gegenständen. Ziel ist es, das identische Haus zu finden. Dazu gehen die Schüler im Klassenverband herum, beschreiben ihre Häuser und müssen genau zuhören, da sich manche Häuser nur durch geringe Details voneinander unterscheiden (vgl. dazu die ***Kopiervorlage*** auf Seite 83*).

Haben die Schüler den „Zwilling" zu ihrem Haus gefunden, bieten sich verschiedene Anschlussaufgaben an, um die zeitlichen Divergenzen aufzufangen. Diese Aktivität kann nach demselben Prinzip auch schwieriger gestaltet werden, indem zum Beispiel statt der Häuser Gesichter aus Zeitschriften ausgeschnitten, auf Kärtchen geklebt und halbiert werden.

Have you ever ... ?

Eine andere Form der *whole class activity*, die man vielfältig variieren kann und mit der sich gut Redemittel oder bestimmte Strukturen wie *question tags* oder auch Zeiten wie das *Present Perfect* oder *If-clauses* einüben lassen, bietet die folgende Möglichkeit am Beispiel des *Present Perfect* für eine 7. Klasse, das auf vier im Schwierigkeitsgrad unterschiedlichen Niveaus abgestuft ist.

Die Schüler gruppieren sich in einem Kreis. Eingeübt werden soll die Struktur *„Have you ever ...?"* mit den dazu passenden Antworten *„Yes, I have/No, I haven't/never, ever/sometimes/of course, not/..."*, die zunächst an der Tafel gesammelt werden. Aufgabe ist es, sich gegenseitig zu fragen und zu antworten. Dazu gibt es Fragekärtchen auf unterschiedlichen Niveaus (siehe die unten stehende *Tabelle*). Schüler auf einem *lower intermediate level* (*) erhalten jeweils mindestens fünf Hilfskärtchen mit vollständigen Fragen, Schüler auf einem *intermediate level* (**) bekommen entsprechend viele Kärtchen mit den zu fragenden Items, „*upper-intermediate*-Schüler" (***) erhalten Vorgaben auf Deutsch und die in diesem Bereich leistungsstärksten Schüler (****) müssen sich ihre Fragen selbst ausdenken.

Eröffnet wird das Frage- und Antwort-Spiel von den in diesem Bereich leistungsschwächsten Schülern. Da sie die Fragen auf ihren Kärtchen haben, geben sie die Strukturen vor ohne Gefahr zu laufen, etwas falsch zu machen – ein nicht unerheblicher Aspekt zur Steigerung des Selbstwertgefühls. Ist eine Klasse zu groß, lässt sie sich auch in zwei Kreisgruppen einteilen, sodass die einzelnen Schüler öfter zu Wort kommen können.

Question tags können nach dem gleichen Prinzip geübt werden, indem sie „gesplittet" werden: „*He's married – isn't he?*" *If-Clauses* können zusätzlich in den verschiedenen Zeitformen vermischt werden, was den Komplexitätsgrad der Aufgabe noch erhöht. „*Lower-intermediate*-Schüler" erhalten zum Beispiel jeweils eine Auswahl verschiedener Satzanfänge wie „*If he hadn't met her*" oder „*If I were you*" usw. Eine zweite Gruppe (**) erhält eine bestimmte Anzahl Antwortkärtchen wie „*he wouldn't have learned so much*" oder „*I'd rather be careful*", die grammatisch und inhaltlich zu den Fragen passen. Eine dritte Gruppe erhält Fragen auf Deutsch (***). Das „Spiel" ist zu Ende, wenn jemand alle Antwortkärtchen losgeworden ist.

Act the scene

Die bisherigen Beispiele haben gezielte, punktuelle Möglichkeiten zur Entwicklung der Sprechfertigkeit auf unterschiedlichen Niveaus aufgezeigt. Es gibt aber auch Möglichkeiten zur komplexeren Dialogschulung, die im Umfang direkter Hilfen bzw. im Grad der zu erbringenden Selbstständigkeit und Kreativität differenziert sind. Eine solche Partner-Aktivität für eine 6. Klasse lässt sich zum Beispiel gut im Rahmen der Einheit „Pets" (basierend auf dem Lehrwerk „English Live 2 B", Westermann/Langenscheidt-Longman) initiieren. Ziel ist es, ein Gespräch über Haustiere zu entwickeln und dieses auswendig bzw. frei vorzustellen. Die Dialoge werden mit dem Partner gemeinsam erarbeitet und so weit eingeübt, dass sie frei gesprochen werden können.

Die Schwierigkeitsgrade der hierfür vorzubereitenden unterschiedlichen Arbeitsbogen sollten wieder durch die Anzahl der Sternchen gekennzeichnet werden: Die Bandbreite kann sich dabei von einer sehr stark gelenkten Vorgabe (*/vorgegebener Dialog) über eine halb gelenkte Aufgabe (**/vorstrukturierter Dialog) bis zur freien Textproduktion mit Strukturhilfen, den *language needs* (***/zum Beispiel *adjectives*), erstrecken. Weitere Differenzierungsmöglichkeiten nach oben ergeben sich, wenn die Vorgaben auf Deutsch erfolgen (zum Beispiel: „Frage deinen Partner, ob ...") oder mit direkter Übersetzung („Hast du ein Haustier?") oder mithilfe von *cue cards* mit Rollenbeschreibungen.

Bei selbstständiger Wahl der Arbeitsbogen durch die Schüler empfiehlt es sich, ihnen die Seiten zunächst vorzustellen, um ihnen die Auswahl zu erleichtern. Hat sich dennoch jemand „verwählt", darf selbstverständlich ein anderer Arbeitsbogen genommen werden. Dieses selbstständige Aussuchen hat nicht nur den Vorteil, dass die Schüler lernen, sich und ihre Leistungsfähigkeit besser und genauer einzuschätzen, sondern hat durch den Aspekt der Eigenverantwortung auch einen höheren Aufforderungscharakter, eine Aufgabe zu bearbeiten. ■

*Die drei dort angebotenen Beispiele für solche „Zwillings-Bildkärtchen" sind mehrfach nutzbar, wenn sie verschiedenfarbig ausgemalt werden. Mithilfe der zusätzlich abgebildeten Einzelelemente lassen sich weitere Karten mit neuen Kombinationen erstellen.

?*	?**	?***
Have you ever smoked a cigar or a cigarette?	searched* things on the internet	Frage, ob X schon mal Bungeejumping gemacht hat.
Have you ever been to Paris?	been* on a live concert	Frage, ob X schon mal ein UFO gesehen hat.
Have you ever met a famous film or pop star?	visited* the British Museum in London	Frage, ob X jemals in Afrika gewesen ist.

*Je nach Leistungsstand der Gruppe können statt der 3. Verbform auch die Infinitivformen vorgegeben werden.

Hilfskärtchen auf unterschiedlichen Niveaus zur Übung der Fragestruktur „Have you ever ...?"

„Brothers in Arms" (*Dire Straits*) ★

Listen to the song and tick (✓) the correct word.

These [mist / gist / list] covered mountains are [alone / a bone / a home] for me now

But my home is the Lowlands and [all days / always / all ways] will be

Some day you'll [retire / refer / return] to your valleys and farms

And you'll no longer [burn / turn / learn] to be brothers in arms.

Through these [fleece / fields / freeze] of destruction, baptisms of [fire / hire / wire]

I've watched all your suffering as the [beetles / battles / bottles] raged higher

And though they did hurt me so bad in the [tear / rear / fear] and alarm

You did not [dessert / deserve / desert] me my brothers in arms.

There's so many different [words / worlds / works] so many different [suns / sons / sands]

And we have just one world but we live in different ones

Now the sun's gone to [bed / hill / hell] and the moon's riding high

Let me bid you farewell, every man has to [lie / die / try]

But it's written in the starlight and every line on your [palm / farm / barn]

We're [folks / tools / fools] to make war on our brothers in arms.

Foto: Bert Butzke

„Brothers in Arms" (*Dire Straits*) ★★

Listen again and match the second half of the sentences to the first ones.

1. These mist covered mountains	a) baptisms of fire
2. But my home is the Lowlands	b) my brothers in arms.
3. Some day you'll	c) so many different suns
4. And you'll no longer burn	d) and the moon's riding high
5. Through these fields of destruction,	e) to make war on our brothers in arms.
6. I've watched all your suffering	f) but we live in different ones
7. And though they did hurt me so bad	g) and every line on your palm
8. You did not desert me	h) to be brothers in arms.
9. There's so many different worlds	i) every man has to die
10. And we have just one world	j) and always will be
11. Now the sun's gone to hell	k) are a home for me now
12. Let me bid you farewell,	l) as the battles raged higher
13. But it's written in the starlight	m) return to your valleys and farms
14. We're fools	n) in the fear and alarm

Foto: Bert Butzke

„Brothers in Arms" (*Dire Straits*) ★★★

(Incorrect version)

Listen again, underline the incorrect words and correct them.

These mist covered mountains are alone for me now
But my home is the Lowlands and all days will be
Some day you'll return to your valleys and farms
And you'll no longer learn to be brothers in arms.
Through these fields of destruction, baptisms of wire
I've watched all your suffering as the bottles raged higher
And though they did hurt me so bad in the tear and alarm
You did not deserve me, my brothers in arms.
There's so many different words, so many different suns
And we have just one world but we live in different ones
Now the sun's gone to bed and the moon's riding high
Let me bid you farewell, every man has to try
But it's written in the starlight and every line on your palm
We're tools to make war on our brothers in arms.

Foto: Bert Butzke

Whole class activity: "Find your partner"

Drei Beispiele für Bildkarten-Paare
und Einzelelemente für die Gestaltung
weiterer Bildkarten

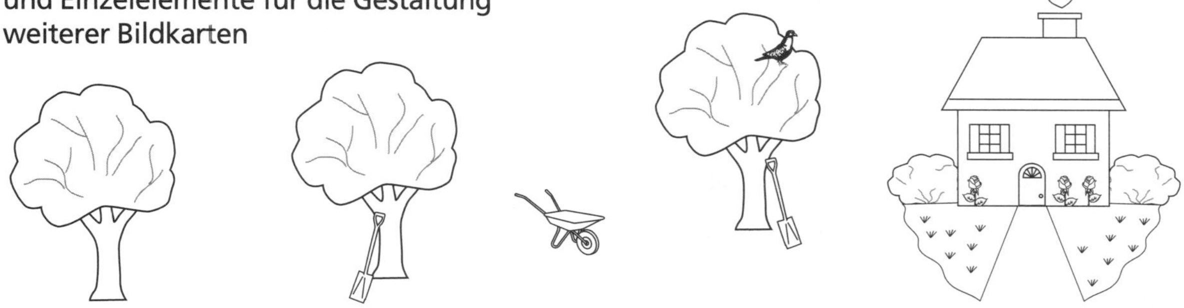

There is/are ...
on the left – on the right –
on top of – in front of – behind

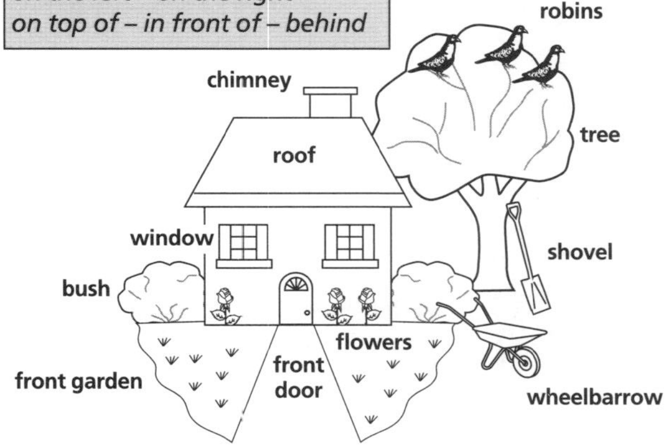

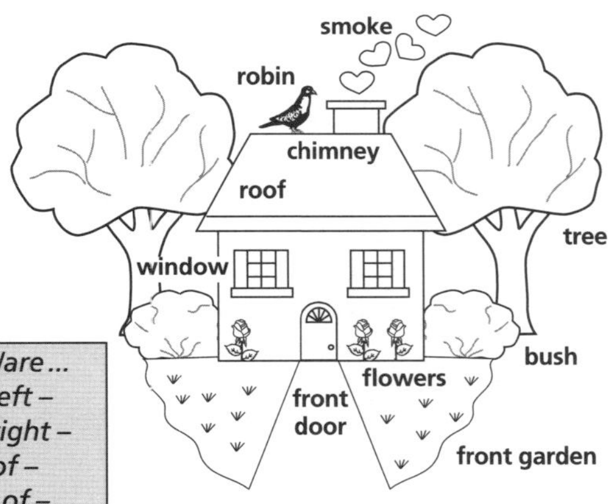

There is/are ...
on the left –
on the right –
on top of –
in front of –
behind

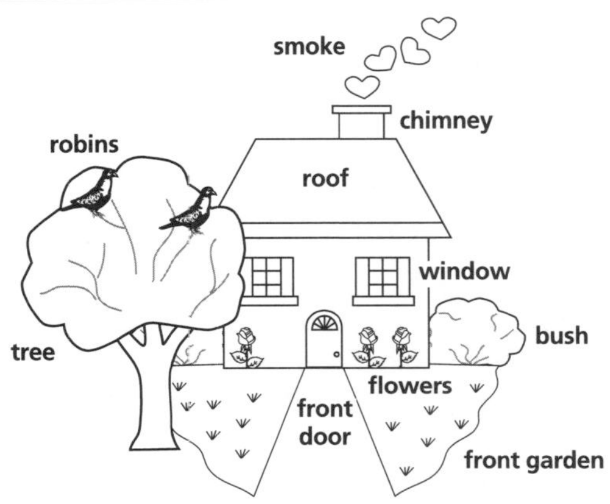

There is/are ...
on the left – on the right – on top of – in front of – behind

Let me hold your hand

Hartmut Löhr

Eigenverantwortlicher Umgang mit Texten im angebotsdifferenzierenden Englischunterricht

In der Rolle des „facilitator" bezieht der Lehrer die Lerngruppe in die Unterrichtsplanung ein.

Foto: Klaus Günter Kohn

Sind unsere Differenzierungsbemühungen im Englischunterricht lediglich der Ausdruck technokratischer oder organisatorischer Patentrezepte, die unsere Schülerinnen und Schüler ständig unselbstständiger machen anstatt sie zum Lernen zu ermutigen? Wohl kaum! Es gibt durchaus Möglichkeiten, eigenverantwortliches Lernen zu fördern.

Das „Open your books"-Konzept

Die folgende bewusst überzeichnete Szene ist uns allen vertraut:

Der Englischlehrer betritt den Klassenraum. Unterricht wird als „45-Minuten-Messe zelebriert" (*Reisener*). Das Lehrwerk wird durchgenommen, Texte werden behandelt, ohne dass sie die Schülerinnen und Schüler berühren. „Open your books at page 64 and start reading ..." am Unterrichtsbeginn schwört die Lerngruppe geradezu auf Unterricht im Gleichschritt ein. Zunächst wird der Wortschatz des Textes semantisiert (oft noch ohne jede Andeutung eines wortschatzentdeckenden Lernens). Anschließend werden der Reihe nach Lehrerfragen zum Text beantwortet. Die Antworten aus dem Lehrerhandbuch sind dann allzu oft das Maß der sprachlichen Dinge.

Allein diese meist mündlich mit einem kleinen Teil der Lerngruppe durchgeführten Aktivitäten ziehen sich über mindestens eine, häufig genug über mehrere Schulstunden hin. Und am Ende weiß der Schüler schon im Voraus, genauso wird auch die nächste Lehrwerkeinheit ablaufen und die übernächste und ...

Neben den Lehrwerken, die in dieser Beschreibung wie „unterrichtliche Steuermodule" eingesetzt werden, beherrschen die für „Frontalunterricht" typischen Überaktivitäten des Lehrers den Unterricht. Ein derart vorrangig lehrwerk- und lehrerorientierter Unterricht demotiviert die Schüler mit steigendem Alter. In der gelangweilten Lerngruppe treten dann beinahe zwangsläufig disziplinarische Schwierigkeiten auf.

„Facilitating" und schülereigenverantwortliches Lernen

An dieser Stelle greifen traditionelle Methoden offensichtlich nicht mehr. Hielte ich als Lehrer an diesem einseitigen Unterrichtskonzept auf Dauer fest, wären die weiteren Unterrichtserfahrungen wohl durchweg negativ und demotivierend für mich.

Dies ist der Zeitpunkt, meine Konzeption mitsamt meiner Aufgaben als Englischlehrer völlig neu zu gewichten und den Schülern andere Perspektiven zu eröffnen. In den Mittelpunkt meiner Überlegungen stelle ich schrittweise – jedoch konsequent – die Verantwortung des Schülers für seine Lernergebnisse.

Bei dieser „Schülerorientierung" (*Dieter Krohn*) im wahrsten Sinne des Begriffes hilft ein Katalog von Fragestellungen (vgl. dazu die ***Materialseite*** 87), auf die ich mich im Folgenden beziehe. Ziel ist dabei, die Schüler den Lernpozess teilweise oder – zumindest zeitweilig – vollständig eigenverantwortlich gestalten zu lassen und selbst die Rolle eines „facilitator"[1] zu übernehmen. So stellen die Antworten am Ende der „Selbstbefragung" die Grundlage für alle Entscheidungen dar, die die persönliche Unterrichtsplanung betreffen.

Der „facilitator" entwickelt Mut zur Innovation

Sowohl für die intensive Auseinandersetzung mit meiner veränderten Rolle als Unterrichtender als auch für die schrittweise Umsetzung im Unterricht ermöglichen die Antworten der „Selbstbefragung" pädagogisch, didaktisch sowie methodisch effektivere und langfristig innovativere Wege als die klassischen, auf einen 45-Minutenrhythmus ausgerichteten Stundenstrukturen.

Thematische, methodische, medienorganisatorische, sprachpraktische und differenzierende Maßnahmen plane ich als „facilitator" nicht mehr auf jede einzelne Unterrichtsstunde bezogen. In ausgewählten Unterrichts*abschnitten* führe ich einen gleichsam kooperativen Dialog über die gemeinsame Planung des Unterrichts mit einzelnen Schülern, mit Schülergruppen oder mit der Lerngruppe. Dabei müssen lehrerzentrierte Phasen, Einzel-, Partner- und Gruppenarbeit, Freiarbeit und projektartiges Arbeiten unbedingt gemischt werden. Ebenso wichtig sind die Darstellung und Bewertung der Lernergebnisse. Diese werden der Klasse in Form von Rollenspielen, Szenen, Kassettenaufnahmen, selbstverfassten Broschüren, Wandzeitungen, Referaten, Kurzvorträgen, freien Texten usw. vorgestellt.

Ein Unterrichtsbeispiel: Electric sympathy of love

Das im Folgenden dargestellte Unterrichtsvorhaben eignet sich für den Einsatz in den Jahrgangsstufen 9 und 10. Vor allem in nicht differenzierten Lerngruppen erlauben vielfältige Formen der Präsentation von Ergebnissen (offene und ritualisierte im Wechsel) einen lebendigen, authentischen Englischunterricht, in dem die Schüler sich mit ihren „kleinen" ebenso wie mit ihren „großen" Erfolgen identifizieren können.

Im Rahmen einer offenen Unterrichtseinheit „Reading is fun" sollen die Schüler – ihren persönlichen Lern- und Sprachmöglichkeiten entsprechend – Originalliteratur aller Gattungen und zu altersangemessenen Themen kennen lernen. Sowohl individuelle Zugänge, Arbeit in Gruppen oder gemeinsamer Unterricht als auch Projektformen sind vorgesehen. Vom Lehrer wurde das Thema „First love" als Orientierungsrahmen für die Teileinheit „Young people in Britain and America" vorgegeben.

• **Schüler stellen Texte themengebunden zusammen:** Als Einstieg in das Thema sammeln die Schüler handlungsreiche, möglichst in Dialogform geschriebene Kurzgeschichten (oder Ausschnitte daraus) oder Romanausschnitte. Dazu stellt ihnen der Lehrer Sammelbände, Lehrbücher, Reader, kopierte Blätter, Lektüren usw. zur Verfügung. (In dieser Phase kann eine gezielte Einführung in die Benutzung der Literaturabteilung einer Bibliothek für das weitere Lernen der Schüler sehr nützlich sein. Siehe auch Frage 15 auf der ***Materialseite*** 87.) Den Schülern gibt er folgenden Arbeitsauftrag: „Find a story or an extract from a novel which at the beginning presents the setting and the protagonists: a girl and a boy who are (falling) in love."

• **Fachbegriffe selbstständig klären:** Begriffe wie „setting" oder auch „protagonist" müssen nicht unbedingt bekannt sein. Indem die Schüler solche Begriffe in entsprechenden Fachbüchern oder Lexika nachschlagen, können sie sich selbstständig damit vertraut machen.

Leistungsstärkere Schüler sollten bereits in dieser Phase damit beginnen, ein kurzes, sprachlich einfaches *glossary* zum Thema „Literary terms" für die Gruppe zu erstellen (*Fragen 4* und *15*).

• **Materialien und Medien mitbringen oder herstellen:** Um die Schüler auch beim Einsatz der Medien zu beteiligen (siehe *Frage 2*), bringen sie Bilder aus Zeitschriften, Fotos oder eigene (auch comicartige) Zeichnungen mit in den Unterricht. Darauf sollen ein Mädchen und ein Junge so abgebildet sein, dass der Betrachter ihre gegenseitige Zuneigung sofort erkennt. Dieser Auftrag sollte möglichst frühzeitig gegeben werden, damit genug Bildmaterial zusammengetragen werden kann.

• **Der ausgewählte Text:** Es handelt sich bei dem von den Schülern ausgewählten Text um eine romantische Szene aus *Mark Twains* „Tom Sawyer" (vgl. dazu die ***Kopiervorlage*** auf Seite 88). Darin beginnen Tom und Becky einen heftigen Flirt im Klassenzimmer. Auch ohne Vokabelhilfen verstanden wohl alle Schüler ohne Schwierigkeiten, worum es geht.

• **Schüleraktivierende Methoden schüler(interessen)bezogen und interaktiv einsetzen:** Gemeinsam entschieden meine Schüler, welches ihrer mitgebrachten Bilder am besten zum Anfang des ausgewählten Textes passen würde. Ein Teil der Lerngruppe formulierte schriftliche Fragen, die sie den beiden auf dem Bild abgebildeten Jugendlichen stellen wollte. Währenddessen setzte sich eine größere Gruppe in einem kurzen Unterrichtsgespräch mit den Jugendlichen auseinander: die Schüler erfanden Monologe aus Sicht der Jugendlichen oder erstellten einen kurzen Dialog: „Make the characters speak". Dazu eignen sich die auf Posterformat vergrößerten Bilder der beiden Jugendlichen sehr gut, da ihre Gesichter dann lebendiger und ausdrucksstärker wir-

How to evaluate a classroom presentation

Choose at least one question and talk about it with your partner/group. Make notes.
- What title would you suggest?

After the first few lines of the presentation:
- How will/might the scene/story/letter etc. end?
- What main points can you give?
- Do you think there is any part in the text presented that is funny/ironic/dramatic/surprising/shocking/kitsch/soapy/romantic/typically female/typically male etc? Give examples.
- What parts did you like? What parts did you not like?
- What would you change?
- How do you feel about the beginning/part about ???/ending?
- What in your opinion is the meaning/problem/message of the text?
- Do you agree with the way the scene/role play/dialogue/story etc. was presented?
- Would you like to make any suggestions?

ken (siehe *Frage 9*). Anschließend wurden die von der ersten Gruppe vorbereiteten Fragen von der zweiten Gruppe, die die Rollen der Protagonisten des Textes übernahmen, beantwortet (hot seat) (siehe *Frage 11*). Diese Aktivitäten erwiesen sich als sehr motivierend für die Schülerinnen und Schüler. Sie sprachen hier ein erheblich besseres Englisch als bei interpretationsähnlichen Aufgaben.

• **Der „facilitator" als Unterrichtsbeobachter:** Der „facilitator" befindet sich in dieser Phase im Hintergrund. Womöglich sitzt er zusammen mit den Schülern im Stuhlkreis und protokolliert Beobachtungen zum mündlichen Ausdrucksvermögen der Schüler und überlässt ihnen weitgehend die Unterrichtsorganisation (*Fragen 1, 18* und *19*).

• **Schüler denken sich differenzierte (Haus-)Aufgaben aus:** Als (Haus-)Aufgabe schlugen meine Schüler vor, in Partnerarbeit den zweiten Teil der Geschichte in Form eines *role play* darzustellen (siehe *Fragen 9* und *10*). Hier bietet es sich an, textliche Veränderungen oder Kürzungen zuzulassen, damit sich auch leistungsschwächere Schüler für das Spielen begeistern können. Theaterinteressierte, theatererfahrene oder leistungsstärkere Schüler formulieren – mithilfe von Stichpunkten des Lehrers – Fragen, die eine Evaluierung der Ergebnisse mithilfe von *note-taking* sprachlich steuern (siehe *Frage 17*). An dieser Stelle wird das Problem eines kooperativen „classroom discourse" deutlich. Der Schüler muss sich Redemittel aneignen, mit denen er diese Unterrichtssituationen sprachlich bewältigen kann. Fächerübergreifende Fragestrategien sind hier besonders effektiv.

• **Ergebnisse präsentieren und evaluieren:** Nach einer kurzen – zeitlich verbindlich verabredeten – Übungsphase in der Folgestunde wurden die vorbereiteten Szenen in der Klasse vorgespielt. In dieser Phase sind die Schülerergebnisse das konkrete Thema des gemeinsamen Unterrichts und der Evaluierung. Der von den Schülern erstellte und vom Lehrer überarbeitete Fragenkatalog wurde konsequent während jeder Evaluierungsphase eingesetzt, damit ihn die Schüler zunehmend eigenständiger und auch (selbst-)kritischer verwandten. Gerade auch schwächere Schüler konnten sich hier mithilfe ihrer selbst erstellten *notes* einbringen. Der Fragenkatalog (siehe nebenstehenden *Kasten*), dient als Anregung. Je nach Art und Darstellungsform der Schülerergebnisse sollte er diesen angepasst werden.

• **Sprachpraktisches Training schülerbezogen integrieren:** Aus meinen Protokollnotizen entwickelten die Schüler sinnvolle sprachpraktische Aufgaben:

- Collect adjectives people use to describe other persons. You can make a mind map. (Some words go with a preposition.)
- Arrange your own mind map with any words that go through your mind. Starting word: „first love". (*Fragen 6, 15* und *18*)
- Collect phrases from dialogues which help you open a conversation. (*Frage 18*)
- Revise question techniques you know. Make a handout for the class. (*Fragen 3, 4, 15* und *18*)
- Find more terms related to „stage, theatre, acting". Add them to the glossary „Literary terms". (*Fragen 15* und *18*)

• **Die Schüler planen selbstständig weiter:** Der Hauptteil des Textes wurde den Schülern als „unstrukturiertes Originalmaterial" überlassen. Von diesem Zeitpunkt an kann die Arbeit der Lerngruppe je nach Planung von Schülerteams oder Lehrervorschlägen ablaufen (siehe besonders *Fragen 1, 2* und *16*). Hier könnte eine Anleitung für das szenische Gestalten und Aufführen des Textes für die Schüler hilfreich sein.[2]

Als sinnvolle (Haus-)Aufgaben (*Frage 13*) bieten sich textproduktive und gestalterische Verfahren in der *post-reading phase*[3] an wie beispielsweise folgende:

Nachdem der gesamte Text behandelt worden ist, können die mitgebrachten Bilder sowie die Monolog- und Dialogergebnisse erneut eingesetzt werden:

- Welches Bild entspricht dem Inhalt der Geschichte am ehesten?
- An welcher Stelle in der Geschichte würde der Monolog bzw. Dialog hineinpassen?
- Fallen uns eigene Geschichten zu den gesammelten Bildern ein?

Neben diesen *creative responses* könnten sich die Schüler in Gruppen mit möglichen szenischen Gestaltungen auseinander setzen:

- Wie könnten wir die gesamte Geschichte in ein kurzes Theaterstück umgestalten?
- Wie ließe sich der Anfang des Textes szenisch darstellen?
- Sollten noch weitere Personen erfunden werden?
- Wie gestalten wir die Bühne?

Künstlerisch begabte Schüler könnten den Text visuell gestalten:

- Wie ließe sich der Text noch anders illustrieren?
- Finden sich Schüler, die diesen Text als Anlass nehmen, eine so genannte „Literaturzeitung" herzustellen?
- Bietet sich der Text für die Herstellung eines Videoclips an?

Ein besonders reizvolles und kreatives Angebot ist folgende Aufgabe (die auch als kleiner Wettbewerb organisiert werden kann):

- Wer schreibt die „schönste" Liebesgeschichte?

Sprachlich anspruchsvoll wäre die Aufgabe, einen „book report" über „Tom Sawyer" zu schreiben (siehe *Frage 4*).

Die hier beschriebene Unterrichtseinheit lässt sich unter dem Thema „Love songs" ebenso durchführen. Titel wie „I want to hold your hand" oder „I saw her standing there" von den *Beatles* sind für leistungsschwächere Schüler motivierender, weil sie inhaltlich leichter zu überschauen und auch zu erschließen sind.

Die Durchführung dieser Unterrichtseinheit hat mir gezeigt, dass es durchaus möglich ist, die Eigenverantwortung der Schüler gezielt in die Differenzierungsüberlegungen einzubeziehen. Auf diese Weise haben sie ein Stück weit gelernt, sich für ihre Lernergebnisse verantwortlich zu fühlen und sich ihre sprachlichen Lernfortschritte ebenso selbstverantwortlich zu erarbeiten. Wir Lehrer hingegen müssen lernen, uns selbst zurückzunehmen, um schrittweise in die Rolle des „facilitator" hineinwachsen zu können. ■

[1]facilitator – someone who helps a group of people discuss things with each other or do something effectively (Dictionary of Contemporary English. München [3]1995, S. 487)

[2]*Liesel Hermes* stellt in ihrem Aufsatz „Vom narrativen zum dramatischen Text: Dramatisierung als Interpretation" (In: Englisch. H. 2/1993, S. 141–145) konkrete Überlegungen an, was bei der Dramatisierung eines englischen narrativen Textes mit Dialoganteilen vor sich geht und wie sich der Prozess in für alle Beteiligten überschaubare Schritte gliedern lässt.

[3]Beispiele dafür finden sich in: *Hinz, K.*: Schüleraktivierende Methoden im fremdsprachlichen Literaturunterricht. Beispiel Englisch. In: Praxis des neusprachlichen Unterrichts, H. 2/1996, S. 145–146.

Literatur

Decker, H. (Hrsg.): Topics: Let me hold your hand. Frankfurt 1978, S. 10–11.
Krohn, D.: Noch einmal: Schülerorientierter Fremdsprachenunterricht. In: PRAXIS SCHULE 5–10, H. 5/1996, S. 6–7.
Reisener, H.: Vom Umgang mit Texten. In: Der Fremdsprachliche Unterricht, H. 3/1994, S. 4–12 (Themenheft „Mit Texten umgehen").
Wallrabenstein, W.: Hilfe – ich habe den Überblick verloren! Zur Passung von offenen und geschlossenen Lernphasen. In: Friedrich, Jahresheft XIII, Schule – zwischen Routine und Reform, Velber 1994, S. 32 ff.

Facilitating

20 Fragen als Hilfe für die Unterrichtsplanung

1. Wie viel meiner Verantwortung will ich an die Schüler abgeben?

2. Über welche Formen kann ich die Schüler an der Planung und Integration beteiligen?

3. Wie kann ich eine behutsame Übernahme von Verantwortung durch die Schüler für das eigene und das gemeinsame Lernen anbahnen?

4. Welche Lernprozesse kann ich individualisieren?

5. Wie lassen sich binnendifferenzierende Maßnahmen zwischen Steuerung und Offenheit planen und im Unterricht durchführen?

6. Welche Sozialformen unterstützen ein prozessorientiertes, interaktives Unterrichtskonzept?

7. Wie kann ich thematische Angebote in Form offener Lerneinheiten im Sinne einer lernerorientierten Differenzierung einsetzen?

9. Wann lasse ich ein Lehrwerk zu und wann benutze ich es als „Steinbruch"?

9. Welche schüleraktivierenden Methoden können überwiegend lehrerzentrierte ersetzen?

10. Welche Verfahren oder Methoden im Umgang mit Texten (und Übungen) fallen mir und/oder den Schülern ein?

11. Wie kann ich Ergebnisse, Texte und Fragen von Schülern als Gesprächs- und Lernanlässe verwenden?

12. Wie können die Schüler forschend tätig werden (zum Beispiel um Informationen zu sammeln, Begriffe nachzuschlagen, ein Interview oder eine Umfrage durchzuführen)?

13. Welche sinnvollen (Haus-)Aufgaben können die Schüler aus einem Aufgabenkatalog auswählen oder sich selbst ausdenken?

14. Welche Handlungs- und Materialangebote können die Schüler in Freiarbeit oder im Werkstattunterricht bearbeiten oder herstellen?

15. Welche wichtigen Lerntechniken und -strategien müssen die Schüler im Sinne eines *lifelong learning* erlernen und (ein)üben?

16. Wie kann ich das Lernen so methodenorientiert organisieren, dass die Schüler im Umgang mit unstrukturierten Originalmaterialien in die Lage versetzt werden, eigene Lernprozesse zu planen, durchzuführen und zu evaluieren?

17. Welche Redemittel müssen sich die Schüler aneignen, um die veränderten Unterrichtssituationen sprachlich bewältigen zu können?

18. Wie können die Schüler ihr Ausdrucksvermögen ihrem Lernstand entsprechend schulen und verbessern?

19. Wie gehe ich mit Fehlern im Sinne von Fehlertoleranz und positiver Fehlerkorrektur um?

20. Welche Formen der mündlichen und schriftlichen Lernkontrolle schlagen die Schüler im Laufe der gemeinsamen Arbeit am Thema vor?

Foto: Veit Mette/Bielefelder Fotobüro

Electric sympathy of love

Tom Sawyer had been late for school as usual. But he didn't tell a lie for an excuse, as usual. He had seen that there was a vacant seat on the girls' side of the schoolhouse. And he expected the master to punish him by making him sit with the girls. That was, in fact, what happened. So he had a chance to sit next to Becky Thatcher, the girl with "two long tails of yellow hair" for whom he felt an "electric sympathy of love".

Here is the part of the story:

The boy began to steal secret glances at the girl. She noticed it, "made a mouth" at him, and gave him the back of her head for about a minute. When she looked around again, a peach lay before her. She pushed it away. Tom gently put it back. She pushed it away again. Tom patiently returned it to its place; then she let it remain. Tom wrote on his slate, "Please take it – I got more." The girl looked at the words but made no sign. Now the boy began to draw something on the slate, hiding his work with his left hand. For a time the girl refused to notice, although there were signs that she was curious. The boy worked on. At last she gave in and whispered: "Let me see it." Tom partly showed a poor picture of a house. Now the girl became interested in the work and forgot everything else. When it was finished she looked for a moment, then whispered:

"It's nice – make a man."

Tom drew a man who could have stepped over the house, but the girl was satisfied with the monster, and whispered:

"It's a beautiful man – now make me coming along."

When Tom had finished another monster, the girl said:

"It's ever so nice – I wish I could draw."

"It's easy," whispered Tom. "I'll learn you."

"Oh will you? When?"

"At noon. Do you go home for dinner?"

"I'll stay if you will."

"Good. What's your name?"

"Becky Thatcher. What's yours? Oh, I know. It's Thomas Sawyer."

"That's the name they use when they punish me. I'm Tom when I'm good. You call me Tom, will you?"

"Yes."

Now Tom began to write something on the slate, hiding the words from the girl. But she was not backward this time. She wanted to see.

Tom said:

"Oh, it ain't anything."

"Yes it is."

"No it ain't; you don't want to see."

"Yes, I do, indeed I do. Please let me."

"You'll tell."

"No I won't. I really won't."

"You won't tell anybody at all? Ever as long as you live?"

"No, I won't ever tell anybody. Now let me."

"Oh, you don't want to see!"

"Now that you treat me so I will see, Tom" – and she put her small hand on his, and a little fight followed, Tom pretending not to let go but letting his hand slip till these words were shown: "I love you."

"Oh, you bad thing!" And she hit his hand so that it hurt, but reddened and looked pleased all the same.

Zeichnung: Dagmar Sananikone

Differenzierte Aufgabenfelder statt linearer Übungssequenzen

Wolfgang Krippner

Planungshinweise für den Mathematikunterricht

Unsicherheit und Angst im Mathematikunterricht können den Schülerinnen und Schülern mithilfe differenzierter Aufgaben genommen werden.

Foto: Maria Otte

Das Problem ist bekannt: Zu (fast) jedem Thema des Mathematikunterrichtes gibt es schöne und interessante Aufgabenideen, die man gern auch noch „behandeln" würde, aber leider fehlt dafür die Zeit, weil „einige" Schülerinnen und Schüler immer noch nicht die einfachsten Verfahren beherrschen oder die simpelsten Textaufgaben lösen können.

Homogene Lerngruppen gibt es nicht

Jede lineare Lernsequenz ist notwendigerweise mit Reibungsverlusten für die Schülerinnen und Schüler verbunden, die im Spektrum unterschiedlicher Lernmotivationen oder Lernmöglichkeiten eine Randposition einnehmen. Das gilt in besonderem Maße für den Mathematikunterricht, weil hier Verständnisdefizite sofort in Form von Misserfolgen sichtbar werden und fortschreitendes Lernen gefährden und weil zu leichte Aufgaben sofort demotivierende Effekte haben.

Was also ist zu tun? Die Richtung, in der man erfolgversprechende Lösungen suchen muss, ist leicht anzugeben: Man sollte sich von der vorherrschenden Vorstellung lösen, Mathematik sei am besten in Form von linear angelegten Lernsequenzen zu vermitteln, die von allen Schülern der Klasse gemeinsam durchlaufen werden. Solche linearen Planungskonzepte müssen ersetzt – oder zumindest ergänzt – werden durch intelligentere und flexiblere Planungskonzepte für das Lernen von Mathematik.

Voraussetzung dafür ist, dass Schüler nicht als „Objekte" einer kleinschrittig-gängelnden Unterrichtsplanung betrachtet werden, sondern als möglichst weitgehend selbstverantwortlich und aktiv Lernende, die in die Lage versetzt werden, aus einem flexibel angelegten Lernangebot auszuwählen, das als „Rahmen für gemeinsames Lernen" vom Lehrer bereitgestellt wird. Das ist leichter gesagt als getan – es klingt sehr anspruchsvoll und es widerspricht antrainierten Denk- und Lehrgewohnheiten.

Aber: Man kann versuchen sich der Lösung des Problems in kleinen realisierbaren Schritten zu nähern und vorhandene täglich praktizierte Verfahrensweisen allmählich zu einem „Repertoire differenzierender Maßnahmen" ausbauen.

Als Schutz vor Selbstüberforderung und Resignation ist eine einfache Frage geeignet: „Wie kann ich in meinem täglichen Unterricht häufiger und besser auf individuelle Unterschiede meiner Schüler eingehen?" Diese Leitfrage kann stets positiv beantwortet werden. Einige einfache Beispiele sollen dies verdeutlichen.

Differenziertes Üben

Übungsphasen sind Standardphasen des Mathematikunterrichtes. Es gehört zur selbstverständlichen Praxis, dass – um Leerlauf zu vermeiden – „schnellere" Schüler Zusatzaufgaben mit höherem Schwierigkeitsgrad erhalten. Diese Einfachform der Binnendifferenzierung, die jeder Lehrer beherrscht, lässt sich mit etwas Überlegung für eine weitergehende systematischere Differenzierung nutzen.

So bietet der Lehrer in Übungsphasen im Rahmen eines gemeinsamen Übungsthemas nicht – wie weithin üblich – eine lineare Abfolge von Übungsaufgaben an, die alle Schüler „der Reihe nach“ abarbeiten müssen, sondern ein *Aufgabenfeld*, das Grundaufgaben und Erweiterungsaufgaben enthält. Grundaufgaben dienen der Sicherung von Fähigkeiten und Fertigkeiten, die alle Schüler der Lerngruppe erreichen sollen. Mit Erweiterungsaufgaben werden für Schüler, die bereits hinreichend sicher sind, differenzierte Zusatzziele angestrebt. Jeder Schüler kann nach Bearbeitung einiger Pflichtgrundaufgaben selbst entscheiden, ob er noch weitere Grundaufgaben oder schon Erweiterungsaufgaben bearbeitet.

Es ergibt sich – ohne großen organisatorischen Aufwand – eine Fülle individueller Lernwege durch das Aufgabenfeld, die in der gegebenen Lernzeit parallel verlaufen und die – jeder für sich – besser dem individuellen Lerntempo und Leistungsvermögen des einzelnen Schülers angepasst sind.

Am Ende der differenzierten Übungsphase haben einige Schüler durch Bearbeitung vieler Grundaufgaben mehr Sicherheit im Bereich der Grundanforderungen erreicht und sind nicht unnötig durch – für sie – zu schwere Aufgaben verunsichert worden. Andere haben sich nicht über das notwendige Maß hinaus mit – für sie – „leichten“ Grundaufgaben aufgehalten, sondern haben die zur Verfügung stehende Zeit für anspruchsvollere Aktivitäten genutzt.

Die Erweiterungsaufgaben sollten sich von den Grundaufgaben nicht nur nach dem Trivialkriterium „Schwierigkeit des Zahlenmaterials“ unterscheiden, sondern sich an weiterführenden Lernzielen orientieren. Ergänzend zum „automatisierenden Üben“ im Bereich der Grundanforderungen stehen bei Erweiterungsaufgaben Aspekte des „operativen Übens“ bzw. des „problemorientierten Übens“[1] im Vordergrund.

Kriterien bei der differenzierten Aufgabenstellung können sein: Grad der Komplexität der Aufgabe, Grad der Selbsttätigkeit und der Kreativität, Grad der Verbalisierung und Formalisierung, Grad der Reflexion. Es erweist sich als vorteilhaft und im Sinne eines kontinuierlichen Lernzuwachses sinnvoll, bei der Konzeption von Erweiterungsaufgaben bestimmte Differenzierungsleitlinien zu verfolgen.

Differenzierungsleitlinie 1: Sinnvolle Genauigkeit

Bei Sachaufgaben aus allen Bereichen des Sachrechnens stellt sich die Frage der sinnvollen Genauigkeit. Sie kann im Hinblick auf die Leistungsfähigkeit von Teilen der Lerngruppe mit unterschiedlichem Anspruch gestellt werden. Durch systematische Wiederholung der Fragestellung in unterschiedlichen thematischen Zusammenhängen kann im Laufe der Sekundarstufe I allmählich eine kritische Haltung der Schüler aufgebaut werden (siehe *Kasten 1*).

Auf der ***Kopiervorlage*** der Seite 93 ist ein Beispiel für ein differenziertes Aufgabenfeld dargestellt, das sich für den Einsatz im Unterricht einer Klasse 8 oder 9 der mittleren Anforderungsebene[2] eignet.

Einsatzmöglichkeiten des Aufgabenfeldes

Als vorteilhaft für den Einsatz eines differenzierten Aufgabenfeldes hat es sich erwiesen, wenn die Aufgaben wie im Beispiel (vgl. nochmals die ***Kopiervorlage*** auf Seite 93) in übersichtlicher Anordnung präsentiert werden und eine deutliche Unterscheidung von Grundaufgaben und Erweiterungsaufgaben erkennbar ist. Eine solche Anordnung, an die die Schüler durch regelmäßigen Einsatz entsprechender Aufgabenfelder gewöhnt werden können, ist für die Schüler eine wichtige Hilfe zur schnelleren Orientierung. Verschiedene Differenzierungsverfahren sind denkbar:[3]

- **Differenzierte Einzelarbeit bzw. differenzierender Klassenunterricht:** Jeder Schüler bearbeitet nach einer Erläuterung des ganzen Aufgabenfeldes im Klassenunterricht entweder Grundaufgaben oder Erweiterungsaufgaben (oder auch eine selbstgewählte Folge aus Grund- und Erweiterungsaufgaben). Die Wahlentscheidung sollten die Schüler selbst treffen. Die Ergebnisse werden im Unterrichtsgespräch mit der ganzen Klasse vorgestellt und vergleichend diskutiert.

Jeder Schüler hat nach dieser Differenzierungsphase einige – seinem Leistungsvermögen angepasste – Aufgaben aktiv selbst bearbeitet. Über die übrigen Aufgabenstellungen und ihre Lösungen ist er informiert.

- **Bearbeitung in leistungshomogenen Teilgruppen der Klasse:** Nach einer informierenden Einführung im Klassenunterricht entscheidet sich jeder Schüler individuell für die Bearbeitung von Grundaufgaben oder von Erweiterungsaufgaben. Schüler mit gleicher Wahlentscheidung arbeiten in Gruppen zusammen. Sie teilen die Rechenarbeit untereinander auf, diskutieren die Lösungen und formulieren Arbeitsergebnisse bzw. Ergebnisbegründungen gemeinsam. Der Vergleich der Gruppenergebnisse und die Ergebnissicherung erfolgen im Klassenunterricht.

Jeder Schüler hat nach dieser Differenzierungsphase gemeinsam mit Schülern ähnlicher Leistungsfähigkeit entwe-

Grundaufgaben

Standardfrage: Wie genau gebe ich das Ergebnis zweckmäßigerweise an? (Runden)

Schüleraktivitäten:
- Große Zahlen in Sachkontexten zweckmäßig bzw. sinnvoll runden,
- Überschlagsrechnen gezielt üben,
- Ergebnisse von Sachaufgaben aus dem Kontext des Sachzusammenhangs heraus runden,
- sinnvolles Runden der Taschenrechneranzeige,
- bei Sachaufgaben entscheiden, ob eine Überschlagsrechnung hinreichend genau ist.

Erweiterungsaufgaben

Standardfrage: Welche Fehler können beim Rechnen mit gerundeten Zahlen entstehen?

Schüleraktivitäten:
- Rechnen mit gerundeten Zahlen – welche Fehler können auftreten?
- „Fortpflanzung“ von Fehlern beim Multiplizieren mit gerundeten Zahlen erkennen,
- wiederkehrende Berechnung des Höchstwertes (obere Schranke) bzw. des Mindestwertes (untere Schranke) in Aufgaben aus unterschiedlichen Sachzusammenhängen (Doppelrechnungen),
- den Informationswert von Zahlenangaben in Sachzusammenhängen beurteilen.

Kasten 1: Sinnvolle Genauigkeit

Grundaufgaben

Differenzierungskriterien:
- Beispielgebundene Fragestellung im Zusammenhang mit den üblichen Übungsaufgaben,
- geringer Komplexitätsgrad,
- sachverhaltsgebundene Interpretation.

Mögliche Schüleraktivitäten:
- Den Flächeninhalt (das Volumen) einer Figur (eines Körpers) bei Veränderung einer Ausgangsgröße berechnen und mit dem Flächeninhalt (Volumen) der ursprünglichen Figur vergleichen,

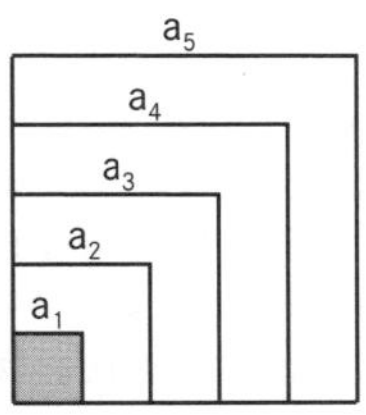

a_1 = 1 cm
a_2 = 2 cm
a_3 = 3 cm
a_4 = 4 cm
a_5 = 5 cm

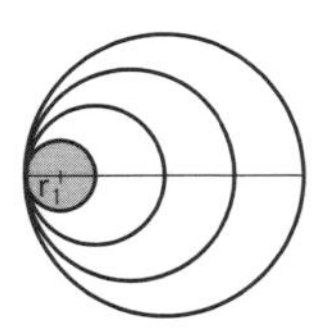

r_1 = 1 cm
r_2 = 2 cm
r_3 = 3 cm
r_4 = 4 cm
r_5 = 5 cm

- den Prozentwert bei Veränderung des Prozentsatzes bzw. des Grundwertes berechnen und mit dem Prozentwert der Ausgangsaufgabe vergleichen,
- analoge Aufgaben aus der Zinsrechnung bearbeiten,
- Sachzusammenhänge als proportionale Zuordnungen interpretieren.

Erweiterungsaufgaben

Differenzierungskriterien:
- Zunehmend beispielunabhängige Fragestellung,
- höherer Komplexitätsgrad,
- verstärkter Rückgriff auf Fertigkeiten aus anderen Themenkreisen.

Mögliche Schüleraktivitäten:
- Aussagen über die Veränderung des Flächeninhaltes (des Volumens) bei Veränderung einer bzw. mehrerer Ausgangsgröße(n) formulieren und überprüfen,

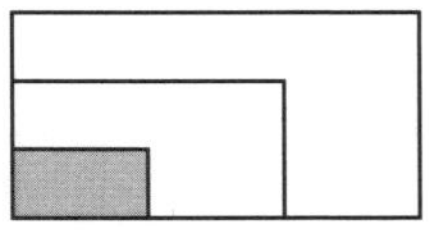

a_1 = 2 cm; b_1 = 1 cm
a_2 = 4 cm; b_2 = 2 cm
a_3 = 6 cm; b_3 = 3 cm

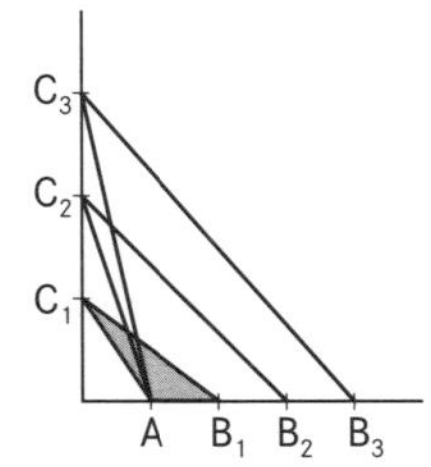

g_1 = 1 cm; h_1 = 1,5 cm
g_2 = 2 cm; h_2 = 3 cm
g_3 = 3 cm; h_3 = 4,5 cm

- Verdoppeln (Verändern) eines bzw. zweier Summanden (Faktoren) in einer Summe (einem Produkt),
- Verändern des Dividenden (des Divisors) in einem Quotienten,
- Verändern von Grundwert und Prozentsatz in Grundaufgaben der Prozentrechnung (analog Zinsrechnung).

Kasten 2: Funktionale Zusammenhänge

der die Grundaufgaben oder die Erweiterungsaufgaben bearbeitet, über die Aufgaben der jeweils anderen Gruppe und ihre Lösungen ist er informiert. In der Gruppenarbeit kann jeder Schüler je nach Lernsituation Anregungsfunktionen übernehmen oder auch Hilfen von seinen Mitschülern erhalten.

• **Bearbeitung in leistungsheterogenen Teilgruppen der Klasse:** Schüler unterschiedlicher Leistungsfähigkeit, zum Beispiel eine Tischgruppe, bearbeiten alle Aufgaben des Aufgabenfeldes. Sie teilen die einzelnen Aufgaben bzw. Teilaufgaben je nach Leistungsfähigkeit untereinander auf. Kontrolle und Vergleich der Ergebnisse sowie die Formulierung von Begründungen und Erkenntnissen erfolgen in der Gruppe. Jeder Schüler bearbeitet einige Aufgaben eigenständig und trägt „sein“ Teilergebnis zum gemeinsamen Gruppenergebnis bei. Im Prozess der Aufgabenauswahl bzw. -verteilung sowie bei der Diskussion der Lösungswege und bei der Ergebniskontrolle haben die Schüler vielfältige Möglichkeiten, unterschiedliche soziale Rollen zu übernehmen. Der Vergleich der Gruppenergebnisse und die Ergebnissicherung erfolgen im Klassenunterricht.

Das erstgenannte Differenzierungsverfahren ist ohne großen Aufwand in jeder Lerngruppe einsetzbar, da die Schüler gewohnt sind, in Einzelarbeit zu üben. Allerdings ist es notwendig, den Schülern Möglichkeiten einer eigenständigen Ergebniskontrolle in Form eines Lösungsblattes (vgl. dazu die ***Kopiervorlage*** auf Seite 95) zur Verfügung zu stellen. Die Interpretation der Ergebnisse und die wichtige Verständniskontrolle müssen jedoch im Klassenunterricht unter Anleitung und Kontrolle des Lehrers erfolgen.

Das zweite Verfahren und insbesondere das anspruchsvollere dritte Verfahren erfordern ein höheres Maß an Kooperationsfähigkeit der Schüler und bedürfen deshalb einer sorgfältigen Einführung. Auch hier sind Möglichkeiten zur selbstständigen Ergebniskontrolle erforderlich. Im gemeinsamen Unterrichtsgespräch muss neben der Verständniskontrolle und der Ergebnisinterpretation auch eine Reflexion der Kommunikations- und Kooperationsprozesse in den einzelnen Gruppen erfolgen.

Differenzierungsleitlinie 2: Funktionale Zusammenhänge

Übungsaufgaben zum Thema Flächen- und Körperberechnungen werden in nahezu jedem Jahrgang der Sekundarstufe I in großer Zahl bearbeitet. Im Sinne eines differenzierten problemorientierten Übens können auch mit solchen Übungen weiterführende Fragen verbunden werden.

Leitfrage kann dabei sein: Wie verändert sich die zu berechnende Größe, wenn eine bzw. mehrere gegebene Größen verändert werden (verdoppelt, verdreifacht, halbiert, vervielfacht, geteilt, usw.)? Solche Aufgaben finden sich (verstreut) in Unterrichtswerken und werden vielfach im Unterricht als „Zusatzaufgaben für schnellere Schüler“ eingesetzt.

Auch diese Einfachform der Binnendifferenzierung lässt sich für eine weitergehende systematischere Differenzierung nutzen, wenn die Leitfrage mit unterschiedlichem Anspruch im Rahmen eines differenzierten Aufgabenfeldes gestellt wird. Dabei kann die Fragestellung mit entsprechender Modifikation auch im Zusammenhang mit Sachaufgaben aus anderen Themenkreisen oder unter dem Gesichtspunkt „Experimente mit Termen“ in Algebra aufgegriffen werden.

Durch diese wiederkehrende Auseinandersetzung mit der Leitfrage kann mit unterschiedlichem Anspruch eine größere Flexibilität beim Umgang mit Termen, Formeln und Gleichungen erreicht sowie ein gesicherteres Grundverständnis für funktionale Zusammenhänge aufgebaut werden (siehe *Kasten 2* auf Seite 91).

Auf der ***Kopiervorlage*** auf Seite 94 ist ein Beispiel für ein differenziertes Aufgabenfeld dargestellt, das sich für den Einsatz im Unterricht einer Klasse 9 der mittleren oder oberen Anforderungsebene eignet.

Einsatzmöglichkeiten des Aufgabenfeldes

Die Aufgaben dieses Aufgabenfeldes sind so konzipiert, dass im Bereich der Grundaufgaben zunächst Einzelübungen am gleichen Körper variiert und anschließend im Zusammenhang mit der Frage „Für welche Höhe h_i ist das Volumen am größten?“ betrachtet werden. Die Problemfrage kann also als (motivierendes) Additum zu „normalen“ Übungsaufgaben betrachtet werden.

Durch Vorgabe von Höhe und Kantenlänge der inneren Pyramide wird die Schwierigkeit der Berechnung mithilfe der Strahlensatzfigur umgangen. In Klassen der oberen Anforderungsebene kann diese zusätzliche Hilfe entfallen. Selbstverständlich können die Grundaufgaben auch in Einzelarbeit gelöst werden, allerdings müsste dann die Anzahl reduziert werden.

Sinnvoller erscheint es jedoch, die Schüler, die Grundaufgaben gewählt haben, zu homogenen Gruppen zusammenzufassen und die einzelnen Teilaufgaben unter den Gruppenmitgliedern aufzuteilen. Der Vergleich der geschätzten bzw. der berechneten Volumina bietet dann einen natürlichen Sprechanlass für Diskussionen und Argumentationen innerhalb der Gruppe und gleichzeitig einen Leitfaden für die Gruppenberichte in der abschließenden Auswertung im Klassenunterricht.

Im Bereich der Erweiterungen haben die Berechnungsaufgaben zwar auch einen Übungseffekt, jedoch steht die Problemfrage im Vordergrund. Zur Beantwortung ist die Reaktivierung von Kenntnissen und Fertigkeiten aus anderen Bereichen (Strahlensätze, Termumformungen) erforderlich. Sinnvollerweise sollte die Bearbeitung nicht in Einzelarbeit, sondern in Gruppenarbeit erfolgen, damit die Rechenarbeit unter den Gruppenmitgliedern aufgeteilt, Lösungswege besprochen und Ergebnisse diskutiert werden können (vgl. dazu nochmals die ***Kopiervorlage*** auf Seite 95).

In Klassen der mittleren Anforderungsebene sollten diese Aufgaben für homogene Gruppen aus leistungsstärkeren Schülern vorgesehen werden. In Klassen der oberen Anforderungsebene bietet es sich aber auch an, nur die Erweiterungsaufgaben zu bearbeiten und zwar in heterogen zusammengesetzten Gruppen. Hier können leistungsstärkere Schüler als „Ideengeber“ eine Anregungsfunktion übernehmen und Hilfen für Schüler anbieten, die diese Aufgaben nicht selbstständig lösen können.

Aufbau eines Repertoires differenzierender Arbeitsweisen

Differenzierte Aufgabenfelder als Rahmen für gemeinsames Lernen bieten, wenn als Organisationsform die Einzelarbeit gewählt wird, eine – einfach zu handhabende – Möglichkeit, Übungsphasen differenziert zu gestalten. Solche Aufgabenfelder lassen sich zu jedem Themenkreis des Mathematikunterrichtes aus den bekannten Übungsaufgaben zusammenstellen.

Die Aufgabenfelder müssen dabei nicht notwendigerweise vom Lehrer selbst konzipiert und in Form von Arbeitsblättern angeboten werden. Der von vielen – mit Recht – gefürchtete Arbeits- und Materialaufwand kann dadurch reduziert werden, dass als Aufgabenfeld eine in Grund- und Erweiterungsaufgaben untergliederte Auswahl aus dem Übungsmaterial des Lehrbuches angeboten wird. Das hat den zusätzlichen Vorteil, dass das zum Lehrbuch herausgegebene Lösungsheft von den Schülern als Mittel zur Selbstkontrolle genutzt werden kann. In diesem Fall ist der Aufwand für differenziertes Unterrichten nicht größer als der für eine normale Unterrichtsvorbereitung.

Differenzierte Aufgabenfelder bieten darüber hinaus sowohl für den Lehrer als auch für die jeweilige Lerngruppe die Möglichkeit, anspruchsvollere Verfahren der Binnendifferenzierung wie die Arbeit in homogenen oder heterogenen Gruppen schrittweise einzuüben. Dabei kann man allmählich vom „gemeinsamen Besprechen der Lösungswege“ über das „gemeinsame Formulieren von Arbeitsergebnissen“ bis zum „kooperativen Lösen weiterführender Problemfragen“ fortschreiten. Auf diese Weise kann man die Voraussetzungen schaffen, dass differenzierende Arbeitsweisen nicht nur in Übungsphasen, sondern auch in Einführungs- oder Erarbeitungsphasen des Unterrichts eingesetzt werden können. Planungshinweise und Unterrichtsbeispiele zur differenzierten Gestaltung von Einstiegsphasen werden in einem Folgebeitrag ausführlicher dargestellt. ■

[1]*Padberg, E.*: Didaktik der Arithmetik. Zürich 1986, S. 211 f. Er verwendet den Begriff „automatisierendes Üben“ im Sinne des „Einübens von Fertigkeiten“ und den Begriff „operatives Üben“ im Sinne des „Erwerbs von Wissensnetzen und Fähigkeiten“; *Wittmann, E.*: Grundfragen des Mathematikunterrichts. Braunschweig 1984, S. 159. Er verwendet den Begriff „problemorientiertes Üben“ im Sinne von „Üben in übergeordneten Zusammenhängen“.

[2]Unabhängig von der Form der äußeren Differenzierung unterscheide ich:
– untere Anforderungsebene: Hauptschulklasse, C-Kurs oder vergleichbare Lerngruppe (das kann auch eine Teilgruppe einer Klasse sein); – mittlere Anforderungsebene: Realschulklasse, B-Kurs oder vergleichbare Lerngruppe; – obere Anforderungsebene: Gymnasialklasse, A-Kurs oder vergleichbare Lerngruppe.

[3]In *Krippner, W.*: Mathematik differenziert unterrichten, Hannover 1992, S. 35 ff., unterscheide und beschreibe ich vier Grundverfahren der Binnendifferenzierung: 1. Differenzierender Klassenunterricht, 2. Bearbeiten niveaugleicher Aufgaben in leistungsheterogenen Gruppen, 3. Bearbeiten niveaudifferenzierter Aufgaben in leistungshomogenen Gruppen, 4. Differenzierte Einzelarbeit.

Prisma und Zylinder

Grundaufgaben

Löst die folgenden Aufgaben mit dem Taschenrechner.
Der Taschenrechner zeigt oft sehr viele Stellen nach dem Komma an. Das ist übertrieben genau.
Überlegt bei jeder Aufgabe, auf wie viele Stellen ihr das Ergebnis sinnvoll rundet.
Begründet eure Entscheidung.

1. Berechne das Volumen des Prismas.
   Dreieckige Grundfläche: g = 3,45 m
   h = 2,75 m Körperhöhe h_k = 11,87 m
2. Ein zylinderförmiger Metallsockel hat den Radius r = 3,45 dm und die Höhe h = 5,75 dm.
   a) Berechne das Volumen.
   b) 1 cm^3 Metall wiegt 9,4 g.
   Wie schwer ist der Metallsockel?
3. Ein zylinderförmiger Stahlbehälter soll den Radius r = 9,5 cm haben. Sein Volumen soll 5000 cm^3 betragen.
   Wie hoch muss der Behälter sein?

Gruppenaufträge

4. Formuliert eine Vereinbarung: Auf wie viele Stellen runden wir Längen, Flächeninhalte bzw. Volumina?
5. *Verschiedene Näherungswerte für π:*
   Viele Taschenrechner zeigen p mit zum Beispiel acht Nachkommastellen an. Das ist nur ein Näherungswert.
   Beim schriftlichen Rechnen benutzt man den Näherungswert 3,14 für π.
   Rechnet in Aufgabe 2 bzw. 3 auch mit diesem Näherungswert. Vergleicht die Ergebnisse.

Erweiterungsaufgaben

Die Maßzahlen von Größen sind (genau genommen) gerundete Zahlen, weil man Größen nur mit einer bestimmten Genauigkeit messen kann.
Die Länge 3,45 m aus Aufgabe 1 (links) kann also zwischen dem Höchstwert 3,4549 m (gerundet 3,455 m) und dem Mindestwert 3,445 m liegen. In der Technik verwendet man häufig die Schreibweise 3,45 ± 0,005 m.

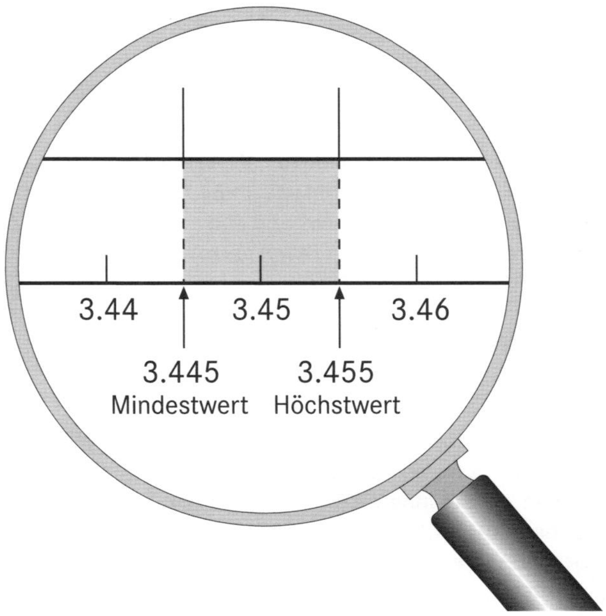

1. Wähle eine der Grundaufgaben 1. bis 3. (links) aus.
   a) Gib für jede der gegebenen Größen den möglichen Höchstwert und den möglichen Mindestwert an.
   b) Berechne für die gesuchte Größe den Höchstwert und den Mindestwert.
   c) Schreibe den Höchstwert und den Mindestwert für die gesuchte Größe untereinander (Komma unter Komma). Wie weit stimmen die beiden Ziffernfolgen überein?
2. Verschiedene Näherungswerte für π:
   Beim schriftlichen Rechnen benutzt du den Näherungswert 3,14 für π.
   Führe in Aufgabe 2 bzw. 3 (links) die Doppelrechnung auch mit 3,14 für π durch.
   Vergleiche mit den Ergebnissen in Erweiterungsaufgabe 1.

Gruppenauftrag

3. Fasst eure Beobachtungen über die Genauigkeit von Ergebnissen bei der Berechnung von Prisma und Zylinder zusammen.

Pyramide und Kegel

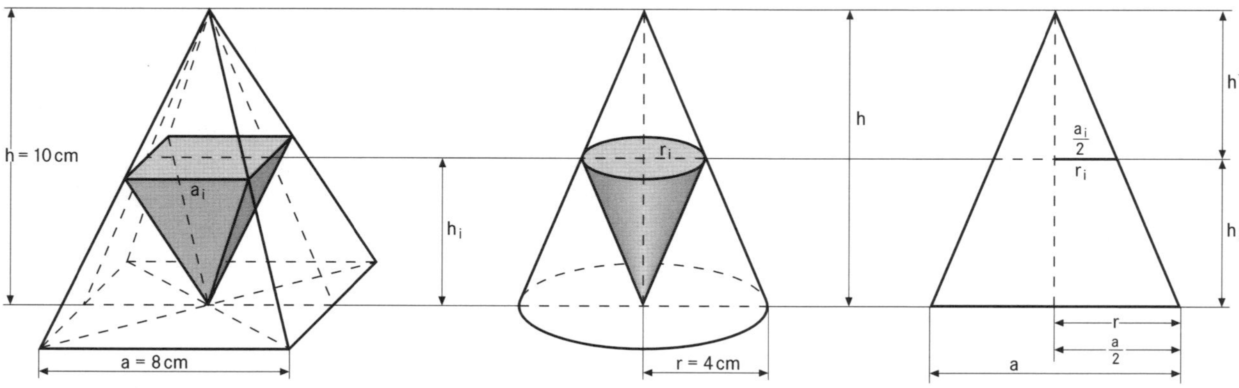

Einer quadratischen Pyramide (a = 8 cm; h = 10 cm) bzw. einem Kegel (r = 4 cm; h= 10 cm) wird jeweils eine Pyramide bzw. ein Kegel wie im Bild einbeschrieben.

- *Wähle einen der Körper aus und entscheide, ob du die Grundaufgaben oder die Erweiterungsaufgaben lösen möchtest.*

Grundaufgaben

1.
a) Berechne zunächst das Volumen der äußeren Pyramide bzw. des äußeren Kegels.
b) Nimm an: Der innere Körper ist halb so hoch wie der äußere Körper ($h_i = \frac{1}{2} h = 5$ cm).
Schätze: Wie groß ist das Volumen des inneren Körpers?
c) Mach dir an der Strahlensatzfigur im Bild klar:
Für den inneren Körper gilt:
$a_i = \frac{1}{2}$ a = 4 cm bzw. $r_i = \frac{1}{2}$ r = 2 cm.
Berechne nun das Volumen des inneren Körpers und vergleiche.

2. Nimm an: Der innere Körper ist 7,5 cm hoch (also: $h_i = \frac{3}{4}$ h).
a) Zeichne ein Schrägbild des Gesamtkörpers.
b) Bestätige anhand einer Strahlensatzfigur:
$a_i = \frac{1}{4}$ a = 2 cm bzw. $r_i = \frac{1}{4}$ r = 1 cm.
c) Berechne das Volumen des inneren Körpers.

3. Nimm an, der innere Körper ist 2,5cm hoch (also: $h_i = \frac{1}{4}$ h).
a) Bestätige:
$a_i = \frac{3}{4}$ h = 6 cm bzw. $r_i = \frac{3}{4}$ r = 3 r.
b) Berechne das Volumen des inneren Körpers.

4. Für $h_i = 3$ cm gilt:
$a_i = 5{,}6$ cm bzw. $r_i = 2{,}8$ cm.
Für $h_i = 4$ cm gilt:
$a_i = 4{,}8$ cm bzw. $r_i = 2{,}4$ cm.
a) Berechne jeweils das Volumen des inneren Körpers.
b) Für welche Höhe h_i aus den Aufgaben 1 bis 4 ist das Volumen des inneren Körpers am größten?

Erweiterungsaufgaben

Löst diese Aufgaben in Gruppenarbeit. Besprecht die Lösungswege gemeinsam.
Teilt die Rechenarbeit untereinander auf. Diskutiert die Ergebnisse in der Gruppe.

1. Nehmt an:
Die Höhe h_i des inneren Körpers beträgt 1 cm, 2 cm, 3 cm, ... 9 cm.
a) Schätzt zunächst:
Für welche dieser Höhen h_i hat der innere Körper das größte Volumen?
Notiert eure Vermutungen.
b) Berechnet mithilfe der Strahlensatzfigur im Bild für jede Höhe h_i die zugehörige Länge a_i der Grundkante bzw. den zugehörigen Radius r_i.
c) Berechnet für jede Höhe h_i das Volumen V_i des inneren Körpers:
Für welche Höhe h_i ist das Volumen V_i am größten?
Vergleicht diese Ergebnisse mit euren Vermutungen in a).

2.
a) Legt für die Funktion
Höhe $h_i \rightarrow$ Volumen V_i eine Tabelle an.
b) Zeichnet den Graph der Funktion. Ist es sinnvoll, den Graph durchzuzeichnen?
c) Nehmt an: Die Höhe h_i beträgt 1,5 cm, 2,8 cm, 3,7 cm, 6,8 cm. Lest am Graphen das zugehörige V_i ab.
d) Bestimmt mithilfe des Graphen:
Für welche Höhe h_i hat der innere Körper das größtmögliche Volumen V_i?

Lösungen für Prisma und Zylinder

Grundaufgaben

1. $V \approx 56{,}308\ m^3$
2. a) $V \approx 215{,}009\ dm^3$
   b) Gewicht des Metallsockels ≈ 2 021,081 kg
3. $h \approx 17{,}6$ cm
5. zu 2. a) $V \approx 214{,}900\ dm^3$
   b) 2 020,057 kg
   zu 3. $h \approx 17{,}6$ cm

Erweiterungsaufgaben

1. *zu Grundaufgabe 1.*
   a) $g_{min} = 3{,}445$ m $h_{min} = 2{,}745$ m
   $g_{max} \approx 3{,}455$ m $h_{max} \approx 2{,}755$ m
   $h_{K(min)} = 11{,}865$ m
   $h_{K(max)} \approx 11{,}875$ m
   b) und c) $V_{min} \approx 56{,}10083456\ m^3$
   $V_{max} \approx 56{,}51624219\ m^3$

1. *zu Grundaufgabe 2.*
   a) $r_{min} = 3{,}445$ dm $h_{min} = 5{,}745$ dm
   $r_{max} \approx 3{,}455$ dm $h_{max} \approx 5{,}755$ dm
   Gewicht: 9,35 g/9,45 g
   b) und c) $V_{min} \approx 214{,}1994534\ dm^3$
   $V_{max} \approx 215{,}8198091\ dm^3$
   Mindestgewicht: 2 002,764889 kg
   Höchstgewicht: 2 039,497196 kg

1. *zu Grundaufgabe 3.*
   a) $r_{min} = 9{,}45$ cm
   $r_{max} \approx 9{,}55$ cm
   b) und c) $h_{min} \approx 17{,}45072145$ cm
   $h_{max} \approx 17{,}82200309$ cm

2. *zu Grundaufgabe 2.*
   $V_{min} \approx 214{,}0908634\ cm^3$
   $V_{max} \approx 215{,}7103977\ cm^3$

2. *zu Grundaufgabe 3.*
   $h_{min} \approx 17{,}4595728$ cm
   $h_{max} \approx 17{,}83104267$ cm

Lösungen für Pyramide und Kegel

Grundaufgaben

1. a) $V_P \approx 213{,}333\ cm^3$
   $V_K \approx 167{,}552\ cm^3$
   c) $V_{Pi} \approx 26{,}667\ cm^3$
   $V_{Ki} \approx 20{,}944\ cm^3$
2. c) $V_{Pi} \approx 10\ cm^3$
   $V_{Ki} \approx 7{,}854\ cm^3$
3. b) $V_{Pi} \approx 30\ cm^3$
   $V_{Ki} \approx 23{,}562\ cm^3$
4. a) Für $h_i = 3$ cm
   $V_{Pi} \approx 31{,}36\ cm^3$
   $V_{Ki} \approx 24{,}630\ cm^3$
   Für $h_i = 4$ cm
   $V_{Pi} \approx 30{,}72\ cm^3$
   $V_{Ki} \approx 24{,}127\ cm^3$
   b) Für $h_i = 3$ cm

Erweiterungsaufgaben

1. b) und c)

h_i	1	2	3	4	5	6	7	8	9
a_i(cm)	7,2	6,4	5,6	4,8	4	3,2	2,4	1,6	0,8
V_{Pi}(cm)	17,3	27,3	**31,4**	30,7	26,7	20,5	13,4	6,8	1,92
r_i(cm)	3,6	3,2	2,8	2,4	2	1,6	1,2	0,6	0,4
V_{Ki}(cm)	13,6	21,4	**24,6**	24,1	20,9	16,1	10,6	5,4	1,5

2. a) Wie Erweiterungsaufgabe 1.
   b) und c) *siehe Grafik*
   d) Für $h_i = 3\frac{1}{3}$ cm.

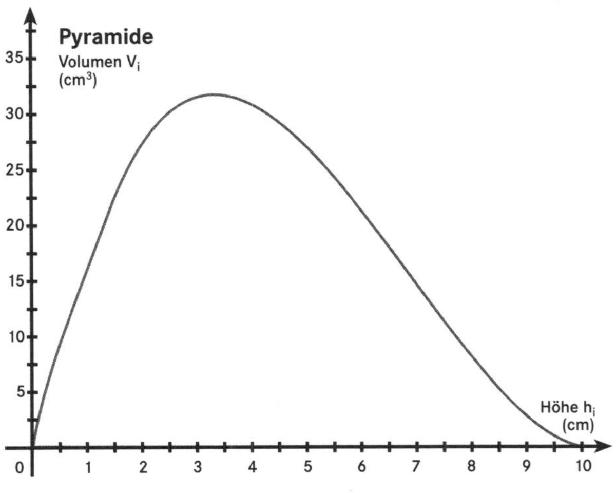

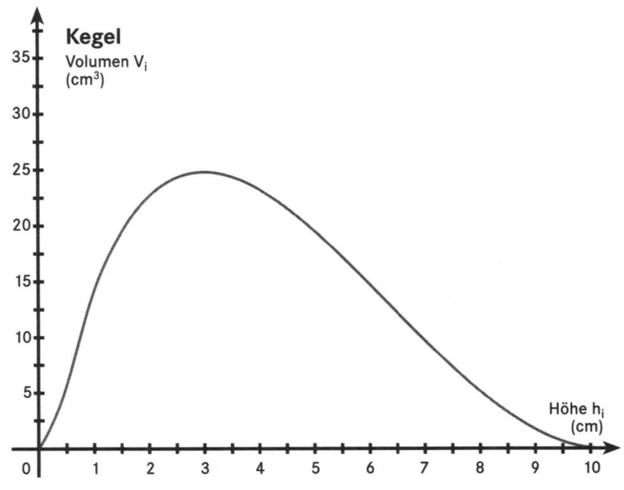

Differenzierte Problemfelder statt Einheitseinstieg für alle

Wolfgang Krippner

Planungshinweise für differenzierenden Mathematikunterricht

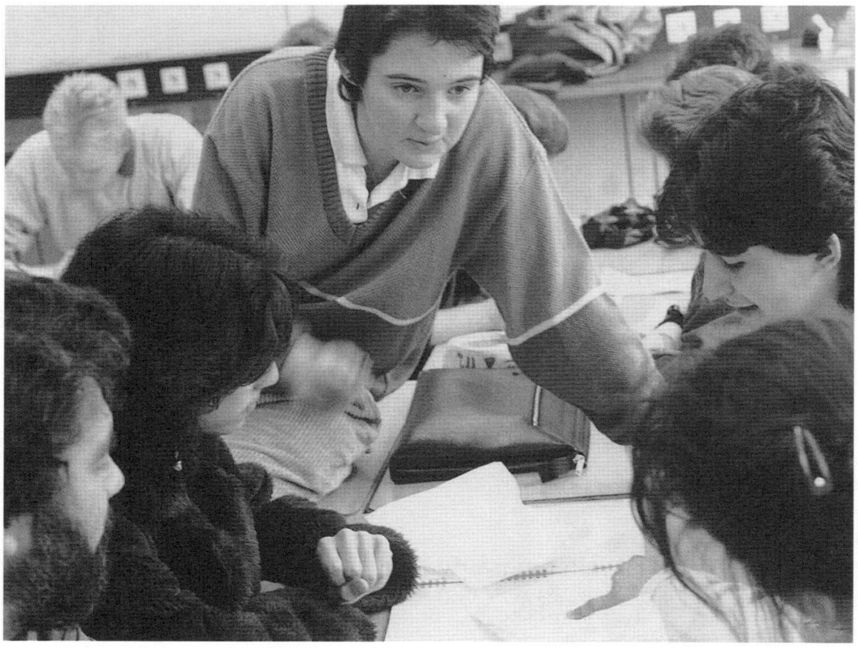

Foto: Margarete Groschupf

Eine Lerngruppe unterscheidet sich erheblich in Motivationsstruktur und Problemlösefähigkeit. Deshalb sollte man sich vom Denken in linearen Lernsequenzen lösen und flexible Unterrichtskonzepte entwickeln.

Während in Übungsphasen differenzierende Maßnahmen in Einfachformen häufig praktiziert werden und auch in komplexeren Formen mit geringem Aufwand relativ leicht durchgeführt werden können[1], wird es für viel schwieriger oder für unmöglich gehalten, bereits in der Einstiegs- und Überarbeitungsphase des Mathematikunterrichtes innerhalb einer Lerngruppe zu differenzieren.

Differenzierte Einstiege – wie soll das gehen?

Der gemeinsame Einstieg in ein neues Thema und die gemeinsame Erarbeitung eines neuen Sachverhaltes im lehrergelenkten Unterrichtsgespräch können als Standardmethoden des Mathematikunterrichtes gelten. Dabei wird bei kritischer Betrachtung sofort klar: Durch „gemeinsame Einstiege für alle" oder durch „Problemlösen im Gleichschritt des frontal geführten Unterrichtsgesprächs" kann der Anspruch der Schülerinnen und Schüler auf individuelle Förderung nicht eingelöst werden. Auch das allgemeine und theoretisch unbestrittene Ziel „Förderung der Problemlösefähigkeit" kann in einem lehrerzentrierten und letztlich „gängelnden" Mathematikunterricht nur bedingt realisiert werden. Damit wird deutlich: Auch hier ist es wie beim Üben notwendig, sich von linearen Lernsequenzen zu lösen und eindimensional angelegte Unterrichtsplanungen durch flexible Planungskonzepte zu ersetzen.

„Wie soll das gehen? Brauche ich nicht zunächst einmal einen geeigneten Einstieg für alle? Müssen nicht zunächst einmal alle die neuen Begriffe und Verfahren kennen, bevor ich anfange zu differenzieren?" Wenn man in Kategorien des Frontalunterrichtes denkt, ist das sicher richtig. Aber das muss nicht so sein.

Differenzierte Problemfelder in Einstiegsphasen

Ebenso wie man eine lineare Folge von Übungsaufgaben durch ein differenziertes Aufgabenfeld ersetzen kann, kann man den Schülern ein Problemfeld aus mehreren Einstiegsaufgaben mit unterschiedlichem Schwierigkeitsgrad und unterschiedlichem Anregungspotenzial anbieten. Jeder Schüler wählt das für ihn geeignete bzw. ihn motivierende Einstiegsproblem aus und bearbeitet es gemeinsam mit anderen Schülern in einer (homogenen) Gruppe. Aber auch offene Problemsituationen für die Bearbeitung in heterogenen Gruppen bieten sich an. Die Schüler bringen unterschiedliche Vorkenntnisse ein und entwickeln je nach Lernvermögen entweder selbst Lösungsideen oder tragen durch Fragen zur Überprüfung oder Präzisierung der gemeinsamen Lösung bei.

Das setzt voraus, dass man den Schülern die Fähigkeit zutraut, sich selbstständig mit Problemen auseinander zu setzen, die mathematische Phänomene beinhalten und auf mathematische Lösungsverfahren hinführen. Dabei sollten Einstiegsprobleme nicht nur als „Aufhänger" betrachtet werden, die möglichst schnell und umweglos zur „eigentlich gemeinten Mathematik" und entsprechenden (formalen) Übungsaufgaben hinführen. Vielmehr sollten sie so konzipiert sein, dass sie als (kleine) schülergemäße Probleme mit Eigenwert unmittelbare Denk- und Sprechanlässe für Schüler bieten und eigenständige in ihrer Sprache formulierte Lösungen zulassen.

Die zugrunde liegenden mathematischen Sachverhalte und Begriffe sowie die Formulierung der Lösungen in der mathematischen Fachsprache können dann vom Lehrer in ein Unterrichtsgespräch eingebracht werden, das sich als „Arbeitsrückschau"[2] an die hinführende differenzierte Problemlösungsphase anschließt.

Differenziertes Problemlösen mit vorstrukturierten Problemfeldern

Zu jedem mathematischen Sachverhalt lassen sich Einstiegsprobleme aus unterschiedlichen (inner- oder außermathematischen) Zusammenhängen mit unterschiedlichem Schwierigkeits- und Komplexitätsgrad konzipieren. Statt eines dieser Probleme allen Schülern zu präsentieren, kann man mehrere Probleme zu einem Problemfeld zusammenfassen, das als ganzes die volle Breite des in der Lerngruppe vorhandenen Spektrums an Lernfähigkeiten und Motivationsstrukturen besser abdeckt als jedes denkbare Einzelproblem.

Relativer Vergleich – ein Problemfeld zur Prozentrechnung

Relative Vergleiche sind in unterschiedlichen Sachzusammenhängen von Bedeutung. Sie können – ohne Kenntnis des Prozentbegriffs – als Anteilsvergleiche durchgeführt werden. Die Verwendung von Hundertstel-Brüchen bzw. Prozenten erleichtert die Durchführung von relativen Vergleichen – ein wichtiger Aspekt für das Verständnis der Prozentrechnung.

Der Grundgedanke ist folgender: Aufgabenstellungen, in denen ein absoluter Vergleich zu Fehleinschätzungen führt, können in beliebiger Variation des Schwierigkeitsgrades formuliert und in unterschiedliche Sachzusammenhänge eingebettet werden. Die parallele Bearbeitung und gemeinsame Betrachtung mehrerer solcher Einstiegsprobleme liefert – unabhängig vom Differenzierungseffekt – eine breite Grundlage für das Verständnis des Prozentbegriffs.

Die Aufgaben (siehe den unten stehenden *Kasten*) des folgenden Problemfeldes (mit geringer Streubreite im Schwierigkeitsgrad) werden auf einem Aufgabenblatt getrennt von den Arbeitsanweisungen angeboten, die je nach Klassensituation mündlich oder schriftlich erfolgen. Dabei kann entschieden werden, ob die Zusatzinformationen sofort oder erst nach einer Diskussionsphase gegeben werden. Da diese Aufgaben Fragestellungen enthalten, deren Beantwortung das Schüler-Schüler-Gespräch verlangen, bieten sich zwei Vorgehensweisen an:

- Bearbeitung in homogenen Gruppen:

Jeder Schüler wählt eine der Aufgaben. Schüler mit gleicher Aufgabenwahl bilden eine oder gegebenenfalls mehrere Arbeitsgruppen. Lösungsvorschläge werden in der Gruppe besprochen, Rechnungen werden von jedem Schüler durchgeführt. Schneller arbeitende Gruppen bearbeiten eine weitere Aufgabe des Problemfeldes.

Im anschließenden Unterrichtsgespräch werden zunächst die Lösungen der einzelnen Gruppen vorgestellt. Die Schüler erkennen – ohne dass jeder Einzelne alle Aufgaben gerechnet haben muss – den gemeinsamen mathematischen Kern der drei Aufgaben. Die Begriffe „absoluter Vergleich" und „relativer Vergleich" können in diesem Zusammenhang eingeführt werden.

- Bearbeitung in heterogenen Gruppen:

In einer Klasse, die über ausreichende Kooperationserfahrungen verfügt und die an selbstständiges Problemlösen gewöhnt ist, können alle Aufgaben des Problemfeldes von den

Mehr oder weniger? Eine scheinbar einfache Frage

Aufgabe 1 □:
Lena: „In meiner Klasse haben sieben Kinder bei den Bundesjugendspielen eine Ehrenurkunde bekommen!" Laura kontert: „Meine Klasse ist besser. Bei uns haben neun Kinder eine Ehrenurkunde." Hat Laura recht?

Zusatzinformation: In Lenas Klasse sind 20 Schüler, in Lauras Klasse 30 Schüler.

Aufgabe 2 ◪:
Mehmet: „Für meine neuen Inline-Skates habe ich im Sonderangebot 99,00 DM Preisnachlass bekommen." Goran: „Das ist doch gar nichts! Ich habe meine Skates 125,00 DM billiger bekommen." Wer hat günstiger eingekauft?

Zusatzinformation: Der ursprüngliche Preis für Mehmets Skates betrug 300,00 DM, der für Gorans Skates betrug 500,00 DM.

Aufgabe 3 ■:
Beim Weihnachtsbasar spendet jede Klasse nach eigener Entscheidung einen Teil der Einnahmen für krebskranke Kinder. „Unsere Klasse hat 70,00 DM gespendet", erzählt Anna. „Na und?", entgegenet Mario. „Wir haben 90,00 DM gespendet. Leilas Klasse hat sogar 120,00 DM gespendet." Welche Klasse hat besonders großzügig gespendet?

Zusatzinformation: Die Einnahmen betrugen in Annas Klasse 200,00 DM, in Marios Klasse 360,00 DM und in Leilas Klasse 400,00 DM.

(Die Symbole bedeuten: □ leichte, ◪ mittelschwere, ■ schwierige Aufgabe)

einzelnen – in der Regel heterogen zusammengesetzten – Tischgruppen bearbeitet werden. Dabei erfolgt die Arbeitsteilung im Anschluss an die gemeinsame Diskussion der Lösungswege nach Interesse und Schwierigkeitsgrad innerhalb der Gruppe. Auf diese Weise wird jede Einzelaufgabe von Anfang an im Zusammenhang mit ähnlichen Aufgaben im Detail von allen Schülern „gerechnet“ werden müssen.

In den Vordergrund der Diskussion rückt damit die für alle Aufgaben gleiche Lösungsstrategie und damit der mathematische Kern des Problemfeldes. Das „reine Berechnen der Anteile“ erhält den ihm zustehenden nachgeordneten Stellenwert. Diese Form der Bearbeitung kann man als Übergang zu offeneren Formen der Binnendifferenzierung betrachten, die im Zusammenhang mit der ***Kopiervorlage*** auf Seite 102 dargestellt werden. Unabhängig von der gewählten Bearbeitungsform führen die von den Schülern gefundenen Lösungen unmittelbar zur Einführung des Prozentbegriffs.

Die Wahl von Hundertstel-Brüchen beim Anteilsvergleich und der Übergang zur Prozentschreibweise können im gemeinsamen Klassenunterricht erfolgen. Sie können aber auch durch eine Erhöhung der Anzahl von Anteilsvergleichen in Form von Zusatzaufgaben und geeigneten Hilfen in einer weiteren Gruppenarbeitsphase erfolgen.

Flächeninhalt von Vielecken

Die Berechnung des Flächeninhaltes von Vielecken[3] erfolgt üblicherweise in einer linear angelegten Lernsequenz mit der nach Schwierigkeitsgrad abgestuften Abfolge:

1. Wiederholung: Rechteck,
2. Parallelogramm,
3. Dreieck,
4. Trapez.

Die Berechnungsformeln werden nacheinander mit allen Schülern in der Regel im fragend-entwickelnden Unterrichtsgespräch oder in Partner- oder Gruppenarbeit erarbeitet. Jede Formel wird zunächst für sich geübt. Den Abschluss dieser linearen Lernsequenz bilden „vermischte“ Übungen. Diese (im Grunde langweilige) kursartige Abfolge wird für zwingend notwendig gehalten, weil doch „eins auf dem anderen aufbaut“. Bei genauerer Betrachtung zeigt sich, dass es sich hier lediglich um eine Denkgewohnheit handelt – wirklich notwendige Voraussetzung für die Flächeninhaltsberechnung von Vielecken ist nur das einsichtige Anwenden der Rechtecksformel.

Unter dem Zielaspekt „selbstständiges Problemlösen“ und „individuelle Förderung“ ist anzumerken: Je kleinschrittiger eine Lernsequenz aufgebaut ist, desto geringer sind die Anforderungen an die Problemlösefähigkeit leistungsfähiger Schüler und desto weniger Möglichkeiten ergeben sich, auf die individuellen Lernmöglichkeiten aller Schüler einer Lerngruppe differenziert einzugehen. Wenn man bedenkt, dass den Berechnungsformeln aller Vielecke immer die gleiche Lösungsidee „Herstellen eines Rechtecks durch Zerlegen oder Ergänzen“ zugrunde liegt, dann wird man auch Schülern mit unterschiedlicher Problemlösefähigkeit zutrauen, diese Grundidee zur Berechnung unterschiedlich „schwieriger“ Vielecke zu verwenden.

Das Gesamtproblem „Berechnung der Größe von Vielecken“ als Problemfeld sollte also von Anfang an in das Zentrum des Interesses gestellt und die Teilprobleme „Berechnung der einzelnen Vielecke“ nicht nacheinander, sondern parallel zueinander von Schülern unterschiedlicher Problemlösefähigkeit selbstständig erarbeitet werden. Bei dem etwas weitergehenden Differenzierungsbeispiel der mittleren oder oberen Anforderungsebene[4] auf den ***Kopiervorlagen*** der Seiten 100 und 101 wird vorausgesetzt, dass sowohl Schüler als auch Lehrer bereits Erfahrungen mit differenzierenden Arbeitsweisen erworben haben.

Der Einstieg ist so angelegt, dass die Schüler bei der Berechnung von Dreieck und Trapez noch nicht auf die Formel zur Berechnung des Parallelogramms zurückgreifen können, sondern die Strategie „Zurückführen auf ein Rechteck“ anwenden müssen. Erfahrungsgemäß liegt diese Strategie dem Denken von Schülern näher als die in Unterrichtswerken aus Gründen der Allgemeingültigkeit häufig bevorzugte Strategie „Ergänzen der Figur durch eine Halbdrehung zu einem Parallelogramm“. Die Frage, ob die an einem besonderen Dreieck bzw. Trapez mit einer schülergemäßen Strategie gefundene Formel für alle Dreiecke bzw. Trapeze gilt, kann als weiterführende Frage betrachtet werden. Sie wird in einer späteren Arbeitsphase als differenzierte Zusatzaufgabe aufgegriffen.

Die Erarbeitung der drei Berechnungsformeln erfolgt über einen längeren Unterrichtsabschnitt, der insgesamt eine flexible Unterrichtsorganisation erforderlich macht. Wichtig ist, dass jeder Schüler in seiner (homogenen) Gruppe zunächst eine Lösungsidee für „seine“ Figur entwickelt bzw. einsichtig nachvollzieht. Deshalb sollte jede Gruppe ausreichend Zeit haben, um wenigstens die Bearbeitung der Teilaufgaben a) bis d) abzuschließen. Schneller arbeitende Gruppen können gegebenenfalls eine zweite Berechnungsformel entwickeln (Zusatzaufgabe 1). Wie im Beispiel „Relativer Vergleich“ ist es aber auch hier – bei entsprechenden Vorerfahrungen von Schülern und Lehrern – möglich, das ganze Problemfeld in einer heterogenen Gruppe bearbeiten zu lassen.

Entscheidende Bedeutung kommt der Zusammenführung und Festigung der Arbeitsergebnisse der einzelnen Gruppen zu. Es kann nicht davon ausgegangen werden, dass die Schüler Berechnungsformeln, die sie nicht selbst erarbeitet haben, durch die üblichen „Gruppenberichte“ lernen können. Aus der Wahl eines differenzierten Einstiegs ergibt sich zwangsläufig die Notwendigkeit (und Chance) der differenzierenden Fortsetzung des Unterrichtes:

Zunächst sollte jede Gruppe, wenn sie eine Formel gefunden hat, Gelegenheit erhalten, sie in einigen Berechnungsbeispielen anzuwenden, sodass eine erste Festigung erreicht wird. In einem Unterrichtsgespräch sollte der Lehrer danach die Aufmerksamkeit der Klasse wieder auf das Gesamtproblem „Berechnung von Vielecken“ richten. In Form von „Zwischenberichten“ bringen die einzelnen Gruppen in dieses Gespräch ihre Lösungsideen (nicht die fertigen Formeln) ein, sodass alle Schüler erkennen: Bei allen drei Vielecksformen kann man mit ähnlichen Lösungsideen eine Berechnungsmethode für den Flächeninhalt entwickeln. Auf der Basis dieser „Zusammenschau“ erhält jede Gruppe den Auftrag, die jeweils fehlenden Berechnungsformeln zu entwickeln und einige (wenige) Anwendungsaufgaben zu lösen. Gruppen, die in der ersten Arbeitsphase bereits die Zusatzaufgabe 1 gelöst haben, bearbeiten jetzt die weiterführende Zusatzaufgabe 2.

Als Abschluss dieser differenzierten Erarbeitungsphase wird in einer gemeinsamen Zusammenfassung zu jeder Vielecksform eine „Musteraufgabe“ an der Tafel notiert.

Hinsichtlich der Grundanforderungen ist die Klasse jetzt – obwohl die Schüler auf unterschiedlichem „Niveau“ gearbeitet haben – auf einem gemeinsamen Stand und der Unterricht kann mit gemeinsamen und später auch differenzierten vermischten Übungen und Anwendungen fortgesetzt werden.

Offene Problemfelder für heterogene Gruppen

Im Gegensatz zu vorstrukturierten Problemfeldern, die eine am mathematischen Inhalt orientierte Niveaudifferenzierung intendieren, sind offene Problemfelder so angelegt, dass jeder Schüler seine individuellen Fähigkeiten und Sichtweisen in den Prozess einer gemeinsamen Problemlösung einer heterogenen Gruppe einbringen kann. Eine Differenzierung hinsichtlich des mathematischen Inhalts erfolgt nicht.

Das setzt voraus, dass das Problemfeld folgende Kriterien erfüllt:

- Die Fragestellung muss für alle Schüler der Gruppe verständlich und motivierend sein.
- Die Problemsituation muss jedem Schüler konkrete Handlungsmöglichkeiten eröffnen.
- Die Problemsituation muss natürliche Sprechanlässe für alle Schüler unabhängig von ihrer Leistungsfähigkeit bieten.
- Die Problemlösung muss unabhängig vom kognitiven Niveau für alle Schüler verständlich sein.

Problemlösungen, die diese Kriterien erfüllen, ergeben sich in der Regel im Stadium des Erwerbs von Erfahrungen im Zusammenhang mit einem neuen mathematischen Sachverhalt.

Zufall und Wahrscheinlichkeit

Lehrgänge zum Thema „Wahrscheinlichkeit" steuern in der Regel zielstrebig die notwendigen Begriffe an. Dabei bereitet es weniger Schwierigkeiten, den Schülern „beizubringen", dass man Wahrscheinlichkeiten und relative Häufigkeiten als Bruchzahl angeben kann. Die eigentliche gedankliche Schwierigkeit, wirklich einzusehen, dass man „den Zufall berechnen" kann, wird dabei allzu leicht überspielt.

Auf der ***Kopiervorlage*** der Seite 102 ist eine Spiel- und Beobachtungssituation skizziert, die den Schülern Gelegenheit gibt, sich mit dieser Schwierigkeit auf der Grundlage eigener Erfahrungen auseinander zu setzen. In einem einführenden Gespräch sollte an Spielerfahrungen der Schüler angeknüpft werden. Schüleräußerungen wie zum Beispiel „Sechs ist meine Glückszahl" oder „Ich habe beim Spielen immer Pech – egal, ob wir würfeln, losen oder Karten spielen, meine Geschwister haben immer mehr Glück" – sollten als Anlässe für eine genauere Prüfung genutzt werden.

Die (unter Umständen) naive Wahl einer Gewinnregel und die anschließende Überprüfung in der konkreten Spielsituation bieten jedem Schüler unabhängig von seiner Leistungsfähigkeit vielfältige Möglichkeiten, sich aktiv an der Spielhandlung und an der Auswertung der Ergebnisse zu beteiligen. Das Arbeitsblatt ist also grundsätzlich unabhängig von der Form der äußeren Differenzierung in jeder Lerngruppe einsetzbar. Folgende Modifikationen hinsichtlich des Anforderungsniveaus sind denkbar:

- Untere Anforderungsebene: Wahl einfacher Gewinnbedingungen;
- obere Anforderungsebene: Wahl unterschiedlicher Zufallsversuche, sodass die Anzahl der möglichen Ergebnisse wechselt.

Wichtig ist , dass die Schüler ausreichend Zeit haben, sich mit der Frage „Glück oder Berechnung" auseinander zu setzen, ohne dass allzu früh eine Berechnung der üblichen Quotienten angesteuert wird. Auf diese Weise übernehmen die Schüler im gemeinsamen Lösungsprozess unterschiedliche Rollen. Falsche Annahmen eines Schülers behindern die Gruppe nicht – sie tragen vielmehr zum Klärungsprozess innerhalb der Gruppe bei, weil sie durch Argumente widerlegt werden müssen. Richtige Annahmen und Lösungsvorschläge mehrerer Schüler müssen in der Gruppe argumentativ gegen Einwände durchgesetzt werden.

In einem solchen kooperativen Klärungsprozess können sich – ohne manifeste Niveaudifferenzierung – individuelle Lerndispositionen und Fähigkeiten auf unterschiedliche Weise entfalten.

Vom Einfachen zum Schweren

Die in diesen wenigen Beispielen und im vorausgegangenen Beitrag angewandten einfachen Grundideen lassen sich leicht auf andere Themenkreise des Mathematikunterrichtes übertragen. Je nach eigenen Lehrerfahrungen und Lernerfahrungen der Klasse kann man mit einfach zu handhabenden Formen der Binnendifferenzierung beginnen und zu organisatorisch und inhaltlich anspruchsvolleren Formen fortschreiten und so allmählich ein Repertoire differenzierender Arbeitsweisen aufbauen.

Der bescheidene Anspruch – „Wie kann ich häufiger und besser auf individuelle Unterschiede meiner Schüler eingehen?" – kann auf diese Weise Schritt für Schritt zunehmend besser eingelöst werden.

Außerdem: Das (alte) vielfach vernachlässigte Ziel „Förderung der Fähigkeit zum Problemlösen" erhält den ihm zustehenden Stellenwert im Mathematikunterricht. Nicht generelles Umdenken ist gefragt, auch nicht umfassende perfekte Konzepte, sondern allein die Bereitschaft, die ersten Schritte zu gehen. Die folgenden Schritte ergeben sich von selbst. ■

---

[1]Vgl. *Krippner, W.*: Differenzierte Aufgabenfelder statt linearer Übungssequenzen, S. 89 ff. in diesem Band.

[2]Vgl. *Aebli, H.*: Grundformen des Lehrens. Stuttgart 1971, S. 53 und 173.

[3]Der für das Problemfeld gewählte Sachzusammenhang ist in Anlehnung an das Unterrichtswerk „Mathematik heute", Bd. 7, Hannover 1995, S. 123 ff. konzipiert.

[4]Unabhängig von der Form der äußeren Differenzierung unterschiede ich: untere Anforderungsebene: Hauptschulklasse, C-Kurs oder vergleichbare Lerngruppe (das kann auch eine Teilgruppe einer Klasse sein); mittlere Anforderungsebene: Realschulklasse, B-Kurs oder vergleichbare Lerngruppe; obere Anforderungsebene: Gymnasialklasse, A-Kurs oder vergleichbare Lerngruppe.

Flächeninhalt von Vielecken 1

Auf der unten stehenden Zeichnung ist ein Neubauviertel im Grundriss dargestellt.
Der Preis eines Grundstücks richtet sich nach der Grundstücksgröße,
also nach dem Flächeninhalt.
Ihr wisst: Den Flächeninhalt eines Rechtecks kann man berechnen,
wenn man die Länge und die Breite des Rechtecks kennt.
Kann man mithilfe der Angaben im Lageplan die Größe der anderen
Grundstücke berechnen?

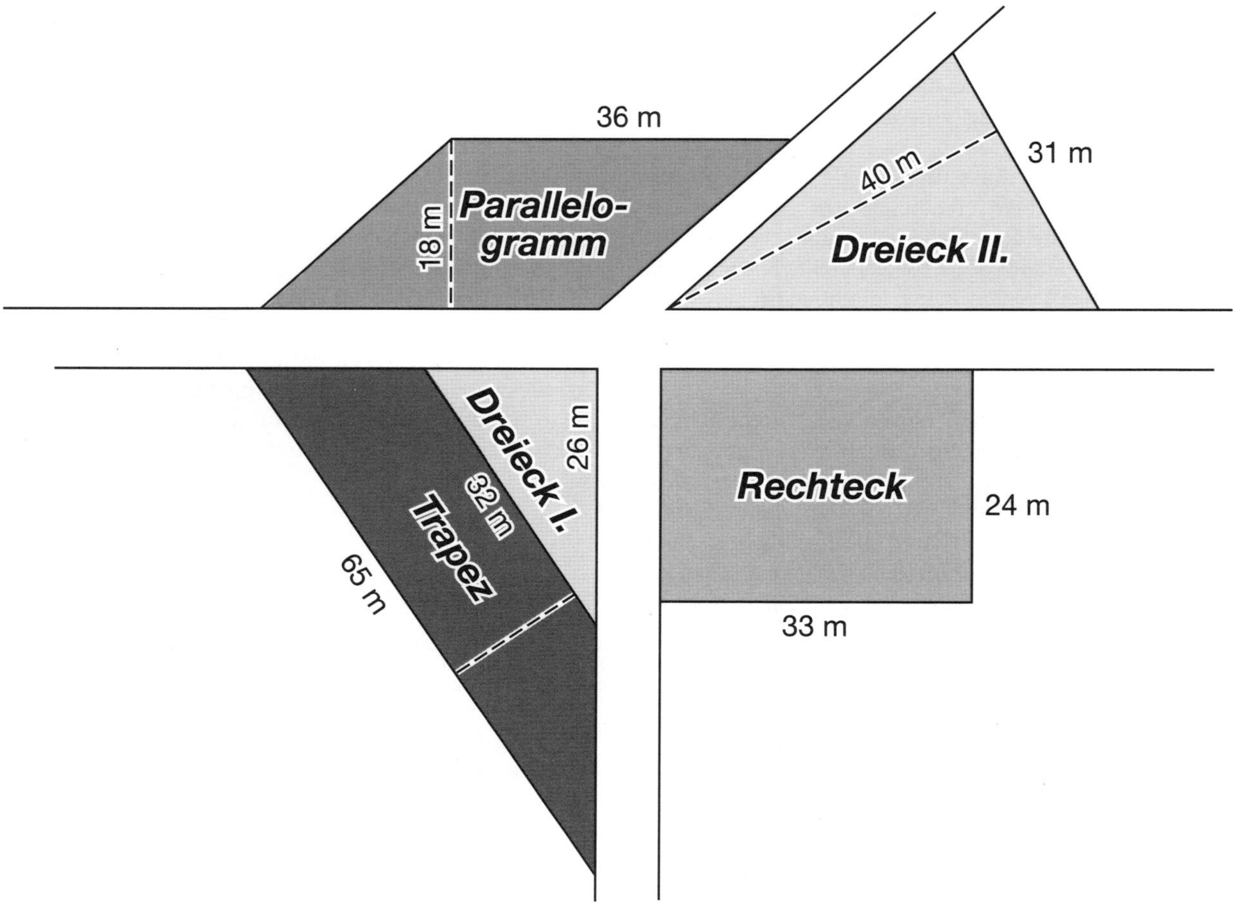

Wahlmöglichkeit: Entscheidet, ob ihr das Parallelogramm □,
die beiden Dreiecke ◪ oder das Trapez ■ berechnen wollt.
Beachtet den Schwierigkeitsgrad (□ = leicht, ◪ = mittel, ■ = schwer).
Arbeitet mit Schülern zusammen, die die gleiche Aufgabe gewählt haben.

Aufgaben für Gruppenarbeit:

a) Wiederholung: Berechnet die Größe des rechteckigen Grundstücks mithilfe der Rechtecksformel ($A = a \cdot b$).
b) Zeichnet zunächst (jeder für sich) „eure" Figur. Messt die Größen, die ihr dazu noch braucht, im Lageplan aus (Maßstab: 2 cm für 10 m).
c) Versucht den Flächeninhalt eurer Figur zu messen.
d) Versucht eine Formel für die Berechnung des Flächeninhalts eurer Figur anzugeben. Für Parallelogramm und Dreieck: gegeben sind g und h; für das Trapez: gegeben sind a, c und h.

Flächeninhalt von Vielecken 2

Zusatzaufgaben:

1 ☐ Versucht den Flächeninhalt der anderen Grundstücke zu berechnen. Entwickelt dazu eine Formel.

2a ◪ Können die abgebildeten Figuren in ein Rechteck zerlegt oder zu einem Rechteck ergänzt werden, das ihr mit den gegebenen Größen berechnen könnt?

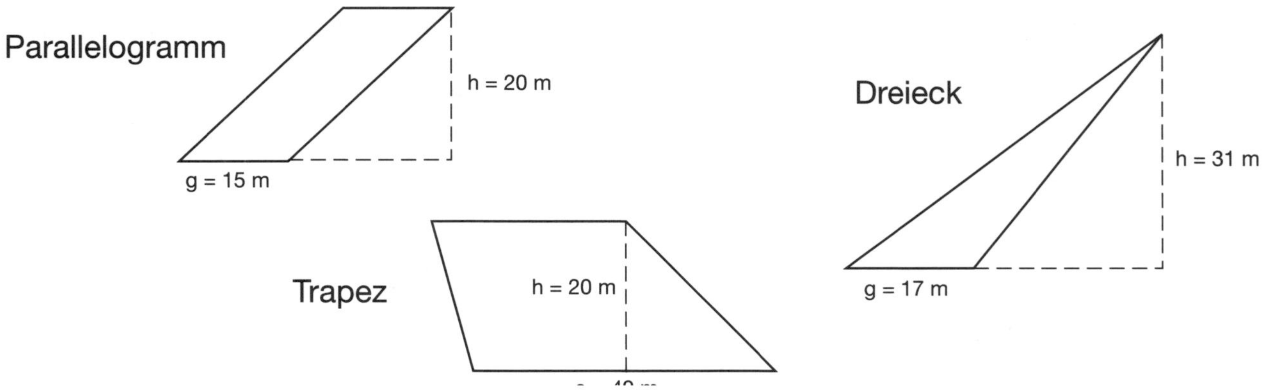

2b ■ Überlegt, ob die Formel, die ihr gefunden habt, auch für die oben abgebildeten Figuren gilt.

(hier abtrennen oder nach hinten umfalten)

Hilfe 1:
Versucht durch Zerlegen oder Ergänzen der Figur, ein Rechteck zu erzeugen.
Ihr könnt eure Figur ausschneiden, zerschneiden und in geeigneter Weise wieder zusammensetzen.
Die Größe des Rechtecks könnt ihr berechnen.

Hilfe 2:
Aus der Zeichnung kann man die Lösungsidee entnehmen.

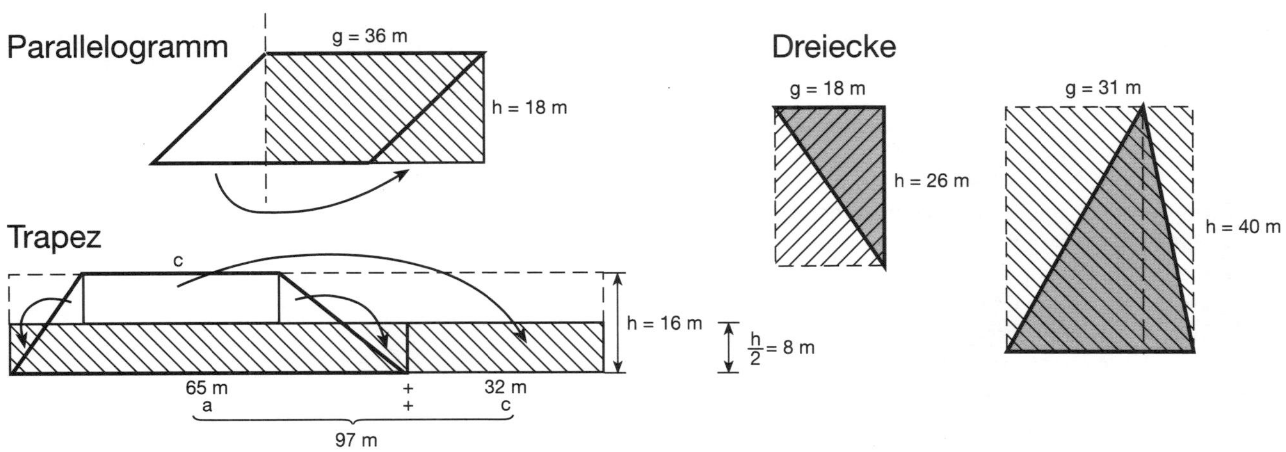

Gewinnchancen – Glück oder Berechnung?

Ein Spiel mit zwei Würfeln (4 Spieler)
Ein roter und ein schwarzer Würfel werden gleichzeitig geworfen (Doppelwurf).
Dabei kann man Gewinnregeln vereinbaren wie zum Beispiel:
Der Spieler erhält einen Punkt, wenn ...

A beide Würfel dieselbe Augenzahl zeigen (Pasch); zum Beispiel hier
B beide Würfel eine gerade Augenzahl zeigen; zum Beispiel hier
C die Summe der Augenzahlen größer ist als 8; zum Beispiel hier
D das Produkt der Augenzahlen größer ist als 12; zum Beispiel hier

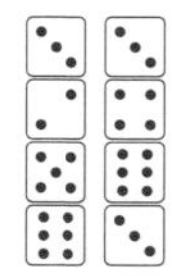

Gruppenauftrag: Spielen, beobachten und auswerten

Spielen:
1. Jeder Spieler wählt eine der Gewinnregeln **A** bis **D**. Verschiedene Spieler können dieselbe Regel wählen.
2. Erste Runde: Es wird reihum gewürfelt bis jeder Spieler zwölfmal gewürfelt hat. Sieger ist, wer die meisten Punkte hat.
3. Spielt mehrere Runden (mindestens sechs). Ermittelt auch den Gesamtsieger.

Beobachten und auswerten:
1. Jeder Spieler schreibt auf, warum er seine Gewinnregel gewählt hat.
2. Tragt eure Spielergebnisse in die Tabelle unten ein (Strichliste). Würfelt auch für die nicht gewählten Gewinnregeln und tragt die Ergebnisse rechts ein.
3. Beantwortet die folgenden Fragen:
   - Hat der Gesamtsieger Glück gehabt oder hätte man seinen Sieg voraussehen können?
   - Gibt es unter den Regeln **A** bis **D** eine „Siegerregel" oder eine „Verliererregel"?

Auswertungstabelle

Spieler	**1**	**2**	**3**	**4**	**Nicht gewählte Regeln**
Gewählte Regel					
Runde 1 *Striche* *Punkte*					
Runde 2 *Striche* *Punkte*					
Runde 3 *Striche* *Punkte*					
Zwischenergebnis (nach 36 Würfen)					
Runde 4 *Striche* *Punkte*					
Runde 5 *Striche* *Punkte*					
Runde 6 *Striche* *Punkte*					
Gesamtergebnis (nach 72 Würfen)					

Zusatzaufgaben
- Laura: „Wenn ich nur mit einem Würfel mit der Gewinnbedingung „Sechs gewinnt" spiele, habe ich dieselben Gewinnchancen wie mit Pasch (**A**) beim Doppelwurf." Hat Laura recht?
- Vergleicht die Gewinnchancen der folgenden Gewinnbedingungen **E** bis **H** mit denen der Gewinnbedingungen **A** bis **D**.
  Ordnet alle Gewinnbedingungen nach Gewinnchancen.
  E ☐ Werfen einer Münze – Wappen gewinnt,
  F ☐ Werfen eines Würfels – Fünf gewinnt,
  G ☐ Werfen eines Würfels – Augenzahl größer als 4 gewinnt,
  H ◪ Drehen eines Glücksrades mit den Zahlen 1 bis 100 – jede durch 8 teilbare Zahl gewinnt.

Wie lernt man selbstständig zu „mathematisieren"?

Wilfried Jannack/Andreas Koepsell

Abbildung 1:
Für die Lehrenden bedeutet das Umschwenken auf „japanischen" Unterricht, verschiedene Lösungswege nicht nur zuzulassen, sondern bewusst herauszufordern und sich selbst dabei im HIntergrund zu halten.

Foto: Veit Mette/Bielefelder Fotobüro

„Die Stärke der asiatischen [Schülerinnen und] Schüler liegt nicht im Memorieren von Formeln und der Beherrschung von Rechenroutinen, sondern im mathematischen Denken, im Lösen innermathematischer Probleme und in der Anwendung mathematischer Modelle und Verfahren auf quantitative Alltagsprobleme."
(TIMSS, S. 91 f.)

Der Unterschied zwischen einer deutschen und einer japanischen Mathematikstunde besteht, verkürzt gesprochen, darin, dass in der deutschen Schule „Pauk- und Drillunterricht" stattfindet, dass Routinen einen hohen Stellenwert genießen und dass die Beiträge der Schülerinnen und Schüler durch die Lehrkraft auf ein Lehrerkonzept hin kanalisiert werden. Das Lehrerkonzept bildet das Zentrum des Unterrichts. Zu diesem Konzept gehört, dass es nur einen Lösungsweg gibt, dass „Mathematik" als axiomatisches Gebäude nicht hinterfragt wird. Im japanischen Unterricht – soweit er in den videografierten Stunden der TIMS-Studie zu sehen war – überwiegt das Denken in Alternativen bei allen Beteiligten. Schüler-Konzepte stehen im Zentrum. Es gibt eine große Offenheit für verschiedene Lösungen. Die Schüler arbeiten in Gruppen an einer differenzierten Gruppen- oder Partnerarbeit. Die Lehrerin oder der Lehrer tritt als Moderator auf. Jede gefundene Lösung findet die gleiche Wertschätzung. – Von besonderer Ironie ist die Tatsache, dass die japanische Pädagogik so viele Anleihen bei *John Dewey* und bei den deutschen Reformpädagogen gemacht hat ...

Problemlösung auf verschiedenen Wegen

Eine kleine Umstellung des Unterrichts bestünde zum Beispiel darin, Forschungsaufträge in den Unterricht aufzunehmen. Ein simples Beispiel:

7. Klasse, Einführung der proportionalen Zuordnung – „250 g Margarine kosten 1,50 DM. Wie viel kosten dann 400 g?"

1. Der Lehrer stellt der Klasse ein Problem, dessen Lösung nicht unmittelbar evident ist.
2. Die Schüler arbeiten in Gruppen- oder in Partnerarbeit an der Problemlösung.
3. Verschiedene Schüler, die vom Lehrer aufgrund ihrer Lösungswege ausgewählt wurden, präsentieren der Klasse alternative Aufgabenlösungen, die an der Tafel dokumentiert werden.
4. Im Unterricht werden die verschiedenen Lösungen diskutiert.

Das Problem gilt als gelöst, wenn verschiedene Wege das richtige Ergebnis hervorbringen. Die Gleichwertigkeit der

Abbildung 2:
Mehr Offenheit bei der Lösungsfindung begünstigt differenziertes wie kooperatives Arbeiten und erfordert zugleich automatisch selbstständigeres Lernen.

Foto: Veit Mette/Bielefelder Fotobüro

Wege wird argumentativ ausgehandelt. Und so sieht dann ein konkretes Ergebnis „japanischen" Unterrichts aus:

Vier Lösungswege:

I. 1,50 DM : 5 = 0,30 DM
8 · 0,30 DM = 2,40 DM
(Björn)

II. 250 g : 5 = 50g 1,50 DM : 5 = 0,30 DM
50 g · 3 = 150 g 0,30 DM · 3 = 0,90 DM
250 g kosten 1,50 DM 150 g kosten 0,90 DM
400 g kosten 2,40 DM
(Katrin und Ronja)

III. 1.) 250 g : 50g = 5 2.) 150 Pf : 5 = 30 Pf
3.) 150 g ≙ 90 Pf 4.) 150 Pf + 90 Pf = 240 Pf
(Sebastian und David)

IV. 1.) 250 g : 50 g = 5
2.) 150 Pf : 5 = 30 Pf
3.) 30 Pf · 8 = 240 Pf
(Yannic)

Zu solch einer Unterrichtsstunde gehört die Zurückhaltung des Lehrers und die immer wieder formulierte Anforderung, dass etwas im Heft dokumentiert sein soll, denn das richtige Ergebnis findet man schnell. Es ist auffällig, dass alle – ohne dies anzusprechen – das kleinste gemeinsame Vielfache von 250 g und 400 g gewählt haben und die Tatsache, dass 50 g fünfmal in die 250 g hineinpassen, in ihre Rechnungen einbeziehen. Björn schreibt das zwar nicht auf, rechnet aber genauso. Man teilt die 1,50 DM durch 5 und erhält 0,30 DM. In den Darstellungen I und IV wird dann – ebenfalls implizit – herausgefunden, dass die 50 g achtmal in die 400 g passen, also die 30 Pf mit 8 multipliziert werden müssen.

Die nächste Aufgabe müsste nun heißen: „Für 270 DM gibt es 900 Francs. Wie viel bekommt man für 29 DM? Wie löst ihr das ohne Vielfache?" – Und ein paar weitere Forschungsaufträge aus dem 7. bzw. 9. oder 10. Schuljahr können lauten:

- „Erforsche, wie die Multiplikation ganzer und rationaler Zahlen geht. Schreibe deine Erklärung auf."
- „Welche Vorzeichenregeln gelten bei der Division ganzer und rationaler Zahlen?"
- „Wie wird der Winkel im Kegelmantel bestimmt?"

Durch Forschungsaufträge selbstständiges Lernen anbahnen

Das folgende Beispiel stellt dar, wie schon in der 5. Klasse solche Forschungsaufträge gestellt und bearbeitet werden können. In dieser Jahrgangsstufe steht die Einführung der Flächenberechnung auf dem Lehrplan. Die gängigen Schulbücher gelangen bei diesem Thema sehr schnell zu einer Regel für die Flächenberechnung von Rechtecken: *Flächeninhalt gleich Länge mal Breite.*

Ein solches Vorgehen gibt keinen Raum für eigenständige Entdeckungen. Die Formel für die Berechnung des Flächeninhalts für Rechtecke wird in ihrer Bedeutung überschätzt. Sie ist der Spezialfall, der aus dem allgemeinen Prinzip des Ausmessens einer Fläche mit Einheitsflächen abgeleitet werden muss.

Der alternative Forschungsauftrag für die Schüler lautet an dieser Stelle: *„Wie groß ist ein DIN-A4-Blatt?"* Im Unterrichtsgespräch ist die Fragestellung zu präzisieren: Gemeint ist der Flächeninhalt des Blattes. Die Schüler gelangten im Zuge der Bearbeitung zu drei Lösungsmöglichkeiten:

Variante 1: Die Schüler untersuchten ein DIN-A4-Blatt mit Kästchen-Struktur. Das Blatt hatte keinen Rand. Die Kästchen wurden gezählt. Die Lösungen lagen zwischen 2470 und 3000 Kästchen. Die unterschiedlichen Lösungen ergaben sich dadurch, dass halbe und noch weiter unterteilte Kästchen entweder ignoriert oder zusammengefasst wurden.

Variante 2: Die Schüler untersuchten rautiertes Papier und zählten die Anzahl der auf dem Blatt enthaltenen Rechtecke.

Variante 3: Die Schüler untersuchten ein DIN-A4-Blatt mit Rand. Eine Schülergruppe zählte Kästchen ohne sich um den Rand zu kümmern. Dies wurde von der Klasse schnell als fehlerhaftes Vorgehen entlarvt. Eine andere Schülergruppe klappte den Rand nach innen und zählte die Kästchen, die vom Rand überdeckt wurden, doppelt.

Mit diesen Aktivitäten ist der Forschungsauftrag aber keinesfalls abgeschlossen, denn die Ergebnisse der Schüler sind noch nicht vergleichbar, weil sie sich auf die beiden unterschiedlichen Grundelemente der Blätter – Kästchen oder Rechteck – beziehen. In einer weiteren Stunde wird also an dieser Fragestellung weitergearbeitet: „Wie bekomme ich vergleichbare Ergebnisse und was macht man, wenn das Blatt leer ist?“ Das Zeichnen von und Vergleichen mit Flächeneinheitsquadraten – m^2, dm^2, cm^2 und mm^2 – ist dann die Voraussetzung für die Weiterarbeit: Die Größe eines DIN-A4-Blattes soll jetzt in dm^2 und cm^2 ausgedrückt werden.

Auch in dieser Stunde entstehen drei unterschiedliche Lösungsvarianten für die Flächenbestimmung des DIN-A4-Blattes:

Variante 1:	615 cm^2
Variante 2:	4 dm^2 198 cm^2
Variante 3:	5 dm^2 107 cm^2

In der ersten Gruppe zeichnen die Schüler nur Quadratzentimeter. In der zweiten Gruppe werden vier ganze Dezimeterquadrate gezeichnet und der Rest dann mit Zentimeterquadraten ausgefüllt. Die dritte Gruppe verteilt vier ganze Dezimeterquadrate auf der oberen Hälfte des Blattes. Dann werden zwei halbe Dezimeterquadrate noch darunter gesetzt. Die übrig gebliebenen Ränder werden mit Zentimeterquadraten ausgefüllt.

Ein Vergleich der Gruppenergebnisse und die Suche nach dem größten (genausten) Ergebnis ist so noch immer nicht möglich. Erst ein Umrechnen in eine gemeinsame Maßeinheit schafft Übersichtlichkeit. Die Lerngruppe einigt sich darauf, das Ergebnis in einer gemischten Schreibweise anzugeben. Nach der ersten Bearbeitung ist offensichtlich, dass 5 dm^2 auf das Blatt passen. Der Rest soll in cm^2 angegeben werden. Der Umrechnungsfaktor 100 ergibt sich aus dem Unterrichtsgeschehen.

Durch die Bearbeitung eines solchen Forschungsauftrags können die Schüler weit mehr lernen als in der herkömmlichen, eng geführten „deutschen“ Mathematikstunde. Sie wissen nun, dass Flächenvergleiche möglich sind, wenn man die Fläche mit einem Raster in Einheitsquadrate zerlegt und diese auszählt (siehe *Abbildung 3*). Diese Flächenberechnung, mit der die unterschiedlichsten Flächen annähernd genau bestimmt werden können, wird zum allgemeinen Prinzip und kann in vielfältiger Weise Anwendung finden: Die ***Kopiervorlage*** auf Seite 107 zeigt eine Auswahl der unterschiedlichen Aufgabenstellungen zum Thema Flächenberechnung, die nach Abschluss des Forschungsauftrags in der 5. Klasse bearbeitet wurden. – Die formelhafte Flächenberechnung des Rechtecks ($A = a \cdot b$) wird zum Sonderfall.

Subjektiver Deutung Platz verschaffen

Ein weiterer Zugang zu selbstständigem Lernen geht von der Erkenntnis aus, dass Mathematik Sprache ist, lebendige Sprache. Wie jede Sprache umfasst sie mehrere Dimensionen: Ausdruck, Kommunikation, Beschreibung, Argumentation, Meta-Linguistik, Poesie, Verlockung, Zusammenhalt. Sie ist kommunikativ, kreativ, schöpferisch. In der *Freinet*-Pädagogik gibt es den Begriff der natürlichen Methode (*Paul Le Bohec*: Verstehen heißt Wiedererfinden). „Macht eine mathematische Erfindung“, so fordert *Le Bohec* seine Schüler auf. Diese Dimensionen einzubeziehen heißt, sich auf Schüler-Konzepte einzulassen. „Entdeckungen in Tabellen“ (vgl. dazu die ***Kopiervorlage*** auf Seite 108) sind ein Beispiel

Aufgabe: Zeichne in die Figuren Flächenquadrate ein und bestimme den Flächeninhalt.

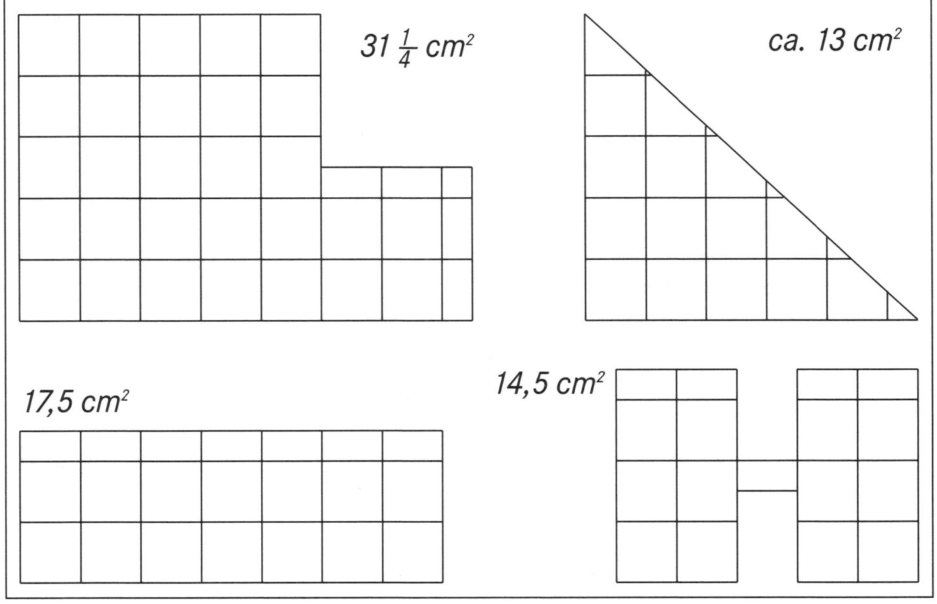

Abbildung 3

für die natürliche Methode und machen deutlich, wie man den subjektiven Deutungen ihren Platz im Unterricht verschafft.

Bei dieser Arbeit soll man sich bewusst nicht unterhalten. Dazu ist im Anschluss noch hinreichend Gelegenheit. Die Äußerungen der Schüler werden an der Tafel zu den entsprechenden Vergrößerungen der Beispiele geheftet. Nach einer hinreichend langen Phase werden die Texte verlesen und es beginnt ein reger Austausch über die Äußerungen, die nicht qualifiziert werden sollen. Regelmäßigkeiten und Unregelmäßigkeiten, die Entwicklung der Figur, auch das Gefühl, das man beim Betrachten hatte, kommen ins Spiel. In der nächsten Phase werden selbst Figuren erstellt. Zu der einen Aufgabe muss wohl doch eine Lösung angeboten werden, weil erfahrungsgemäß auch langes Nachdenken zu keiner Regel führt: eins, einmal eins, zweimal eins, einmal zwei, einmal eins, ... Der Blick geht immer auf die Reihe davor.

Die Alltagstauglichkeit der Mathematik erfahrbar machen

Auf einer anderen Ebene einer veränderten Unterrichtskultur sind Projektunterricht, Lernzirkel, Wochenplan, Reisetagebücher, anwendungsorientierter und fächerübergreifender Unterricht angesiedelt. Wer mit diesen Lehr- und Lernformen beginnt, hat sich bereits entschieden, seinen Unterricht zu verändern, und wird sich an einer subjektiven Didaktik orientieren müssen. Dazu gehören nach *Bernhard Andelfinger* sanfte Lebenszeichen: Zeit haben und lassen, sich engagieren, sich öffnen.

Das Arbeitsblatt mit dem Titel „CO_2 – kein Problem mehr?“ (vgl. dazu die ***Kopiervorlage*** auf Seite 109) macht das in Spuren deutlich. Natürlich ließe sich dieses Blatt auch im herkömmlichen Unterricht „durchrechnen“, dann wäre es eine „nette“ Anwendung. Eine derartige „mathematische“ Verkürzung sehen wir jedoch als nicht statthaft an, denn die Problematik geht über eine reine Anwendung hinaus und soll zu der Erkenntnis führen, dass sich das CO_2-Problem nur durch gesellschaftspolitische Anstrengungen lösen lässt. Für die 9. Klasse sind das recht komplexe Betrachtungen. Es muss geklärt werden, was unter fossilen Energieträgern zu verstehen ist. Es muss überhaupt klar werden, was ein Energieträger ist und was Primär- und Sekundärenergie bedeutet. Ebenso müssen die Begriffe Emission und Immission geklärt werden.

Aus mathematischer Perspektive geht es weitgehend um das Rechnen mit Prozent- und anderen Faktoren, um große Zahlen und um Wachstumsprozesse, denn man kann im 9. Schuljahr durchaus auch unterstellen, dass die Schüler keineswegs sicher sind im Umgang mit Prozentfaktoren. „Ist es günstiger, erst 2 % Skonto vom Endpreis abzuziehen und anschließend 16 % Mehrwertsteuer hinzuzuziehen, oder umgekehrt?“ – Welcher Erwachsene wäre denn aus dem Stand in der Lage, diese Frage zu beantworten? – Die Unterfütterung des Themas durch die anderen angesprochenen Fachbereiche, unter anderem Deutsch, Gesellschaftslehre und Naturwissenschaften, kann hier nicht weiter ausgebreitet werden.*

Bei der Bearbeitung eines solchen anwendungs- und handlungsorientierten sowie fächerübergreifenden bzw. -kooperierenden Themas erfahren die Schüler, dass Mathematik im täglichen Leben Sinn hat, relevant für die Lösung von Schlüsselproblemen ist und nicht nur für eine esoterische Gemeinschaft wie früher die Pythagoräer geschaffen wurde, um sich vom Rest der Welt abzukapseln. ■

*Für die Arbeit an anwendungsorientierten Mathematikthemen (und anderes mehr) verweisen wir auf die Lehrer-Organisation MUED (Mathematik-Unterrichtseinheiten-Datei e.V., Bahnhofstraße 72, 48301 Appelhülsen). Was es zu diesem Bereich gibt, ist dort gesammelt. – Adressen zum Thema „Energie/Klima“:
- Arbeitskreis Schulinformation Energie, Am Hauptbahnhof 12, 60329 Frankfurt/Main
- Bundesumweltministerium, Referat Öffentlichkeit, Postfach 12 06 29, 53048 Bonn
- Forum Umwelt und Entwicklung, Am Michaelshof 8–10, 53177 Bonn
- Öko-Institut Freiburg, Binzengrün 34 a, 79114 Freiburg
- Umweltbundesamt, Postfach 33 00 22, 14191 Berlin
- Wuppertal-Institut für Klima, Umwelt und Energie, Postfach 10 04 80, 42004 Wuppertal

Literatur

Andelfinger, B.: Sanfter Mathematikunterricht – Bildung in der EINEN WELT. Ulm 1993
Baumert, J./Lehmann, R.: TIMSS – Mathematisch-naturwissenschaftlicher Unterricht im internationalen Vergleich. Opladen 1997
Gallin, P./Ruf, U.: Sprache und Mathematik in der Schule – Auf eigenen Wegen zur Fachkompetenz. Zürich 1990
Herget, W./Scholz, D.: Die etwas andere Aufgabe aus der Zeitung. Seelze 1998
Heymann, H. W.: Allgemeinbildung und Mathematik. Weinheim und Basel 1996
Le Bohec, P.: Verstehen heißt Wiedererfinden. Bremen 1994

Was wir unter „Mathematisieren“ verstehen

In der Tradition des realitätsbezogenen, anwendungsorientierten, lebensnahen Mathematikunterrichts verstehen wir unter „Mathematisieren“ **Modellbildungs pro-zesse** (*„modelling“*), wobei sich seit Mitte der 70er Jahre bis heute eine Verschiebung der Kenntnis der Modelle (*„models“*) zu der Fähigkeit, solche Prozesse durchzuführen, ergeben hat. Die gleiche Verschiebung hat von den An-wendungen (*„applications“*) hin zum Anwenden (*„applying“*) stattgefunden.

Ausgangspunkt ist eine Situation aus der realen Welt, die idealisiert, das heißt vereinfacht bzw. strukturiert wird zu einem realen Modell der Situation. Mathematische Begrifflichkeiten werden in enger Korrespondenz zu relevanten Anwendungen (im Alltag, in Natur, Gesellschaft, ...) entwickelt, und zwar – darauf weist *Heinrich Winter* hin – zur wechselseitigen Klärung. *Hans Freudenthal* spricht lieber von „beziehungsvoller Mathematik“ und legt dabei den Nachdruck auf Beziehungen zu erlebter Wirklichkeit.

Mathematische Begrifflichkeiten werden aber auch durch andere „Lehrweisen“ (*Martin Wagenschein*) ermöglicht, „die den Lehrenden – allein oder als Glied einer Gruppe – zu größtmöglicher Selbsttätigkeit (Spontaneität) gelangen lässt, indem sie ihn in den Kraftfluss eines Problems, einer ‚Aufgabe' hineinlockt.“ Der Prozess der Aneignung hat bei *Wagenschein* drei Elemente: Er ist genetisch, sokratisch und exemplarisch. Die von den Schweizern *Peter Gallin* und *Urs Ruf* entwickelte „Didaktik der Kernideen“ (Reisetagebücher) arbeitet in entsprechender Weise.

Das Band, das sich durch die innermathematischen Probleme und das Modellbilden zieht, ist durch die Worte „von der Schülerin/vom Schüler aus“ charakterisiert.

Wie groß ist die Fläche?

Aufgabe 1: Ermittle den Flächeninhalt der zwei ausgerollten Pizzateige.
Ganz genau ist dies nicht zu machen.

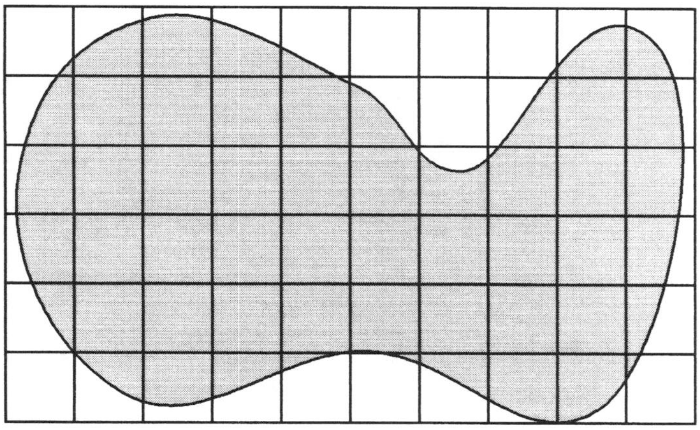

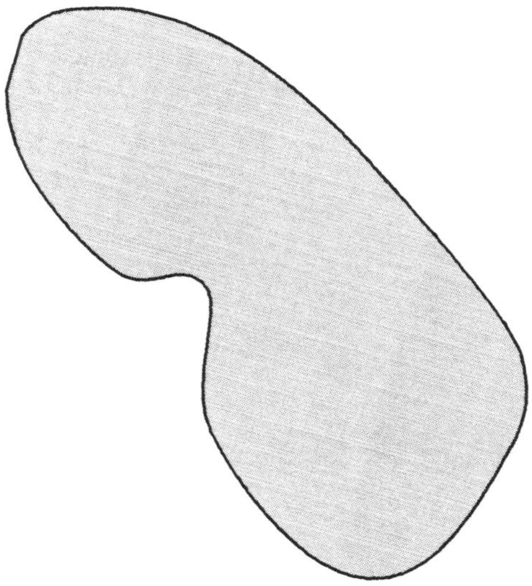

a) Flächeninhalt: A =

b) Flächeninhalt: A =

Aufgabe 2: Zeichne in die Figuren Flächenquadrate ein und bestimme den Flächeninhalt.

a)

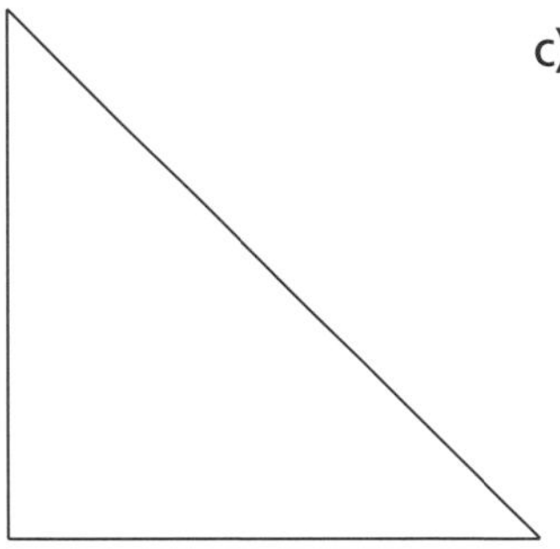

b)

c)

Aufgabe 3: Berechne den Flächeninhalt eines Grundstücks,
das 45 m lang ist und 27 m breit.

Aufgabe 4: Zeichne die folgenden Figuren doppelt so groß in dein Heft.

a)

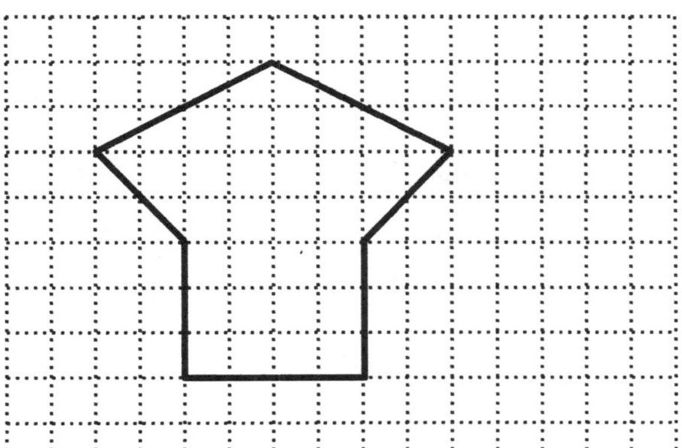

b)

Entdeckungen in Tabellen

➠ Schreibe zu einem oder mehreren Beispielen auf, was du siehst.
➠ Welche Regelmäßigkeiten oder Unregelmäßigkeiten erkennst du?

a) 0, 1, 1, 2, 3, 5, 8, 13, 21, ...

b)

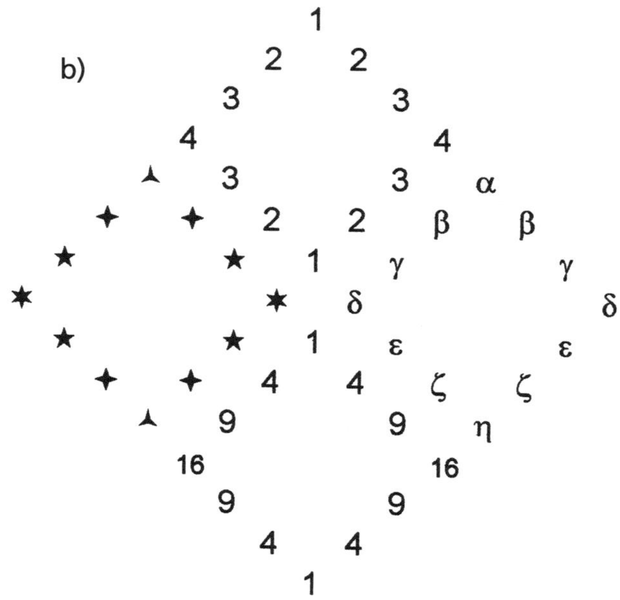

c)

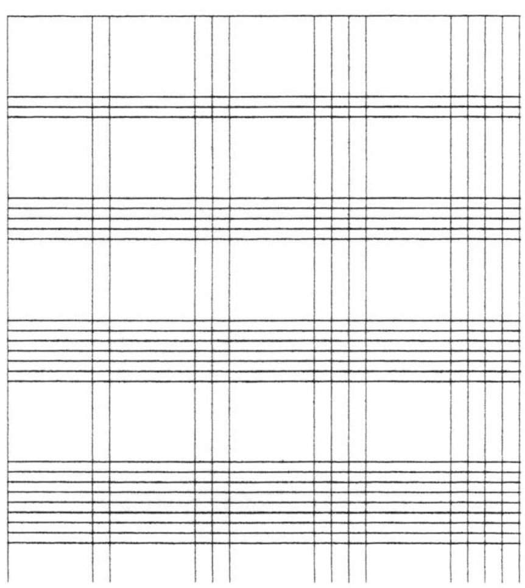

d)

1
1 1
2 1
1 2 1 1
1 1 1 2 2 1
3 1 2 2 1 1
1 3 1 1 2 2 2 1
1 1 1 3 2 1 3 2 1 1

e)

1
1 1
1 2 1
1 3 3 1
1 4 6 4 1

f)

1
2 2
3 3 3
4 4 4 4
5 5 5 5 5

g)

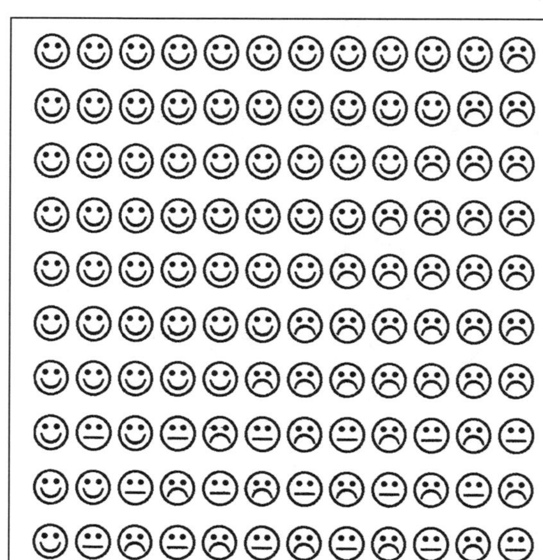

CO_2 – kein Problem mehr?

Energieträger	Emissionsfaktoren (pro t SKE*)	BRD 1990 (in %)	(ehem.) DDR 1990 (in %)
Öl	2,3	41,0	16,1
Steinkohle	2,7	18,8	3,4
Braunkohle	3,25	8,2	69,1
Erdgas	1,6	17,5	8,7
Kernenergie		12,1	1,9
Wasser, Sonne		2,4	0,8
Gesamt		**391,5 Mio. t SKE**	**109,0 Mio. t SKE**
Einwohnerzahl		**62 Mio. Menschen**	**16,1 Mio. Menschen**

**SKE = Steinkohleneinheit (Maßeinheit/Umrechnungs faktor zur Vergleichbarkeit des Energiegehaltes verschiedener Energieträger: Eine Tonne SKE entspricht dem Energiegehalt von einer Tonne Steinkohle.)*

Quellen: Webers Taschenlexikon Energie + Umwelt, 1992, S. 162 f. (Spalte 2); IZE, Energiewirtschaft kurz und bündig, Ausgabe 1991, S. 8 (Spalten 3 und 4).

1. Wie viel CO_2 wurde 1990 in Deutschland emittiert?
2. Wie viel Energie wurde 1990 pro Kopf verbraucht?
3. Wie viel CO_2 wurde 1990 pro Kopf emittiert?
4. 1987 soll jeder Bundesbürger-West 11,5 t CO_2 emittiert haben. Trifft die angenommene Zuwachsrate von 2 bis 3 % pro Jahr zu?
5. 1990 sollen weltweit 22 Mrd. t CO_2 emittiert worden sein. Die Bevölkerungszahl für 1998 wurde mit 5,92 Mrd. angegeben (*Frankfurter Rundschau vom 02.09.1998, lt. UN-Weltbevölkerungsbericht*).
   a) Wie groß war die weltweite Pro-Kopf-Emission im Jahr 1998 (bei gleich gebliebenem CO_2-Ausstoß)?
   b) Vergleiche den deutschen mit dem weltweiten Durchschnitt.
6. Bis zum Jahr 2005 soll in Deutschland die emittierte CO_2-Menge um 25 % reduziert werden. Wie groß ist diese Menge, gemessen an dem Gesamtausstoß von 1990 bzw. 1998?

Cartoon: Reinhold Löffler

Erster Vorschlag zur Weiterarbeit:

Der Nationalbericht des Bundesumweltministeriums, Klimaschutz in Deutschland, 1993, S. 82 f., gibt als CO2-Ausstoß für die damalige Bundesrepublik 1008 Mt/Jahr und für die damalige DDR 300 Mt/Jahr an.

➠ Versuche über geeignete Informationsgeber (zum Beispiel das Bundesministerium für Umwelt, das Umweltbundesamt oder Umweltverbände) herauszubekommen, wie die Differenz der Daten zu erklären ist.

Zweiter Vorschlag zur Weiterarbeit:

1994 korrigierte das Bundesministerium für Umwelt den Gesamtwert für 1990 auf 1012 Mt/Jahr (BRD: 709 Mt/Jahr, DDR: 303 Mt/Jahr).
Nach dem Bericht von 1994, S. 88, war die CO_2-Emission 1993 sogar auf 911 Mt/Jahr (BRD: 732 Mt/Jahr, DDR: 179 Mt/Jahr) gesunken.

➠ Versuche herauszubekommen, aus welchem Grund die CO_2-Emissionen gesunken sind. Frage besonders nach den Maßnahmen, die die Bundesregierung getroffen hat. Frage, ob und wie das 25-%-Ziel erreicht werden kann.

➠ Besorge dir die Adressen des „Wuppertal Instituts" oder der „Projektstelle Umwelt & Entwicklung" und erfrage dort die Kritik an der deutschen Klimapolitik.

Strom im Haushalt

Karl-Wolf Hoffmann

Differenzierung im integrierten Naturwissenschaftsunterricht in einer 8. Klasse

Abbildung 1: Leitet Apfelsaft Strom besser als Salzwasser? Ein Schülerversuch bringt Klarheit.

Fotos: Karl-Wolf Hoffmann

In den naturwissenschaftlichen Fächern der Sekundarstufe I sind die Lerngruppen extrem heterogen zusammengesetzt: Mit steigendem Jahrgang verlieren viele Jugendliche das Interesse an diesen Fächern – nur wenige „Experten" stützen den Unterricht. Eine Differenzierung im Klassenverband kann dies ändern, wenn es gelingt, das Schülerinteresse zu wecken.

Binnendifferenzierung im naturwissenschaftlichen Fachunterricht ist erst dann möglich und sinnvoll, wenn das Interesse der Schüler an dem methodischen und inhaltlichen Vorgehen in diesen Fächern grundlegend verändert werden kann. Das hat auch die Fachdidaktik für diese Fächer erkannt, wenn man zum Beispiel die neuen Rahmenpläne für Physik und Chemie in Hessen[1] betrachtet. Das bisher fachsystematische Vorgehen wird durch einen stärker themen- und handlungsorientierten Unterricht ersetzt.

Kernstück jedes für Schüler interessanten naturwissenschaftlichen Unterrichts sind Schülerversuche. Hierdurch unterscheiden sich die Naturwissenschaften methodisch stark von den übrigen Unterrichtsfächern. Im schulischen Alltag basiert der Unterricht jedoch weitgehend auf Demonstrationsversuchen, weil die Zeit, das Material, die Räumlichkeiten und vor allem ein tragfähiges Konzept für einen Schülerversuchsunterricht mit Großgruppen bis zu 30 Schülern fehlen.

Seit in Hessen der Lernbereich Naturwissenschaften (kurz: Nawi) in den Schulen unterrichtet werden kann, haben sich sowohl die inhaltlichen als auch die zeitlichen Bedingungen für eine Binnendifferenzierung grundlegend verbessert. Da die Themen in dem Rahmenplan Naturwissenschaften für Hessen fächerübergreifend angelegt sind, können sie den Interessen der Schülerinnen und Schüler angepasst werden und ermöglichen das Eingehen auf verschiedene Lerntypen. Drei Wochenstunden in dem 7. und 8. Jahrgang, vier im 9. Jahrgang und fünf im 10. Jahrgang bieten ausreichend Zeit für Schülerversuche als Voraussetzung für eine Leistungs- und Interessendifferenzierung von Lernwegen.

Binnendifferenzierung im Naturwissenschaftsunterricht

An der IGS-Nordend arbeiten wir im Lernbereich Nawi seit etwa vier Jahren. Wir unterrichten Nawi im Klassenverband von Jahrgang 7 bis 10, wobei ab Klasse 9 eine klasseninterne Differenzierung in Grundkurs und Erweiterungskurs stattfindet. Sowohl für unseren Unterricht im Klassenverband mit gleichen Lernaufgaben für alle Schüler als auch für den Unterricht in Teilgruppierungen praktizieren wir die sozialen Differenzierungsformen wie Einzelarbeit/Partnerarbeit/Gruppenarbeit bei Schülerversuchen und Arbeit an Texten oder Aufgaben, die vielen Leserinnen und Lesern vertraut sind.

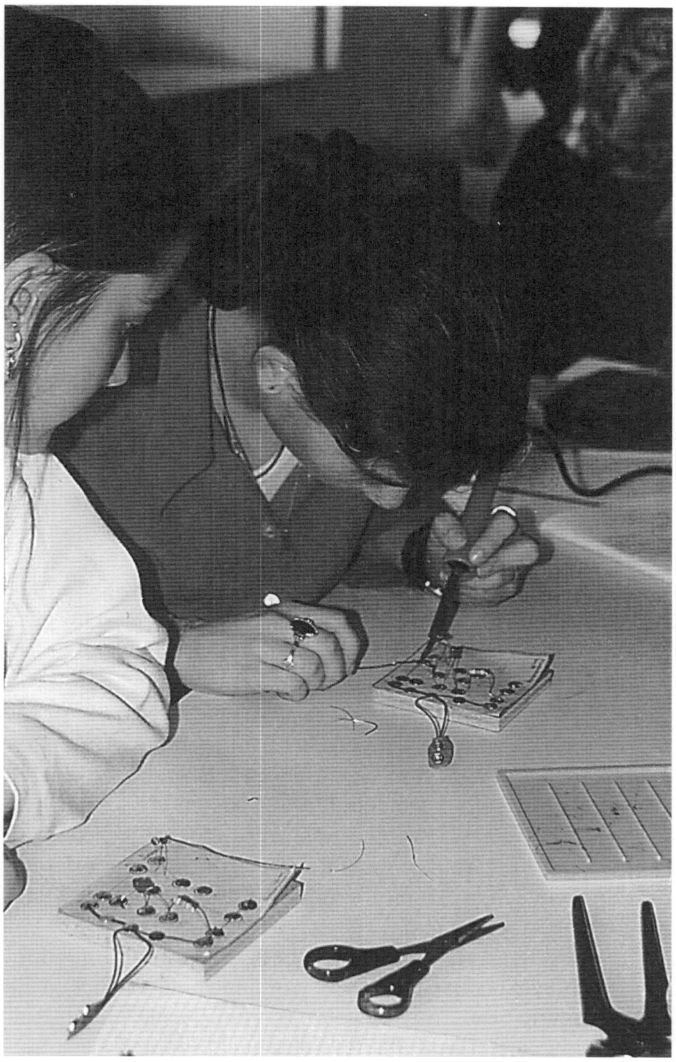

Abbildung 2:
Welche Metalle können gelötet werden? Manche Schülerinnen und Schüler klären diese Aufgabe theoretisch, andere lösen sie praktisch.

Ich werde deshalb im Folgenden einige leistungs- und interessenabhängige Differenzierungsformen an einer konkreten Unterrichtseinheit zum Rahmenthema „Strom im Haushalt" (Elektrizitätslehre) erläutern, da dieses Thema in der 8. Klasse für viele Physiklehrer eine erste große Hürde bei Schülerversuchen darstellt.

Diese Unterrichtseinheit (siehe den *Kasten* auf Seite 112) geht über mindestens 16 Wochen, wobei alle wichtigen Inhalte in Verbindung mit dem Bau einer Warnschaltung für die Schülerhand vermittelt werden. Für uns wichtige Ziele bzw. Inhalte dieser Einheit sind:

- die Schülerinnen und Schüler stellen elektrische und elektronische Schaltungen her, mit denen sie interessante Lichteffekte produzieren können,
- die Schüler lernen das Löten elektrischer Schaltkreise bei der Herstellung von Schaltungen,
- der Interessenschwerpunkt vieler Schüler „Stromgefährdung des Menschen" in biologischer Hinsicht wird besprochen,
- gesellschaftliche Aspekte werden an dem Thema „Entsorgung von Batterien und Elektronikprodukten" behandelt.

Wie haben wir differenziert?

Im Folgenden werden Differenzierungsformen an einem jeweiligen Unterthema der Unterrichtseinheit „Strom im Haus" so dargestellt, dass die darin enthaltenen Ideen auch auf andere Unterrichtsinhalte übertragen werden können. Zum Verständnis der Beispiele müssen kurz die Ziele jedes Unterthemas und das Vorgehen im Unterricht beschrieben werden.

Unterschiedliche praktische Vorkenntnisse

Beim Thema „Parallel- und Reihenschaltung von Lampen und anderen elektrischen Geräten" sollen die Schüler selbstständig einfache Schaltkreise mit Glühbirnchen, Taster und Motoren aufbauen, ihre Eigenschaften erkennen und sie unter Verwendung von Schaltsymbolen in Schaltskizzen darstellen. Dabei zeigte sich für uns, dass die Schüler über sehr unterschiedliche praktische Vorkenntnisse bezüglich des Aufbaus von Schaltkreisen verfügten. Also ließen wir die Anfängergruppe ihre ersten Gehversuche mit Kabeln, Fassungen und zwei Lämpchen machen, während wir den fortgeschrittenen Schülern das Problem stellten, eine Straßenbeleuchtung mit vier Glühlampen aufzubauen, bei der auch dann noch alle restlichen Lampen brennen, wenn eine Glühlampe ausfällt. Die „Experten" versuchten sich an dem Aufbau einer Schaltung mit drei typengleichen Glühlampen, bei der zwei Glühlampen unterschiedlich hell brennen sollen (vgl. dazu die ***Kopiervorlage*** auf Seite 113).

Die Ergebnisse der drei zeitgleichen Versuche wurden von der jeweiligen Schülergruppe kurz dem Klassenverband

Ablaufplan der Unterrichtseinheit

1. Einstieg in die Elektrizitätslehre/Erfassung der Interessenfragen der Schüler,
2. Grundlagen der Reihen- und Parallelschaltung einfacher Bauteile: Glühlampen/Schalter; Leitfähigkeit von Flüssigkeiten,
3. Entstehung eines Gewitters und Möglichkeiten des Blitzschutzes,
4. Bau der Warnschaltung,
   - Bestandteile einer Warnschaltung: Der Lampenkreis und die Eigenschaften von Leuchtdioden,
   - Stromquellen: Aufbau von Batterien,
   - Aufgabe von Widerständen: Berechnung des Vorwiderstands für die Leuchtdiode,
   - Aufgabe von Sensoren: Elektrische Eigenschaften von Photowiderständen/Heißleitern,
   - Massenproduktion elektronischer Schaltungen: Einlöten der verbleibenden Bauteile in die Warnschaltung,
   - Klärung wichtiger Begriffe aus der Elektrizitätslehre anhand des Schulbuches mit Anleitung zum „Lernen lernen" im Bereich der Naturwissenschaften,[2]
5. Gefährdung des Menschen durch Stromschlag: Folgen eines Stromschlages und die Wahrnehmungsschwelle für Ströme.

in Form von Schaltskizzen vorgestellt. Die Schüler der anderen Versuchsgruppen erklärten das Verhalten der Schaltung.

Solche Auswahlangebote von Schülerversuchen zu einem Grundthema ermöglichen den Schülern, sich mit der ausgewählten Fragestellung zu identifizieren und die Ergebnisse der Klasse darzustellen. Die verschiedenen Beiträge festigen die gelernten Inhalte des Fundamentums.

Ein weiteres Beispiel für solch ein Versuchsangebot will ich am Thema „Untersuchung der Leitfähigkeit von Flüssigkeiten" darstellen (vgl. dazu die ***Kopiervorlage*** auf Seite 114). Diese Untersuchungen stellen die nötige Vorarbeit dar, um das Phänomen von tödlichen Stromschlägen im Wasser zu erklären. In Schülerversuchen wurde die Leitfähigkeit verschiedener Flüssigkeiten mithilfe von LEDs/Multimeter untersucht und die Ergebnisse zum Verständnis von Batterien/Galvanisiertechniken herangezogen. Die schnelleren Schülergruppen konnten einen Regenwächter konstruieren oder für saure/alkalische Abwässer einen Abwasserwächter bauen und sein Verhalten erklären (vgl. dazu die ***Kopiervorlage*** auf Seite 115).

Problemlösung praktisch oder theoretisch?

Bei verschiedenen Versuchen haben wir erlebt, dass Schüler die Ergebnisse eines Versuchs lieber durch Nachdenken als durch Handeln erarbeiten wollten. Zum einen waren sie zu faul, die Versuchsgeräte zu holen und wieder wegzuräumen, zum anderen faszinierte sie Denkarbeit. Am Beispiel des Themas „UND- und ODER-Schaltung" sollten die Schüler intuitiv bisher gelernte Schaltungskenntnisse auf technische Probleme anwenden und die Anfertigung sowie das Lesen von Schaltskizzen üben. Ausgehend von dem Schaltkreis mit einem Glühlämpchen mit einem Taster werden die Klingelschaltung und Sicherheitsschaltung mit zwei Tastern entwickelt.

Während die Praktiker einfache Schaltungsprobleme handelnd angingen, bearbeiteten die Theoretiker das Problem durch Nachdenken. Die „Experten" mussten das Problem „Wechselschaltung für zwei Glühlampen" lösen und der Klasse anschließend die Lösung vorstellen.

Ein weiteres Beispiel zu dieser Differenzierungsform ergibt sich bei der Einführung in den Bau der Warnschaltung. Nachdem anhand verschiedener Warnschaltungen die Struktur dieser Systeme erarbeitet wurde, mussten Verbindungstechniken für Bauteile (Stecken, Verdrahten, Löten) gesucht werden. Für das fachlich einwandfreie Löten waren die Kenntnisse chemischer und physikalischer Eigenschaften von Loten und Flussmitteln eine wichtige Voraussetzung. Die Lötregeln wurden anhand von Lötaufgaben an dem mit Reißzwecken vorbereiteten Holzbrett für die Warnschaltung entwickelt und eingeübt.

Während die eine Gruppe die Frage nach lötbaren Metallen praktisch anhand vorgegebener Metalle mit hohem/niedrigem Schmelzpunkt klärt, versucht die andere Gruppe diese Aufgabe theoretisch anhand einer Tabelle über Schmelzpunkte von Reinmetallen/Legierungen zu lösen.

Einen Schülerversuch, der alle interessiert, gibt es nur selten ...

Wenn man zum Beispiel das für Schüler interessante Thema „Entstehung von Gewitter und Blitzschutz" durch Schülerversuche vorbereiten will, müssen sie lernen, wie Ladungen erzeugt werden und an welchen Eigenschaften man sie erkennt. Erst dann kann man sie für das Erlernen eines einfachen Atomrumpfmodells zum Verständnis von Ladungserzeugung motivieren.

Ausgehend von Situationen, in denen Schüler Entladungen (Blitze) beobachtet haben, wird in Schülerversuchen die Aufladung bzw. Entladung von Stoffen (Wolle/Glimmlampe) untersucht. Mithilfe des Schulbuches klären sie selbstständig:
- Wie entsteht ein Gewitter?
- Wie entsteht der Donner?
- Möglichkeiten des Schutzes vor den Blitzfolgen,
- Verhalten bei Gewitter usw.

Im Unterricht kann die Reibungselektrizität auf verschiedene Weise nachgewiesen werden: Man kann eine Klarsichtfolie auf einer Stoffunterlage reiben und im Dunkeln mithilfe einer Glimmlampe Glimmentladungen sichtbar machen. Man kann
- die Abstoßung bzw. Anziehung von geladenen Körpern (Luftballons, Holundermarkkügelchen) beobachten,
- ein einfaches Elektrometer bauen (mithilfe einer dünnen Metallfolie),
- an zwei Folien durch Auseinanderziehen Entladungs geräusche (Knistern) und Lichtblitze beobachten.

Diese verschiedenen Nachweise werden als parallele Schülerversuche den Schülern zur Auswahl angeboten, die sich für einen der vier Versuche entscheiden müssen. Auf diese Art und Weise kann es gelingen, alle Schülerinnen und Schüler einer Lerngruppe so lange wie möglich „bei der Stange" zu halten. Aussprüche wie „Physik interessiert mich nicht" hören wir in unserem Unterricht kaum noch ... ■

[1] *Hessischer Kultusminister* (Hrsg.): Rahmenplan Physik, Sekundarstufe I. Wiesbaden 1996; *Hessischer Kultusminister* (Hrsg.): Rahmenplan Chemie, Sekundarstufe I. Wiesbaden, 1996

[2] Lernen lernen bedeutet zum Beispiel Anleitung zum „Überblickenden" und „intensiven Lesen" von naturwissenschaftlichen Texten, Vorbereitung auf Tests usw.

Schaltungen mit Glühlampen

Hast du schon einmal eine Schaltung mit zwei Glühbirnen aufgebaut? Wenn ja, kannst du auch die schwierigere Fragestellung von Versuch B oder sogar Versuch C bearbeiten. Andernfalls bearbeite Versuch A, damit du zum Experten wirst.

Versuch A: Wie kannst du erreichen, dass zwei Glühlampen gleichzeitig brennen?

Arbeitsmaterial
2 Glühlampen 6,3 V/0,3 A
2 Fassungen
4 Krokodilklemmen
2 rote und 2 schwarze Kabel
1 6-Volt-Stromquelle

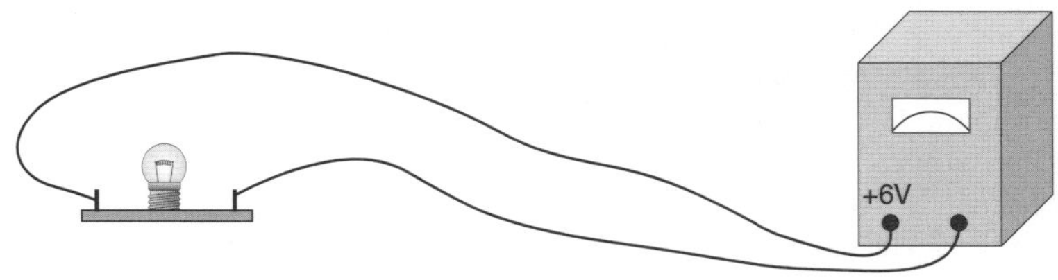

Beispiel für eine Schaltskizzenzeichnung

Baue die Schaltung auf. Wenn sie funktioniert, notiere die Versuchsdurchführung mit Fragestellung, Material, Schaltskizze und Beobachtungen in dein Heft. Vielleicht findest du auch zwei verschiedene Lösungsmöglichkeiten. Dann zeichne beide Schaltungen in dein Heft und notiere deine Beobachtungen.

Versuch B: Eine Straßenbeleuchtung mit vier Lampen

Baue eine Straßenbeleuchtung mit vier Lampen, die an einer Stromquelle angeschlossen werden sollen. Dabei sollen drei Lampen auch dann weiterbrennen, wenn eine Lampe defekt ist.

Arbeitsmaterial
4 Glühlampen 6,3 V/0,3 A
4 Fassungen
8 Krokodilklemmen
4 rote und 4 schwarze Kabel
2 Kupferdrähte (blank)
1 6-Volt- Stromquelle

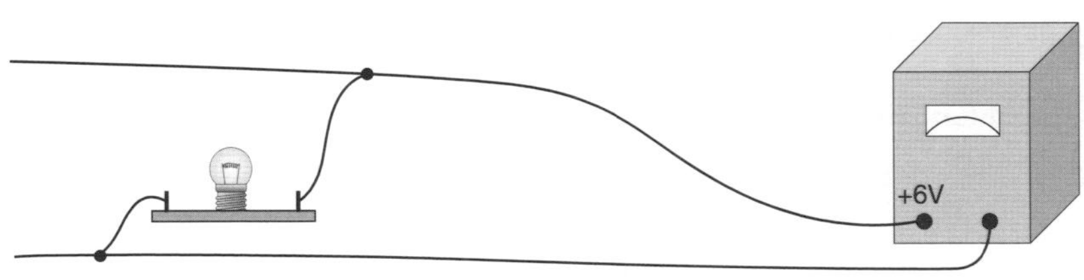

Beispiel für eine Schaltskizzenzeichnung

Baue die Schaltung auf. Wenn sie funktioniert, notiere die Versuchsdurchführung mit Fragestellung, Material, Schaltskizze und Beobachtungen in dein Heft.

Versuch C: Schaltung mit unterschiedlich hell brennenden Lampen

Du willst eine Schaltung mit drei Lampen bauen, die an einer Stromquelle angeschlossen werden sollen.Dabei sollen zwei Lampen verschieden hell brennen.

Arbeitsmaterial
3 Glühlampen 6,3 V/0,3 A,
3 Fassungen,
6 Krokodilklemmen,
3 rote und 3 schwarze Kabel,
1 6-Volt- Stromquelle.

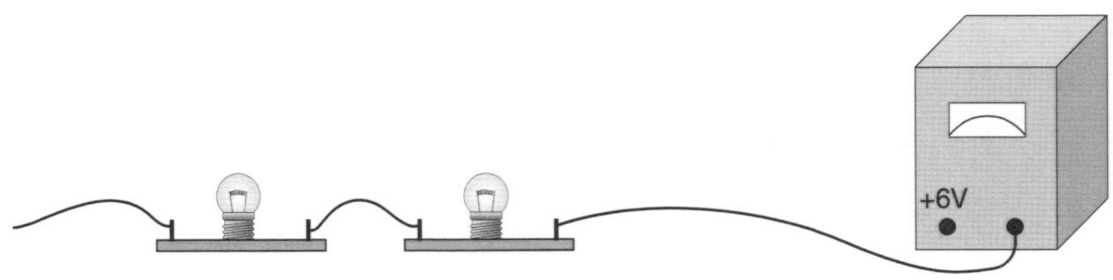

Beispiel für eine Schaltskizzenzeichnung

Baue die Schaltung auf. Wenn sie funktioniert, notiere die Versuchsdurchführung mit Fragestellung, Material, Schaltskizze und Beobachtungen in dein Heft.

Können Flüssigkeiten Strom leiten?

Versuch A

Welche der folgenden Flüssigkeiten leiten den elektrischen Strom so gut, dass ein Lämpchen brennt?

Arbeitsmaterial

Verschiedene Flüssigkeiten:
destilliertes Wasser, Salzwasser, Zuckerwasser, Essigsäure, Zitronensaft, Apfelsaft, Spiritus (Vorsicht: brennbar), verdünnte Natronlauge, Öl
1 Becherglas
2 Nägel
4 Krokodilklemmen
3 Kabel
1 Alufolienstreifen
1 Styroporstück
1 Glühbirne 6V/0,1A mit Fassung
(oder LED mit einem 215 W Widerstand)
1 6-Volt-Stromquelle

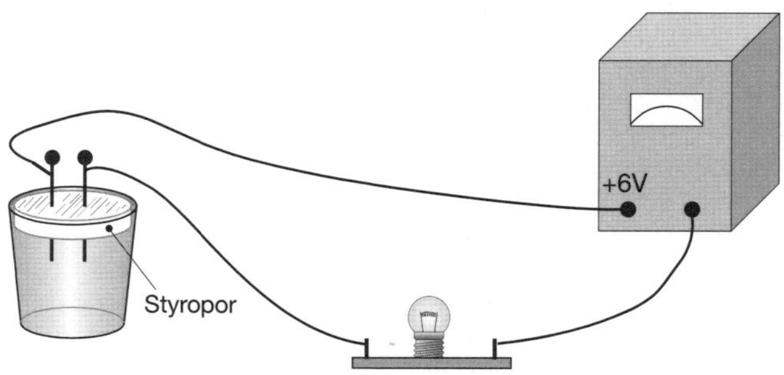

Durchführung

Stellt zuerst mit euer Lehrerin bzw. eurem Lehrer jeweils etwa 10 ml von den Flüssigkeiten her, bei denen Stoffe wie Salz, Zucker, Natronplätzchen in Wasser aufgelöst werden müssen.
Alle Flüssigkeiten werden in zuvor beschriftete Bechergläser gefüllt.
Baue nun eine Prüfschaltung entsprechend der Zeichnung auf und prüfe deine Schaltung, indem du die Nägel mit einem Stück Alufolie (guter Leiter) verbindest.
Zur Untersuchung wird eine Flüssigkeit nach der anderen von Schüler zu Schüler gereicht.
Notiere deine Beobachtungen (brennt/brennt nicht) in der Tabelle.

Beobachtungen

Flüssigkeit	*Lampe*

Regen und Abwasser „überwachen"

Versuch B 1: Bau eines Regenwächters

Manchmal muss man vor Regen gewarnt werden. Solch ein Warnsystem zeigt dir zum Beispiel an, dass man die Wäsche draußen abhängen sollte.

Arbeitsmaterial:
2 Streifen aus Alufolie
1 Teelöffel Kochsalz
1 Wasserflaschenverschluss
4 Krokodilklemmen
3 Kabel
1 Glühbirne 6V/0,1A mit Fassung
(oder LED mit einem 215 W Widerstand)
1 6-Volt-Stromquelle

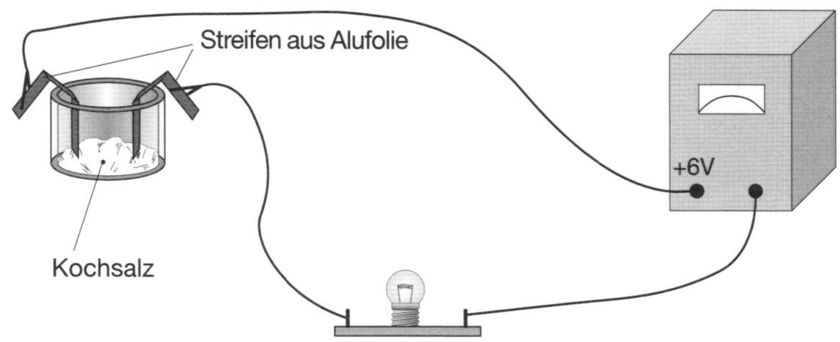

Durchführung:
Baue den Versuch entsprechend der Zeichnung auf und lasse einen Tropfen Wasser auf das Salz fallen. Notiere deine Beobachtungen und erkläre sie.

Versuch B 2: Bau eines Abwasserwächters

Wenn man in Fabriken Säuren und Laugen verwendet, dürfen sie nicht ins Abwasser fließen. Um das zu überwachen, prüft man die elektrische Leitfähigkeit des Abwassers.

Arbeitsmaterial:
Flüssigkeiten:
Wasser
Verdünnte Essigsäure (1 Teil Essig/5 Teile Wasser)
1 Plastikschlauch 50 cm, etwa 10 mm Δ
1 Trichter
1 Schüssel
4 Krokodilklemmen
2 Reißzwecken
3 Kabel
1 Glühbirne 6V/0,1A mit Fassung
(oder LED mit einem 215 W Widerstand)
1 6-Volt-Stromquelle

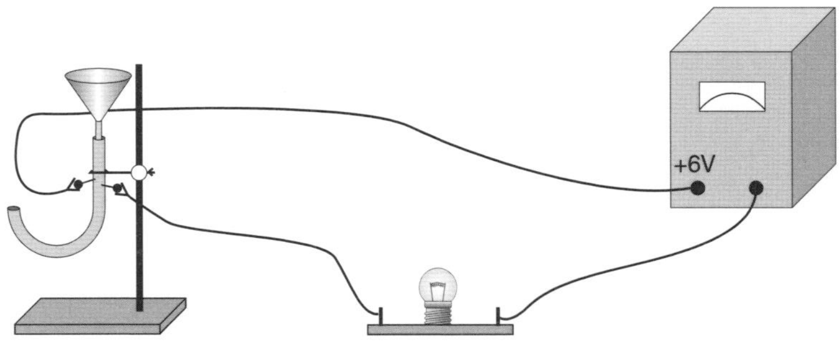

Durchführung:
Baue den Versuch in einer Schüssel entsprechend der Zeichnung auf. Die Leitfähigkeit der Flüssigkeit wird über zwei Reißzwecken geprüft, die in die Schlauchwand gedrückt werden. Lasse dann
a) Wasser, b) verdünnte Essigsäure durch den Schlauch fließen.
Notiere deine Beobachtungen und erkläre sie.

VII. Differenzieren durch Stationen und Lernwerkstätten

„Lieber Heinrich!"

Ingrid Ahlring

Lernwerkstattarbeiten zum Thema „Industrialisierung"

Fotos: Ingrid Ahlring

Abbildung 1:
In der sich der Unterrichtseinheit anschließenden Ausstellung präsentieren die Schülerinnen und Schüler ihre Ergebnisse.

In unserer Integrierten Gesamtschule geht die Leistungsschere in der Jahrgangsstufe 9 stark auseinander. Deshalb müssen unsere potenziellen Oberstufenschüler mit anderen Materialien konfrontiert werden, als wir unseren Hauptschülern zumuten dürfen. Wir brauchen also ein Konzept, das den Unterricht gemeinsam inszeniert, die Schüler aber als Individuen anspricht und unterschiedlich fordert.

Für die inhaltliche Gestaltung dieser Unterrichtseinheit war insbesondere der durch die Industrielle Revolution in Gang gebrachte Strukturwandel der Gesellschaft ausschlaggebend. Der Unterricht sollte in *drei klar unterschiedene Phasen* aufgeteilt sein, von denen jeweils die erste und letzte Phase als *gemeinsame* Veranstaltungen für alle konzipiert sein sollten, die mittlere Phase hingegen als *individualisierende* Lernphase.

Hier sollten die Schülerinnen und Schüler
- sich das Abstraktionsniveau zumuten, das für ihren Abschlusswunsch sinnvoll ist,
- ihrem Lerntempo gemäß unterschiedlich viele Aufgaben bewältigen können und
- sich ihrer Motivationslage entsprechend entweder mit kreativen oder sachlichen Aufgaben beschäftigen können.

Inhaltlich sollte die Strukturveränderung im Bereich Produktion und Interessenvertretung seit dem Mittelalter in der ersten gemeinsamen Phase erarbeitet werden, gesellschaftliche und soziale Folgen dann ein Produkt der differenzierenden Phase sein (vgl. dazu die ***Materialseite*** 121).

Gruppenarbeit in heterogenen Gruppen

In dieser ersten Unterrichtsphase erhielten die Schüler arbeitsteilig kurze Texte zu wesentlichen Strukturveränderungen im Produktionsprozess und der entsprechenden Entwicklung von Interessenvertretungen.

Die Aufarbeitung dieser Texte in heterogenen Tischgruppen resultierte in einer visualisierten Strukturübersicht, die es auch schwächeren Schülern ermöglichte, die komplizierten Strukturen zu durchschauen.

Individualisierendes Lernen auf verschiedenen Niveaus

In der zweiten Phase arbeiteten die Schüler individuell an verschiedenen Arbeitsaufträgen zu dem Bereich des gesellschaftlichen und sozialen Wandels und dessen Auswirkungen auf Mensch und Umwelt. Wir hatten dazu aus verschiedenen Schulbuchmaterialien eine kleine „Lernwerkstatt“ mit fünf „Stationen“ zusammengestellt:
- Erfindungen/technische Veränderungen,
- Transport und Infrastruktur,
- Soziale Situation/Soziales Elend,
- Frauen- und Kinderarbeit,
- Theoretiker begleiten den Prozess.

Innerhalb dieser „Stationen“ gab es verschiedene Arbeitsaufträge, die in unterschiedliche Niveaus unterteilt waren. Dies war uns für den Jahrgang 9 deshalb wichtig, weil wir der Meinung waren, dass Schüler mit dem Blick auf weiterführende Schulen (Fachoberschule, berufliches Gymnasium und gymnasiale Oberstufe) schwierigere und abstraktere Aufgaben und Texte bearbeiten sollten als Real- oder Hauptschüler. Wir besprachen mit den Klassen die Funktion dieser Einteilung. Da die meisten Schüler bereits aus den früheren Jahren mit Angebotsdifferenzierung vertraut waren, war dies für sie kein Problem und sie stellten sich den unterschiedlichen Anforderungen.

Unterschiedliche Arbeitsaufträge

Die Arbeitsaufträge, die sich im Wesentlichen auf Bücher im Handapparat bezogen, boten den Schülern als Material Statistiken und Tabellen, die in Schaubilder und/oder Grafiken umgesetzt werden sollten, Karten, Quellentexte sowie viele Bilder und Fotodokumente. Da es sich hierbei um die erste „fotografierte“ Epoche der deutschen Geschichte handelt, spielten Bildbetrachtungen und Fotos als Anregung zu kreativem Schreiben eine große Rolle. Für die Erledigung ihrer individuellen Arbeitsaufträge stand den Schülern in den Klassenräumen ein Handapparat zur Verfügung, der sich aus Geschichtsbüchern und Bildbänden zur Geschichte der Produktionsmittel bzw. der Arbeiterbewegung zusammensetzte. Die Bücher stammten aus den „Hausbeständen“ der Kollegen und der Schulbibliothek.*

Da die Ergebnisse der Arbeit jeweils auf ein großes DIN-A3-Wandplakat gebracht werden sollten, lagen farbiges DIN-A3-Papier (aus der Klassenkasse gekauft) und Farbstifte im Klassenraum bereit.

Die leichteren Arbeitsaufträge bestanden im Umsetzen tabellarischer Zahlen in Säulendiagramme, im Zusammenfassen einfacherer Texte, der Auseinandersetzung mit Fotografien sowie dem Übertragen von Skizzen und Bildbeschreibungen auf die Wandzeitung. Die Aufgaben mit höherem Anspruchsniveau (mit einem Stern gekennzeichnet) bestanden in der Bearbeitung von Quellentexten, in der Interpretation von Statistiken und Tabellen sowie aus Zusammenfassungen qualitativ abstrakterer und quantitativ umfangreicherer Textangebote (vgl. dazu die ***Kopiervorlagen*** auf den Seiten 122 und 123).

Jeder Schüler sollte mindestens ein Thema pro „Station“ bearbeiten und sich mit dem Material entsprechend seines Leistungsstandes bzw. Abschlusswunsches auseinander setzen. Die Auswahl des jeweiligen Niveaus überließen wir den Jugendlichen selbst, betonten jedoch, dass es in diesem Stadium ihrer Schullaufbahn unerlässlich sei, sich dem Anspruchsniveau des angestrebten Abschlusses zu stellen. Innerhalb der einzelnen Stationen war es jedoch ihren Neigungen überlassen, ob sie sich mit eher kreativen (Schreiben zu Bildern) oder eher statistischen (Auswerten von Zahlen und Daten) Aufgaben beschäftigen wollten.

Was kam dabei heraus?

Die Ergebnisse, die die Schüler auf den Wandplakaten festhielten, wurden unter den fünf Themenbereichen an der Klassenraumwand oder im Flur neben der Klasse aufgehängt. So entstand im Verlauf des Arbeitsprozesses ein buntes Kaleidoskop als Überblick über diese Epoche. Diese „Industrialisierungswände“ (siehe dazu das Beispiel in *Abbildung 1*) waren ein Blickfang für Schüler, Lehrer, Eltern und Besucher der Schule.

Die Plakate waren sehr ansprechend gestaltet. Da gab es farbig abgesetzte Säulendiagramme, Todesanzeigen mit großen schwarzen Kreuzen, die auf Arbeitsbedingungen und Sterblichkeitsraten in der Textilindustrie hinwiesen. Unter dem Foto einer alten ausgemergelten Frau, die einen Brief in der Hand hielt, konnte man den (fiktiven) Brief lesen, der ihr karges Leben beschrieb. Man fand ein Flugblatt einer Gewerkschaft, das unmenschliche Arbeitsbedingungen anprangerte sowie Skizzenzeichnungen von Dampfmaschinen und der „Spinning Jenny“. Ein Schüler hatte die eigene Dampfmaschine in die Ausstellung integriert und ihre Funktionsweise an der Ausstellungswand beschrieben. Auf den Wandzeitungen fand man Porträts von *August Bebel* (siehe *Abbildung 2*), *Friedrich Engels, Karl Marx, Ferdinand Las-*

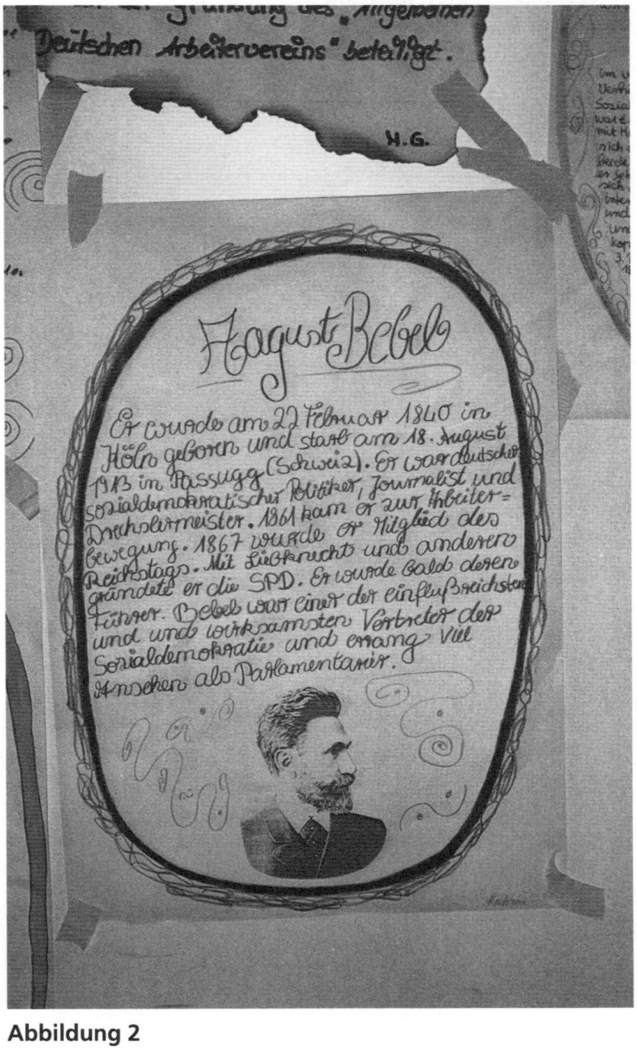

Abbildung 2

salle und anderen Theoretikern dieser Epoche. Die Predigt eines Pfarrers über Kinderarbeit war ebenso zu finden wie Kurzbiografien der Industriellen *Alfred Krupp* und *August Thyssen*.

Unser eigenes Museum entsteht

Am Ende dieser individualisierenden Arbeitsphase war eine große, bunte Ausstellungswand zum Thema Industrialisierung entstanden. Doppelte Bearbeitungen von Themen waren vorhanden und durchaus gewollt – unterschiedliche Schüler hatten dasselbe Thema verschieden umgesetzt (siehe nochmals die *Abbildung 1* auf Seite 118).

Noch einmal versammelte sich die Klasse vor der eigenen Ausstellungswand. Die Lehrer betätigten sich in ihren Klassen als „Museumsführer" durch das eigene Museum und vermittelten den Zuhörern einen roten Faden durch die einzelnen Mosaiksteinchen an der Wand. Zusammenhänge wurden noch einmal verdeutlicht. Bei einzelnen „Bausteinen" wurde jeweils innegehalten und die Jugendlichen wurden gebeten, ihr eigenes Plakat zu erläutern und inhaltlich zu dem angesprochenen Punkt Stellung zu nehmen. Durch diese zusammenfassende „Führung" verlor sich der „additive" Charakter dieser Informationssammlung.

Da einzelne Schüler bestimmte Ausstellungsbereiche selbst erläutern sollten, stellte diese Führung nicht eine lehrerzentrierte „Wiederholung des Unterrichtsstoffes" dar, sondern wurde eine lebendige Inszenierung der individuellen Schülerarbeitsergebnisse als gemeinsame Veranstaltung.

Differenzierte Lernkontrolle

Das Ende dieser gemeinsamen Phase bildete eine kreative Lernkontrolle. Die Schüler sollten in eine Rolle schlüpfen und einen Brief an den ausgewanderten „Bruder Heinrich" schreiben. Der Brief sollte über die eigene Lebenssituation berichten und dem fernen Bruder mitteilen, was sich seit seinem Weggang zu Beginn der Industrialisierung alles verändert hatte.

Die Schüler hatten für den Brief eine Unterrichtsstunde Zeit. Es war ihnen selbstverständlich erlaubt, sich während des Schreibens noch einmal intensiv mit der Klassenausstellung zu beschäftigen. Ein großer Teil der Schüler studierte daraufhin aufmerksam noch einmal einzelne Plakate. Andere Schüler lagen bäuchlings auf dem Flur vor der Ausstellungswand und verfassten dort ihre Briefe.

Durch das Hineinschlüpfen in eine fiktive Identität konnten sie Prioritäten setzen. Die Briefe wurden anschließend eingesammelt und als Leistungskontrolle verwandt. Auch bei der Bewertung dieses Schriftstücks legten wir differenzierte Maßstäbe an: Für die Hauptschüler reichte uns in der Regel ein der Textsorte angemessenes Produkt, das aus jedem Bereich einen wichtigen Gesichtspunkt enthielt. Von unseren potenziellen Übergängern in die Oberstufe erwarteten wir Begründungszusammenhänge und Hinweise auf mindestens einen der Theoretiker dieser Zeit. Es entstand ein vielfältiges Spektrum an Briefen und einige wurden am Schluss der Unterrichtseinheit vorgelesen.

Ein Erfolgserlebnis für alle

Mit dem Zusammentragen der Ausstellung über die Industrialisierung ist diese Unterrichtseinheit zu einem Gemeinschaftserlebnis für die Klasse geworden. Sie begann mit viel Spaß an den unterschiedlichen Szenen und endete mit dem guten Gefühl, dass jede einzelne Person der Klasse ihren Beitrag zum Gelingen der Ausstellung beigetragen hatte. Weite Teile des Unterrichts waren gekennzeichnet durch handlungsorientierte Anteile und kreative Phasen.

Die Visualisierungen ermöglichten den Schülerinnen und Schülern die Einordnung ihrer Beiträge in größere Zusammenhänge und vermittelten ihnen über längere Zeit (die Plakate blieben noch ungefähr acht Wochen nach Ablauf hängen) einen einprägsamen Eindruck von dieser Epoche. Jeder konnte seinen Fähigkeiten entsprechend arbeiten, unterschiedlichen Lerntempi wurde durch die Angabe von Mindestbearbeitungen (die die Erwartung, mehr zu schaffen, einschloss) Rechnung getragen. Die Aufgabe, Wandplakate zu gestalten, die anschließend noch als „Museum" genutzt wurden, verhinderte, dass eine Aufgabe in dem Moment als „abgehakt" betrachtet wurde, in dem der Lehrer sie zur Kenntnis genommen hatte. Jedes Mitglied der Klasse hatte das Gefühl, wichtige Beiträge für das Gesamtprodukt der Klasse geleistet zu haben.

Auch die Leistungskontrolle am Ende war keine angstbesetzte Klassenarbeit, sondern eine nochmalige individuelle Auseinandersetzung mit dem gemeinsamen Produkt. Die Aufforderung, einen Brief zu schreiben, bedeutete, die Ausstellungsplakate aus der gewählten Identität heraus noch einmal genau durchzusehen. Ein schlichtes Abschreiben der Wandzeitungsergebnisse war damit weitgehend ausgeschlossen.

Zum Schluss sei noch gesagt: Die Ausstellung hat viele Vorübergehende beeindruckt und in den Pausen wurden die Schüler häufig daraufhin angesprochen. Dadurch konnten sie ihre Unterrichtsergebnisse noch einmal als Erfolg für sich verbuchen. Und: Auch in einer höheren Jahrgangsstufe war es gelungen, sowohl Unterricht für alle zu machen, als auch den Schülern sehr Unterschiedliches abzuverlangen. ■

---

*Beispielsweise Schulbücher wie ANNO 3. Westermann Schulbuchverlag, Braunschweig 1996, oder Endecken und Verstehen 2 u. 3, Cornelsen, Berlin 1992.

Die Unterrichtseinheit „Industrialisierung“

Phase 1: Gruppenarbeit in heterogenen Gruppen

Gruppe 1
Text und szenische Präsentation zum Thema: „Mittelalterliches Zunfthandwerk“

Gruppe 2
Text und szenische Präsentation zum Thema: „Veränderungen im mittelalterlichen Handwerk“

Gruppe 3
Text und szenische Präsentation zum Thema: „Verlagssystem“

Gruppe 4
Text und szenische Präsentation zum Thema: „Manufakturen“

Gruppe 5
Text und szenische Präsentation zum Thema: „Maschinelle Industrieproduktion“

Ergebnis: Visualisierung und Auswertung in der Klasse

Phase 2: Individualisierende Arbeit mit der „Lernwerkstatt“. Karteien und Aufträge auf ...

	hohem Niveau	unterschiedlichem Niveau	niedrigem Niveau
Thema 1 „Technische Veränderung“			
Thema 2 „Infrastruktur“	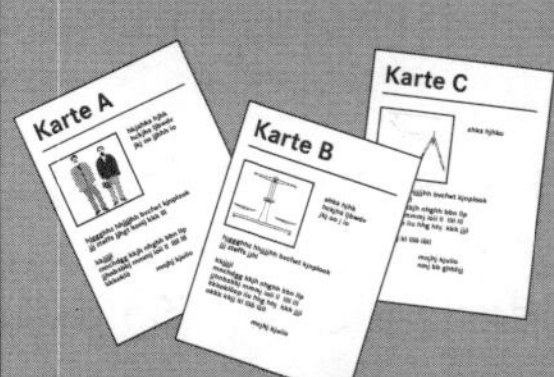	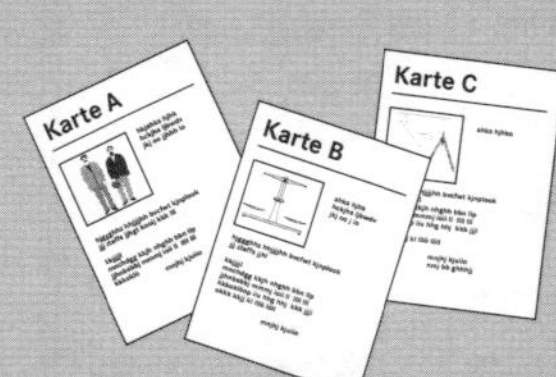	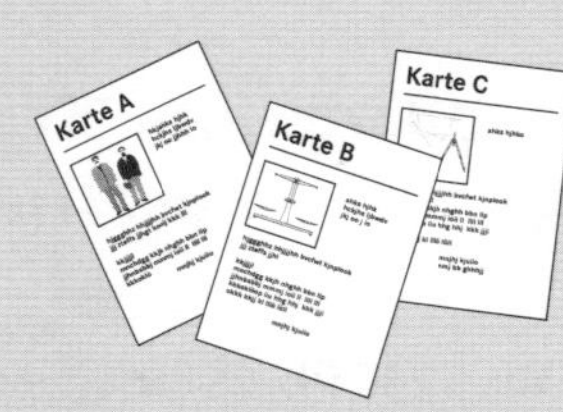
Thema 3 „Soziale Folgen“			
Thema 4 „Frauen/Kinder“			
Thema 5 „Theoretiker begleiten den Prozess“			

Ergebnis: Erstellung von Plakaten für eine „Klassenausstellung“

Phase 3: Gemeinsame „Führung“ durch die eigene Ausstellung mit individueller Leistungskontrolle bezogen auf die Ausstellung und differenzierte Benotung

Foto: bpk

Arbeiterfamilie um 1900

1. Betrachte das Bild genau. Informiere dich über das Leben der Arbeiter um die Jahrhundertwende.

2. „Großvater" erzählt von früher – schreibe seinen Bericht auf ein Plakat!

Sterbetafel

der

Allgemeinen Kranken- und Sterbekasse der Metallarbeiter.

Nr. 23554. Oskar Fredriksen, Schlosser, geb. 20. März 1867, gest. 20. Mai 1888 an Lungenschwindsucht in Kiel.
Nr. 11650. Gustav Jabusch, Heizer, geb. 11. Febr. 1847, gest. 19. Mai 1888 an Lungenschwindsucht in Hannover.
Nr. 24611a. Leopold Fromhold, Schmied, geb. 15. Nov. 1849, gest. 3. Juni 1888 an Lungenschwindsucht in Mainz.
Nr 11579b. Friedrich Hennicke, Former, geb. 2. Aug.1858 gest. 30. Mai 1888 an Lungenschwindsucht in Fermersleben.
Nr. 3837b. Johann Brück, Hilfsarbeiter, geb. 7. Juni 1849, gest. 29. Mai 1888. Überfahren. Gießen.
Nr. 23213a. Richard Feistel, Heizer, geb. 14. Dez. 1866, gest. 22. Mai 1888 an Gehirnerweichung in Breslau.
Nr. 13271b. Adolf Knust, Gürtler, geb. 4. Oktober 1848, gest. 24. Juni 1888 an Lungenschwindsucht in Berlin 3.
Nr. 15610b. August Knappe, Knopfarbeiter, geb. 24. Mai 1849, gest. 25. Mai 1888 an Lungenschwindsucht in Berlin 3.
Nr. 24229a. Hermann Krause, Arbeiter, geb. 27. Febr. 1858, gest. 26. Mai 1888 an Kehlkopf- und Lungen schwindsucht in Berlin 3.

1. Lies die Sterbetafel von Mai/Juni 1888 durch und entwickle eine Grafik zu den Todesursachen! (Säulendiagramm oder Kreisgrafik)

2. Informiere dich (Bibliothek, Lexika) darüber, was „Lungenschwindsucht" ist.

3. Stelle Vermutungen darüber an, warum so viele Menschen an Schwindsucht starben. Nimm Geschichtsbücher und Bilder zu Hilfe.

4. Verarbeite Grafik und Informationen zu einem übersichtlichen Informationsblatt (DIN-A4 oder DIN-A3).

Arbeiterinnen in einer Stanzerei, Nürnberg (um 1900)

Quelle: Westermann Archiv

1. Betrachte das Bild und informiere dich über das Leben der Arbeiterinnen.
2. Schreibe einen Text: „Gedanken einer Arbeiterin“. Suche dir auf diesem Bild eine Frau aus, deren Gedanken du aufschreiben willst.
3. Bringe das Ganze (eventuell mit Foto) auf ein Wandplakat.

Wählt Liste II **Dienstmädchen!** Wählt Liste II

Hausangestellte!

Keine Stimme der Liste I

Die Anhänger dieser Liste treten ein für die **Gesindeordnung** und damit für das Recht der Herrschaften, **die Dienstboten zu züchtigen!** Die Anhänger der Liste I haben **30 Jahre lang** den Dienstmädchen, ihren Schwestern und Müttern, die

Wöchnerinnenhilfe verweigert

und euch in der schweren Zeit der Entbindung in **Not und Elend** gestoßen. Diese Leute fordern **eure Herrschaften** auf, euch wie eine Schafherde gemeinsam zur Wahl zu führen und euch zu **zwingen,** nur die Liste abzugeben, die der **Herrschaft paßt.** Dienstmädchen, laßt euch nicht rechtlos machen! Folgt euren Freunden, die stets für euch eingetreten sind!

Die Frauen und Männer der **Liste II** haben euch

das Wahlrecht erkämpft
ein höheres Krankengeld erstritten
die Wöchnerinnen-Unterstützung gebracht

und werden euch befreien von der **unwürdigen Gesindeordnung** und zu **freien gleichberechtigten Menschen** machen. **Dienstmädchen!** Wählt alle die

LISTE II

Und wenn die Gegner, eure Feinde, auch sagen: die Frauen und Männer der Liste II sind lauter **Sozi** und ihr dürft **Sozi** nicht wählen, so antwortet: Wir wählen unsere **Freunde,** das sind die Leute der **Liste II:**

Ischinger Hans **Weich** Klara **Schmidbauer** Rupert

1. Studiere das Wahlplakat genau. Erstelle eine Liste mit Informationen über Dienstmädchen.
2. Informiere dich über die Parteien zu der Zeit. Überlege, wer sich hinter der „Liste II“ verbirgt. Welche Partei könnte „Liste I“ sein? Begründe deine Meinung!
3. Entwickle ein Plakat für die Wand. Du hast zwei Möglichkeiten zur Auswahl:
   a) Situation der Dienstmädchen (mit Illustration) oder
   b) ein Wahlplakat der Liste I, auf dem die Hausfrauen angesprochen werden. Vergrößere das Original-Plakat auf die Größe deines Plakats (Fotokopierer/Copy-Shop) und hänge beide nebeneinander!

Quelle: Westermann Archiv

Verstaubte Verse und kitschige Kirchen?

Katarina Düringer

Eine Lernwerkstatt zum Thema „Barock" im fachübergreifenden Deutschunterricht der Mittelstufe

Abbildung 1: Das Lernen in einer Lernwerkstatt fördert nicht nur das selbstständige Lernen, sondern eröffnet auch ganz individuelle Wege ...

Foto: Veit Mette/Bielefelder Fotobüro

Marilyn sitzt da mit dem Discman auf dem Schoß und Kopfhörern im Ohr, Sandra und Heike diskutieren intensiv über Techniken des Küssens, Svenja liest Kontaktanzeigen und Ursula blättert im neuesten Roman von Ingrid Noll. Theresa ist in eine Zeitschrift vertieft, Daniela schreibt einen Brief und Anna vergleicht zwei Parfumproben miteinander. Diese Szene ist eine Momentaufnahme aus der Barock-Lernwerkstatt einer 9. Klasse, in der alle Schülerinnen auf ganz verschiedene Weise Aspekte des Barock bearbeiten.[1]

Warum gerade Lernwerkstatt?

Marilyn hört Ausschnitte aus einer Radiosendung über die Brüder *Asam*, Sandra und Heike diskutieren *Paul Flemings* Gedicht „Wie er wollet geküsset sein", Svenja versucht herauszufinden, warum eine Inserentin sich als „Rubensmodell mit barocken Formen" anpreist (siehe den *Kasten 1*), und Ursula analysiert, warum *Ingrid Nolls* „Röslein Rot" ein kleines Faltblatt mit den Abbildungen barocker Stillleben beigelegt ist. Theresa informiert sich in einem Merian-Heft über die barocke Residenzstadt Karlsruhe, während Daniela einen Artikel über das „Grüne Gewölbe" in Dresden gelesen hat und nun das Gelesene in einen Brief an ihre Tante umsetzt. Anna schließlich beschäftigt sich anhand einer Passage aus *Patrick Süskinds* „Das Parfum" mit der Parfumherstellung im 18. Jahrhundert und versucht gerade, den Duft zweier Parfums zu beschreiben.

All diese Arbeitsformen im herkömmlichen Frontalunterricht zu verwirklichen ist kaum möglich. Arbeiten im Rahmen einer Lernwerkstatt ermöglicht dagegen zweierlei: Die Schülerinnen lernen das nötige Grundwissen und haben außerdem viele Möglichkeiten, sich speziellere Aspekte des Themas zu erarbeiten. Sie entscheiden – in einem gewissen Rahmen – selbst, wo sie ihren Schwerpunkt setzen, und sie arbeiten mit Realien. Ihnen stehen verschiedene Lernwege offen, die sie selbstständig begehen. Im Zweifelsfall ist die Lehrkraft mit dem Kompass in der Nähe, doch die Möglichkeit, an einer Weggabelung die eigene Richtung zu entdecken, ist zunächst immer gegeben.

Ausgehend vom unterschiedlichen Denk-, Lern- und Arbeitsverhalten der Schülerinnen einer Klasse versucht die Konzeption des Lernens an Stationen durch eine Vielfalt an Aufgabenstellungen die Schülerinnen auf verschiedenen Ebenen zu erreichen. Die verschiedenen Eingangskanäle (visuell, auditiv und kinästhetisch) werden im Idealfall ebenso berücksichtigt wie die unterschiedlichen Denkstrukturen (proaktiv vs. reaktiv, problem- vs. zielorientiert usw.) und die Links- und Rechtshirnorientierung.

Wie beim Stationenlernen wird für die Lernwerkstatt das zu behandelnde Thema von der Lehrkraft vorstrukturiert und in einzelne Stationen untergliedert. Neu ist nun jedoch, dass an den einzelnen Stationen nicht je eine Aufgabe ausliegt, die von einer Kleingruppe bearbeitet wird, sondern dass mehrere Aufgabenkarten zur Verfügung stehen, aus denen die Schülerinnen auswählen können, je nach Fähigkeiten und Interessensschwerpunkt. Deshalb werden die Karten in der Regel in Einzelarbeit bearbeitet; es gibt keine festen Kleingruppen, die zusammen von Station zu Station wandern.

Diese Konzeption hat gegenüber dem Stationenlernen mehrere Vorteile. Zunächst werden die Schülerinnen stärker individuell gefördert, weil den verschiedenen Lerntypen besser Rechnung getragen werden kann. Im Idealfall[2] sind die Stationen so konzipiert, dass sie Aufgabenkarten für alle Eingangskanäle bereithalten, sodass jede Schülerin eine für sie optimale Arbeit ausführen kann.

Weiterhin ist die Frage der Bearbeitungsdauer für die einzelnen Aufgabenkarten weit weniger problematisch als beim Stationenlernen, da jede Schülerin für sich arbeitet und individuell die Station immer dann wechselt, wenn sie die Bearbeitung einer Aufgabe abgeschlossen hat. Somit ist das Prinzip der Lernwerkstatt auch stärker binnendifferenzierend als das Stationenlernen: Leistungsstärkere Schülerinnen bearbeiten im für die Werkstattarbeit zur Verfügung stehenden Zeitrahmen eine größere Anzahl Karten als leistungsschwächere. Eine Mindestmenge zu bearbeitender Karten wird jedoch zu Beginn der Werkstattarbeit vorgegeben, sodass Schülerinnen, die zu extrem langsamem oder allzu ausuferndem Arbeiten neigen, ein gewisses Arbeitstempo vorgegeben ist.

In der Lernwerkstatt arbeiten die Schülerinnen nicht an festen Arbeitsplätzen, sondern das Klassenzimmer ist so organisiert, dass jede Station an einem Gruppentisch ihren festen Platz hat und dass die Schülerinnen die Karten am jeweiligen Stationstisch bearbeiten. Das heißt, dass immer Schülerinnen um einen Gruppentisch herumsitzen, die am selben Themenkomplex arbeiten, zwar an je unterschiedlichen Karten, aber doch thematisch nah genug beieinander um einander gelegentlich zu helfen.

Die Lernwerkstatt Barock

Als ich zu Beginn des Schuljahres feststellte, dass in der Jahrgangsstufe 9 die Literatur des Barock behandelt werden sollte, hielt sich meine Begeisterung zunächst in Grenzen, weil ich in Bezug auf diese Epoche bestenfalls Oasenwissen besaß und mich zunächst selbst fortbilden musste. Bei der Suche nach geeigneten Materialien arbeitete ich auf „allen Kanälen" und betrachtete das Thema weit über den Tellerrand der Literatur hinaus. Kunst, Literatur, Geschichte und Architektur verknüpften sich zu einem spannenden und nicht immer widerspruchsfreien Gesamtkomplex, und überall fand ich plötzlich Material: Im Radio kam eine Sendung über die Brüder *Asam*, jemand besaß Merian-Hefte über Barockstädte, ich besuchte Kirchen und Museen und kam mit Bildbänden und Faltblättern bepackt wieder heraus, bei verschiedenen Verlagen gab es interessante Materialien, die Barock-Anspielungen in verschiedenen Romanen *Ingrid Nolls* fielen mir ein, die Architekten in meiner Familie versorgten mich mit Fachliteratur und, und, und. All diese Materialien galt es dann sinnvoll zusammenzustellen und in die Form einer Lernwerkstatt zu gießen.

Aufgrund der mir zur Verfügung stehenden Materialien gliederte ich das Thema Barock in die folgenden Teilaspekte:

- Kunst und Architektur des Barock
- Literatur und Sprache im Barock
- Lyrik des Barock
- Mode, Schmuck usw. – von den „schönen Dingen"
- Berühmte Menschen des Barock
- Barockes in moderner Literatur
- Das Emblem – eine besondere Kunstform des Barock

Natürlich erhebt diese Einteilung nicht den Anspruch, die gesamte Epoche Barock vollständig zu erfassen. Jeder Versuch in diese Richtung muss den Rahmen einer Lernwerkstatt notwendigerweise sprengen. Reduzieren, Auswählen, Schwerpunkte setzen sind wichtige Aspekte der Vorbereitungsarbeit. Am schwierigsten ist es, sich von einem

Eine Kontaktanzeige der besonderen Art

In einer Tageszeitung fand sich unter der Rubrik „Kontakt" folgende Anzeige:
„Rubensmodell mit barocken Formen sucht Lebenspartner! Zuschriften an Chiffre 16/00-3024"

Vorschläge zur Bearbeitung

- Was ist das für eine Frau, die diese Anzeige geschrieben hat?
- Blättere in dem Bildband „Malerei des Barock"* (Servicestation) und finde heraus, was ein Rubensmodell ist. Beschreibe und begründe, nenne eventuell auch ein Bildbeispiel.
- Warum beschreibt die Inserentin sich selbst auf diese Weise?

**Prater, A./Bauer, H.:* Malerei des Barock. Köln 1997 – Wer diesen Bildband nicht zur Verfügung hat, nehme einen beliebigen anderen zum Thema Barockmalerei. Wichtig ist lediglich, dass ein paar Rubenswerke darin zu finden sind; die drei Grazien sollten darunter sein.

Kasten 1

Abbildung 2: Schaubild zur Geschichte des Barock
Nach: *Mayer, D./Schoebe, G.* (Hrsg.): Verstehen und Gestalten. Bd. 9. München 1997, S. 98.

ganzen Aufgabenbereich zu verabschieden, den man eigentlich gern als Teil der Werkstatt hätte, für dessen Erstellung es jedoch an Voraussetzungen mangelt. Im vorliegenden Beispiel wird auffallen, dass der Bereich „Barocke Musik" fehlt. Ich besitze zwar passende CDs und einige Grundkenntnisse, doch ist mein Wissen für die Erstellung anspruchsvoller Aufgabenkarten noch zu schmal. Eine realistische Selbsteinschätzung ist bei der Vorbereitung einer Lernwerkstatt unbedingt nötig, denn während der Durchführung der Werkstattarbeit ist die Lehrerin bzw. der Lehrer ständig den bunt gemischten Rückfragen der Schülerinnen und Schüler ausgesetzt, und um dem gewachsen zu sein, muss man sich in den bereitgestellten Aufgabenkarten sehr gut auskennen.

Dem Bereich „Geschichte des Barock" habe ich ebenfalls keine eigene Station gewidmet, sondern ihn mit in der Einstiegsstunde in die Werkstattarbeit, die noch im Klassenverband stattfand, behandelt. Es war mir wichtig, hier an das Vorwissen der Schülerinnen anzuknüpfen, ihre Kenntnisse zu bündeln und, wo nötig, zu vertiefen. Weil die Stationen ja in beliebiger Reihenfolge bearbeitet werden, wären die Schülerinnen einer entsprechenden Station erst irgendwann im Laufe ihrer Arbeit begegnet. Es erscheint jedoch sinnvoller, ihnen allen den geschichtlichen Zusammenhang als gemeinsame Basis auf den Weg in die Lernwerkstatt mitzugeben, damit sie ihn bei der Arbeit an jeder Aufgabenkarte parat haben (siehe *Abbildung 2*).

An jeder Station stehen den Schülerinnen zwischen vier und neun Karteikarten mit Aufgaben zum jeweiligen Themenbereich zur Verfügung; insgesamt umfasst die Lernwerkstatt Barock 50 solcher Karten.[3] Eine achte Station ist die so genannte Servicestation, an der verschiedene Materialien und Hilfsmittel bereitliegen (siehe dazu den *Kasten 2*).

Zum Grundwissen innerhalb des Barock gehören der Vanitas-Gedanke und das Sonett; ich habe überdies das Emblem hier aufgenommen. Um sicherzustellen, dass alle Schülerinnen am Ende der Werkstattarbeit über dieses Wissen verfügen, enthält die Lernwerkstatt fünf Grundwissenskarten (in mehrfacher Ausfertigung), von denen jede Schülerin drei bearbeiten muss (vgl. dazu die ***Kopiervorlagen*** auf den Seiten 129 bis 131, wobei auf der jeweils linken Hälfte die Grundwissenskarte zum Thema zu finden ist). In den Bereichen Sonett und Emblem besteht in der kompletten Lernwerkstatt dabei eine Wahlmöglichkeit – und auch alle weiteren Karten (vgl. dazu die rechten Hälften der ***Kopiervorlagen*** auf den Seiten 129 bis 131 und die ***Kopiervorlage*** auf Seite 132) können dann frei gewählt werden. Die Schülerinnen haben somit die Möglichkeit, ihren eigenen Interessen zu folgen und individuelle Schwerpunkte zu setzen.[4]

Jede Arbeitskarte informiert die Schülerinnen durch eine rote Zahl zwischen 5 und 10 über die Punkte, die mit dem vollständigen Bearbeiten dieser Karte maximal erreicht werden können, und gibt so gleichzeitig einen Hinweis auf den Schwierigkeitsgrad der Karte. Nach Abschluss der Werkstattphase können die Arbeiten der Schülerinnen korrigiert und mithilfe dieser Punktzahlen entsprechend bewertet werden. Aus den insgesamt erreichten Punkten lassen sich dann relativ bequem und gerecht (mündliche) Noten erstellen.

Die Arbeit in der Lernwerkstatt Barock

Für die Arbeit mit der Lernwerkstatt standen den Schülerinnen acht Schulstunden zur Verfügung; umrahmt wurde diese Phase von einer Eröffnungs- und einer Abschlussstunde im Klassenverband. Die Arbeit in der Lernwerkstatt fand dann nicht im Klassenzimmer statt, sondern in der Bibliothek, die zum einen genügend Platz für die Einrichtung fester Stationen, zum anderen hilfreiche Nachschlagewerke und nicht zuletzt die passende Atmosphäre bot.[5]

Aufgabe der Schülerinnen war nun, mindestens neun Karten – inklusive der Grundwissens- und Wahlpflichtkarten – selbstständig und in der Regel in Einzelarbeit zu bearbeiten. Als Hilfestellung hatte ich eine kleine Liste erstellt, in der festgelegt war, wer wann eine Grundwissenskarte bearbeiten sollte. Dadurch wurde vermieden, dass sich alle die Grundwissenskarten bis zum Schluss aufhoben und dann darum stritten.

Alle Schülerinnen hatten einen Schnellhefter dabei, der zu ihrer persönlichen Barock-Mappe werden sollte und zu Beginn der Werkstattarbeit bereits die Arbeitspapiere der Einstiegsstunde sowie leere Blätter enthielt. Für jede Karte legten die Schülerinnen ein neues Blatt an, das im Kopf die Überschrift sowie die laufende Nummer der Karte trug. Dies diente der Übersichtlichkeit und half mir später beim Korrigieren und Bewerten der Mappen.

Damit sich die Schülerinnen nicht allzu viel merken oder notieren mussten, was wertvolle Zeit gekostet hätte, beschrieb ich in einer Anleitung die Regeln, die zum Ablauf der Werkstattarbeit zu beachten waren (vgl. dazu die ***Kopiervorlage*** auf Seite 133). Jede Schülerin erhielt zu Beginn der ersten Werkstattstunde eine Kopie dieser Anleitung, las sie aufmerksam durch – und dann begann die Arbeit.

Die einzelnen Arbeitsstunden verliefen ausgesprochen rege. Die Gefahr der Vereinzelung bestand zu keinem Zeitpunkt und für keine Schülerin. Es ergaben sich immer wieder spontane Partnerarbeiten, außerdem halfen die Schülerinnen einander bereitwillig. Reichte die gegenseitige Hilfestellung nicht aus, kamen Rückfragen an mich. Insgesamt kam die Lernwerkstatt mit der Vielfalt ihrer Aufgabenformen jeder Schülerin auf andere Weise entgegen und so erhielt ich am Ende 23 liebevoll geführte, aber eben auch recht unterschiedliche Mappen.

Vor Beginn der Arbeit mit der Lernwerkstatt hatte ich mit den Schülerinnen vereinbart, dass die zu erstellenden Mappen entsprechend des oben beschriebenen Punktesystems bewertet werden würden. Meist waren die Karten vollständig und sauber bearbeitet worden; nur selten musste ich Punkte abziehen, weil eine Teilaufgabe fehlte. Auch hatten die Schülerinnen in der Regel die wesentlichen Lernziele er-

Inhalt der Servicestation

Literatur und Nachschlagewerke

- *Schweikle, G. und I.*: Metzler Literatur Lexikon. Stuttgart [2]1990
- *Süskind, P.*: Das Parfum. Zürich 1985
- *Prater, A./Bauer, H.*: Malerei des Barock. Köln 1997

Materialien

- Arbeitsblätter
  - Gedichtkopie „Die Welt" (*Christian Hofmann von Hofmannswaldau*; vgl. dazu die ***Kopiervorlage*** auf Seite 129)
  - Gedichtkopie „Sonett" (*Martin Opitz*; vgl. dazu die ***Kopiervorlage*** auf Seite 130)
  - Liedkopie „Abendlied" (*Paul Gerhardt*)
  - Textblatt „Im Zeichen der gekreuzten Schwerter" (*Nicolas Neumann*)
  - Textblatt „Aus dem Leben der Maria Sibylla Merian" (aus: *Dormanns, I.* u. a., vgl. Literaturliste)
  - Arbeitsblatt „Embleme" (vgl. dazu die ***Kopiervorlage*** auf Seite 131)
- Filmdöschen mit Parfumproben (= in Parfum getränkte Wattebäusche; zwei möglichst sehr verschiedene Düfte)
- Postkarte mit Kondomwerbung (vgl. dazu ebenfalls die ***Kopiervorlage*** auf Seite 131)
- Locher
- Klebestifte

Kasten 2

reicht und die Hauptergebnisse der jeweiligen Karte erarbeitet. Ein interessanter Aspekt der Mappenkorrektur lag darin festzustellen, welche Karten häufig, welche seltener bearbeitet worden waren. Viele Schülerinnen gingen stark nach optischen Gesichtspunkten vor: Karten, die abwechslungsreich gestaltet waren – im Idealfall: Bild und Text auf der Vorderseite – fanden deutlich regeres Interesse als reine Textkarten; dass hier der Text häufig auf interessante Materialien auf der Kartenrückseite oder an der Servicestation verwies, wurde oft gar nicht wahrgenommen.

Die Abschlussstunde diente neben der Rückgabe der Mappen und der Besprechung häufiger gemachter Fehler auch einer kurzen Wiederholung des Grundwissens. Eine Feed-back-Runde schloss die Stunde ab: Die Schülerinnen waren insgesamt sehr angetan von der Lernwerkstatt und hatten das selbsttätige und eigenverantwortliche Lernen durchweg als positiv empfunden.

Chancen der Werkstattarbeit

Das Erstellen einer Lernwerkstatt ist erst einmal recht zeitaufwendig. Doch dieser Aufwand macht sich im konkreten Unterrichtsgeschehen mehr als bezahlt: Während die Lehrkraft im herkömmlichen Frontalunterricht stets um die ungeteilte Aufmerksamkeit ihrer Lerngruppe kämpfen muss, erlebt sie in der Lernwerkstatt, dass jede ihrer Schülerinnen konzentriert an einer Sache arbeitet, und das sogar, obwohl sie selbst nicht angespannt dasteht und ständig neu motivieren muss. Im Gegenteil, sie kann sich zurücknehmen, hilft, wo es nötig ist und lässt die Schülerinnen selbst nach dem Weg suchen, wo es möglich ist. Die so frei werdende Energie wird dann sehr sinnvoll eingesetzt: Sie kommt einzelnen Schülerinnen zugute, die etwas intensivere Betreuung brauchen als andere oder die im Unterricht vielleicht nur deshalb scheitern, weil ihnen Arbeitstechniken, nicht jedoch die geistigen Fähigkeiten fehlen.

Natürlich ist die Selbsttätigkeit der Schülerinnen noch immer recht gesteuert. Der Umgang mit Realien beispielsweise ist gelenkt, stellt doch die Servicestation alle benötigten Dinge zur Verfügung. Doch ist dies ein wichtiger Schritt weg vom noch viel stärker lenkenden Schulbuch, ergänzt durch die omnipräsente DIN-A4-Kopie, hin zum echten Buch, Lexikon oder Bildband. Die Schülerin wird nicht mit aufbereiteten Häppchen gefüttert, sondern muss blättern, suchen, Klippen schwieriger Sprache umschiffen, um in den Hafen des Erfolgs einzulaufen – entdecken eben. Die Durchführung einer Lernwerkstatt in der Bibliothek nimmt darüber hinaus Unter- und Mittelstufenklassen fast beiläufig die Scheu vor diesem Raum und leitet erste Schritte in die Benutzung der Bibliothek an.

Ein weiterer Vorteil der Lernwerkstatt liegt in der Flexibilität des Systems: Die Werkstatt kann nicht veralten. Neue Ideen sowie neue Forschungsergebnisse auf einzelnen Gebieten können stets problemlos integriert werden, entweder indem neu erstellte Karten – auch ganze Stationen – beigefügt oder bereits bestehende Karten ergänzt oder verbessert werden. Diese Erweiterungsmöglichkeit beinhaltet natürlich auch einen fächerübergreifenden Einsatz der Lernwerkstatt. Schließen sich Musik-, Kunst-, Religions- oder Geschichtskolleginnen an, kann die Werkstattarbeit zu einer interaktiven Unterrichtsvorbereitungsform im Kollegium werden und größeren Raum einnehmen, sodass vielleicht ein eigenes Projekt integriert oder die Sequenz mit einer Ausstellung abgeschlossen werden kann. ■

[1] Es handelt sich hier um eine reine Mädchenklasse. Deshalb wird im Folgenden auch nur von „Schülerinnen" die Rede sein. In allgemein gültigen Abschnitten sind Jungen aber selbstverständlich immer mit gemeint.
[2] Der Idealfall wird vermutlich nie erreicht, ist doch kaum ein Thema dazu geeignet, zu gleichen Teilen in die verschiedenen Aufgabenformen unterteilt zu werden. So ist die vorliegende Lernwerkstatt Barock beispielsweise tendenziell textlastig. Doch sollte der Idealfall als eigentliche Zielvorgabe nicht aus den Augen verloren werden.
[3] Im Rahmen dieses Beitrags kann nur eine Auswahl der Karten vorgestellt werden. Sie können sofort eingesetzt werden, sollen aber auch zur eigenen Produktion neuer Karten anregen.
[4] Alternativ können natürlich auch Wahlpflichtbereiche vorgegeben werden, z. B. die Auflage, je eine Karte aus Station 3 und 5 zu bearbeiten.
[5] Außerdem ermöglicht dieser Aufbau, dass die Schülerinnen einander gegenseitig helfen können, denn es sitzen immer diejenigen an einem Gruppentisch, die am selben Themenkomplex arbeiten.

Literatur

Ahlring, I.: „Lieber Heinrich". Lernwerkstattarbeiten zum Thema Industrialisierung, in: PRAXIS SCHULE 5–10, H. 2/1997, S. 48 f.
Dormanns, I./Hroß, R./Mühlbauer, E./Richardt, M./Thalhammer, J.: Lernzirkel Barock. In: *Akademie für Lehrerfortbildung und Personalführung Dillingen* (Hrsg.): Freies Arbeiten am Gymnasium (Bd. 1). Materialien mit Anregungen für die Durchführung im Fach Deutsch. Akademiebericht Nr. 329. Dillingen 1999, S. 50–111.
Bastian, J.: Offener Unterricht, in: Pädagogik, H. 12/1995, S. 6–11.
Bauer, R.: Lernen an Stationen, in: Pädagogik, H. 7–8/1998, S. 25–27; sowie *ders.*: Lernen an Stationen, in: PRAXIS SCHULE 5–10, H. 2/2000, S. 59–60.
Becker, G.: Der lange Abschied von der großen Illusion, in: PRAXIS SCHULE 5–10, H. 2/1997, S. 6–8.
Bissinger, M./Keller, W.: Merian Dresden. Hamburg 1995
Bissinger, M./Keller, W.: Merian Dresden. Hamburg 2000
Die Bibel. Einheitsübersetzung. Stuttgart 1995
Dethlefs, B. Ch.: Projektunterricht in der gymnasialen Oberstufe, in: Pädagogik, H. 7–8/1998, S. 17–22.
Lehrplan für das bayerische Gymnasium: Fachlehrplan für Deutsch. KWMB1 1992 So.-Nr. 7
Enge, T. O./Schröer C. F.: Gartenkunst in Europa 1450–1800. Köln 1994
Keller, W.: Merian Karlsruhe. Hamburg 1965
Lindemann, G./Boekhoff, H.: Lexikon der Kunststile. Band 2: Vom Barock bis zur pop-art. Braunschweig 1970
Mayer, D./Schoebe, G. (Hrsg.): Verstehen und Gestalten. B9. München 1997
Moegling, K./Schramm, J.: Wir bauen eine Windkraftanlage, in: Pädagogik, H. 7–8/1998, S. 9–12.
Museums-Pädagogisches Zentrum München (Hrsg.): Peter Paul Rubens: Der trunkene Silen. (Faltblatt) München 1997
Noll, I.: Die Häupter meiner Lieben. Zürich 1993
Noll, I.: Röslein Rot. Zürich 1998
Prater, A./Bauer, H.: Malerei des Barock. Köln 1997
Sehrbrock, P.: Freiarbeit in der Sekundarstufe I. Frankfurt/Main ²1993.
Steinbach, D. (Hrsg.): Barock-Lyrik. Stuttgart, Düsseldorf, Leipzig 1984
Stukenbrock, Ch./Töpper, B.: Meisterwerke der europäischen Malerei. Köln 1999

Alles ist vergänglich: Der Vanitas-Gedanke

Grundwissen

Ein zentrales Thema der Barock-Dichtung ist der Vanitas-Gedanke. Er ist bestimmt davon, dass nichts Irdisches dauerhaften Bestand hat. Ihm setzen die Autoren die Besinnung auf den christlichen Glauben und das Jenseits oder das „Carpe diem" entgegen.
Auffällig an der Sprache des Barock ist die Verwendung vieler rhetorischer Figuren, insbesondere von Allegorien und Symbolen. Allegorien sind eindeutig, Symbole kann man mehrfach deuten. In der modernen Literatur tritt an die Stelle des Symbols oft die Chiffre.

❶ Übernimm die oben stehende Informationen in deine Mappe und lerne sie gründlich (Grundwissen)!
Lies dann das Gedicht „Die Welt" von *Christian Hofmann von Hofmannswaldau*:

Die Welt
Was ist die Welt und ihr berühmtes Glänzen?
Was ist die Welt und ihre ganze Pracht?
Ein schnöder Schein in kurz gefassten Grenzen,
Ein schneller Blitz bei schwarz gewölkter Nacht,
Ein buntes Feld, da Kummerdisteln grünen,
Ein schön Spital, so voller Krankheit steckt,
Ein Sklavenhaus, da alle Menschen dienen,
Ein faules Grab, so Alabaster deckt.
Das ist der Grund, darauf wir Menschen bauen
Und was das Fleisch für einen Abgott hält.
Komm, Seele, komm und lerne weiter schauen,
Als sich erstreckt der Zirkel dieser Welt!
Streich ab von dir derselben kurzes Prangen,
Halt ihre Lust für eine schwere Last:
So wirst Du leicht in diesen Port gelangen,
Da Ewigkeit und Schönheit sich umfasst.

Hole dir zur Bearbeitung der folgenden Aufgaben eine Kopie des Gedichtes an der Servicestation.

❷ Wie drückt sich der Vanitas-Gedanke im Gedicht „Die Welt" aus?
Bedenke dabei, was mit „Port" im vorletzten Vers gemeint sein könnte.

❸ Benenne drei Allegorien, die im Gedicht verwendet werden!

Vanitas-Allegorie

Diese Karte kannst du erst bearbeiten, wenn du mit dem Vanitas-Gedanken vertraut bist (Pflichtkarte „Grundwissen").

Du siehst hier ein Gemälde des italienischen Barockmalers *Bernardo Strozzi*. Es heißt „Vanitas-Allegorie".

❶ Beschreibe das Bild!

❷ Wie wird der Vanitas-Gedanke hier umgesetzt?

❸ Strozzi will vielleicht diejenigen, die sein Bild betrachten, ermahnen.
Was will er mitteilen?

Du kannst zur Beantwortung der Fragen das bereits bearbeitete Gedicht „Die Welt" heranziehen.

Typisch Barock: Sonett

Grundwissen

Das unten stehende Gedicht ist ein Sonett. Lies es dir in Ruhe durch.
Hole dir zum Bearbeiten eine Kopie an der Servicestation.

❶ Beschreibe Strophenform, Reimschema, Versmaß und Aufbau dieses Sonetts.

❷ Überprüfe deine Analyse mithilfe eines Literaturlexikons (Servicestation).
Übernimm die wichtigsten Informationen über das Sonett in deine Unterlagen.
Prüfe: Inwieweit ist das vorliegende Sonett nicht ganz typisch? (Grundform!)

❸ Beschreibe mit eigenen Worten das Problem des lyrischen Ich.

Martin Opitz: Sonett

Ist Liebe lauter nichts / wie dass sie mich entzündet?
Ist sie dann gleichwohl was / wem ist ihr Tun bewusst?
Ist sie auch recht und gut / wie bringt sie böse Lust?
Ist sie nicht gut / wie dass man Freud aus ihr empfindet?

Lieb ich gar williglich / wie dass ich Schmerzen trage?
Muss ich es tun / was hilft's / dass ich solch Trauern führ?
Tue ich's nicht gern / wer ist's / der es befiehlet mir?
Tue ich es gern / warum / dass ich mich dann beklage?

Ich wanke wie das Gras / so von den kühlen Winden
Um Vesperzeit bald hin geneiget wird / bald her.
Ich walle wie ein Schiff / das in dem wilden Meer
Von Wellen umgejagt / nicht kann zu Rande finden.

Ich weiß nicht was ich will / ich will nicht was ich weiß /
Im Sommer ist mir kalt / im Winter ist mir heiß.

Sonett-Werkstatt

Diese Karte kannst du erst bearbeiten, wenn du die Pflichtkarte „Grundwissen" zum Sonett bearbeitet hast.

❶ Lies die beiden unten abgedruckten modernen Sonette durch.
Wähle eines aus und erläutere in einigen Sätzen die Intention des Autors!
Was hältst du von seinem Sonett?

❷ Lass dich dazu anregen, selbst ein Sonett zu schreiben!

Robert Gernhardt: Materialien zu einer Kritik der bekanntesten Gedichtform italienischen Ursprungs

Sonette find ich sowas von beschissen,
so eng, rigide, irgendwie nicht gut;
es macht mich ehrlich richtig krank zu wissen,
dass wer Sonette schreibt. Dass wer den Mut

hat, heute noch so'n dumpfen Scheiß zu bauen;
allein der Fakt, dass so ein Typ das tut,
kann mir in echt den ganzen Tag versauen.
ich hab da eine Sperre. Und die Wut

darüber, dass so'n abgefuckter Kacker
mich mittels seiner Wichserein blockiert,
schafft in mir Aggressionen auf den Macker.

Ich tick nicht, was das Arschloch motiviert.
Ich tick es echt nicht. Und will's echt nicht wissen.
Ich find Sonette unheimlich beschissen.

Karl Riha: Sonett III

so weit so gut so zart so nett
so viel so kurz so stein so brett
so voll so leer so schwarz so breit
so still so klar so fluss so zeit

so rat so tat so weiß so heiß
so hart so spitz so preis so fleiß
so spiel so ball so ziel so grell
so kopf so zahl so sinn so hell

so fort so dann so bald so schall
so hieb so stich so spalt so prall
so zier so starr so form so streng

so blut so blitz so ritz so knall
so hall so bild so fuß so fall
so reim so leim so kunst so eng

Das Emblem

Grundwissen

Hier siehst du ein Emblem – eine typische Kunstform des Barock.

❶ Informiere dich in einem Literaturlexikon (Servicestation), was ein Emblem ist und welchen Aufbau es besitzt.
Notiere die Ergebnisse in deinen Unterlagen (Grundwissen).

❷ Auf dem Arbeitsblatt „Embleme" (Servicestation) findest du drei weitere, in ihre Bestandteile zerlegte Embleme.
Ordne Bild und Text einander wieder richtig zu und erläutere deine Entscheidung.

❸ Schau dir die ebenfalls auf dem Arbeitsblatt „Embleme" abgebildete Kondomwerbung an.
Vergleiche: Ist die Werbung ein Emblem?
Beschreibe Parallelen und Unterschiede.

NESCIO QVO VERTAM mentem vocat ardua virtus
Huc, illuc Venus et splendida Luxuries.
At tu si sapis, Herculeos imitare labores:
Sperne voluptatem, deliciasq; fuge.

Ich weiß nicht, wohin ich mich wenden soll
Ich weiß nicht, wohin ich den Sinn wenden soll,
hierin ruft die überaus mühselige Tugend,
dorthin Venus und herrliche Schwelgerei.
Du aber, wenn du schlau bist, ahme die Arbeiten des Herkules nach:
Verachte das Vergnügen,
und fliehe die Lustbarkeiten.

Embleme

Der Tod bedeutet für mich Leben
Der Vogel, der aus sich selbst geboren wird,
aus sich selbst sich wiederherstellt,
der entstehend sirbt,
der sterbend entsteht.

Widerstand des Schicksals
Was soll ich tun? Das neidische Schicksal
Widersteht dem glücklichen Beginn, sodass
Ich meinen Lauf nicht fortsetzen kann

Durch Geduld werde ich zerbrochen
Geduldig seyn zu jeder zeit
Obs schon schwr ist vnd thut sehr leyd
So vberwind es endlich doch/
All Vnglück vnd erhelt sich noch/
Vnd kompt zu letzt zu Ehren fast
Denn Gott der HERR erkendt die Last
Vnd hilfft den seinen auß der Noth
Die fest halten bey seim Gebott.

VITA MIHI MORS EST.

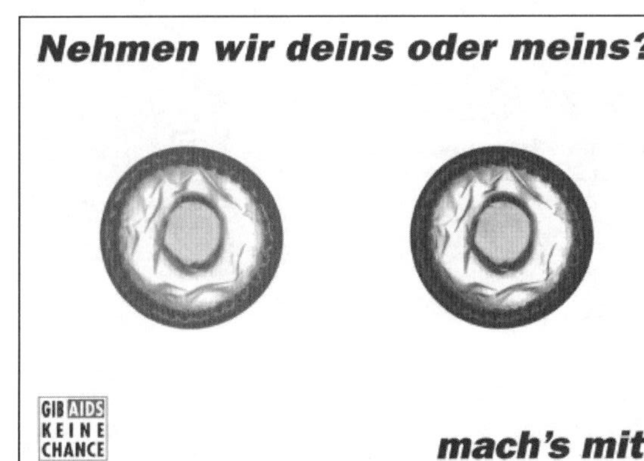

Barockgärten

❶ Betrachte die drei Barockgärten und benenne stichpunktartig Elemente und Aufbau eines Barockgartens.

❷ Entwirf und zeichne deinen eigenen Barockgarten. Verwende dabei die in Aufgabe 1 gefundenen Ergebnisse.

Abbildung: bpk

Der Zuschauerraum des Gartentheaters von Herrenhausen, Kupferstich von J. von Sasse, Anfang des 18. Jahrhunderts

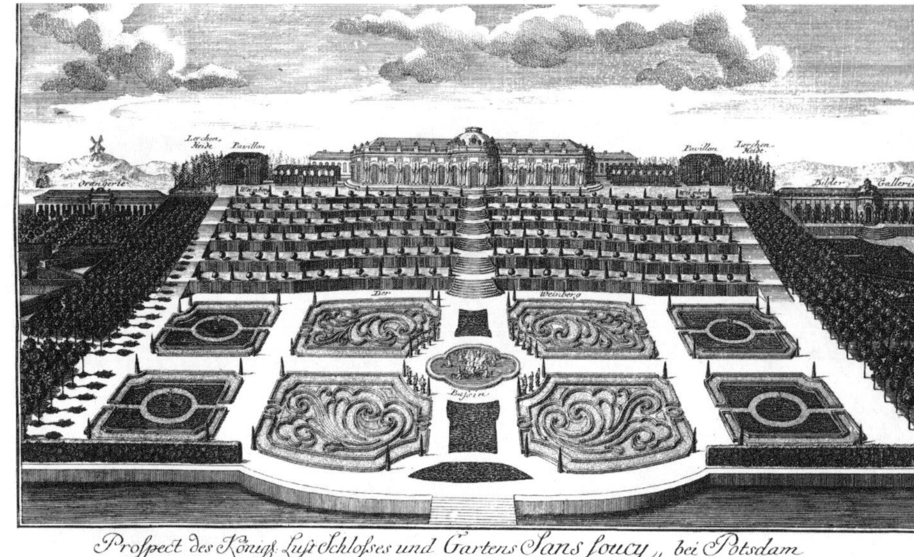

Abbildung: bpk

Gesamtansicht des Königlichen Lustschlosses Sanssoucis mit Gartenanlage und Weinberg, Kupferstich von J. D. Schleuen, um 1760

Abbildung: AKG

Wien, Belvedere – Gesamtansicht aus der Vogelschau, Kupferstich von J. A. Corvinus, um 1731

Regeln für die Werkstattarbeit

In den nächsten Deutschstunden werden wir das Thema Barock in einer Lernwerkstatt bearbeiten. Das bedeutet, dass du selbstständig und eigenverantwortlich arbeitest und dass du Schwerpunkte an Stationen setzen kannst, die dich besonders interessieren. Zum Ablauf sind eine Reihe von Dingen zu beachten.

Die Lernwerkstatt gliedert das Thema Barock in folgende sieben Arbeitsbereiche oder **Stationen** mit entsprechenden Arbeitskarten:

❶ Kunst und Architektur des Barock
❷ Literatur und Sprache im Barock
❸ Lyrik des Barock
❹ Mode, Schmuck usw. – von den „schönen Dingen"
❺ Berühmte Menschen des Barock
❻ Barockes in moderner Literatur
❼ Das Emblem – eine besondere Kunstform des Barock

Zusätzlich zu den Arbeitsstationen gibt es die
❽ **Servicestation**.
Hier findest du zusätzliche Materialien wie etwa Nachschlagewerke, Arbeitsblätter, CD-Spieler, Locher, Klebstoff, Folienstifte usw. Du darfst selbst Sachen entnehmen; wenn du jedoch unsicher bist, solltest du gleich um Hilfe bitten und nicht lange suchen. Das geht schneller und hält die Servicestation in Ordnung.

Du legst für die Lernwerkstatt eine **eigene Mappe** an, die du ordentlich führst. Die Mappe wird am Ende der Werkstattarbeit eingesammelt und benotet (Kriterium für die Note ist die Summe der erreichten Punkte – siehe unten).
Jede Aufgabe wird, wenn nicht ausdrücklich anders verlangt, in einem **ganzen Text mit vollständigen Sätzen** beantwortet.

Für jede Arbeitskarte benutzt du bitte ein **neues Blatt**, sodass die Mappe übersichtlich wird. Oben auf jedem Blatt notierst du die **Kartenüberschrift** und die **Kartennummer**. Nummeriere dann die Teilaufgaben wie auf der Karte vorgegeben und bearbeite die Karte **vollständig**.

Wenn du dich mit einer Stationskarte beschäftigst, setzt du dich zu der jeweiligen Station. Willst du anschließend eine Karte aus einem anderen Bereich bearbeiten, wechselst du den Platz zur entsprechenden Station. **Die Stationen haben feste Plätze – nicht die Schüler/innen.** So bleiben die Karten einer Station immer beieinander. Achtet aber gemeinsam darauf, dass an keiner Station mehr als sechs Schüler/innen gleichzeitig arbeiten.

Du kannst nur Karten bearbeiten, die gerade nicht in Gebrauch sind. Bist du mit der Erledigung einer Karte fertig oder brauchst du sie nicht mehr um deine Arbeit zu Ende zu führen, legst du die Karte zurück auf den Stapel, damit andere sie auch benutzen können. Denn jede Karte gibt es nur einmal. (Ausnahme: Wahlpflichtkarten – siehe unten.)

Am Ende der Stunde bilden alle Karten einer Station bitte wieder einen Stapel. Eine Schülerin von jeder Station bringt den Stapel zur Servicestation zurück.

Bist du am Ende einer Unterrichtsstunde mit der Arbeit an einer Karte noch nicht fertig, so hast du zu Beginn der nächsten Stunde das Recht, die Karte zuerst zu benutzen. Karten werden grundsätzlich **nicht mit nach Hause** genommen.

Die Karten sollen in **Einzelarbeit** bearbeitet werden. Gegenseitige Hilfe ist erlaubt, aber wer abschreibt oder abschreiben lässt, bekommt für die betreffende Karte keine Punkte.

Du musst dir deine Zeit selbst einteilen. Für die Arbeit mit der Lernwerkstatt stehen acht Deutschstunden zur Verfügung. In dieser Zeit solltest du **mindestens neun Karten** bearbeiten. Für manche Karten wirst du mehr, für andere weniger Zeit benötigen. Für keine der Karten solltest du aber länger als eine Unterrichtsstunde brauchen.

Auf jeder Arbeitskarte findest du eine rote Zahl zwischen 5 und 10. Sie informiert dich darüber, wie viele **Punkte** du mit dem **vollständigen Bearbeiten** dieser Karte maximal erreichen kannst, und gibt dir gleichzeitig einen Hinweis auf den Schwierigkeitsgrad der Karte.

Auch bei einer Lernwerkstatt gilt es das **Grundwissen** abzudecken. Neben dem Grundwissen über den Dreißigjährigen Krieg aus der Einstiegsstunde gehören dazu der **Vanitas-Gedanke**, das **Sonett** und das **Emblem**. Das heißt: Drei Karten sind **Pflichtkarten**, die jede/r bearbeiten muss (und die es deshalb mehrfach gibt):

- die Karte „Alles ist vergänglich: Der Vanitas-Gedanke",
- die Karte „Typisch Barock: Sonett",
- die Karte „Das Emblem".

Alle weiteren Karten sind aus allen Bereichen **frei wählbar**.

Und nun geht's los – viel Spaß!

Lernwerkstatt Naturkatastrophen

Georg Baumbach

Eigene Materialien und Schulbücher ergänzen sich zu differenzierenden Lernangeboten

Arbeitspass
Stationsarbeit: Naturkatastrophen
Name: .... Klasse: ....

Station	Extra-Material	Grund	Erweiterung	Zusatz	Erl.
1. Vulkane und Erdbeben					
AB 1.1: Gefahr auf unruhiger Erde	Atlas, Buntstifte	X	X	X	
AB 1.2: Schicht- und Schildvulkane	Lexikon, Buntstifte	X	X	X	
AB 1.3: Ein Vulkan bricht aus: Pinatubo – böses Erwachen nach 600 Jahren		X			
AB 1.4: Ein Vulkan bricht aus: Der Schalenbau der Erde			X		
AB 1.5: Kontinente wandern? Unglaublich!	Transparentpapier, Atlas		X	X	
AB 1.6: Erdbeben – das Warten auf die nächste Katastrophe		X	X		
AB 1.7: Erdbeben – Schutz und Vorsorge		X	X	X	

Abbildung 1

Das Lernwerkstatt- oder Stationenlernen[1] ist eine adäquate Methode um einer wesentlichen Anforderung des Gesellschaftslehreunterrichts Rechnung zu tragen – der Binnendifferenzierung. So ist es sowohl möglich, die Schülerinnen und Schüler auf unterschiedlichen Lernniveaus arbeiten zu lassen, wie auch unterschiedliche methodische Zugriffe im Sinne eines ganzheitlichen Ansatzes zu berücksichtigen.

Woher das Material nehmen?

Das klingt grundsätzlich gut, hilft jedoch kaum weiter, wenn eine konkrete Unterrichtseinheit ansteht, für die natürlich im jeweiligen Verlagsangebot nicht mal eben ein Lernzirkel vorhanden ist. Meine Empfehlung lautet daher: Selbermachen. Im Folgenden möchte ich anhand der Unterrichtssequenz „Naturkatastrophen" demonstrieren, dass dies bei einigen Themen im Rahmen eines vertretbaren Arbeitsaufwandes möglich ist, und damit Mut machen, sich dieser Methode zuzuwenden.

Jede Lehrerin/jeder Lehrer hat wahrscheinlich ein eingeführtes Geographie- oder Gesellschaftslehre-Buch im Klassensatz zur Verfügung, das ein Kapitel zum Thema Naturkatastrophen enthält. Weitere Lehrwerke oder altersgerechte Fachbücher aus der Schulsammlung oder dem eigenen Besitz dürften ebenfalls vorhanden sein.[2] Alle diese Bücher können ohne großen Aufwand als Handapparat in die einzelnen Stationen eines Lernzirkels integriert werden. In den Schulen, in denen das Thema Naturkatastrophen auch Bestandteil des naturwissenschaftlichen Curriculums ist, könnten die Fachkolleginnen und -kollegen gebeten werden, einige eher naturwissenschaftlich orientierte Aufgaben beizutragen bzw. Verbindungen zu entsprechenden Kapiteln in den Schulbüchern für die Naturwissenschaften[3] herzustellen.

Ansonsten bieten Tagespresse, Nachrichtenmagazine und das Internet eine schier unerschöpfliche Quelle für gleichermaßen anschauliche und aktuelle Berichte sowie Schaubilder u. Ä. (siehe auch *Abbildung 2*), die man zusammentragen kann[4] – leider gibt es ja immer wieder neue verheerende Naturkatastrophen.

Methodisches Vorgehen

Will man einen Lernzirkel zu einer bestimmten Unterrichtseinheit entwickeln, so ist eine Voraussetzung unabdingbar: Das Thema sollte sich gut in abgrenzbare thematische Abschnitte gliedern lassen. Im Zusammenhang mit Naturkatastrophen war dies ohne weiteres möglich (für das Teilthema „Vulkane und Erdbeben“ siehe *Abbildung 1*).

Innerhalb der einzelnen Kapitel ist dann zu prüfen, welche thematischen Aspekte für *alle* Schülerinnen und Schüler unerlässlich sind. Sodann kann eine Aufteilung in verpflichtende Grund- sowie Erweiterungs- und Zusatzaufgaben, sprich in ein Pflicht-, Wahl- und Zusatzprogramm erfolgen (vgl. dazu als Beispiele die ***Materialseiten*** 137 und 138). Bei vorhandenem Material müssen die Aufgabenstellungen sicher ergänzt (Schulbücher) bzw. selbst erstellt werden (Fachbücher). Danach können die Aufgaben den drei genannten Anforderungsniveaus zugeteilt werden. Bei Zusatzmaterial aus der Presse muss die Aufbereitung natürlich vollständig vom Lehrer vorgenommen werden.

Bei der Erstellung der einzelnen Stationen innerhalb der Kapitel sollten verschiedene methodische Zugriffsarten Beachtung finden. So muss vor allem bei jüngeren Lerngruppen die Textarbeit mit aktivierenden und veranschaulichenden Arbeitsformen wie etwa der Anfertigung von Zeichnungen oder Bastelarbeiten mit Papier, Kleber und Schere in einem ausgewogenen Verhältnis stehen. Auch Modellbau und Anregungen zur Durchführung von Experimenten sind denkbar.

Praktische Tipps für die Durchführung

Für den Lernprozess ist es am günstigsten, alle Stationen vorab zu erstellen. Oft ist dies aufgrund der allgemeinen Arbeitsbelastung allerdings nicht möglich. Eine sukzessive Erstellung der Stationen ermöglicht bei einem ersten Durchlauf zwar kein echtes Stationenlernen mit für alle Schüler frei wählbaren Stationen, für eine zweite Durchführung ist dann jedoch ein umfassender Lernzirkel vorhanden, der später durch Veränderung der einzelnen Stationen bzw. Einfügung neuer Stationen immer wieder aktualisiert und noch erweitert werden kann. Dies ist ein großer Vorteil des Stationenlernens, da Arbeitsmaterialien und Aufgabenstellungen erst in der Anwendung durch die Schüler ihren praktischen Wert beweisen – oder eben auch nicht! Die einzelnen Stationen können in Form von

- Ringbüchern mit A4-Blättern,
- Karteikästen mit A5-Karteikarten,
- Mappen mit Arbeitsblättern,
- an verschiedenen Ecken des Klassenraums hängenden Wandpostern mit Aufgaben

erstellt werden. Zur Vorbereitung der Schüler auf das Lernen an den Stationen ist ein einleitender Brief geeignet, der Hinweise auf Arbeitsweise, Arbeitszeit und Bewertungskriterien gibt, und es sollten Rituale eingeübt werden um die Stationen bei Stundenbeginn zügig auf- und am Ende wieder abzubauen.

Wenngleich diese Methode auf eine Dezentralisierung des Arbeitsprozesses abzielt, so kommt man auch hier nicht ganz ohne gelegentliche zentrale Phasen aus, in denen etwa gemeinsam Probleme mit der Arbeitsorganisation und/oder dem Material erörtert werden können. Sinnvoll

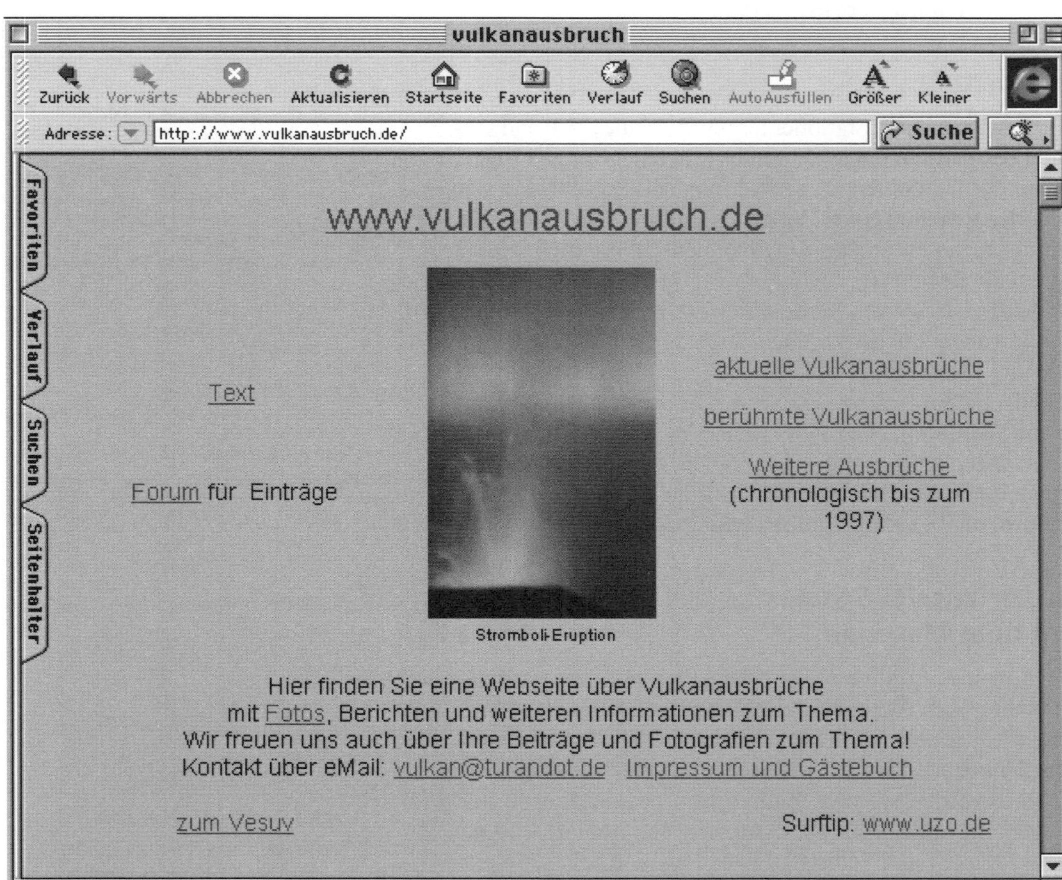

Abbildung 2: Schnell zu finden im Internet: zahlreiche Informationen über Vulkanausbrüche

Bewertungsraster zum Stationenlernen

Klasse: .... Thema: ....

Schüler/in	Grundaufgaben	Erweiterungsaufaufgaben	Zusatzaufgaben	äußere Form	Illustration	Gliederung	Führen des Aufgabenzettels	...	Gesamtbewertung

Abbildung 3

ist am Ende zum Beispiel auch eine Präsentation hergestellter Wandzeitungen, Modelle o. Ä. sowie die gemeinsame Beschäftigung mit einer aktuellen Naturkatastrophe. Auch Vorträge im Rahmen von Zusatzaufgaben können hier ihren Platz finden.

Lernstationen lassen sich in die laufenden Unterrichtsstunden integrieren, stellen aber auch eine interessante Möglichkeit für Fach- oder Projekttage dar. Ist eine Schule in Lehrer-Jahrgangsteams organisiert, kann eine Lernwerkstatt dieser Art auch von Team zu Team weitergegeben, ergänzt, aktualisiert und verbessert werden.

Bewertung

Die Bewertung von Stationenlernen im Sinne der Erlangung einer bestimmten Punktesumme wie in einer Klausur ist aufgrund der Differenzierung nicht möglich. Bewährt hat sich aber das Erstellen einer Mappe als Endprodukt. Dabei dürfen die Kriterien analog zur Aufgabenstellung nicht einseitig auf die Bewertung von kognitiven Leistungen ausgerichtet werden. In diesem Sinne wären nicht nur die Richtigkeit der Lösungen, sondern eben auch ordentliche Mappenführung, Sauberkeit, Anschaulichkeit der Zeichnungen, praktische Zusatzarbeiten usw. Kriterien für die Bewertung (siehe auch *Abbildung* 3). Vor allem muss der Lehrer vorab einen Orientierungsrahmen vorgeben, der den Einfluss von angefertigten Aufgaben aus dem Pflicht-, Wahl- und Zusatzprogramm auf die Endbewertung deutlich macht.

Die Arbeit der Schüler mit dem Material

Nach meiner Erfahrung führt die Arbeit mit den Stationen zu einer hohen Akzeptanz aufseiten der Schüler, da sowohl das je individuelle Lerntempo berücksichtigt als auch Wahlmöglichkeiten nach inhaltlichen und methodischen Neigungen eröffnet werden. Zudem sind viele Mädchen und Jungen am Ende selbst sehr stolz auf den hohen Grad der Selbsttätigkeit und Selbstständigkeit bei der Arbeit. So entstanden im hier zugrundeliegenden Fall gleichermaßen Mappen auf einem hohen kognitiven Niveau wie auch sehr anschauliche „Bildbände“. Alle demonstrierten jedoch Grundkenntnisse in den wichtigsten Bereichen der Naturkatastrophen und individuell unterschiedliches Spezialwissen. ■

[1] Das Lernen in Lernwerkstätten, Lernzirkel und das Stationenlernen folgen dem gleichen Prinzip dezentralen Lernens an verschiedenen angebotenen „Lernstationen", die je unterschiedlichen Themenbereichen zugeordnet sind. Eine „Lernwerkstatt" ist insofern der umfassendere Begriff, als hier a) keine Reihenfolge vorgegeben ist und b) der Werkstattcharakter durch Angebote handlungsorientierter Art gewahrt bleibt. Zum allgemeinen Hintergrund des Lernens an Stationen mit theoretischen Grundlagen und Tipps zur Durchführung vgl.:
- *Bauer, R.*: Schülergerechtes Arbeiten in der Sekundarstufe I: Lernen an Stationen. Berlin 1997
- *Ders.*: Lernen an Stationen. In: PRAXIS SCHULE 5–10, H. 2/2000, S. 59–61.
- *Hegele, I.*: Stationenarbeit – ein Weg zum offenen Unterricht. In: PRAXIS SCHULE 5–10, H. 5/1998, S. 69–71.

[2] Vgl. dazu auch *Bente, M.*: Selbstständiges Lernen mit dem Schulbuch? In: PRAXIS SCHULE 5–10, H. 1/1999, S. 32–34; und *Broders, W.*: Mit Schulbüchern differenziert unterrichten. In: PRAXIS SCHULE 5–10, H. 6/2000, S. 13–20; sowie als Beispiele für ***Schulbücher***
- „Durchblick", GSW Erdkunde 7/8, Realschule Niedersachsen (Westermann Schulbuchverlag Braunschweig), bes. S. 34–67, oder
- „Gesellschaft bewusst 2", Geschichte/Erdkunde/Politik (Westermann Schulbuchverlag Braunschweig), bes. S. 26–47;

und die ***Sachbücher***
- „Vulkane und Erdbeben" (aus der Reihe „Das will ich wissen"), Würzburg (Arena) 2001, und
- „Unsere Erde, ein aktiver Planet" (aus der Reihe „Bibliothek des Wissens"), Würzburg (Arena) 2001.
- „Naturkatastrophen" (Bd. 74 aus der Reihe „Was ist was?"), Nürnberg (Tessloff) o. J.

[3] Siehe dazu beispielsweise das Kapitel „Wetter und Wetterbeobachtung" in dem Schulbuch „Natur bewusst 1.2" (Westermann Schulbuchverlag Braunschweig), bes. S. 13.

[4] Eine Vielzahl von Internet-Adressen mit – zum Teil englischsprachigen – Inhalten zum Thema Naturkatastrophen findet sich bei *Hartwig, U.*: Eine Reise durch die USA (5). In: PRAXIS SCHULE 5–10, H. 6/2001, S. 59 ff.

Stationenarbeit mit dem Schulbuch zum Thema Naturkatastrophen (1)

Verwendetes Schulbuch: „Durchblick“, GSW Erdkunde 7/8, Realschule Niedersachsen

Thema: Gefahr auf unruhiger Erde: Erdbeben und Vulkane (Kapitel „Naturkatastrophen“, S. 36/37)

Grundaufgabe
Löse Aufgabe 1 im Buch. Erstelle dazu eine Liste oder Tabelle.

Erweiterungsaufgabe
Lies die Infobox: Erkläre mit eigenen Worten, unter welchen Umständen Naturereignisse zu Naturkatastrophen werden. Gib dazu ein dir bekanntes Beispiel.

Zusatzaufgabe
Besorge dir durchsichtiges Papier zum Durchpausen. Lege das Papier auf die Karte M2 und zeichne die Konturen der Kontinente ab. Übernimm dann die Beschriftung der Vorlage und gestalte deine eigene Karte farbig aus (z. B. Ozeane: blau, Kontinente: braun, gefährdete Gebiete: rot usw.). Dazu nimmst du am besten Buntstifte.
Klebe die Karte am Ende auf einen Zettel, füge eine passende Überschrift hinzu und hefte das Ganze in deine Mappe.

Thema: Schicht- und Schildvulkane (Kapitel „Naturkatastrophen“, S. 41)

Grundaufgabe
Lies den Text genau durch und löse die Aufgabe 3 im Buch. Erkläre zusätzlich die Begriffe „Magma“ und „Lava“ etwas genauer. Schlage die Begriffe dazu in einem Lexikon nach.

Erweiterungsaufgabe
Löse die Aufgabe 4 im Buch.

Zusatzaufgaben
1. Sieh dir die Zeichnung M4 genau an. Fertige dann eine vereinfachte eigene Zeichnung von einem Schichtvulkan an. Überlege dir genau, welche Farben du für welche Teile der Zeichnung brauchst.
2. Informiere dich in Büchern und im Internet über berühmte Vulkanausbrüche (z. B. Philippinen 1991). Fertige dann einen Bericht für deine Mappe oder einen Vortrag für die Klasse an (was, wann, wieso ...?).
3. Baue ein Vulkanmodell mit einem (oder zwei) Mitschüler(n). Eine Bauanleitung findest du auf den Seiten 42/43 im Buch.

Thema: Tropische Wirbelstürme (Kapitel „Naturkatastrophen“, S. 58/59)

Grundaufgaben
Lies die Texte sorgfältig durch und suche auch in der Klassen- und Schulbibliothek oder im Internet nach Informationen zu Wirbelstürmen. Versuche vor allem Schaubilder und Querschnitte von Wirbelstürmen zu finden. Bearbeite dann die folgenden Aufgaben:

1. Löse die Aufgaben 1 und 2 im Buch.
2. Erkläre: *Was* ist ein Hurrikan? *Was* ist das „Auge“ des Wirbelsturms und *was* ist besonders daran? *Wo* entstehen Hurrikans und *wo* ziehen sie entlang?

Erweiterungsaufgabe
Gibt es einen Unterschied zwischen Hurrikans, Taifunen und Zyklonen?

Zusatzaufgabe
Zeichne selbst einen Wirbelsturm und hefte das Blatt in deine Mappe.

Stationenarbeit mit dem Schulbuch zum Thema Naturkatastrophen (2)

Verwendetes Schulbuch: „Gesellschaft bewusst 2“, Geschichte/Erdkunde/Politik

Thema: Gefahr auf unruhiger Erde: Erdbeben (Kapitel „Naturkatastrophen“, S. 26–31)

Grundaufgaben
1. Betrachte das Bild auf den Seiten 26/27 im Schulbuch. Beschreibe in eigenen Worten, welche Auswirkungen ein Erdbeben auf die Menschen hat.
2. Lass dir vom Lehrer ein Arbeitsblatt mit einer Weltkarte geben. Nun schlage Seite 30 im Schulbuch auf. Vergleiche deine Karte mit der Karte M 2: Findest du die Kontinente wieder? Die Karte M 2 zeigt dir die großen „Platten“, auf denen unsere Erdoberfläche angeordnet ist. Zeichne diese „Platten“ mit Bleistift auf deiner Weltkarte ein und male sie leicht bunt aus – die Kontinente müssen noch zu sehen sein. Ergänze deine Karte durch eine **Legende**, die die Farben mit den dazugehörigen Namen in Verbindung setzt (z. B. im Buch: gelb = Afrikanische Platte).
3. Beantworte Aufgabe 2 auf Seite 31 mithilfe deiner Karte.

Erweiterungsaufgaben
1. Lies beide Texte auf Seite 31 im Buch durch. Erkläre unter der Überschrift „Die Plattentektonik der Erde“,
   - was Lithosphärenplatten sind und wie sie sich bewegen;
   - wodurch die Bewegungen zustande kommen;
   - wie Faltengebirge und Tiefseegräben mit dieser Plattenbewegung zusammenhängen;
   - was die Bewegungen für Auswirkungen haben.
2. Beantworte die Aufgaben 3 und 4 auf Seite 31 mithilfe deiner Karte und deines Atlasses. Zeichne die Gebirge, Gräben und Vulkane in deine Karte ein.

Zusatzaufgaben
1. Entwickle mit einem Partner/einer Partnerin eine Spielszene, eine Talkshow oder ein Telefongespräch, in dem es um ein Erdbeben und seine Auswirkungen geht. Benutze dazu das BIld auf den Seiten 26/27 sowie die Informationen über San Francisco und Los Angeles auf den Seiten 36–39 in deinem Buch.
2. Erkundige dich im Internet nach einer der letzten Erdbebenkatastrophen (Türkei 1999, Japan 1995, ...) und bereite einen Vortrag für die Klasse vor.
3. Nimm M 4 auf Seite 39 zum Anlass, dich über eine erdbebensichere Bauweise von Häusern zu informieren. Füge die Information deiner Mappe bei, entwickle eine Wandzeitung oder trage der Klasse deine Erkenntnisse vor.

Thema: Vulkane (Kapitel „Naturkatastrophen, S. 32–35)

Grundaufgaben
1. Zeichne einen Querschnitt durch einen Vulkan in dein Heft. Ein Muster findest du auf Seite 33.
2. Notiere dir Informationen zum Ätna in dein Heft (Buch, S. 32) und beantworte die Aufgabe 2 (S. 33) mithilfe von M 1 auf Seite 32.

Erweiterungsaufgaben (Ergänzungen zu den Grundaufgaben)
3. Informiere dich mithilfe von M 6, M 7 und M 9 über Schichtvulkane und Schildvulkane. Erkläre den Unterschied.
4. Bearbeite Aufgabe 5 im Buch (S. 33).

Zusatzaufgabe
Bastele ein Vulkanmodell mit einigen Mitschülerinnen und/oder Mitschülern.
Wie es geht, findest du auf den Seiten 34/35 im Buch. Bevor es losgeht, schreibt genau auf, welche Materialien ihr braucht und wer was besorgt.

VIII. Differenzieren durch Gruppenarbeit

Who is afraid of differentiation? [2]

Beate Vogel

Die Jigsaw technique im Englischunterricht

Die genaue Beobachtung der Schülerinnen und Schüler sowie eine exakte Beurteilung der geforderten Skills sind Voraussetzung für die Einteilung in leistungshomogene Gruppen.

Foto: Michael Seifert

Niemand käme heute auf die Idee, einen Zahnarzt aufzusuchen, der Patienten mit einer hoffnungslos veralteten Ausstattung behandelt und sie nicht individuell und mit differenzierten Behandlungsmethoden betreut. In der öffentlichen Schule dagegen werden Individualisierung und Differenzierung immer noch zu wenig beachtet und führen ein Schattendasein am Rande pädagogischer Experimentier- und Innovationsfreudigkeit. Zu Recht?

Konkrete Utopie oder (ir)reale Möglichkeit?

Individuelle Lernprozesse können nicht gleichzeitig laufen. Sie sind auch nicht direkt messbar oder kontrollierbar. Es ist der Schüler – nicht der Lehrer – der für den Lernprozess unabdingbar ist. Der Lehrer ist in diesem Zusammenhang zwar sehr nützlich, aber nicht absolut notwendig: „The work is done by the student. The student is necessary to the process and so is the language. The teacher is potentially useful, but not absolutely necessary." (*Gattegno*)

Im herkömmlichen frontalen Unterricht, der auf ein gleichzeitiges Lernen ausgerichtet ist, können sich individuelle Lernprozesse nicht entfalten, da sie immer wieder unter- bzw. abgebrochen werden. Eine Auflösung ist nur über andere Muster von Lernprozessen möglich – es müssen offenere Unterrichtsformen gefunden werden, die geeignet sind, die eingefahrenen Strukturen von Unterricht aufzubrechen.

Aber wie? Ein Unterricht, der auf der Unterschiedlichkeit von Lernprozessen basiert und sie sich zunutze macht, der möglichst vielfältige Zugänge zu den unterschiedlichen Lernkanälen der Schülerinnen und Schüler schafft – nicht zuletzt, um Unter- oder Überforderungen zu vermeiden – bietet die Chance, dass Lernen mehr Spaß macht und damit effektiver und erfolgreicher wird. Ein so verstandener Unterricht basiert auf folgenden Prinzipien:

- Lernen als gemeinsame Erfahrung betrachten (zum Beispiel über arbeitsteilige Verfahren/*Jigsaw technique*);
- das Wissen und die Erfahrung der Schüler einbeziehen;
- Lernfortschritte zu unterschiedlichen Zeitpunkten akzeptieren;
- unterschiedliche Lernstrategien und Arbeitstechniken erkennen, akzeptieren und entwickeln;
- vielfältige Lernzugänge ermöglichen durch variationsreiche Wege, Methoden und Techniken;
- Kreativität einbeziehen;
- Lernen durch Handeln;
- Lernen als selbstverantwortliches und mitbestimmendes Handeln verstehen;
- soziale Fähigkeiten einbeziehen (sich gegenseitig helfen, unterstützen usw).

Die Jigsaw technique – oder: viele Wege führen nach London

Im Folgenden möchte ich ein Verfahren vorstellen, mit dem die bisherigen Überlegungen realisiert werden können. Die *Jigsaw technique* ist eine arbeitsteilige Vorgehensweise, in der zunächst in möglichst homogenen Kleingruppen gemeinsam eine oder mehrere Aufgaben bearbeitet werden, um sie anschließend in neuen heterogenen Gruppen zu einem Ganzen zusammenzufügen. Auf diese Weise kann interaktiv sowie zeitlich und inhaltlich höchst effektiv gelernt werden, unter Einbeziehung der unterschiedlichen Fähig- und Fertigkeiten der Schülerinnen und Schüler. Einseitige Rollenfixierungen können durch entsprechende Aufgabenstellungen und Zuweisen von Verantwortlichkeiten aufgehoben werden.

Diese Methode ist unabhängig von der Klassengröße. Sie ist zwar etwas aufwendig, nach meinen Erfahrungen aber so motivierend, wirksam und vielseitig, dass dieser Nachteil in der konkreten Praxis sehr schnell wieder aufgehoben wird.

Ein Text (im weitesten Sinne) oder ein Wortfeld wird in sinnvolle Abschnitte geteilt. Zu jedem Abschnitt werden Teilaufgaben auf unterschiedlichen Niveaus konzipiert, die in homogenen Untergruppen bearbeitet werden: Je nach Größe wird die Klasse hierzu beispielsweise in vier Gruppen mit je fünf Schülern ähnlichen Leistungsvermögens eingeteilt (siehe den unten stehenden *Kasten*).

Die Aufgaben sollten so konzipiert sein, dass die Gruppen ungefähr gleichzeitig fertig werden. Da dies nicht immer genau vorausplanbar ist, können zeitliche Divergenzen über zusätzlich bereitliegendes Material oder Aufgaben (wie das Anlegen einer Vokabelkartei, das Ausfüllen eines *wordsearches*, das Zeichnen eines Wortbildes oder Ähnliches) aufgefangen werden.

Ein Beispiel: Das Wortfeld „HOUSE"

Die Materialien können entweder zur selbstständigen Erarbeitung von Wortschatz am Anfang einer Unterrichtseinheit oder auch zur Wiederholung und Vertiefung eingesetzt werden.

In meiner damaligen 7. Hauptschulklasse befanden sich 20 Schülerinnen und Schüler. Nachdem ich die Zielsetzung der Stunde und die Arbeitsverfahren erklärt hatte, wurde die Klasse in vier leistungshomogene Gruppen mit je fünf Schülern eingeteilt, von denen jeder eine Zahl von eins bis fünf erhielt, die er sich für die Neugruppierungen merken sollte. Die Schüler erhielten zunächst den Auftrag, die jeweilige Aufgabe auf den Arbeitsbogen gemeinsam in ihrer Gruppe zu lösen. Hierfür durften sie ein *dictionary* benutzen. Die Schüler, die zuerst damit fertig waren, konnten damit beginnen, die Wörter in ihre Vokabelkartei einzutragen oder ein Wortbild zu zeichnen. Die Gruppen wurden folgendermaßen eingeteilt:

Gruppe A bestand aus Schülern, die noch große Schwierigkeiten mit dem Wortschatz und seiner Kategorisierung in Wortfelder hatten. Diese Gruppe bekam die „einfachste" Aufgabe, hatte aber auch gleichzeitig mit dem Arbeitsblatt (vgl. die ***Kopiervorlage*** auf Seite 143) die Lösung für die sich anschließende Aufgabe in heterogenen Gruppen. Den Schülern bot sich so die Chance, in einem ersten Schritt die Aufgaben problemlos und selbstständig lösen zu können und in einem zweiten Schritt die Rolle der Helfenden zu übernehmen. Sie vollzogen somit einen Rollenwechsel vom Lernenden zum Lehrenden.

Der **Gruppe B** wurden Schüler zugeteilt, denen es keine großen Schwierigkeiten bereitete, Wörter den vorgegebenen Oberkategorien zuzuordnen. Sie erhielten zusätzlich zu ihrem Arbeitsbogen ein Set Kärtchen mit englischen Wörtern, das sie umgedreht in die Mitte des Tisches legen soll-

Leistungshomogene Gruppen

Gruppe A	Gruppe B	Gruppe C	Gruppe D
Skills/content oriented level: easy	Skills/content oriented level: lower intermediate	Skills/content oriented level: intermediate	Skills/content oriented level: upper intermediate
A1, A2, A3, A4, A5	B1, B2, B3, B4, B5	C1, C2, C3, C4, C5	D1, D2, D3, D4, D5

Leistungsheterogene Gruppen

Sind die Schüler mit ihrer ersten Aufgabe fertig, formieren sie sich zu neuen heterogenen Gruppen, um ihre Teilergebnisse zu einem Gesamtprodukt vervollständigen zu können.

Gruppe 1	Gruppe 2	Gruppe 3	Gruppe 4	Gruppe 5
A1, B1, C1, D1	A2, B2, C2, D2	A3, B3, C3, D3	A4, B4, C4, D4	A5, B5, C5, D5

ten (vgl. die ***Kopiervorlage*** auf Seite 144). Die Kärtchen wurden der Reihe nach aufgedeckt und es wurde gemeinsam entschieden, in welchen Kreis das jeweilige Wort eingetragen werden sollte. Dabei konnten einfache Redewendungen benutzt werden wie: „It's your turn", „Could you say it again, please?", „What does ... mean in German?", „I think (car) goes into (things near a house)", „Yes, that's right", „No, I don't think so."

In **Gruppe C** befanden sich Schüler, denen das Übersetzen von Wörtern nicht schwer fiel und die außerdem keine großen Probleme in der englischen Rechtschreibung hatten. Ihr Kartenset bestand aus deutschen Wörtern, das erschwerend auch noch einige *distractors* (Wörter, die nicht in den Kontext passen) enthielt. Sie sollten außerdem eigenständig englische Oberbegriffe für die Kreise finden (vgl. die ***Kopiervorlage*** auf Seite 145).

In **Gruppe D** befanden sich die Schüler, die bereits über einen recht großen Wortschatz verfügten und ebenfalls geringe Rechtschreibprobleme hatten. Sie sollten möglichst viele Wörter assoziieren und in die entsprechenden Kreise eintragen (vgl. die ***Kopiervorlage*** auf Seite 146).

Natürlich lassen sich die Aufgaben und Wortfelder für dieses *Jigsaw* vielfältig variieren. Auf einem höheren Level kann man zum Beispiel die Wortebene verlassen und auf die Textebene übergehen. Man könnte statt der vorgegebenen Wortkärtchen Wörter zu Wortfeldern aus entsprechenden Texten (aus Lehrbüchern, Zeitschriften usw.) heraussuchen lassen.

Bei der Einteilung in „homogene" Gruppen habe ich bewusst vermieden, eine Kategorisierung von einfach bis schwierig vorzunehmen, da solch eine Einschätzung schnell zu einseitigen Fixierungen der Person führen kann (Motto: einmal schwach, immer schwach). Hinzu kommt, dass die Relativität der Begriffe „einfach" bis „schwierig" subjektiven Schwankungen unterworfen ist und davon abhängig ist, wie eine Klasse zusammengesetzt ist.

Viel wichtiger für eine Einteilung ist, dass statt global intuitiver Zuweisungen eine genauere Beobachtung der Schüler und eine exakte Beurteilung der geforderten *skills* Grundlage für die Einteilung in „homogene" Untergruppen sein müssen.

Nachdem alle Schüler die Aufgabe beendet hatten (dies dauerte insgesamt ungefähr 20 Minuten), wurden die Gruppen für den Rest der Stunde neu eingeteilt. Alle Schüler mit der Zahl 1 kamen in die Gruppe 1, die mit der Zahl 2 in Gruppe 2 usw. In jeder heterogenen Gruppe arbeiteten nun vier Schüler zusammen, die sich gegenseitig ihre jeweiligen Ergebnisse der Arbeitsblätter A1, B2, C3 und D4 vorlasen, um ihre Wortfelder zu ergänzen oder gegebenenfalls zu korrigieren. In dieser Phase fand nicht nur der bereits oben beschriebene Rollenwechsel der so genannten lernschwachen Schüler statt, es ergab sich auch eine lebhafte Diskussion über die „richtige" Einteilung der Wörter in den Fällen, in denen vermeintliche Doppeldeutigkeiten vorkamen. Diese Diskussion fand auf Deutsch statt, da die hierfür notwendigen metasprachlichen Voraussetzungen noch nicht oder kaum vorhanden waren. Ich hatte in der intensiven Arbeitsphase der Schüler viel Zeit, den einzelnen Gruppen zusätzliche Anregungen und Hilfen zu geben bzw. auf Fehler hinzuweisen. Ein großer Vorteil der *Jigsaw technique*, der sich ausgesprochen entspannend auf die Lernatmosphäre auswirkt.

Sicher kann und sollte man nicht nur so arbeiten – denn, wie bereits erwähnt, es führen viele Wege nach London, je mehr, desto besser! ■

Literatur

Gattegno, C., in: *Stevick, E. W.*: Teaching Languages – A Way and Ways. Rowley (Massachusetts, USA) 1976, S. 45.

Rinvolucri, M.: Strategies for a mixed-in ability group. In: Practical English Teaching (PET), September 1986, S. 29.

Our house (Group A)

Task: Find the „odd man out". Write all the words into your vocabulary card file.
If you don't know a word, look it up in your dictionary.

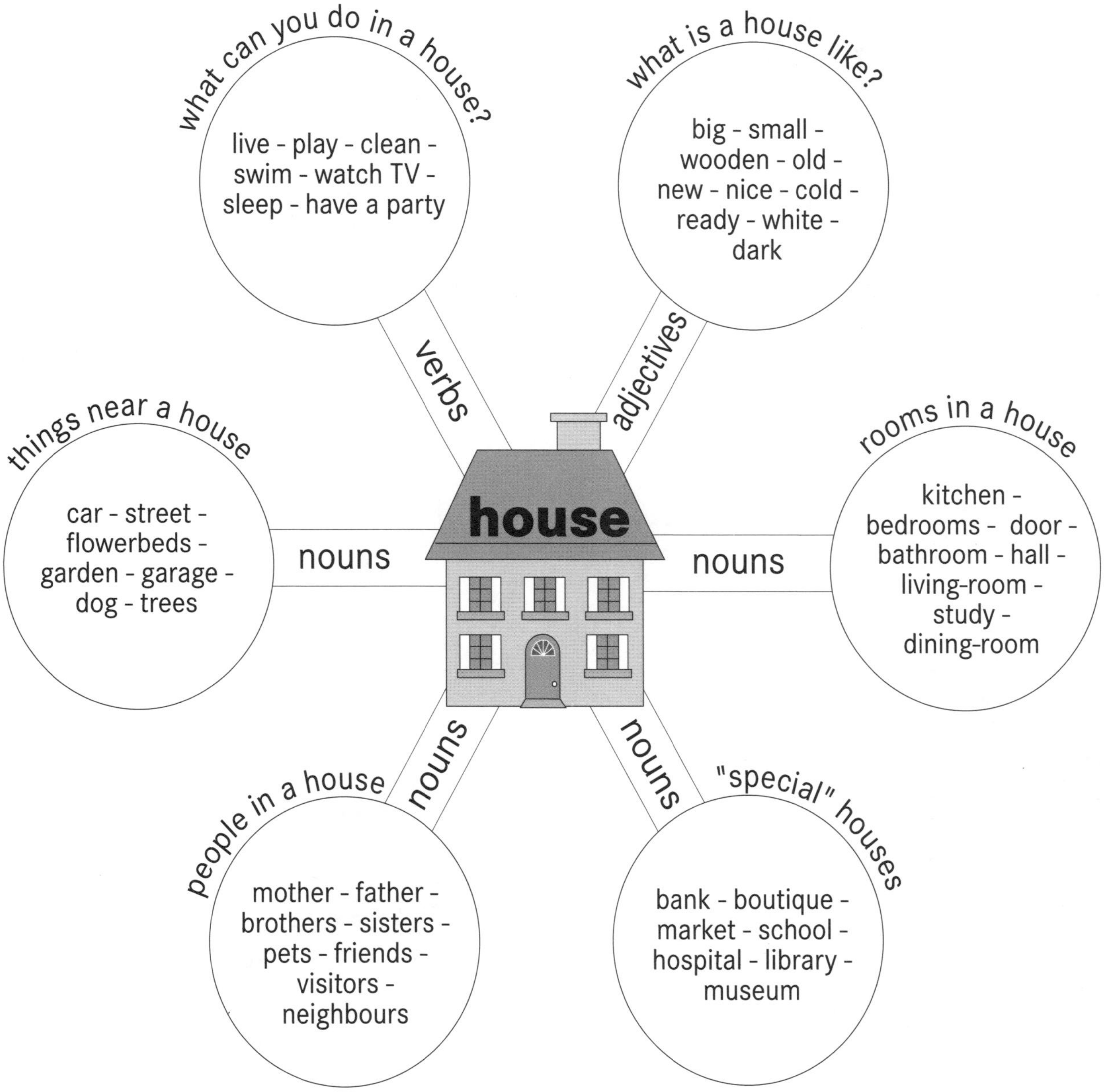

Our house (Group B)

Task: Place your word cards face down on the table.
Take one card each from the top of the pile and read it out.
Write the word into the correct circle.
If you don't know a word, look it up in your dictionary.

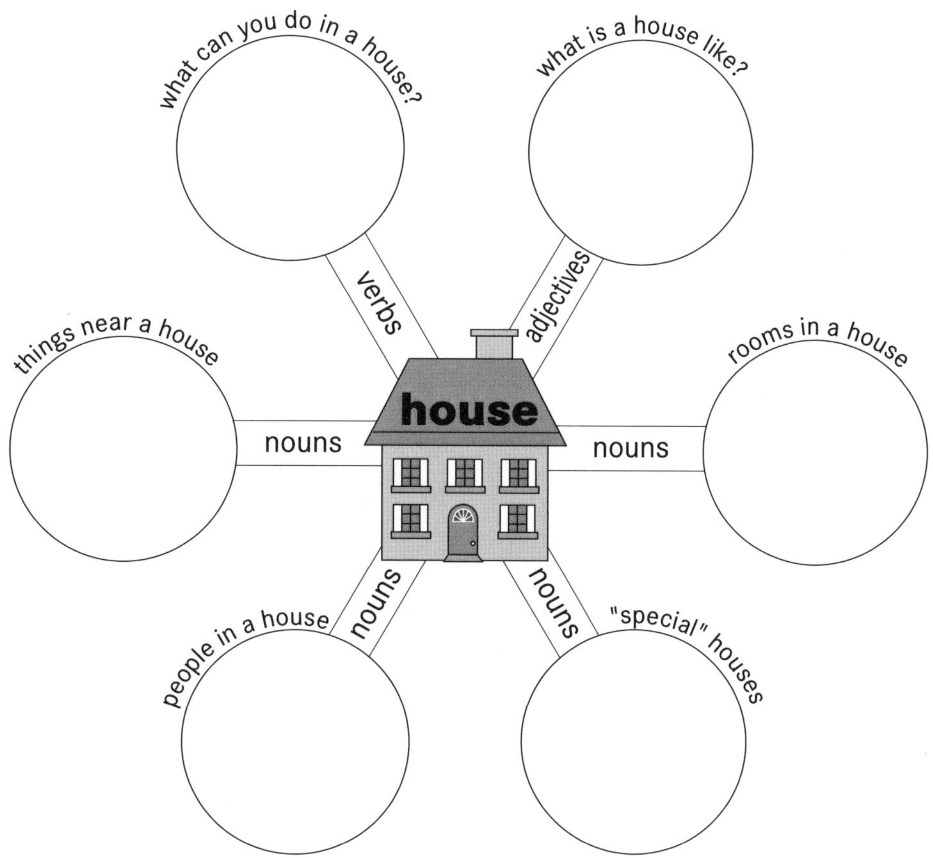

Our house – English set of cards (Group B)

Cut out the cards!

neighbours	car	live	play
clean	sleep	watch TV	garage
street	garden	trees	flowerbeds
mother	father	brothers	sisters
friends	visitors	have a party	bank
boutique	school	hospital	library
museum	kitchen	bedrooms	bathroom
hall	living-room	study	dining-room
old	small	wooden	new
nice	cold	dark	white

Our house (Group C)

Task: Place your word cards face down on the table. Each player takes one card from the top of the pile, reads it out and translates the word.
When you have „opened" all the cards, find suitable „umbrella words".
Write them on the top of the circles. Then fill in the matching words.
If you don't know a word, look it up in your dictionary.
CAREFUL: There are some words that don't fit!

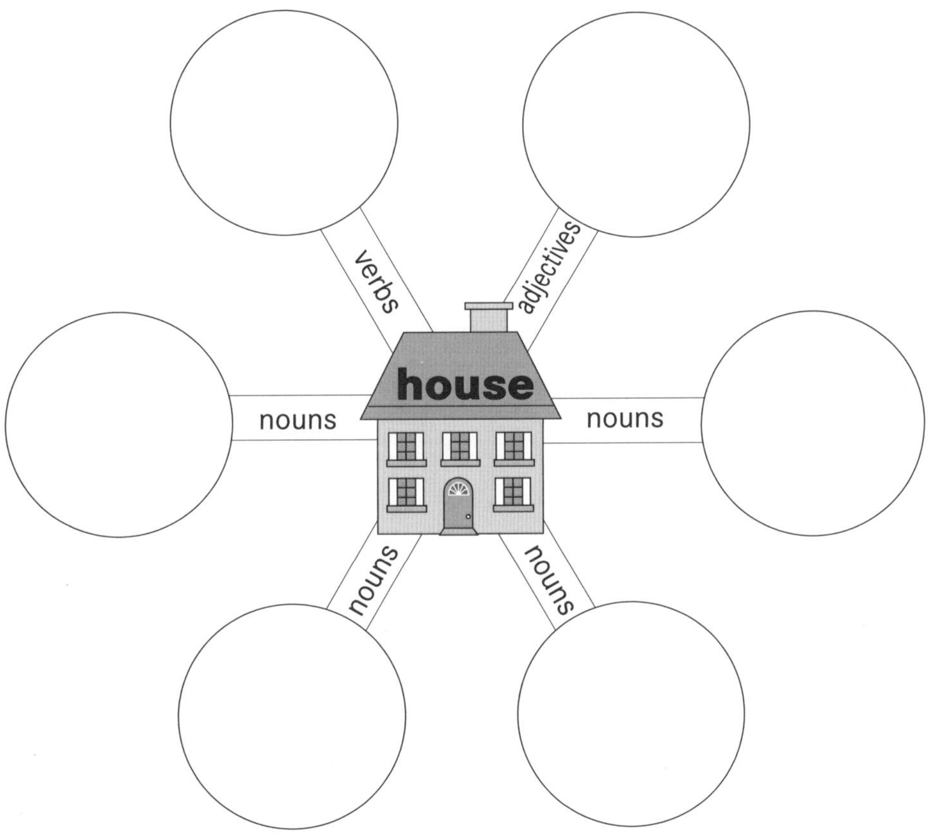

Our house – English set of cards (Group C)

Cut out the cards!

Nachbarn	Auto	wohnen	spielen
säubern	schlafen	fernsehen	Garage
Straße	Garten	Bäume	Blumenbeete
Mutter	Vater	Brüder	Schwestern
Freunde	Besucher	feiern	Bank, Sparkasse
Boutique	Schule	Krankenhaus	Bücherei
Museum	Küche	Schlafzimmer	Badezimmer
Flur	Wohnzimmer	Arbeitszimmer	Esszimmer
alt	klein	hölzern, aus Holz	neu
hübsch, nett	kalt	dunkel	weiß
Tiere	schwimmen	Markt	Tür
besuchen	Lehrer	Flugzeug	Tafel

Our house (Group D)

Task: Find as many words as possible. Write them in the circles.

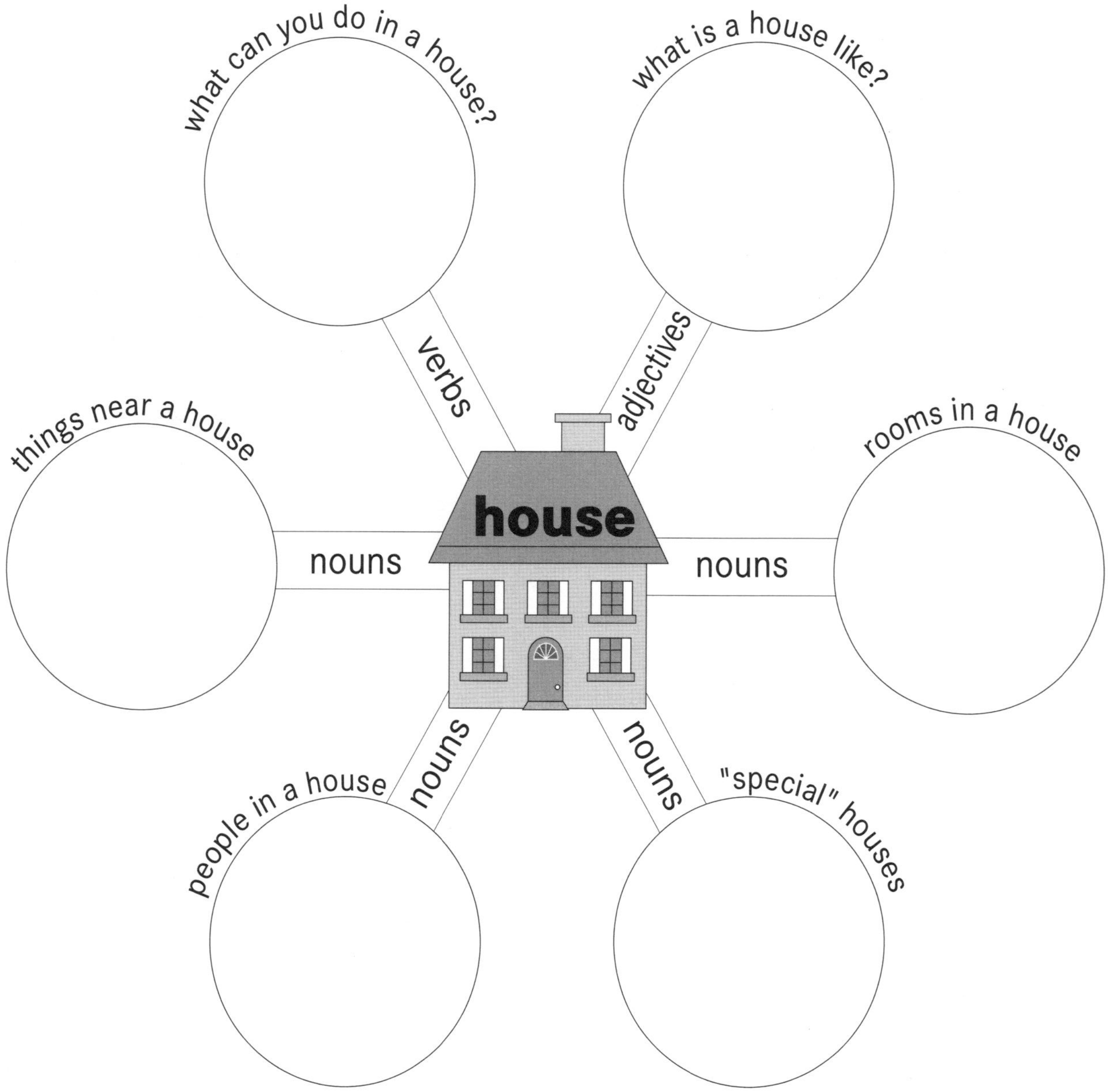

Reif für die Insel

Jos Schnurer

Vorschläge für differenzierendes, fächerübergreifendes geographisches Lernen

Foto: Masterfile Cooperation/Bavaria

Abbildung 1: Indem man sich über die unterschiedlichen Vorstellungen von „der" Trauminsel austauscht, steckt man schon mitten im Thema ...

Wer von uns hat sich nicht schon einmal „reif für die Insel" gefühlt? Wir verbinden damit Wünsche und Hoffnungen auf etwas ganz anderes, Erholung und Entspannung jenseits vom Alltagsstress. Aber gibt es diese Trauminseln der Inselträume wirklich? Oder wissen wir einfach zu wenig über den Alltag auf den Inseln dieser Welt?

Die folgenden Vorschläge sind Anregungen für eine Unterrichtseinheit oder eine Projektwoche und fügen sich in Rahmenplanthemen wie „Menschen verändern ihre Umwelt", „Wir entdecken die Welt" und „Menschen und ihre Grundbedürfnisse" ein. Fächerübergreifende Ansätze können bei dieser Thematik verwirklicht, erstes projektorientiertes Arbeiten in Gruppen eingeübt werden. Dabei wird es vor allem auf Arbeitstechniken wie Materialbeschaffung, Textauswertung und Schwerpunktbildung ankommen. Für die Ergebnispräsentation können die Schülerinnen und Schüler lernen, eine Wandzeitung zu gestalten und eine Ausstellung zu organisieren, die an einem Projekttag, einem Tag der offenen Tür, einem Elternabend oder auch einfach in einer kleinen Jahrgangsfeier „eröffnet" werden kann.

Warum ausgerechnet Inseln?

Für die schulische Arbeit bietet sich das Thema „Insel" aus mehreren Gründen an: Zum einen stellen die Besonderheiten einer Insellandschaft in der Tier- und Pflanzenwelt, in der geschichtlichen Entwicklung und kulturellen Ausprägung für das Leben der Menschen eine spezifische Herausforderung von Anpassung und kreativer Gestaltung dar, zum anderen erfordern die labile Lage und die Gefährdungen bei der Bewahrung des natürlichen Gleichgewichts der Landschaft vom Menschen eine besondere Sensibilität. Der interkulturelle Zugang wird sprachlich abgeleitet vom Lateinischen: „insula", was soviel wie „Einsamkeit", „Isolation", „Verlassenheit" bedeutet. Denn in vielen Kulturen der Erde wird die Insel als „schwimmendes Land" dargestellt, umgeben von tosenden Wassern und ausgestattet mit vielfältigen Geheimnissen und Übernatürlichem. In den Mythologien leben auf Inseln scheußliche und gefährliche Ungeheuer, fantastische Gestalten, riesige Tiere und Menschen, aber auch Feen und Geister. „Glückliche Insel", „Man-made Sun-Island" auf der einen und die Bikinis als Atomtestgebiet auf der anderen Seite – dies ist die Spannbreite für eine Auseinandersetzung mit dem Lebensraum Insel, um die es im Folgenden gehen soll (siehe auch *Abbildung 2*).

„Ich möchte auf meine Trauminsel fahren"

Anknüpfend an Gefühle von Stress und Zerschlagenheit könnten die Schüler mitgenommen werden auf eine Fantasiereise auf eine Trauminsel – Ausgangspunkt für die Aufforderung, selbst, das heißt natürlich nur „in den Köpfen" zu verreisen. Ein Bildimpuls (vgl. dazu die ***Kopiervorlage*** auf Seite 150) kann dafür den Ausschlag geben.

In einer nächsten Phase, wenn die Inselträume in der Klasse vorgestellt worden sind, zeigen kleine Texte (vgl. dazu die ***Kopiervorlage*** auf Seite 151), dass ähnliche Inselträume schon von anderen geträumt wurden. Die Schüler können ihre Träume mit diesen Texten vergleichen und die Texte in Collagen umsetzen. Wer Lust auf eine „etymologische Collage" hat, kann dem Wort „Insel" in verschiedenen Sprachen nachspüren und verwandte Wörter suchen, hierzu Assoziationen finden, diese bildlich umsetzen (siehe auch *Abbildung 3*).

Wie traumhaft ist die Trauminsel?

Palmen und Strand, klar-blaues Meer, schöne Menschen – und Eiskrem oder Rum: So spiegelt uns die Werbung unseren Traum von einer Insel weit weg vom grauen Alltag. Schaut man genauer hin, bleibt nicht viel übrig: Ein Blick auf die Strände bekannter Traum-Inseln wie Waikiki auf Hawaii oder auch Sylt im Sommer zeigen, dass es auch hier ein zweites Gesicht gibt. Eine „Insel-Suche" im Atlas wirft erste Fragen auf: Wozu gehört die Insel politisch? Gab es da Entwicklungen? Wie/wovon mögen sich ihre Einwohner ernähren? Gibt es dort Großstädte? Haben wir schon von der Insel gehört? Was verbinden wir mit dem Namen der Insel? Dies macht sensibel für Fragestellungen und kann der Einstieg in ein kleines „Insel-Patenschaftsprogramm" sein, das die UNESCO-Kampagne „Adopt an island" im Kleinen nachempfindet.

Wir fahren auf die Insel

Jeweils in kleinen Gruppen von zwei bis vier „adoptieren" die Schüler eine Insel und „fahren" dorthin, tauchen in die Geschichte und das Leben der Insel ein, bestimmen Lage und Größe, politische Abhängigkeiten, finden klimatische Bedingungen heraus (Gibt es dort Jahreszeiten? Wenn ja, welche?), schlussfolgern und erkunden Kleidung, Ernährungsgewohnheiten, Wohnen auf der Insel. Ältere Klassen und „erfahrene Projekthasen" könnten sich aus großformatigen Landkarten[1] eine Insel heraussuchen und über das Internet und/oder Kontakte zur UNESCO geographische, politische, kulturelle und ökonomische Basisdaten herausfinden.[2] Jüngere Klassen und Gruppen mit weniger Projekterfahrung brauchen dafür noch Hilfen. Hier erhalten die Gruppen einen Gruppenauftrag für eine ganz bestimmte Insel. Nach dem Aufspüren geographischer, statistischer und klimatischer Grunddaten geht es dann um ein jeweils spezi-

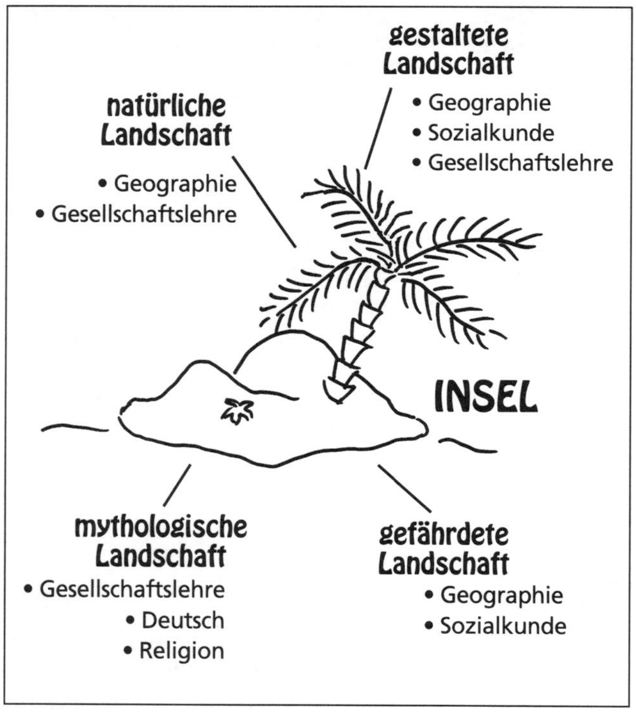

Abbildung 2:
Didaktische Bezüge des Themas „Reif für die Insel"

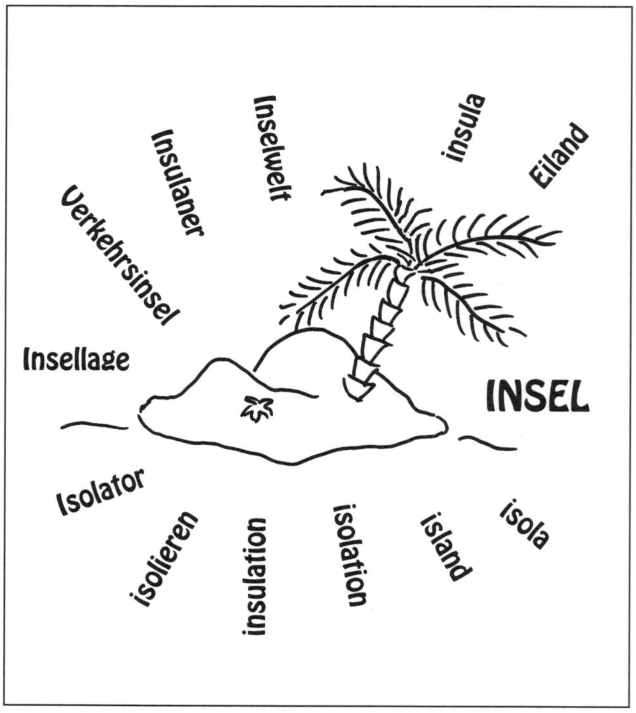

Abbildung 3:
Möglichkeit für eine sprachliche Annäherung

fisches Problem, das für diese Insel typisch ist (vgl. dazu die ***Kopiervorlage*** auf Seite 152).

Auch Differenzierungen lassen sich vornehmen: Leistungsschwächere Schüler können über Inseln arbeiten, über die es schon recht gut ausgearbeitetes Material in Schulbüchern u. Ä. gibt, stärkeren Schülern kann man eine Materialsuche in Bibliotheken und per Computer schon zumuten. Beispiele könnten sein:

- Atomtests und Verseuchung (Bikini),
- Sturmflut als Gefahr für den Bestand (Sylt),
- Überflutungsgefahr durch Klimaveränderung (Seychellen, Malediven),
- Folgen von Kolonisation und kultureller Wandel (Grönland),
- Tourismus als ökonomischer Segen und Fluch (Mallorca),
- Verlust kultureller Identität (Hawaii),
- ökonomische Folgen von Monokultur und Abhängigkeiten (Kuba),
- kulturelle Vielfalt durch Insellage (Philippinen),
- einzigartige Tier- und Pflanzenwelt (Galapagos),
- Leben mit Vulkanismus (Island),
- lebendig gewordene Geschichte (Kreta),
- Hurrikane bedrohen den Alltag (Jamaica, Haiti).

Auch Methoden wollen reflektiert sein ...

Eine längere Gruppenarbeit wie diese bedarf genauer Spielregeln, um zum Erfolg zu führen und nicht zu „entgleiten“. Dieses Thema eignet sich sehr gut, um Arbeitstechniken der Arbeitsteilung einzuüben. Die Schüler erstellen sich gemeinsam mit dem Lehrer ein Planungsraster für die Arbeitsteilung (siehe *Abbildung 4*). Sie überlegen dann in einem ersten Schritt, wer womit beginnt, und tragen dies in das Raster ein. Sinnvoll ist, wenn jeder Schüler der Gruppe auch eine Aufgabe für die Gruppe erhält, also entweder „Materialbeschaffer“ (Filzstifte, Eddings, Papier, Fotokarton, Aufheben der vorgeschriebenen Texte, Verwaltung der Bücher usw.), „Diskussionsleiter“, „Gruppenprotokollant“ oder „für Außenkontakte zuständig“.

Sind die Vorarbeiten alle geleistet, kann es an die Produktion einer möglichst augenfälligen, aber zugleich informativen Wandzeitung gehen. Auch hierbei sind wichtige Grundsätze zu beachten, die gemeinsam mit der Klasse besprochen werden müssen (Was für eine Wandzeitung würdet ihr euch gern/nicht gern ansehen?) und dann für alle sichtbar festgehalten und im Klassenraum aushängen können:

Tipps zur Erstellung einer Wandzeitung

- festen Fotokarton verwenden
- große, sichtbare Überschrift (Lineal/Schablone)
- ausgewogenes Verhältnis von Text und Bild
- Veranschaulichung durch Bilder, Diagramme, Karten und Skizzen
- keinen langen Fließtext verwenden, mit Spiegelstrichen und Textkästen arbeiten
- Texte fehlerfrei schreiben
- mit Farben und Formen arbeiten
- Die Wandzeitung muss in Form und Inhalt „stimmen“; auf die „Gesamtwirkung“ kommt es an!

Hat man gemeinsam Kriterien aufgestellt, kann übrigens später auch sehr gut eine gemeinsame Beurteilung nach genau diesen Kriterien erfolgen.

Wer ...?	... erledigt was ...?	... bis wann?	Welche Hilfen werden gebraucht?	erledigt
... ...				

Abbildung 4: Planungsraster für die Aufgabenteilung

Inseltraum – Trauminsel – Inseltrauma: Eine Ausstellung entsteht

Eine Wandzeitung als Gruppenergebnis zu präsentieren ist eine Sache, daraus außerdem eine Ausstellung zu machen noch eine andere. Eine Ausstellung kann eine gemeinsame Inszenierung für die und durch die Klasse sein, kann „Vorarbeiten“ aus der Gruppenarbeit wie zum Beispiel die Inselcollagen oder die Texte über die Trauminsel integrieren und somit auch den didaktischen Weg nachzeichnen.

Darüber hinaus eröffnen sie noch viele Möglichkeiten für Ergänzungen und Produkte differenzierter Arbeit oder auch aus „angedockten“ Unterrichtsfächern:

- Vielleicht findet noch jemand eine Inselgeschichte, die bei der Ausstellungseröffnung vorgelesen wird?
- Vielleicht gibt es außerdem aktuelle Zeitungsmeldungen, die integriert werden können?
- Kontakte zu Organisationen wie zum Beispiel der UNESCO können ebenfalls hier einfließen; möglicherweise kann dazu ein Stand organisiert werden, wenn die Inselausstellung bei einem Schulfest seinen Platz findet.
- Vielleicht bringt jemand auch seine aufblasbare „Trauminsel“ als Blickfang mit.
- Möglicherweise kann ein kleines Quiz Zuschauer anlocken, denn nicht jeder weiß die Namen all der „Fleckchen“ in den großen blauen Ozeanen der Landkarten.
- ... – Der Fantasie sind keine Grenzen gesetzt.

Inseln retten – aber wie?

Ein Ergänzungs- oder Beiprogramm für ein solches Unterrichtsprojekt könnte die Beschäftigung mit dem MAB-Programm der UNESCO[3] sein, das den Schutz von kleinen, zum Welt-Kultur- und Natur-Erbe erklärten Inseln betreibt. Auch die Agenda 21 der Vereinten Nationen beschäftigt sich im Kapitel 17 mit dem „Schutz der Ozeane, aller Arten von Meeren ... sowie Schutz, rationelle Nutzung und Entwicklung ihrer lebenden Ressourcen“[4]. Hier ergeben sich noch vielfältige Möglichkeiten für Einzelvorhaben und Klassenprojekte, vielleicht sogar Patenschaften über den Unterricht hinaus. ■

[1]Bei der Bundeszentrale für Politische Bildung, Postfach 23 25, 53013 Bonn, sind großformatige Landkarten (1 : 40 000 000, beidseitig bedruckt) erhältlich.
[2]Diese gibt es zum Beispiel bei INSULA (c/o UNESCO, Division of Ecological Sciences, 1, Rue Miollis, F-75732 Paris Cedex 15; E-Mail: insula.speedy@grolier.fr; Internet: www.insula.org.) sowie bei der 1996 von der UNESCO eingerichteten Initiative „Umwelt und Entwicklung von Küstenregionen und kleinen Inseln“, 1, Rue Miollis F-75732 Paris Cedex 15, Fax: +33145685808; E-Mail: csi@unesco.org; Internet: www.unesco.org/csi).
[3]„Man and the Biosphere“, Deutsches Nationalkomitee für das UNESCO-Programm „Der Mensch und die Biosphäre“ (MAB), c/o Bundesministerium für Umwelt, Naturschutz und Reaktorsicherheit (BMU), Postfach 12 06 29, 53048 Bonn.
[4]Agenda 21 der Konferenz der Vereinten Nationen für Umwelt und Entwicklung, 1992 in Rio de Janeiro, Bundesumweltministerium, Bonn 1994, S. 139 ff.
[5]Vgl. UNESCO-Kurier 12/1997, S. 30.

„L'île heureuse"

(„Die glückliche Insel")

Ausschnitt aus dem Bild „L'île heureuse" des französischen Malers Paul Albert Besnard (1849–1934)

Erfinde eine Geschichte zu diesem Bild:

- Was mag die Insel für die Leute im Boot bedeuten?
- Woher kommen sie?
- Was haben sie hinter sich?
- ...

„So ist meine Insel ...“

Lies dir die folgenden Texte durch. Welcher Text spricht dich am meisten an?
Fertige zu diesem Text eine Collage aus Bildern, Wörtern/Texten, Objekten an, die deiner Meinung nach am besten veranschaulicht, was der Text ausdrückt.
Wenn du magst, kannst du den Text oder Teile davon auch in deine Collage integrieren.

1

Was, mein Bruder, ist eine Insel,
sobald du sie verlassen hast?
Sie ist nichts mehr, nichts,
gar nichts.
Was, mein Bruder, ist eine Insel,
wenn nicht du selbst?

(Lokenath Bhattacharya: Was, mein Bruder, ist eine Insel? In: UNESCO-Kurier 12/1997, S. 20)

2

Auf einem kleinen, nur wenige Meter über dem Meeresspiegel liegenden Hügel sitzend, inmitten von bienenumsummten Oregano- und Thymianbüschen, betrachtete ich die am Horizont vorüberziehenden Fischerboote oder Kreuzschiffe, auf denen mich niemand bemerkte, und schaute den über mir kreisenden lachlustigen oder aufgebrachten Möwen zu. Sie ließen mich nicht aus den Augen, und ihr Gekreische drang mir durch Mark und Bein, sobald ich mich ihren Nestern näherte. Es ist unvermeidlich, diese Schreie mit verzweifelten menschlichen Klagelauten zu vergleichen, was auch die alten Legenden erklärt. Die Griechen nämlich sahen in diesen Vögeln menschliche Wesen, die kraft eines Fluchs in Möwen verwandelt worden waren.

(Jacques Lacarrière: Des Odysseus Reise zu sich. In: UNESCO-Kurier 12/1997, S. 16)

3

Die Insel, auf der ich geboren bin, ist dürres Land, mager wie der Körper eines heranwachsenden Jungen, spröde vor Trockenheit und vom Licht verbrannt. In der heißesten Mittagsstunde, wenn das Licht in den Korallen spielt, liegen die Fischer hinter ihren Booten, den Kopf in den Armen, und schlafen einen tiefen Schlaf, bewacht von den Rhythmen des Meeres. Und die Fische stehen regungslos zwischen den Korallen und bewegen nur träge die Flossen im grünen Licht unter dem Wasser.
Es gibt gelbe Fische mit einer blauen Maske und mit Schwänzen wie Fächer; eckige Fische, deren Augen hervorquellen wie bei einem Kranken; lange, schlanke Fische mit spitzem Maul, wie Dolche aus Toledo. Dazwischen schwimmen unbeholfen Schildkröten mit ihrem vorsintflutlichen Panzer und kommen mit ihrem Vogelschnabel immer wieder zur Oberfläche, um die Lungen mit Sauerstoff zu füllen. Und aus der dunklen Tiefe schießt der mächtige Hai auf sein Opfer zu, schnell, erbarmungslos und schrecklich.
Im Sand liegen Muscheln, aus denen Farben leuchten, wie es sie sonst nur in den Augen eines jungen, gerade erwachsenen Mädchens gibt. ... So ist meine Insel.

(Auszug aus: Boeli van Leuwen, Curaçao. In: Peter Schultze-Kraft: Die Entdeckung Westindiens, Frankfurt am Main/Wien 1989, S. 191 ff.)

Lagunen-Kalender

4

Ich wohne in einer heiligen Wunde
Ich wohne in erdichteten Ahnen
Ich wohne in einem dunklen Wollen
Ich wohne in einem langen Schweigen
Ich wohne in einem unstillbaren Durst
Ich wohne in einer tausendjährigen Reise
Ich wohne in einem dreihundertjährigen Krieg
Ich wohne in einem entfremdeten Kult
zwischen Wurzel und Spross wohne ich in
unerschlossenem Raum
Ich wohne im Basalt, kein Guss,
sondern Lava, die in rasender Eile die steile Küste
emporprescht und alle Tempel versengt.
Ich richte mich ein in dieser Gestalt
einer unsinnigen Paradiesesversion
– weit schrecklicher als die Hölle.
Ich wohne zuweilen in einer meiner offenen Wunden
und wechsle von Minute zu Minute die Unterkunft,
jeglicher Friede macht mir Angst.
(...)
Nun wohne ich in der Weite meines Denkens
und berge mich oft in der kleinsten meiner Ideen.
Oder ich wohne in einer magischen Formel,
einzigartig lautere Urworte,
alles andere ist vergessen.
Ich wohne in einer Eiswehe
Ich wohne in einem Eisbruch
Ich wohne im Schoße eines großen Verderbens
Ich wohne meist am unwirtlichsten Busen
der schmalsten Kuppe
Ich wohne im Strahlenkranz der Kakteen
Ich wohne inmitten einer Herde von Ziegen,
die sich an kärglichsten Stauden erlaben.
Nun kenne ich wahrhaft meine Zufluchtsstätte
nicht mehr – (...)

(Aimé Césaire: Lagunen-Kalender. In: UNESCO-Kurier 12/1981, S. 31)

Unsere „Trauminsel"

☆ ☆ Materialbeschaffung etwas schwieriger

☆ Materialbeschaffung relativ leicht

☆ Sylt

• Sucht die Insel im Atlas, beschreibt die geographische Lage mit Längen- und Breitengraden und fertigt eine Karte an.

• Erkundigt euch über Lexika, Reiseführer, Zeitschriften (zum Beispiel GEO 7/84) und eventuell Interviews mit Syltkennern, insbesondere über das Problem, das Sylt mit den wiederkehrenden Sturmfluten und dem Abbrechen der Insel hat. Versucht an Daten und Bilder über die Veränderung des Aussehens der Insel zu kommen.

• Stellt euch vor, ihr seid Schulkinder dieser Insel und tretet mit eurer Schule in Kontakt. Stellt eure Inselheimat auf einem Plakat vor. Berücksichtigt Lage, Klima (Kleidung/Ernährung) und stellt insbesondere das erforschte Problem mit den Sturmfluten und deren Folgen vor – vielleicht könnt ihr es in eine Familiengeschichte einbetten?

• Könnten die Schülerinnen und Schüler eurer Schule euch helfen? Dann schreibt eine Aufforderung in Form eines Flugblatts, das ihr auch auf eurem Plakat integrieren und bei der Vorstellung verteilen könnt.

☆ ☆ Bikini

• Sucht die Inseln im Atlas, beschreibt die geographische Lage mit Längen- und Breitengraden und fertigt eine Karte an.

• Erkundigt euch über Lexika, Internet, Zeitungsarchive usw. insbesondere über die Atombombenversuche der USA von 1946–58 und deren Folgen für die Bevölkerung der Inselgruppe. Verfolgt den „Umsiedlungsweg" der Insulaner. Findet ihr auch Informationen über Gesundheitsgefährdungen?

• Stellt euch vor, ihr seid Schulkinder dieser Inselgruppe und tretet mit eurer Schule in Deutschland in Kontakt. Stellt eure Inselheimat auf einem Plakat vor. Berücksichtigt Lage, Klima (Kleidung/Ernährung/Wohnen) und stellt insbesondere das erforschte Problem mit den Atomversuchen und deren Folgen vor. Vielleicht könnt ihr es in eine Familiengeschichte einbetten?

• Könnten die deutschen Schülerinnen und Schüler euch helfen? Dann schreibt eine Aufforderung in Form eines Flugblatts, das ihr auch auf eurem Plakat integrieren und bei der Vorstellung verteilen könnt.

☆ Grönland

• Sucht die Insel im Atlas, beschreibt die geographische Lage mit Längen- und Breitengraden und fertigt eine Karte an.

• Erkundigt euch mithilfe von Schulbüchern (zum Beispiel Erdkunde 1/IGL 1) und eventuell Lexika über die Insel und insbesondere darüber, wie sich die Situation der Ureinwohner Grönlands im Laufe der Jahre durch die Verbindung zu Dänemark geändert hat.

• Stellt euch vor, ihr seid Schulkinder dieser Insel und tretet mit eurer Schule in Deutschland in Kontakt. Stellt eure Inselheimat auf einem Plakat vor. Berücksichtigt Lage, Klima (Kleidung/Ernährung/Wohnen) und stellt insbesondere das erforschte Problem vor – vielleicht könnt ihr es in eine Familiengeschichte einbetten?

• Könnten die deutschen Schülerinnen und Schüler euch helfen? Dann schreibt eine Aufforderung in Form eines Flugblatts, das ihr auch auf eurem Plakat integrieren und bei der Vorstellung verteilen könnt.

☆ ☆ Seychellen

• Sucht die Inseln im Atlas, beschreibt die geographische Lage mit Längen- und Breitengraden und fertigt eine Karte an.

• Erkundigt euch in Lexika, Internet, Reiseführern usw. über die Inselgruppe. Eure Aufgabe ist, insbesondere darüber nachzudenken, was mit der Insel und ihren Bewohnern bei einer globalen Klimaerwärmung geschieht. Schlagt dazu in Büchern über den Treibhauseffekt nach.

• Stellt euch vor, ihr seid Schulkinder dieser Inselgruppe und tretet mit eurer Schule in Deutschland in Kontakt. Stellt eure Inselheimat auf einem Plakat vor. Berücksichtigt Lage, Klima (Kleidung/Ernährung/Wohnen) und stellt insbesondere das erforschte Problem und die Folgen vor.

• Könnten die deutschen Schülerinnen und Schüler euch helfen? Dann schreibt eine Aufforderung in Form eines Flugblatts, das ihr auch auf eurem Plakat integrieren und bei der Vorstellung verteilen könnt.

☆ Mallorca

• Sucht die Insel im Atlas, beschreibt die geographische Lage mit Längen- und Breitengraden und fertigt eine Karte an.

• Erkundigt euch über Reiseführer und insbesondere auch Schulbücher (zum Beispiel Terra/Europa) über die Auswirkungen, die der Massentourismus auf die Insel und für die Inselbewohner hat.

• Stellt euch vor, ihr seid Schulkinder dieser Insel und wollt mit eurer Schule in Deutschland in Austauschkontakt treten. Stellt eure Inselheimat auf einem Plakat vor. Berücksichtigt Lage, Klima (Kleidung/Ernährung/Wohnen) und stellt insbesondere die Tourismusvor- und -nachteile dar. – Vielleicht könnt ihr es in eine Familiengeschichte einbetten?

• Was könnten die deutschen Partner für euch tun? Wenn euch etwas einfällt, schreibt es auf ein Flugblatt, das ihr auch auf eurem Plakat integrieren und bei der Vorstellung in der Klasse verteilen könnt.

☆ ☆ Philippinen

• Sucht die Inseln im Atlas, beschreibt die geographische Lage mit Längen- und Breitengraden und fertigt eine Karte an.

• Erkundigt euch über Lexika, Internet, Reiseführer und Magazine (zum Beispiel Merian 4/XXXV/C) insbesondere über die Vielfalt der Inseln und Inselbewohner. Gibt es Probleme, die daraus resultieren? Wieweit hängen Vielfalt und Insellage zusammen?

• Stellt euch vor, ihr seid Schulkinder einer dieser Inseln und wollt eure Heimat deutschen Schulkindern vorstellen. Fertigt dazu ein Plakat an. Berücksichtigt Lage, Klima (Kleidung/Ernährung/Wohnen) und stellt insbesondere die Vielfalt dar. Vielleicht kann jedes Gruppenmitglied von einer anderen Insel kommen?

• Habt ihr Wünsche an die deutschen Schülerinnen und Schüler? Formuliert sie auf einem Flugblatt, das ins Plakat integriert ist und das bei der Vorstellung auch an die Klasse verteilt werden kann.

Mathe anders – ein sanfter Weg zur Öffnung des Mathematikunterrichts

Wolfgang Kottisch

Als „Meister ihres Fachs" übernehmen die Schüler auch mal die – für sie spannende – Lehrerrolle.

Foto: Michael Seifert

Wir Fachlehrerinnen und -lehrer kommen regelmäßig dann in Schwierigkeiten, wenn wir den Unterricht öffnen möchten, dabei aber auf als bewährt erfahrene Unterrichtsformen und -strategien des lehrerzentrierten Unterrichts (noch) nicht verzichten wollen oder können. Nötig wäre somit ein Weg des „sanften" Übergangs vom lehrerzentrierten zum schülerorientierten Unterricht, den wir an unserer Orientierungsstufe inzwischen fest in der Stundentafel verankert haben.

Die Tandems

Ein zentraler Punkt unseres Konzepts ist das so genannte Tandem. Das ist außer dem Klassenlehrer einer der Fachlehrer, der (mit möglichst vielen Fachstunden) in der Klasse eingesetzt ist. Gemeinsam (Doppelbesetzung!) unterrichtet das jeweilige Tandem seine Klasse wöchentlich in zwei dafür ausgewiesenen Stunden, was eine „kreative Weiterentwicklung" der Stundentafel erforderte: Zwei Fachstunden mussten dazu organisatorisch umgewidmet werden, ohne dass die Fächer selbst inhaltlich gekürzt wurden.

Konkret sieht das an unserer Orientierungsstufe so aus: Statt der üblichen klassen- bzw. jahrgangsübergreifenden Arbeitsgemeinschaften werden klassenbezogene Arbeitsgemeinschaften eingerichtet. (Eine AG-Stunde für eine Klasse „kostet" immer zwei Lehrerstunden, da die Größe einer AG im Durchschnitt der einer Halbklasse entspricht.) Im Klassenraum findet dann zeitgleich mit der Klassen-AG (die eine Hälfte der Klasse plus AG-Lehrer) der Deutsch-Förderunterricht (die andere Hälfte der Klasse plus Deutschlehrer) statt.

Unsere Tandems nutzen diese doppelt besetzten Stunden hauptsächlich als organisatorisch abgegrenzten Übungs- und Erprobungsraum für die intensive unterrichtspraktische Auseinandersetzung mit offenen Unterrichtsformen (freie Arbeit, Wochenplanarbeit, Gruppenarbeit, projektorientierter Unterricht), wobei inhaltlich alle Fächer beteiligt werden, die die Tandem-Kollegen in der jeweiligen Klasse erteilen.

Wenn die Partner eines Tandems meinen, dass sie selbst sowie die Schülerinnen und Schüler ihrer Klasse genügend Erfahrungen mit solchen Unterrichtsformen gesammelt und Sicherheit beim Umgang mit der veränderten Lehrer- und Schülerrolle gewonnen haben, erweitern sie die offenen Unterrichtsaktivitäten über den Schonraum der Tandem-Stunden hinaus in ihren „normalen" (nicht mehr doppelt besetzten) Fachunterricht dieser Klasse, um auch ihn im Sinne von „Öffnung" umzugestalten.

Der traditionelle Rahmen

Wir versuchten nun im Mathematikunterricht, unter weitgehender Beibehaltung der „äußeren", also inhaltlichen und zeitlichen Rahmenbedingungen eine „innere" Öffnung, das heißt eine methodische Umgestaltung zu realisieren. Wir behielten den traditionellen Zeitrhythmus und -rahmen bei, denn für vier Einzelstunden pro Woche und drei bis vier Wochen pro Einheit wollten wir uns nicht mit einer komplizierten Zeitorganisation belasten. Wir kamen mit dem Mathematikbuch und Auszügen aus dem Lehrerlösungsbuch aus und mussten so auch nicht übermäßig viel eigenes Unterrichtsmaterial erstellen. Am Ende der Unterrichtseinheit ließen wir dann zudem eine traditionelle Klassenarbeit zur Überprüfung des Lernerfolgs schreiben. Damit wurde ein Ritual beibehalten, das Schülern, Eltern und auch uns Lehrern das Gefühl vermittelte, uns (wieder) auf bekanntem Terrain zu bewegen.

„Mathe anders"

In diesem äußeren, vertrauten Rahmen aber sollten die Schüler die in den Tandem-Stunden erworbenen Arbeitsweisen nutzen, um sich aktiv einen von uns vorstrukturierten mathematischen Lernstoff anzueignen. „Mathe anders" nannten die Schüler spontan diesen Unterricht. Er wurde von allen so positiv beurteilt, dass er über die ursprünglich geplanten zwei Unterrichtseinheiten hinaus auf alle folgenden Einheiten des Schuljahres ausgedehnt wurde. – Die folgende schriftliche Schüleräußerung spricht für sich:

> *„Jetzt macht es mehr Spaß. Man kann selbstständig arbeiten. Und man kann in Gruppen zusammenarbeiten."* (Syrina)

„Gesellenbrief" und Selbstkontrolle

Für die Vorstrukturierung des Lernstoffs besteht die zu leistende Vorarbeit durch den Lehrer aus der Erstellung des Arbeitsplans für die Unterrichtseinheit, offiziell „Gesellenbrief" genannt (vgl. dazu die ***Kopiervorlage*** auf Seite 156), und aus der Herstellung eines Selbstkontrollbogens mit den Lösungen der zu bewältigenden Aufgaben.

Der „Gesellenbrief" gliedert die Unterrichtseinheit – zum Beispiel Addition und Subtraktion von Brüchen – in Unterthemen wie Addition und Subtraktion von gleichnamigen Brüchen, Addition von gemischten Zahlen, Subtraktion von ungleichnamigen Brüchen usw. Zu jedem Unterthema werden die Aufgaben des Mathematikbuchs aufgelistet, die auch im „traditionellen" Unterricht hätten bearbeitet werden müssen – sei es in den Mathematikstunden, sei es als Hausaufgaben. Danach wird im „Gesellenbrief" festgehalten, welche Arbeitsgruppe für welches Unterthema zuständig sein soll (siehe die Spalte „Meisterin/Meister"). Zum Schluss weist der „Gesellenbrief" eine Spalte „Unterschrift der Meisterinnen/Meister" aus, mit der eine wichtige Kontrollfunktion im weiteren Unterrichtsverlauf erfüllt wird. Der „Gesellenbrief" wird jedem Schüler ausgehändigt und von ihm über die Gesamtdauer der Unterrichtseinheit als eine Art Testatbogen geführt.

Auf dem Selbstkontrollbogen stehen die Lösungen für alle Aufgaben, die im „Gesellenbrief" aufgelistet sind. Jeder Gruppensprecher erhält ein Exemplar davon und ist für die Dauer der Unterrichtseinheit dafür verantwortlich, dass seine Gruppe jederzeit darauf zurückgreifen kann.

Von Meistern und Lehrlingen

Der Unterricht selbst läuft nun in zwei Phasen ab:

- **Phase 1** umfasst etwa zwei bis drei Stunden, in denen sich jede Gruppe darum bemüht, die Aufgaben desjenigen Unterthemas zu lösen, das ihnen im Gesellenbrief zugeordnet wurde. Die Auseinandersetzung mit den Aufgaben geschieht vorrangig in der Gruppe, die Richtigkeit wird mithilfe des Kontrollbogens überprüft.

> *„Das neue Mathe finde ich gut, weil man zu zweit oder zu dritt arbeiten kann, und wenn einem eine Aufgabe nicht klar ist, fragt man den Nachbarn, wie die Aufgabe geht."* (Marcel)

Bei Verständnisschwierigkeiten oder bei Differenzen über den richtigen Lösungsweg kann der Lehrer um Rat gefragt und um Hilfe gebeten werden.

> *„Wenn man nicht weiter weiß, kann man den Lehrer fragen."* (Enno)

Obwohl die Unterthemen im Lehrbuch nach dem didaktischen Prinzip der „Isolierung der Schwierigkeiten" und dem methodischen Prinzip „Vom Leichten zum Schweren" aufeinander aufbauen, bereitet es den Gruppen keine besonderen Schwierigkeiten, mit einem beliebigen Unterthema in die Unterrichtseinheit einzusteigen.

> *„Ich finde das neue Mathe besser, weil nicht alle das Gleiche machen, wie zum Beispiel, wenn der Lehrer sagt: Jetzt rechnen alle minus."* (Franziska)

Man kann allerdings vorhersehbaren Schwierigkeiten begegnen, indem man den „leistungsschwächeren" Gruppen in der ersten Phase die „einfacheren" Unterthemen zuordnet.

Die erste Phase endet für jede Gruppe mit dem Nachweis, dass alle Mitglieder alle geforderten Aufgaben ihres Unterthemas erfolgreich bearbeitet haben. Dazu werden die von jedem im Heft gerechneten Aufgaben dem Lehrer vorgelegt. Außerdem muss die Gruppe – gegebenenfalls zusammen mit dem Lehrer – drei Aufgaben unterschiedlichen Schwierigkeitsgrades aus ihrem eigenen Gebiet konzipieren, um später die Lernleistung anderer Gruppen anhand dieser (oder ähnlicher) „Prüfungsaufgaben" überprüfen zu können. Der Lehrer erklärt danach die Gruppe zu „Meistern ihres Fachs", das heißt zu Experten für ihr Unterthema.

- **Phase 2** umfasst neun bis zehn Stunden und sieht jedes Team in einer Doppelrolle. Als „Meister ihres Fachs" sind alle Schüler einer Gruppe einerseits anstelle des Lehrers Berater und Kontrollierende für andere Gruppen. Andererseits sind sie in ihrem Team „Lehrlinge", die sich – wie in Phase 1 – um die Lösung der Aufgaben eines neuen Unterthemas bemühen, Hilfen bei auftretenden Schwierigkeiten aber von den Experten und nicht mehr vom Lehrer bekommen.

„Gut ist jetzt, dass man selber (fast) der Lehrer für die anderen ist." (Lisa)

Die beschriebene Doppelrolle führt zu sehr vielen abwechslungsreichen Aktivitäten in den Gruppen und zwischen den Gruppen.

„Das Mathe finde ich besser, weil man die ganze Zeit was zu tun hat. Beim Klassenunterricht sitzt man immer rum, wenn man nicht gerade dran ist." (Sascha)

Um den gesetzten Zeitrahmen einhalten zu können, werden die Teams bald dazu übergehen, rechtzeitig vor dem jeweiligen Stundenende Absprachen dahingehend zu treffen, welche Aufgaben sie als Hausaufgaben erledigen wollen und ob das in Einzelarbeit geschehen soll oder ob sich das jeweilige Team trifft, um die vormittägliche Arbeit am Nachmittag gemeinsam fortzusetzen.

„Wir dürfen selbst entscheiden, ob wir Hausaufgaben machen." (Kathrin)

„Wenn man nicht alle Hausaufgaben hat, bekommt man nicht gleich einen Strich." (Kai)

Immer wenn ein Schüler eines Teams glaubt, ein neues Unterthema ausreichend zu beherrschen, meldet er sich bei einem der entsprechenden Meister und lässt sich eine „Prüfungsaufgabe" geben. Der Meister überprüft die Lösung. Misslingt sie, muss der Prüfling nochmals üben, ehe er sich erneut zur Prüfung melden kann. Bei der Auswahl geeigneter Übungsaufgaben kann er sich beraten lassen. Die erfolgreiche Lösung der Prüfungsaufgabe wird durch die Unterschrift eines entsprechenden „Meisters" auf dem Gesellenbrief testiert. Ziel jedes Schülers ist es, die Unterschriften von Meistern zu allen Unterthemen zu bekommen, um dann vom Lehrer per Unterschrift auf dem „Gesellenbrief" zum Gesellen ernannt zu werden.

„Man sammelt alle Unterschriften (weil man alle Aufgaben richtig gerechnet hat) und erhält seinen Gesellenbrief." (Till)

Der Meisterbrief

Im Prinzip sind die Schüler jetzt in der Lage, eine Klassenarbeit über das gesamte Thema zu schreiben, die sich dann – bei der Zusammenstellung durch den Lehrer – an den verschiedenen „Prüfungsaufgaben" der „Meister" orientieren muss. Nach erfolgter Klassenarbeit erhält jeder Schüler eine Note und – soweit die Note auch ausreichende Leistungen bescheinigt – den „Meisterbrief" (vgl. dazu nochmals die ***Kopiervorlage*** auf Seite 156) mit der Zensur der Klassenarbeit.

„Ich finde es gut, dass man einen Meisterbrief bekommt, und wenn er gut ist, hängt man ihn sich in sein Zimmer." (Kai)

Ein befriedigender Weg für alle Beteiligten

Unser Konzept hat sich als ein gangbarer Weg erwiesen, von gewohnten Bahnen des Mathematikunterrichts abzuweichen und sich auf neue, spannende Unterrichtswege einzulassen, ohne gleich Gefahr zu laufen, inhaltlich, zeitlich und/oder organisatorisch den Boden unter den Füßen zu verlieren. Den Eltern bot dieser Weg zudem die Gewähr, dass mit ihren Kindern nicht „ziellos herumexperimentiert" wurde. Und die Schüler selbst waren mit Feuereifer dabei und forderten die Fortführung von „Mathe anders" bei den nachfolgenden Unterrichtseinheiten. – Lena begründete das so:

„Warum ich Mathe jetzt besser finde:
1. *Ich finde es gut, dass ich jetzt auch was zu tun habe.*
2. *Früher fand ich es auch blöde, dass ich nicht so oft drangekommen bin, weil ich vielleicht ein bisschen besser bin als manche anderen.*
3. *Ich finde es gut, weil andere Kinder mir helfen können und ich ihnen auch.*
4. *Ich finde es gut, dass man sich den Partner selber aussuchen darf."* ■

Gesellenbrief

im Fach Mathematik

für ______________________________

zum Thema ______________________________

Unter-thema	Seite	Aufgaben	Meisterin/ Meister	Unterschrift der Meister/innen

______________________, den ______________________

(Unterschrift der Lehrerin/des Lehrers:) ______________________

Meisterbrief

im Fach Mathematik

für ______________________________

______________________ hat vor der
„Handwerkskammer für Mathematik"
die Meisterprüfung zum Thema

____

mit ______________________ bestanden.

Der Prüfungsausschuss

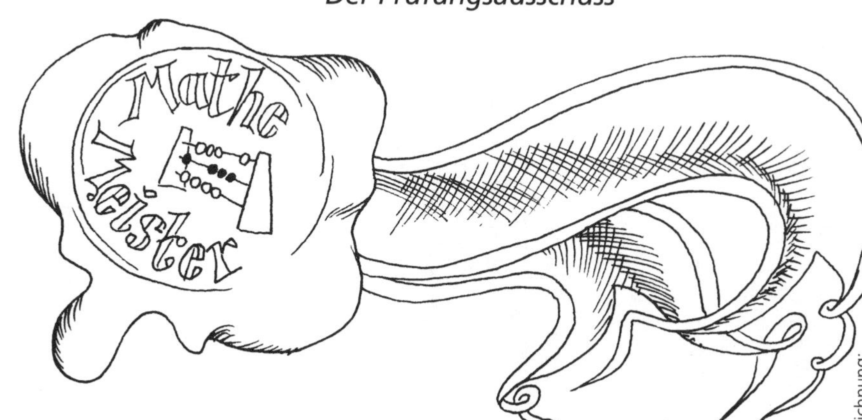

Zeichnung:
Carolin Heidloff

______________________, den ______________________

(Unterschrift der Lehrerin/des Lehrers:) ______________________

Niemand verlässt gern seine Heimat

Barbara Soltau/
Dagmar Volger

Handlungsorientierte und differenzierte Annäherung an das Thema „Migration"

Flüchtlinge aus anderen Ländern prägen heutzutage unser Alltagsbild – auch im Unterricht ...

Foto: Margarete Groschupf

In vielen Klassen gibt es Flüchtlingskinder – manchmal auf Zeit, manchmal als Einwanderer. Das Miteinander läuft nicht immer reibungslos ab. Es gibt Verständigungsschwierigkeiten, wenn die Kinder gar kein oder nur wenig Deutsch sprechen. Die einheimischen Kinder reproduzieren die Haltungen und Einstellungen, die sie in ihrer Lebensumwelt wahrnehmen. Sie zeigen manchmal Vorurteile, Unverständnis oder offene Fremdenfeindlichkeit. Die Migrantenkinder ihrerseits haben oft Orientierungsschwierigkeiten in der neuen Umgebung, mit fremden Sitten und Gebräuchen. Und auch wenn anscheinend die Integration gelungen ist, bleibt vermutlich bei manchen Kindern ein Gefühl der Fremdheit, vielleicht Sehnsucht nach der alten Heimat, der eigenen, anderen Kultur.

Mit Einführung der neuen Lehrpläne in Schleswig-Holstein 1997 wurde versucht, im Fach Weltkunde mit einem offenen, veränderbaren Themenkatalog auf gesellschaftliche Veränderungen zu reagieren und verbindlich nur den Bezug zu den Kernproblemen unserer Zeit festzulegen. Die Rahmenthemen sind so formuliert, dass der Zugang nicht aus fachimmanenten Fragestellungen allein erfolgen kann. Vielmehr wird jeweils ein Problem oder eine Frage aufgeworfen, zu deren Beantwortung die drei Fachwissenschaften Geographie, Geschichte und Sozialkunde herangezogen werden müssen. Ihre jeweiligen spezifischen Fragestellungen und Arbeitstechniken werden also auf ein fächerverbindendes Thema angewandt.

Fächerverbindendes Thema „Niemand verlässt gern seine Heimat"

Eine solche Vorgehensweise soll an dem Unterrichtsthema „Niemand verlässt gern seine Heimat" für den 5./6. Jahrgang dargestellt werden (siehe auch den *Kasten 1* auf Seite 159).

Im Lernfeld *„Methodenkompetenz"* steht das Erstellen von Interviews im Vordergrund, das nicht allen Schülerinnen und Schülern aus der Grundschule vertraut ist. Im Lernfeld *„Sachkompetenz"* geht es darum, verschiedene Ursachen für Flucht und Vertreibung weltweit heute und zu anderen Zeiten zusammenzutragen, Flüchtlingsbewegungen

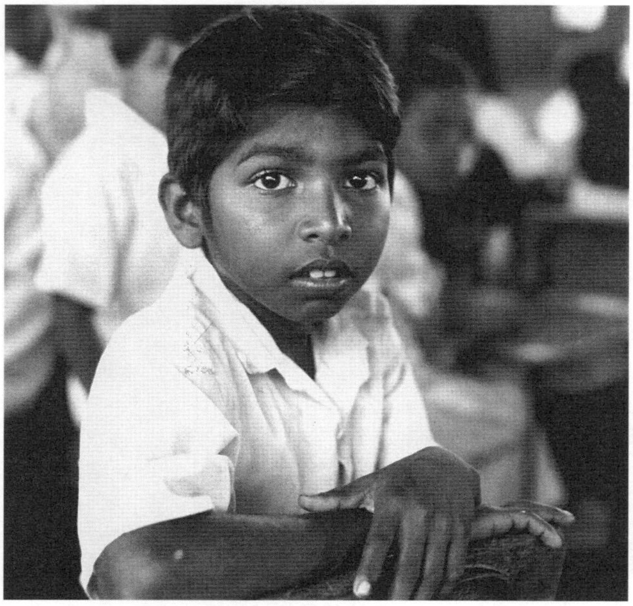

Foto: Bert Butzke

... ein Anlass, nach dem Woher, Warum und anderem mehr zu fragen.

auf der Landkarte zu markieren und die rechtlichen Grundlagen für die Bewerbung um Asyl und Aufenthaltsgenehmigung in Deutschland kennen zu lernen. Die Informationen über die tatsächlichen Lebensbedingungen von Migranten am Ort, die die Schüler über ihre Interviews erhalten, können eventuell vorhandene Falschinformationen oder Vorurteile korrigieren.

Migrationsströme gibt es heute – aus unterschiedlichen Gründen – weltweit; mit Flucht und Vertreibung werden Kinder und Jugendliche in ihrem Alltag nicht nur durch die Medien konfrontiert. Flüchtlinge, Menschen aus anderen Ländern begegnen ihnen täglich – auf der Straße, in der Nachbarschaft und in der Schule. Für die unterrichtenden Lehrerinnen und Lehrer ergibt sich daraus die Frage: Wie kann 10- bis 12-jährigen Schülern diese aktuelle Problematik unter Einbeziehung ihres eigenen Erfahrungshorizontes altersangemessen nahe gebracht werden?

Empathieübung als Einstieg

Eine Empathieübung am Beginn der Unterrichtseinheit bietet sich an, um die Fragestellungen für die geplanten Interviews und die weitere Erarbeitung des Themas zusammenzustellen und ein hohes Maß an Mitbeteiligung zu sichern. Durch diese Form der Einstimmung werden die Schüler zu all den Fragen geführt, die die Situation von Migranten berühren. Sie versetzen sich dabei in die Lage eines gleichaltrigen Kindes, das in die Situation gerät, seine Heimat verlassen zu müssen. Als Einleitung der Übung lässt sich die ***Kopiervorlage*** auf Seite 161 einsetzen.

Fragen zur Problembearbeitung

Die eigentliche Bearbeitung des Themas beginnt mit einer Kartenabfrage. Jeder Schüler schreibt seine drei drängendsten Fragen auf je eine Karte. Die Fragen werden dann vorgelesen, für alle sichtbar angeheftet und nach thematischer Zusammengehörigkeit gebündelt und mit einer dafür geltenden, neuen Überschrift versehen (Arbeitstechnik nach der Metaplan-Methode).

Auf diese Weise entsteht ein Katalog von Fragen, der einen idealen „Steinbruch“ sowohl für Interviews ergibt, die die Schüler vor Ort mit Asylbewerbern oder ausländischen Nachbarn (eventuell sogar den eigenen Mitschülern) durchführen können, als auch für weiter gehende Fragestellungen im Rahmen des Themas.

Einführung in die Interviewtechnik

Im nächsten Arbeitsschritt wählen die Arbeitsgruppen aus den Fragekarten an der Wand diejenigen Fragen aus, die sie im Interview stellen wollen. Damit eine gemeinsame Datenbasis in allen Gruppen entsteht, wird zunächst im Klassenverband beschlossen, was in allen Interviews abgefragt wird. Aus diesen Fragen entsteht ein Protokollbogen, der die Abfolge der Fragen strukturiert und in den in Kurzform die Antworten eingetragen werden können. Wenn sich eine Arbeitsgruppe entschließt, einen Kassettenrekorder mitzunehmen, kann sie zur Auswertung des Mitschnitts die Ergebnisse in den Protokollbogen eintragen. Im Zusammenhang mit der Interviewtechnik geht es um die Methodenfertigkeit, Notizen zu Hörtexten anzufertigen, die als Grundlage für einen Bericht dienen sollen.

Es kann problematisch sein, Interviewpartner zu finden. Am leichtesten ist es natürlich, sich in der eigenen Schule oder in der unmittelbaren Nachbarschaft umzusehen. Eventuell können Ausländerbeauftragte oder politische und kirchliche Organisationen am Schulort Unterstützung anbieten.

Kurzporträts erstellen und in der Klasse vorstellen

Die Arbeitsgruppen sollen aus den Informationen, die sie erhalten haben, Kurzporträts erstellen, indem sie ihre Interviewergebnisse auf DIN-A3-Bogen übertragen – in freier Form und auch mit eigenen Formulierungen, wenn dadurch der Sachverhalt nicht verloren geht. Die Vorstellung der porträtierten Interviewpartner erfolgt im Plenum, Nachfragen der Mitschüler werden geklärt.

Reflexionsphase zur Interviewtechnik

Damit die Methodenkompetenz „Interviews durchführen“ gefestigt wird, sollten nach Abschluss dieser Phase auch die Erfahrungen im Umgang mit dem Protokollbogen ausgetauscht werden. Unter der Fragestellung „Was wir beim nächsten Mal anders machen wollen“ können als Ergebnisse dieser Reflexionsphase hilfreiche Anregungen an der Tafel und in den Ordnern oder Heften der Schüler festgehalten werden.

Anregungen für eine Vertiefung des Themas

Durch die persönliche Begegnung und Befragung wird sicherlich einerseits das Interesse der Schüler am Thema verstärkt worden sein, andererseits wurden ihre ursprünglichen Fragestellungen ergänzt. Sie haben erfahren, dass Menschen aus ganz verschiedenen Gegenden der Welt nach Deutschland kommen und dass ihre Flucht- oder Auswanderungsgründe unterschiedlich sind. In einer weiteren Arbeitsphase sollten diese Erkenntnisse systematisiert und unter Umständen erweitert werden, indem die Schüler zum Beispiel in Kleingruppen an verschiedenen Unterthemen weiterarbeiten. Mit unterschiedlichen Arbeitsaufträgen lässt sich dabei ein Angebot zur Binnendifferenzierung bereitstellen. Die Gruppen können sich nach Neigung zu einem Arbeitsauftrag bilden.

In dieser Arbeitsphase bietet es sich an, die Schüler Materialien aus Schulbüchern und anderen Informationsschriften auswerten zu lassen (siehe dazu die *Literaturhinweise im Kasten 2* auf Seite 160). Die angebotenen Themen erfordern zur Bearbeitung recht unterschiedliche Arbeitstechniken und unterscheiden sich auch durch ihre Komplexität. Es ist daher nötig, diese verschiedenen Anforderungen gemeinsam mit der Klasse zu besprechen, damit die Kinder sich dem Thema zuordnen können, das ihren Fähigkeiten und Neigungen am ehesten entgegenkommt. Der Lehrer sollte diesen Prozess beratend unterstützen (vgl. dazu die ***Kopiervorlage*** auf Seite 162). Zur Sicherstellung eines für alle geltenden Basiswissens muss aber der Austausch der Arbeitsgruppenergebnisse zu den einzelnen Unterthemen dann so organisiert werden, dass alle die wichtigsten Ergebnisse in ihre Ordner oder Hefte aufnehmen. – Themenvorschläge:

• **Erstellen einer großen Weltkarte und Markieren der Flüchtlingsströme.** Mit dem Overheadprojektor wird eine Weltkarte auf Folie an eine Wand projiziert und die Umrisse werden auf ein großformatiges Plakatpapier übertragen. Die Ländernamen werden eingetragen oder jeweils über Fäden zu einer Legende am Rand der Karte sichtbar gemacht. Die Länder, aus denen die zurzeit größten Flüchtlingsströme kommen, werden markiert und auf einem Extrabogen aufgeführt. Die Zahlen werden dazugeschrieben und gleichzeitig die Länder genannt, in denen die Flüchtlinge Zuflucht suchen. Auf der Karte können die Fluchtwege mit Pfeilen markiert werden. Durch diese Dokumentation kann die unerlässliche geographische Orientierung zu diesem Unterrichtsthema erfolgen.

• **Untersuchung ausgewählter Länder, aus denen Flüchtlinge kommen.** Immer unter der Leitfrage, warum Menschen ihre Heimat verlassen, können einzelne Länder in Europa und außerhalb von Europa betrachtet werden. Dabei stehen die Fragen nach Fluchtgründen, der Zahl der Flüchtlinge und den Zielländern im Vordergrund. Die Ergebnisse solcher Auswertungen können von mehreren Teilgruppen in einer tabellarischen Übersicht zusammengetragen werden, die die Dokumentation im Klassenraum ergänzt.

• **Flucht und Vertreibung zu anderen Zeiten.** Unter dem Aspekt der historischen Dimension kann eine andere Arbeitsgruppe Materialien über Flucht und Vertreibung zu anderen Zeiten auswerten. Die Schulbücher bieten dazu einiges an. Eine Befragung in der eigenen Familie könnte Berichte aus der Zeit nach dem Zweiten Weltkrieg ergeben oder sogar Hinweise auf die Familiengeschichte nach dem Ersten Weltkrieg bringen. Auch wenn die Familien selbst nicht unter den Flüchtlingen waren, haben alle doch das Schicksal von Flüchtlingen in der eigenen Umgebung mit-

Sozialkunde/Gesellschaftslehre, Jahrgang 5/6

„Warum fliehen Menschen?"

Unterrichtsverlauf	Differenzierungselemente
1. Gemeinsamer Einstieg in das Thema: • Kreisspiel: „Was würde ich auf der Flucht mitnehmen?" • Bildimpuls: „Kinder auf der Flucht"* • Partnerarbeit zum Bild • Text: Fluchtgründe	Differenzierung durch Methodenvarianz
2. Tischgruppenarbeit mit Arbeitsblättern: „Woher kommen und warum fliehen Menschen?"	Differenzierung durch Strukturhilfen im Text
3. Interviews mit konkreten Personen in Neigungs-Kleingruppen	Differenzierung durch Hilfsangebote bei der Gruppenarbeit Differenzierung durch Strukturhilfen und Arbeitstechniken bei der Vorbereitung der Interviews; Aussuchen „passender" Interviewpartner
4. Erstellen von Wandbiografien auf Postern über die Interviewpartner, verziert mit Karte und Flagge des Herkunftslandes	Hilfen bei der Wandzeitung in dezentralen Arbeitsphasen
5. Längere Gruppenarbeit zum Thema	Differenzierung durch Komplexität des Themas und Neigung in Bezug auf Arbeitstechniken

*Vgl. zum Beispiel das Foto auf der Kopiervorlage „Niemand verlässt gern seine Heimat" auf S. 161.

Kasten 1

bekommen. Ein Vergleich der Sichtweisen in Bezug auf die Bewertung der Situationen von Flüchtlingen damals und heute könnte dabei sehr aufschlussreich sein.

• **Unsere Gesetze und die Flüchtlingsfrage.** Eine höhere Anforderung stellt sicher die Untersuchung von Auszügen aus dem Grundgesetz zum Asylrecht und zu den Menschenrechten dar. Die Übersetzungsleistung vom Gesetzestext in verständliche Information braucht die Unterstützung oder Vorbereitung durch den Lehrer (vgl. dazu den Beitrag „Das Mittwoch-nachmittags-Projekt" von *Jürgen Eckervogt*, in: PRAXIS SCHULE 5–10, Heft 4/1994). Bei dieser Aufgabe ist es interessant, die in den Interviews erfragten Lebensbedingungen der Asylbewerber an diesen Texten zu messen. Es wird dabei sicher die Frage auftauchen, wie denn Asylbewerber selbst solche Texte verstehen sollen.

• **Auswertung von Karikaturen.** Eine Arbeitsgruppe kann auch ausgewählte Karikaturen interpretieren. Die Bilder können beschrieben und die Bildaussagen vorgestellt werden (siehe dazu die *Literaturhinweise im Kasten 2*).

• **Befragung zu Einstellungen und Meinungen der Menschen am Ort.** Dass Vorurteile und versteckte wie offene Fremdenfeindlichkeit in der Bevölkerung existieren, ist für die Schüler auch in dieser Altersstufe kein Geheimnis. Eine Befragung zu Einstellungen, die die deutschen Nachbarn zum Thema „Zuflucht in Deutschland" haben, kann im Ergebnis die ganze Spannbreite von Zustimmung und Ablehnung abbilden. Vielleicht gelingt es auch schon, die Antworten nach Alter, Geschlecht und Berufsausbildung der Befragten zu ordnen. Die Tatsache, dass es so unterschiedliche Positionen in der Frage gibt, kann als Dokument demokratischer Meinungsvielfalt verstanden werden und gleichzeitig zum Nachdenken über die verschiedenen Aussagen führen.

Es sollte an dieser Stelle auch thematisiert werden, was hinter gewalttätigen Ausschreitungen gegen Asylbewerber steht und welche Möglichkeiten zur Gegenwehr uns das Gesetz und Bürgerbewegungen vor Ort anbieten. Sehr aufschlussreich kann bei der Befragung die Gegenüberstellung von vermuteten Zahlen über Asylbewerber am Ort und den tatsächlichen Zahlen sein.

Integration in jeder Hinsicht...

Das Thema bietet beispielhaft die Möglichkeit, ein gesellschaftspolitisches Problem unserer Zeit im Unterricht zu behandeln und dabei die Fächer Geschichte, Erdkunde und Sozialkunde zu vernetzen. Es lässt sich gut in einer Projekt- oder Vorhabenwoche über die Fächergrenzen hinaus bearbeiten, denn unschwer sind Anteile aus dem Deutsch-, Religions- oder Kunstunterricht zu erkennen, die auch unterschiedlich gewichtet werden können. Da der Grad der Beherrschung verschiedener Arbeitstechniken in den Schülergruppen unterschiedlich ist, muss überlegt werden, ob einzelne Arbeitstechniken nicht zuerst über einen kurzen Lehrgang in der ganzen Klasse vermittelt und geübt werden, bevor die Arbeitsgruppen damit selbstständig arbeiten können.

Das aktive, entdeckende und handlungsorientierte Lernen, das von den eigenen Fragestellungen ausgeht, bietet darüber hinaus die größte Chance, dass über den Zugewinn an Wissen und Kenntnissen hinaus Änderungen von Grundhaltungen und Einstellungen erfolgen. Auch der Austausch von Werthaltungen und Alltagserfahrungen, der beim kooperativen Lernen erfolgt, kann als integrativer Vorgang betrachtet werden. Die Kooperation der Lehrer bei der Planung und Durchführung einer solchen Unterrichtseinheit sichert gleichzeitig die Integration ihrer Fachkompetenzen. ■

Ausgewählte Literatur zum Thema für Lehrer- und Schülerhand

Schulbücher:
- Anstöße 1 und 2. Arbeitsbuch für den Politikunterricht. Stuttgart (Klett) 1997
- Das IGL-Buch. Gesellschaftslehre an Gesamtschulen 1. Stuttgart (Klett) 1995
- DIERCKE Erdkunde 1 (für Hessen). Braunschweig (Westermann) 1996
- DIERCKE Erdkunde 8 (für Gymnasien in Nordrhein-Westfalen). Braunschweig (Westermann) 1996
- Menschen, Zeiten, Räume. Arbeitsbuch für die Orientierungsstufe. Berlin (Cornelsen) 1993
- Tatsache Politik 1. Frankfurt (Diesterweg) 1997
- TRIO 1. Geschichtlich-soziale Weltkunde. Hannover (Schroedel) 1996
- Welt- und Umweltkunde 5/6 (Niedersachsen). Braunschweig (Westermann) 1993

Zeitschriften:
- Wochenschau Nr. 1, Sek. I, Flüchtlinge. 38. Jg., Jan./Feb. 1987, Wochenschau Verlag
- Wochenschau Nr. 2, Sek. I, Fremde als Nachbarn. 44. Jg., März/April 1993
- Wochenschau Nr. 3, Sek. I, Heimat. 40. Jg., Mai/Juni 1989
- Bundeszentrale für politische Bildung (Hrsg.): Zeitlupe Nr. 32, Menschen auf der Flucht
- Praxis Schule 5–10, H. 4/1994

Projektmaterialien:
- *Führing, G./Lensing, M.* (Hrsg.): Was heißt hier fremd? Berlin (Cornelsen) 1994
- *Geisz, M.*: Projektmappe Flüchtlinge. Lichtenau (AOL) 1995
- *Aktion Courage – SOS Rassismus* (Hrsg.): Schule ohne Rassismus, Projekte und Erfahrungen. Bonn (Aktion Courage) 1996

Kasten 2

Niemand verlässt gern seine Heimat

Foto: Kurt Hamann/Pressebüro Hamburg

Stell dir vor:

Du bist 10 oder 11 Jahre alt. Du hast gerade einen Schulwechsel hinter dir.

Du lebst ♦ mit deinen Eltern ♦ mit deiner Mutter ♦ mit deinem Vater

♦ und deinen Geschwistern

♦ in eurer gemütlichen Wohnung ♦ in eurem schönen Haus.

Ihr habt Haustiere: ♦ Hund ♦ Katze ♦ Wellensittich ♦ ...

Du hast Freunde und Verwandte am Ort. Du hast ein Hobby, treibst Sport, hast ein Fahrrad, Spiele, hübsche Kleidung. Du hast auch ein eigenes Zimmer.

Bald ist ♦ Weihnachten ♦ dein Geburtstag ♦ ...

Du verstehst nichts von Politik. Du merkst aber, dass die Erwachsenen besorgt sind, Angst haben. Deine Familie will das Land verlassen und bereitet eine Flucht vor ...

Was geht dir durch den Kopf? Welche Fragen tauchen für dich auf?

Gruppenthemen zu „Niemand verlässt gern seine Heimat"

Thema	Was zu tun ist
1. Woher kommen die Flüchtlinge?	• Zeichnen einer großen Weltkarte mithilfe eines Tageslichtprojektors und einer Folie • Tabelle über Flüchtlingsströme lesen • Flüchtlingsströme mit großen Pfeilen vom Herkunftsland nach Deutschland zeichnen
2. Wie sieht es in den Ländern der Flüchtlinge aus?	• Lesen von Texten aus Schulbüchern • Informationen aus den Klasseninterviews entnehmen • Erstellen einer großen tabellarischen Übersicht
3. Flucht und Vertreibung zu anderen Zeiten	• Lesen von Schulbuchtexten (zum Teil höherer Jahrgänge – etwas schwierigere Texte) • evtl. Befragen von Zeitzeugen • Herausarbeiten: Was ist ähnlich? Wo sind Unterschiede? • Erarbeitung einer Gegenüberstellung: Flucht und Vertreibung früher und heute
4. Unsere Gesetze und die Flüchtlingsfrage	• Auszüge aus Gesetzestexten lesen und verstehen (schwierige Sprache) • Inhalt der Texte in verständliche Sprache „übersetzen" • Texte mit den Lebensberichten der Klassenbefragung abgleichen
5. Auswertung von Karikaturen und Bildern	• Bilder beschreiben (leichter) • Karikaturen „entschlüsseln", erklären, interpretieren (schwieriger) • eine kleine Ausstellung organisieren
6. Befragung zu Einstellungen und Meinungen der Menschen in unserer Stadt	• Mithilfe der Klassenbefragung überlegen, mit welchen Fragen man Einstellungen der Menschen vor Ort herausbekommen kann • sich mit unterschiedlichen Befragungstechniken vertraut machen, sich für eine entscheiden • Umfrage machen und auswerten • Wandzeitung erstellen

IX. Differenzieren bei der Arbeit mit Lektüren

Mit Unterschieden leben und arbeiten

Bärbel Brömer

Lese- und Literaturunterricht in Klasse 6

„Ich kann das nicht."
„Ich brauch' eben länger."
„Ich verstehe das nicht."
„Warum kann A. so schnell ein Buch durchlesen und ich nicht?"
Zweifel an den eigenen Fähigkeiten gehören zu fast jeder Schülerpersönlichkeit dazu. Doch wie kann ich als Lehrerin bzw. Lehrer meine Schülerinnen und Schüler individuell stabilisieren, ermutigen und motivieren?

Bilder vom „Normalschüler", der unsere Lernziele mühelos erreichen kann, schleichen sich noch immer in unsere Vorstellungen und Bewertungsmaßstäbe ein. Dass es ihn nicht gibt, ist hinlänglich nachgewiesen. Auch unter den Schülerinnen und Schülern gibt es einen Austausch über Können und Nicht-Können, über Stärken und Schwächen. Insofern liegt es nahe, sie bei unseren Überlegungen zu beteiligen, wie wir für möglichst alle Schüler einer Lerngruppe die Arrangements so gestalten, dass am Ende alle qualifiziert am gemeinsamen Thema teilhaben können. Ziele dieser unterschiedlichen Lernwege wären zum einen individuelle Lernfortschritte, zum anderen aber die gemeinsame Kommunikation über den jeweiligen Lerngegenstand.

Damit dies gelingen kann, bedarf es einiger grundsätzlicher Vorüberlegungen. In einem weiteren Schritt soll es um konkrete Unterrichtsbeispiele aus dem Lese- und Literaturunterricht gehen. Die meisten Beispiele stammen aus einer Unterrichtsreihe zu dem Jugendbuch „Blitzlicht" von *Wolfram Eicke*[1], sind aber auf ähnliche Verfahren oder Gegenstände zu übertragen.

- Binnendifferenzierung ist dann nicht schwierig, wenn sie keine Sonderveranstaltung einmal im Monat ist, sondern wenn von Anfang an, in jeder Stunde der Blick auf die Vielfalt der Kenntnisse und Vorerfahrungen der Schüler gelegt wird. Unterschiede sollten kein Tabu, sondern selbstverständliche Voraussetzung und Thema sein. „Dabei kann innere Differenzierung darauf verzichten, gute und schlechte Schüler erst zu ‚konstruieren'. Es ist normal, dass jeder bestimmte Dinge (was immer es sei) kann und anderes eben nicht kann."[2] Dies gilt auch für die vielfältigen Arbeitsbereiche des Deutschunterrichts, für die jeder Schüler seine spezifischen Stärken und Schwächen wahrnehmen lernen müsste.
- Binnendifferenzierung ist dann machbar, wenn es viele dezentrale Phasen im Unterricht gibt, in denen nicht alle das Gleiche gleichzeitig arbeiten, sondern mit unterschiedlichen Schwerpunkten, Anforderungen und Materialien.

Foto: Kalle Waldinger

Abbildung 1:
Nicht alle Schülerinnen und Schüler sind in der Lage, ein Buch innerhalb eines festgelegten Zeitraumes zu lesen und zu verstehen.

- Binnendifferenzierung ist für Schüler nachvollziehbar und durchschaubar, wenn die Ziele und die Planung des Unterrichts selbst Thema sind (Wie machen wir was?) und die Kinder und Jugendlichen selbst „Akteure ihrer eigenen Entwicklung" sind.[3]
- Binnendifferenzierung überfordert Lehrer und Schüler nicht, wenn sie auf Angebote, Beratung und Selbsteinschätzung und nicht auf vermeintlich objektiver „Diagnose" basiert. „In vielen Fällen wird bei Einstufungen nicht der aktuelle Lernstand zugrunde gelegt, sondern der Durchschnitt aus bereits erbrachten Leistungen, die sich auf zum Teil weit zurückliegende, kaum zu vergleichende Lernsituationen beziehen. Ein enger Zusammenhang zu den künftigen Anforderungen, für die ja eine Einteilung vorgenommen wird, besteht häufig nicht."[4]

Gerade in dem Bereich „Umgang mit Literatur", in dem auch die soziokulturellen Voraussetzungen eine starke Differenz hinsichtlich Motivation und Erfahrung bedingen, bedarf es sehr unterschiedlicher Herangehensweisen und Hilfen. Wichtig sind individuelle, persönliche Zugänge und Formen der Auseinandersetzung, damit die Schüler „den Erkenntniswert eines Textes für die Verarbeitung eigener Erfahrungen und Wahrnehmungen begreifen" können.[5]

Der Umgang mit literarischen Texten, auch mit Kinder- und Jugendbüchern, kann weitere Lesemotivation schaffen, wenn es gelingt, für die unterschiedlichen „Lesetypen" Einstiege und Begleitung zu organisieren. „An kaum einer anderen Stelle des schulischen ‚Programms' ist durch den Gegenstand selbst die Möglichkeit des individuellen Zugangs, des unterschiedlichen Schwierigkeitsgrades und der großen Bandbreite der Leseerfahrungen erfüllt."[6]

In diesem Zusammenhang gerät „Identität" in den Blick: „Die Literatur wird ... als exemplarisches Medium einer Auseinandersetzung mit sich selbst betrachtet, weil sie psychische Prozesse und Interaktionen des einzelnen mit anderen zum Thema macht und den Lesenden dazu einlädt, sich selbst mit seinen Wünschen, seinen Enttäuschungen, seinen Konflikten in den Texten wiederzufinden."[7]

Welche Möglichkeiten gibt es, in diese angestrebte Richtung zu arbeiten?

Eine Anforderung – unterschiedliche „Lesezeit"

Wer kennt diese Situation nicht: Für eine Unterrichtsreihe zu einer Lektüre soll ein Buch bis zu einem bestimmten Termin durchgelesen werden. Kein Problem für die Vielleser, aber eine kaum zu schaffende Angelegenheit für leseungeübte Schüler. Warum können wir ihnen nicht einen unterschiedlichen Zeitrahmen zugestehen?

Eine Selbsteinschätzung und/oder ein Gespräch über „Was ich gut kann – was ich nicht so gut kann" (vgl. die ***Kopiervorlage*** auf Seite 168) könnte ein Rahmen und ein Anfang für die „Lesephase" sein. Während sich die „geübten Leser" mit anderen Aufgaben aus dem Deutschunterricht beschäftigen und das Buch im Wesentlichen zu Hause lesen, setzt sich der Lehrer mit denjenigen Schülern im Kreis zusammen, denen das Lesen am längeren Stück noch schwer fällt. Das Vorlesen schafft Entlastung und ist gleichzeitig Motivation zum selbstständigen Weiterlesen. Zudem wird verabredet, bis wann das Buch zum spätesten Termin durchgelesen sein muss.

In der Regel bedeutet es für die Schüler, die mehr Zeit zum Lesen brauchen und bekommen, keinen Nachteil, wenn sie zu Beginn der Bearbeitungsphase noch nicht alle Kapitel gelesen haben. Viel wichtiger ist, dass sie die Lust am Lesen durch einen zu großen Zeitdruck nicht verlieren!

Eine Anforderung – unterschiedliche Hilfen

Beispiel 1: Im Zusammenhang mit schulischer Lektüre können die Schüler lernen, einzelne oder mehrere Kapitel zusammenzufassen. Dies stellt hohe Anforderungen an das Abstraktionsvermögen (Trennung von Wichtigem und Unwichtigem) und das sprachliche Ausdrucksvermögen (Satzgefüge statt einfacher Satzreihung; sicherer Umgang mit Tempusformen usw.).

Deshalb müssten in diesem Fall Hilfestellungen gegeben werden, die die Defizite in den genannten Bereichen ernst nehmen und beseitigen helfen, damit am Ende alle Schüler ein akzeptables Ergebnis vorweisen können. Bewährt haben sich Stichwortlisten aus dem jeweiligen Kapitel sowie beispielsweise für Schüler mit nicht deutscher Muttersprache auch Formulierungshilfen (Satzanfänge), die für das Schreiben einer Inhaltsangabe als Gerüst dienen können (siehe *Kasten 1*). Viele Schüler werden dagegen nach einer allgemeinen Anleitung (das Wesentliche, Er-Form statt Ich-Form, Präsens) den Text ohne Hilfen schreiben können.

Manche Schüler trauen sich zunächst die Aufgabe ohne Hilfen zu, haben dann jedoch Schwierigkeiten bei der Umsetzung. Sie können sich die Stichwortliste selbstverständlich holen, was nicht bedeutet, dass sie jetzt ständig um Hilfe nachfragen werden. Wichtig ist, dass sie immer wieder über ihren eigenen Lernstand nachdenken und zu sicherer Selbsteinschätzung gelangen. Andere Schüler werden zwar den Wunsch nach den Stichwortlisten äußern, letzten Endes aber ohne sie arbeiten.

Beispiel 2: Um die Schüler als „Mitautoren", also als gedanklich Mithandelnde zu aktivieren,[8] sollen sie einen „Brief aus den Sommerferien" schreiben. Etliche Schüler schreiben privat keine Briefe, folglich kann man sie mit solch einer Textsorte nicht „allein lassen". Jeder kann sich nun überlegen, in welcher Weise er diese Aufgabe bewältigen will, ob mit oder

Inhaltsangabe zu Kapitel 16 (Seite 47–55)

- Einspringen für jemanden bei Fotoaufnahmen
- Bedingungen des Arbeitsamtes
- Studio weit außerhalb, flacher Schuppen
- Fotograf: Zoyko
- Hemd, Hose, Schminke
- Vor der Kamera, drei Filme voll Fotos
- Funktelefon
- Kennenlernen von Tosch (16 Jahre alt, „Profi")
- Honorar: 300,00 DM
- Zuschauen bei Toschs Fototermin
- Allein nach Hause gehen

Kasten 1: Stichwortliste

Ein Brief aus den Sommerferien

Anrede? (Liebe/r ...)
Wo bist du (als Briefeschreiber) gerade?
Was tust du?
Warum schreibst du den Brief?
An was erinnerst du dich?
Was wünschst du dir?
Wovon träumst du?
Wovor hast du Angst?

Am Ende:
Verabredung?
Wunsch?
Gruß
Unterschrift

Kasten 2: Hilfestellung für den Brief

Abbildung 2: Das Vorlesen der Lektüre im Kreis motiviert auch schwächere Schülerinnen und Schüler, allein weiterzulesen.

ohne konkrete Hilfe oder mit einer kleinen. Für diejenigen, die sich oft schwer tun mit den Textanfängen, bietet sich der Anfang aus dem Buch an („Lieber Plümper, liebe Sascha, ich sitze gerade am Strand, meine Eltern schwimmen weit draußen und ich habe Lust, Euch zu schreiben. Hier ...");[9] für andere, die mit der Textsorte „Brief" überfordert waren, gibt es eine schriftliche Hilfestellung (siehe *Kasten 2* auf Seite 165).

Eine Anforderung – unterschiedlicher Umfang

In vielen Schulklassen ist das Vorstellen von Büchern zur kontinuierlichen Unterrichtseinrichtung geworden. Mündliche und auch schriftliche Formen (Buchreferat), aber auch Plakate oder kleine Hörproduktionen schaffen ein Forum für Leseempfehlungen unter Gleichaltrigen. Der Prozess der Auswahl eines Buches für die Vorstellung läuft dabei sehr unterschiedlich ab:

Während viele Schüler auf der eigenständigen Auswahl bestehen und in der Bibliothek oder bei den eigenen Büchern nach geeigneten Objekten Ausschau halten, fragen andere nach einer Empfehlung („Ich weiß nicht, was ich nehmen soll ..."). Sie brauchen Begleitung und Beratung in der Bibliothek oder sind dankbar, wenn man ihnen ein Buch aus dem eigenen Bestand ausleiht. Für Leseungeübte bedeutet schon allein das Durchlesen eines Buches eine nicht zu unterschätzende Anforderung, aber viele sind nach getaner Arbeit stolz auf ihre Leseleistung. Und jetzt sollen sie ihr Buch auch noch vorstellen! Während wir von den „Viellesern" eine ausführlichere Darstellung des Buches verlangen können, reicht für die anderen Schüler eine „kleinere", weniger ausführliche Lösung aus.

Ein „Lerngegenstand" – unterschiedliche Zugänge

Viele Textstellen in Jugendbüchern sind Anlass für die Beschäftigung mit „inneren Vorgängen", die jenseits der Handlungsebene liegen und sich zum Beispiel in Zusammenfassungen nur schwer berücksichtigen lassen. Gerade aber die emotionalen, zwischenmenschlichen Bereiche sprechen Schüler in der Pubertät besonders an. Sie dienen der Auseinandersetzung mit den eigenen Problemen und Gedanken, über die man sich nun „probehandelnd" durch die Beschäftigung mit einer literarischen Figur äußern kann.[10] Voraussetzung ist ein gutes Textverständnis und ein möglichst genaues Beschreiben der Gefühlssituation.

Auch hier gibt es große Unterschiede im Aufspüren und Formulieren des nicht direkt Gesagten, im Grad der Selbstständigkeit und im Sich-Hineinversetzen-Können in die handelnde Person. Während diejenigen Schüler, denen die emotionale Situation der Hauptfigur klar und leicht nachvollziehbar erscheint, im Anschluss an einen Anfangssatz einen frei formulierten Tagebucheintrag schreiben, erarbeiten sich die anderen Schritt für Schritt am Text die Situation einer Person, zum Beispiel des Jungen Immo (vgl. die ***Kopiervorlage*** auf Seite 169).

Auch Zwischenformen sind denkbar: Die Schüler, die am Tagebucheintrag arbeiten, können sich mit einem schnellen Blick auf das am Tisch vorhandene Arbeitsblatt zusätzliche Orientierung oder Sicherheit verschaffen. Wichtig bleibt das Ziel: Am Ende sind alle Schüler in der Lage, diese für den Jungen Immo belastende Situation zu begreifen und zu beschreiben. Sie können alle trotz unterschiedlicher Arbeitsweise über das Thema diskutieren.

Ein Thema – unterschiedliche Aspekte

Oft ermöglicht erst eine Reihe von Aspekten eine differenzierte Beurteilung einer Situation. Ein arbeitsteiliges Vorgehen bietet die Chance, zu einem Bereich eine Palette von Gesichtspunkten zusammenzutragen, die Voraussetzung für eine „runde" Einschätzung sind. Auf diese Weise entsteht ein „Ganzes", zu dem jeder kleinste Baustein beiträgt. Am Ende des Buches ist für alle offensichtlich, dass sich Immo, die Haupt- und Identifikationsfigur, verändert hat. Was hat dazu geführt, wie geht es Immo dabei, was wird er an seinem Leben verändern? Zu den verschiedenen Facetten dieser Veränderungsprozesse können sich die Schüler einen Erarbeitungsschwerpunkt auswählen, der ihrem eigenen Verständnishorizont entspricht (siehe *Kasten* 3).

Eine Unterrichtsreihe – verschiedene Lernangebote für eine langfristige Arbeit nutzen

Nachdem die Schüler einen Einblick in die Inhalte des Buches und die verschiedenen Arbeitsweisen erhalten haben, arbeiten sie in dezentralen Unterrichtsphasen und auch zu Hause an ihrem „Blitzlicht"-Heft", das die Lektüre und Arbeit an diesem Buch von Anfang an begleitet. Ein Beispiel für differenzierende Aufgaben mit dieser Lektüre findet sich als ***Kopiervorlage*** auf Seite 170. Wie man analog dazu in Fremdsprachen arbeiten kann, zeigt die ***Kopiervorlage*** auf Seite 171 zu der Lektüre „A Canterville Ghost" von *Oscar Wilde* für den Jahrgang 7. Je nach Arbeitsschwerpunkten und -ausmaß entstehen sehr unterschiedliche Hefte, zum Teil bunt und liebevoll illustriert und mit Bildern aus Zeitschriften gestaltet.

Diese über das „Pflichtpensum" in den Stunden hinausgehende Beschäftigung mit dem Buch ist vor allem Anreiz und Herausforderung für leistungsstarke Schüler, die selbstständig arbeiten können. Erkundungsaufträge (zum Beispiel „Finde heraus: Welche gesetzlichen Bestimmungen zur Beschäftigung von Kindern und Jugendlichen gibt es?") erweitern die Kompetenzen und Einsichten in Sachzusammenhänge über das Buch hinausgehend. Die Vielfalt der Möglichkeiten, zu dem Buch an ausgewählten Themen zu arbeiten, berücksichtigt auch die unterschiedlichen Zugangsweisen: Zeichnungen sind ebenso möglich wie ein Interview oder ein Gespräch.

Voraussetzung für eine solche dezentrale Arbeit und für eigene Schwerpunktsetzungen ist allerdings, dass die vorgeschlagenen Textsorten und Bearbeitungsmöglichkeiten zu einem früheren Zeitpunkt im allgemeinen Unterricht angesprochen wurden. Ideen für die unterschiedlichen Möglichkeiten können in einer Runde mit der Klasse entwickelt werden.

Einmal eingeführt und erfolgreich „abgeschlossen", bietet sich diese Art von Differenzierung für alle Arten von Schullektüren an. Die Schüler sind stolz auf ihre begleitenden Produkte, die sicher nicht wie die üblichen Arbeitsblätter nach Beendigung der Unterrichtseinheit im Altpapier landen.

Bei allen Unterschieden ist die Lerngruppe auch der Ort für Gemeinsamkeit, um auch das Potenzial der Anregung nutzen zu können.[11] Dabei kann Gemeinsamkeit außer durch das gemeinsame Unterrichtsthema und die Beschäftigung mit den Inhalten auch ein Produkt, eine Lesung, eine Vorführung für einen Elternabend, eine Jahrgangsfeier oder für die Schulöffentlichkeit sein. Das heißt, dass es neben dezentralen und individualisierenden Arbeitsphasen immer wieder Phasen der gemeinsamen Planung, Verständigung und Veröffentlichung bzw. Präsentation von (Zwischen-)Ergebnissen der ganzen Klasse bedarf. So wurden in unserem Fall die „Blitzlicht"-Hefte auf einem Elternabend von den Schülerinnen und Schülern vorgestellt. Viele Eltern meldeten zurück, dass ihre Kinder sehr viel und mit Begeisterung sogar am Wochenende oder in den Osterferien an dem Heft gearbeitet hätten. Die Schüler „forderten" sogar ähnliche Produkte für die nächste Lektüre! ■

[1]*Eicke, W.*: Blitzlicht. Reinbek 1993.
[2]*Prengel, A.*: Gesamtschule – Schule der Vielfalt. In: Die Deutsche Schule, H. 4/1995, S. 418.
[3]*Hinz, A.*: Zieldifferentes Lernen in der Schule. Überlegungen zu einem integrativen Umgang mit Heterogenität. In: Die Deutsche Schule, H. 3/1996, S. 277.
[4]*Baurmann, J.*: Differenzieren – Individualisieren. In: Praxis Deutsch, H. 108/1991, S. 12.
[5]*Hessisches Kultusministerium*: Rahmenplan Deutsch Sekundarstufe I. Wiesbaden 1995, S. 17.
[6]*Brömer, B.*: Deutschunterricht und Freie Arbeit – Versuche zwischen Addition und Integration. In: *Claussen, C.* (Hrsg.): Handbuch Freie Arbeit. Weinheim/Basel 1995, S. 263.
[7]*Spinner, K. H.*: Von der Notwendigkeit produktiver Verfahren im Literaturunterricht. In: Diskussion Deutsch 134, Dezember 1993.
[8]Vgl. *Haas, G.*: Handlungs- und produktionsorientierter Literaturunterricht in der Sekundarstufe I. Hannover 1984, S. 114 f.
[9]*Eicke, W.*: a. a. O., S. 32.
[10]*Spinner, K. H.*: Fiktionales Schreiben in der Schreibwerkstatt. In: Mitteilungen des Deutschen Germanistikverbandes, H. 3/1986, S. 8 ff.
[11]*Hinz, A.*: a. a. O., S. 265.

Immo hat sich verändert …
- Immos Gedanken in dem alten Gebäude an der Nordseeklippe: „Wenn ich ein Feuer in Gang bringe …" (Seite 127).
- Immo überlegt, wie er Sascha von seiner Veränderung erzählen könnte: „Sascha, ich habe mich verändert …" (Seite 130).
- Immo beschreibt in seinem Tagebuch, was er für sich entdeckt hat: „Eine neue Welt …" (Seite 135).

Kasten 3: Erarbeitungsschwerpunkte für die Auseinandersetzung mit dem Text

Bücher lesen – wie ich meine Fähigkeiten und Gewohnheiten einschätze

	Das kann ich gut:	Das kann ich nicht immer gut, aber meistens:	Das kann ich zum Teil:	Das fällt mir oft schwer:	Das kannn ich, mache es aber oft nicht:
mir ein interessantes Buch aussuchen, das für mich gerade richtig ist					
mir die geschilderten Situationen gut vorstellen, sodass ich sie malen könnte					
weiterlesen, auch wenn mal langweilige oder schwierige Teile kommen					
länger an einem Stück lesen					
mich auf das Buch konzentrieren					
mir am Tag oder abends zum Lesen Zeit nehmen					
mir die Personen gut vorstellen					
Wörter nachschlagen, die ich nicht verstehe					
mir merken, was in den schon gelesenen Kapiteln vorkam					
in ein Buch „versinken“					
erzählen, was ich gelesen habe					
ein Buch schnell durchlesen, das mir gefällt					
kurz zusammenfassen, was in dem Buch steht – mündlich					
kurz zusammenfassen, was in dem Buch steht – schriftlich					
wenn ich z. B. für die Schule etwas zu einem bestimmten Termin lesen muss: gleich anfangen					

Was mich (manchmal) beim Lesen stört: ______________________________

Was mir helfen würde, damit ich weiterkomme: ______________________________

„Ich fühle mich so klein …"

Im Kapitel 20 des Buches „Blitzlicht" von Wolfram Eicke hat Immo wieder einen Fototermin. Er nimmt Sonja mit und stellt sie Tosch vor. Aber nun verläuft alles anders, als es sich Immo vorgestellt hat, und seine Gefühle zu Sonja und Tosch verändern sich. Was könnte Immo in den verschiedenen Situationen denken? Trage seine Gedanken ein.

Seite 66 oben
Gruppenaufnahme mit zwei Mädchen. Die drei stecken ihre Köpfe zusammen.

Seite 66
Tosch lächelt Sonja an.

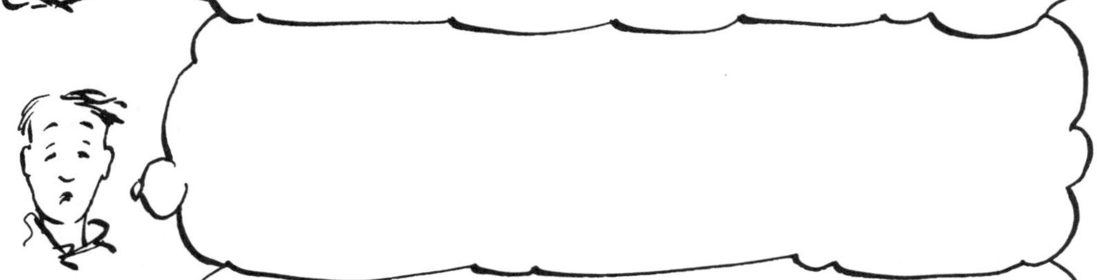

Seite 66
Immo wird kritisiert.

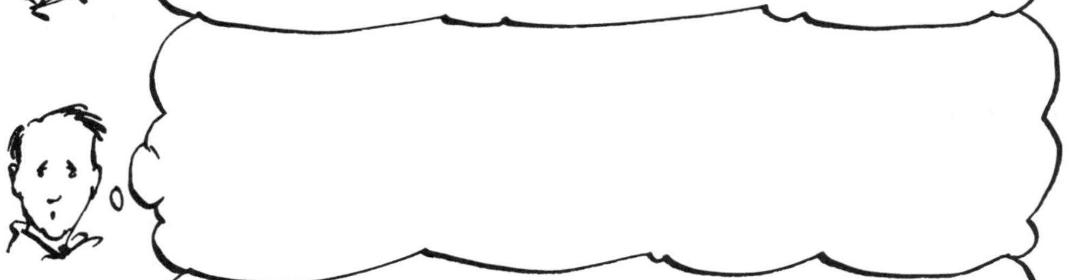

Seite 66
Sonja strahlt Tosch an.

Seite 67
Tosch küsst seine Freundin.

Seite 68
Sonja vergleicht Tosch mit Immo.

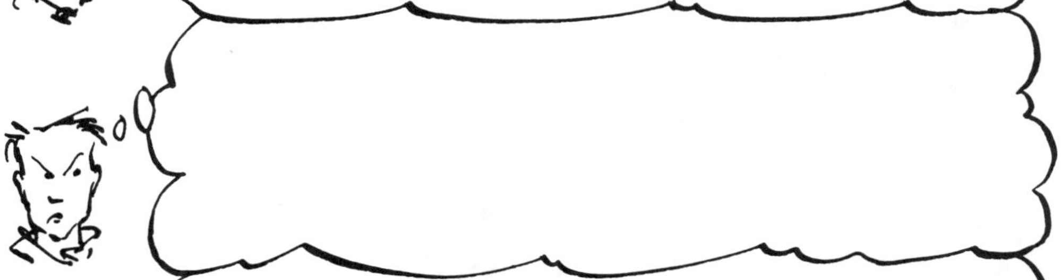

Seite 68
Immo, Sonja und Immos Mutter gehen zur U-Bahn.

Viele Ideen für das „Blitzlicht"-Heft

Du kannst ...

wichtige Kapitel eines Buches zusammenfassen

Bilder zu Textstellen zeichnen

Tagebucheintragungen der handelnden Personen zu einer bestimmten Textstelle oder einem Kapitel schreiben

eine Person aus dem Buch interviewen

Textstellen umschreiben, wenn sie so nicht gefallen

Briefe schreiben

aus einer erzählten Textstelle ein Gespräch machen

eine Meinung zu einem Verhalten oder einem Ereignis formulieren

Werbeanzeigen aus Zeitschriften mit Kindern und Jugendlichen in dein Heft kleben und mit Sprech- oder Denkblasen oder einem Kommentar versehen

herausfinden, welche gesetzlichen Bestimmungen zur Beschäftigung von Kindern und Jugendlichen es gibt

Fachbegriffe aus der Werbe- und Filmbranche sammeln und erklären

Tipps (von Tosch?), wie „man" ein Star wird, aufschreiben und deine Meinung dazu schreiben

Werbe-Adjektive (wie zum Beispiel „Superbonzing") sammeln, aufschreiben, aufkleben und/oder eigene Werbung erfinden und gestalten

einen Tag im Leben eines Kinderstars beschreiben

einen Brief an den Autor (Fragen, Stellungnahme zu bestimmen Kapiteln oder zum Buch insgesamt) schreiben

The Canterville Ghost

by Oscar Wilde

Things you can do up to chapter 5 (* optional tasks):

- Decorate your exercise book with a ghost.
- Make a "word page". Write all the new words down here and explain them (if you can, in English, in German or by drawing a picture).
- * Draw an old-fashioned family picture of the Otis family, draw a frame around it like in an oil-painting.
- Make a list: "The things the ghost did in the past".
- * "The Americans/The English" – make a T-chart and write down characteristics you find about the Americans and the English in your book.
- The Canterville Ghost: At the end of chapter 4 you know a lot about the ghost. You know what he looks like, you know what he is wearing, you know his name and age, you know what he has done to be a ghost and you know something about his character.
  Write a portrait of Canterville Ghost and put all the information in!

- * "The hard life of a servant in Canterville Chase": Describe what servants like Mrs. Umney do every day. Use the simple present tense and don't forget the -s with "he/she/it". Think of linking words like "first ... then, afterwards, also, too", and use adverbial phrases like "usually, normally, always, every morning, at ... o'clock etc."
  Be sure to put them in the right place!
- Chain sentences. Write chain sentences from the first 4 chapters, using "after/when + past perfect and a past tense sentence". Example: "After Lord Canterville had told Mr. Otis about the ghost, Mr. Otis bought the castle."

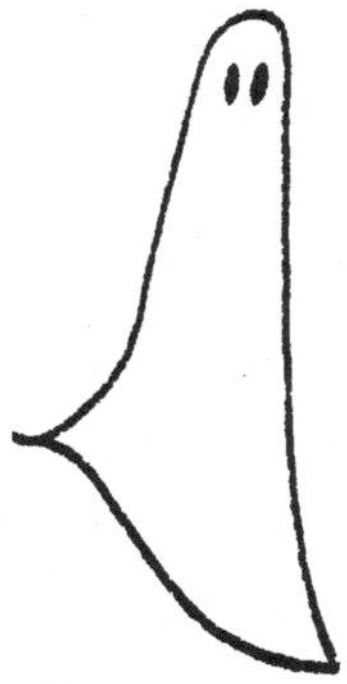

- * "It's fun to scare a ghost!" The twins are talking to each other in their room. They make plans for new tricks to play on the ghost.
  Write a dialog – you can think of many more tricks to scare Canterville Ghost! Use phrases like "I want to .../I'd like to .../let's .../why don't we ...".
  You might need future tense!
- Write Virginia's diary. She writes down all the bad things her brothers did to the ghost. She also uses "after/past perfect ... etc.". Write down why she feels sorry for the ghost. Watch your tenses!!!

- * Sir Simon, the ghost, is talking to his dead friend Sir William.
  He tells him about his plans and what happened to his plans (I wanted to .../
  I thought it was a good idea to .../I decided to ..., but then ...).
- * Decorate your texts with chains, pistols, swords, buckets, syringes, brooms, turnips etc.

Annäherung an das Thema Faschismus durch Jugendbücher

Bärbel Brömer

Ein Ansatz für fächerverbindenden Deutsch- und Gesellschaftslehreunterricht

Nationalsozialismus und Faschismus sind Themen, für die im Unterricht sowohl kognitive als auch emotionale Wege der Annäherung gefunden werden müssen.

Foto: Veit Mette/Bielefelder Fotobüro

- „Ich kannte ihn nicht. Vielleicht hatte ich ihn irgendwann einmal beim Einkaufen gesehen und war vorbeigegangen. Ich hätte das Gleiche machen können wie er ..."
- „‚Hilfe, bitte helfen Sie mir. Der Mann ist schwer verwundet und braucht ärztliche Hilfe.' Diese Worte drangen an mein Ohr, als ich aus dem Keller kam. Wie so oft waren wir von einem Luftangriff überrascht worden ..."
- „Ich hasse Schlangestehen! Wir stehen in einer Reihe im Kommissariat in Paris, meine Eltern und ich. Als wir endlich dran sind, holt mein Vater all unsere Papiere aus seiner Tasche und legt sie den Polizisten vor. Einer nimmt seinen Stempel und stempelt auf jedes einzelne Papier von uns ‚Jude' ..."

(Erzählanfänge von Martin, Julia und Marian, 9. Klasse)

Wie kann es gelingen, Zugänge zum Thema Faschismus zu schaffen, die sowohl emotionale als auch kognitive Seiten berücksichtigen? Wie ist es zu schaffen, dass Schülerinnen und Schüler ganz unterschiedlicher intellektueller Möglichkeiten und ganz verschiedener Lesesozialisation zu einem Thema Gewinn bringend für sich selbst und die Klasse zusammenarbeiten? Wie vermitteln wir ein annähernd nachvollziehbares Bild jener Zeit, das für die heutigen Jugendlichen Geschichte ist wie andere Themen auch, das dennoch im Sinne von „Erinnerungsarbeit" einer besonderen Heraushebung bedarf? Wie verhindern wir das „Instrumentalisieren" von Jugendbüchern für pädagogische Zwecke und gewährleisten stattdessen, dass sich ihr literarischer Wert und ihre Bedeutung für jugendliche Identifikation und Imagination entfalten können?

Beschreibung eines Unterrichtsansatzes

Aus diesen Fragestellungen heraus wurde in Kooperation der Lehrerinnen und Lehrer unseres Teams im 9. Jahrgang die Idee eines fächerverbindenden Unterrichts von Deutsch und Gesellschaftslehre geboren. Zwei wichtige Vorentscheidungen prägten den Unterricht:

- In Deutsch wird für zwei Wochen die äußere Differenzierung in zwei Kurse aufgehoben, sodass den Klassen für die erste Phase des Unterrichts die Deutsch- und Gesellschaftslehrestunden im Klassenverband zur Verfügung stehen. Dort, wo der Deutsch- und der Gesellschaftslehreunterricht nicht in einer Hand lagen, war eine intensive Kooperation notwendig.

• Wir entschieden uns dafür, von Jugendbüchern auszugehen: Die Schüler wählen sich je ein Buch aus einem vorbereiteten Angebot aus; sie lesen dieses und bearbeiten Produktionsaufgaben aus dem Bereich Literatur- und Schreibunter-richt, die Gegenstand im Deutschunterricht werden. Ausgehend von den in den Büchern behandelten Themen wird in Gesellschaftslehre die Arbeit zu bestimmten inhaltlichen Schwerpunkten fortgesetzt. Mithilfe dieser Schwerpunkte, zu denen die Schüler informative Übersichtsblätter erstellen, entsteht nach und nach eine Struktur der Zeit, angereichert durch Schulbücher, Filme und andere Materialien. Am Ende steht ein Präsentationstag, an dem Ergebnisse zusammenhängend dargestellt werden können. Die im Deutschunterricht zu den Büchern entstandenen Texte werden in einer Textsammlung zusammengestellt, gebunden und der interessierten Schulöffentlichkeit zum Verkauf angeboten sowie auf einem Elternabend vorgelesen.

Welche Erwartungen verbinden sich damit?

• *Subjektive Zugänge über jugendliche Protagonisten*
Dieser Ansatz, von Jugendbüchern auszu-gehen, wurde im Kontrast zu einem eher faktenorientierten Vorgehen entwickelt um den Schülern einen subjektiven Zugang zu dieser Zeit zu ermöglichen. Dies geschieht in der Regel durch die jugendlichen Protagonisten, die kennzeichnend für Jugendbücher sind. Erst auf der Grundlage dieses subjektiven Interesses, gegebenenfalls auch der Identifikation mit den Protagonisten, entsteht eine Fragehaltung für objektive Informationen.

• *Verbindungen werden möglich*
Durch die Jugendbücher wird eine wichtige Verbindung möglich: zwischen der objektiven Seite (Quellen, Zahlen, Material, Schulbuch) und subjektiven Geschichtsbildern.

• *Nachvollziehbarkeit*
In den Jugendbüchern geht es nicht vorrangig um die politischen Strukturen, um die Person *Hitlers*, sondern vielmehr um den Alltag, um die sozialpsychologischen Zusammenhänge; es geht ums Leben und Überleben. Das macht das Ganze verstehbarer, nachvollziehbarer.

• *Bilder und Imagination*
Historischer Unterricht leidet oft darun-ter, dass „Bilder" fehlen, dass man sich vie-le Ereignisse nicht vorstellen kann, dass sie dadurch sehr abstrakt bleiben und schnell vergessen werden. Durch die „Ver-tiefung" in eine Person, in ihre erlebten Situationen wird historisch-soziale Vorstellungskraft = Imagination entwickelt.

• *Perspektiven-Übernahme*
Altersspezifisch neigen viele Schüler zu einem eher egozentrischen Weltbild. Vieles wird aus ihrem Blickwinkel gesehen. Nun erleben sie durch die Lektüre eine Erweiterung. Sie versetzen sich in die Lage von Jugendlichen in einer gänzlich anderen Situation, übernehmen deren Perspektive. Empathie wird möglich.

• *Immanente Leistungs- und Wahldifferenzierung*
Jugendbücher bieten immanent, ohne dass wir etwas aufbereiten oder erfinden müssten, eine Leistungs- und Wahldifferenzierung bzw. sogar eine Kombination dieser Möglichkeiten. Sie sind unterschiedlich lang, verlangen unterschiedlich viel Lesearbeit, Vorwissen und Komplexität und bieten verschiedene inhaltliche Schwerpunkte.

• *Individualisierung und Gemeinschaftsprodukt*
Das Lesen und der sich anschließende Schreibprozess sind Einzelaktivitäten, die jedoch nur im Zusammenhang mit dem Beitrag zum Klassenthema einen Sinn erhalten. Jeder Schüler trägt einen Baustein zum Verständnis des komplizierten thematischen Gefüges bei, ebenso für die abschließende Präsentation. Zu demselben Themenstichwort erweitert sich die monologische Arbeitsform zu einer vorbereitenden Gruppenarbeit.

• *Selbsttätigkeit und forschendes Lernen*
Die Selbsttätigkeit bzw. das forschende Lernen wird gefördert. Die Schüler werden aktiviert, eigene Gedankengänge und Fragen auszugestalten. (Sie sind durch das Handlungsgerüst der Jugendbücher damit aber nicht allein gelassen.)

• *Leseförderung*
Mit diesem Konzept werden unsere Ansätze zur Leseförderung in den höheren Klassen fortgeführt. Immer wieder machen wir die Erfahrung, dass Schüler die Verpflichtung, ein Buch zu lesen, in Verbindung mit Auswahlmöglichkeiten als wichtig und sinnvoll erleben, auch wenn sie aus der eigenen Entscheidung heraus andere Bücher oder gar nicht lesen würden.

• *Personales Erzählen*
Die Ich-Erzählung als konsequenteste und für Schüler bekannteste Form des personalen Erzählens ermöglicht eigene kreative Umsetzungen zum jeweiligen Jugendbuch, ist aber auch eingebunden in ein bestimmtes Anforderungsprofil im Sinne von fantasiegeleitetem, literarischem Schreiben; es geht auch um sprachliche, literarische Qualität. Dazu bekommen die Schüler Anleitungen auf zwei Niveaus (vgl. dazu die ***Kopiervorlage*** auf Seite 176).

Zu den Jugendbüchern

Da jeder Schüler ein Buch liest und daran arbeitet, dieses Buch im anschließenden Unterricht Thema wird und in den Gesamtzusammenhang einzuordnen ist, entsteht in der Gesamtschau so etwas wie eine Bandbreite von wichtigen Themen der Zeit, um die es gehen soll. In einem vorbereiteten Angebot aus privaten Beständen und gegebenenfalls Ergänzungen aus der Schulbibliothek können die Schüler stöbern, Klappentexte studieren und den Anfang lesen um ein für sie passendes Buch zu finden. Zur besseren Orientierung und zur ungefähren Einordnung der Schwierigkeit sowie in einen Themenzusammenhang gibt es zusätzlich zu jedem Thema eine Karteikarte, die Auskunft gibt.

Bei der Auswahl der Bücher erwies sich die Grenze zwischen Jugend- und Erwachsenenliteratur als fließend. Lesegeübte Schüler griffen ganz selbstverständlich zu *Valentin Sengers* „Kaiserhofstraße 12" (Hamburg/Zürich 1978) oder *Janina Davids* „Ein Stück Himmel, Ein Stück Erde, Ein Stück Fremde" (München 1968). Allgemein erwies sich der Ausgangsgedanke, dass jeder Schüler ein zu bewältigendes Buch in die Hand bekam, das aber auch seinen persönlichen inhaltlichen Leseinteressen entgegenkam und für das er selbst für die Dauer der gesamten Unterrichtseinheit verantwortlicher Experte war, als äußerst motivierend und für die innere und äußere Beteiligung jedes einzelnen Schülers sehr aktivierend.

Für die Auswahl standen folgende Arten von Büchern zur Verfügung:

• Autobiografische Titel wie zum Beispiel *Lisa Fittko*: Mein Weg über die Pyrenäen (Ravensburg 1992)

Foto: Bärbel Brömer

Es hat sich als sehr motivierend erwiesen, wenn Schülerinnen und Schüler die Möglichkeit haben, aus einer Reihe von Jugendbüchern das für sie persönlich interessanteste auszuwählen und zu bearbeiten.

- Biografische Titel wie der von *Hermann Vinke*: Das kurze Leben der Sophie Scholl (Ravensburg 1987)
- Dokumentationen wie von *Alexander Groeb*: Er war sechzehn, als man ihn hängte (Reinbek 1991)
- Jugendromane wie von *Irina Korschunow:* Er hieß Jan (München 1992)
- Tagebuch- oder Briefromane wie „Das Tagebuch" von *Anne Frank* (Frankfurt/M. 1979)

Es kann hier nicht um eine Begründung für jedes einzelne Buch gehen, auch nicht um eine Vorschlagliste.[1] Wichtig erscheint bei der Auswahl, dass die Schüler die unterschiedlichen Möglichkeiten kennen lernen können, wie sich Menschen zum Nationalsozialismus verhalten haben. Es ist in der Diskussion über die Behandlung von Faschismus und Rechtsradikalismus im Unterricht deutlich geworden, dass Aufklärung und Information für eine „Erinnerungsarbeit" zwar wichtig sind, aber nicht ausreichen können. Jugendbuchforscher warnen jedoch zu Recht vor zu hohen Erwartungen an die Arbeit mit Jugendbüchern und betonen, dass es in Jugendbüchern um keine historischen Dokumentationen geht, die in erster Linie der Wissenserweiterung dienen, sondern um „perspektivisch-subjektive Sichtweisen"[2]. Zusammen mit einer Einordnung in den Wissenskontext – in unserem Fall im Fach Gesellschaftslehre – scheint dieses Problem jedoch meines Erachtens überwunden und bereichern die Jugendbücher im Gegenteil die Darstellung der größeren politischen Zusammenhänge durch die „differenzierten Einblicke in das Erleben und Verarbeiten der oft einschneidenden Ereignisse, die uns diese Literatur ermöglicht"[3]. Weniger als um die Suche nach Faktenwissen geht es vor allem bei autobiografisch orientierten Büchern um „das Bedürfnis zu erfahren, wie die Erfahrungen und Fakten einzuordnen und zu bewerten sind"[4]. Nach wie vor strittig scheint die Frage, ob Jugendbücher wegen ihrer literarischen Qualität oder aus pädagogischen Absichten heraus in der Schule ihren Platz haben.[5] In unserem Fall erwies sich dieser vermeintliche Gegensatz nicht als Widerspruch, sondern literarische und „pädagogische" Gesichtspunkte fügten sich ineinander.

Ich-Erzählungen

Jeder Schüler hat die Aufgabe, zu einer ausgewählten Situation im Buch eine Ich-Erzählung zu schreiben. Diese Aufgabe steht in Verbindung von handlungs- und produktionsbezogenen Bemühungen im Deutschunterricht, innerhalb derer das „Reagieren“ auf bereits vorhandene Texte eine bekannte Möglichkeit bietet.[6] Anders als die „Er“- oder „Sie“-Erzählform verlangt die Ich-Perspektive die Darstellung innerer Vorgänge: „Wer in der Ich-Form erzählt, erzählt tendenziell subjektiv und perspektivisch und darin (subjektiv) besonders glaubwürdig; die Ich-Erzählform bedeutet so ein mehr persönliches und darin in besonderer Weise intensives Erzählen.“[7]

Welchen Sinn aber machen Ich-Erzählungen zu Büchern, die selbst in dieser Erzählhaltung geschrieben wurden? Durch die Fokussierung der Aufmerksamkeit auf eine bestimmte Situation, die sich die Schüler aus dem Buch auswählen sollten, ging es um die kreative Ausgestaltung, um die Wahrnehmung dieser Besonderheit, und ganz nebenbei schreiben sich Schüler in Leerstellen dort ein, beschreiben „ihre“ Gefühle sehr dicht, beziehen neue Gedankengänge ein.

Für die Schreibarbeit erhalten die Schüler ein Anleitungsblatt, das besonders den nicht so Schreibbegeisterten eine Hilfe ist (vgl. die ***Kopiervorlagen*** auf den Seiten 177 und 178, die auf zwei verschiedenen Schwierigkeitsniveaus formuliert sind). Selbstverständlich können jedoch auch im historischen Unterricht selbst zum jeweiligen Thema Geschichten, Erzählungen geschrieben werden, wofür es interessante Beispiele gibt.[8]

Einordnung der Themenstichworte in Gesellschaftslehre

Die politische und historische Einordnung der in den Büchern vorkommenden Aspekte bedarf einer nicht unerheblichen Regie des Lehrers, der einen guten Überblick über die Buchinhalte, ihre chronologische und geographische Struktur benötigt. Anhand eines aushängenden Planes stellen die Schüler ihre Ergebnisse zu ihren Themenstichworten vor, die durch Schulbuchtexte und/oder Filmausschnitte ergänzt werden. Die folgenden Arbeitsschwerpunkte erlauben eine Einbeziehung aller ausgewählten Jugendbücher:

- Situation am Ende der Weimarer Republik/Ursachen der Machtübertragung auf *Hitler*;
- Jugend und Kindheit in der NS-Zeit;
- Mitmacher und Mitläufer;
- Alltag im *Hitler*-Deutschland;
- Juden, Kommunisten und andere Verfolgte;
- Belagerungen im europäischen Ausland;
- Zwangsarbeiter/Kriegsgefangene;
- Flucht, Exil;
- Widerstand;
- Krieg, Kriegsende, Zusammenbruch.

Abschlusspräsentation

Die Ich-Erzählungen und Themenblätter werden gesammelt, vervielfältigt und gebunden. Lebendig werden diese Arbeitsergebnisse jedoch vor allem durch eine Lesung auf einem Elternabend! ■

---

[1] Vorschläge siehe z. B. in *Dahrendorf, M.*: Rezensionen „Kinder- und Jugendbücher zum Thema Faschismus“, in: Pädagogik, H. 10/1988, S. 59–61; Auswahlliste in: Geschichte Lernen, H. 34/1993, S. 59–61; *Erbar, R.*: Jugendbücher zum Thema Nationalsozialismus, in: PRAXIS GESCHICHTE, H. 3/1994, S. 56–57; *Veit, G.*: Kindheit im Nationalsozialismus – Jugendliteratur und Auswahlliste, in: Geschichte Lernen, H. 24/1991, S. 8–11; *Veit, G.*: Jugendliteratur Widerstand im Nationalsozialismus, in: Geschichte Lernen, H. 40/1994, S. 4–5; *Wessels, P.*: Jugendliteratur – Die Opfer des Holocausts, Auswahlliste, in: Geschichte Lernen, H. 34/1993; sowie *Benz, W./Erbar, R./Fried, H./Kronenberg, M./Maier, H.*: Jugendsachbücher, in: PRAXIS GESCHICHTE, H. 6/19995, S. 69–73.

[2] Vgl. *Dahrendorf, M.*, a. a. O.

[3] *Aden-Grossmann, W.*: Erinnerungsarbeit – Zur Jugendliteratur über den Nationalsozialismus. In: *dies.* (Hrsg.): Erinnerungsarbeit. Der Nationalsozialismus in der Kinder- und Jugendliteratur von 1945 bis heute. Universität Gesamthochschule Kassel, Fachbereich Sozialwesen, Kassel 1998, S. 15.

[4] ebd. S. 16

[5] Siehe zu dieser Frage z. B. *Koch, K.*: Betrachtungen zur Aufgabe der Kinder- und Jugendliteratur über den Nationalsozialismus. In: *Aden-Grossmann, W.* (Hrsg.): Erinnerungsarbeit, a. a. O., S. 40–47.

[6] Als Überblick geeignet: *Haas, G./Menzel, W./Spinner, K. H.*: Handlungs- und produktionsorientierter Literaturunterricht. In: Praxis Deutsch, H. 123/1994, S. 17–25.

[7] *Waldmann, G./Bothe, K.*: Erzählen. Stuttgart 1992, S. 16.

[8] Siehe z. B. *Gemmeke-Stenzel, B.*: Geschichte(n) schreiben im Unterricht. In: PRAXIS GESCHICHTE, H. 2/1997, S. 4–9 oder *Pandel, H.-J.*: Historisches Erzählen. In: Geschichte Lernen (Erzählen), H. 2/1988, S. 8–12.

Aufgaben zu deinem Buch

Ziele: • *Präsentation in der Klasse*
• *Verschriftlichung auf etwa einer DIN-A4-Seite*

Cartoon: Ulrich Kieser

Deutsch

① Schreibe eine Erzählung in Ich-Form, in der du dich in eine der Hauptpersonen deines Buches hineinversetzt.

➞ Gehe von einer Situation aus, die du für die Handlung des Buches wichtig findest. (Arbeite mit innerem Monolog, mit Rückblenden, mit indirekter Rede.)

➞ Setze dich als erzählende Person mit den Vorgängen im Buch auseinander: Wie erlebst, wie bewertest du sie?

② Überarbeite deinen Textentwurf mit Mitschülern, mit deinem Deutsch- oder Gesellschaftslehre-Lehrer.
Schreibe deinen Text dann mit dem Computer auf weißes DIN-A4-Papier. Du kannst ihn auch illustrieren.

Gesellschaftslehre

Eines der wichtigsten Themenstichworte aus deinem Buch ist:

(siehe dazu die Angaben auf der Karteikarte; Absprache mit Lehrer notwendig!)

① Notiere in dein Gesellschaftslehre-Heft, welche Informationen zu diesem Stichwort dein Jugendbuch liefert.

② In Geschichtsbüchern, in Sachbüchern sowie Zeitungs- und Zeitschriftenartikeln gibt es zusätzliche Informationen, die über die geschilderten Ereignisse im Buch hinausgehen. Ergänze deine Notizen aus dem Jugendbuch um diese Sachinformationen. Verwende vor allem übersichtliche Materialien, z. B. Statistiken, Schaubilder, Zeitleisten usw.

③ Stelle diese Informationen auf möglichst einer DIN-A4-Seite in Form eines Informationsblattes zusammen. Du bist jetzt Experte, die anderen sind auf deine Informationen angewiesen!

Für die Präsentation

Die Ich-Erzählungen sollen im Verlauf der Unterrichtseinheit in der Klasse vorgetragen und die Experten zu ihren Stichwörtern befragt werden.
Am Ende stellen wir uns ein Heft zum Thema Nationalsozialismus zusammen und vervielfältigen es für alle. Damit haben wir dann einen interessanten und persönlichen Überblick über das Thema.

Tipps für das Schreiben einer Ich-Erzählung zu deinem Jugendbuch (*)

1. Wichtige Situation aus dem Buch

Blättere das Buch nach dem Lesen noch einmal durch und erinnere dich an eine wichtige Situation, in der sich eine der Hauptfiguren befindet:

→ Wie ist die Lage?
→ Was ist geschehen?
→ Wie fühlt sie sich?
→ Was denkt sie?
→ Wie handelt sie?
→ Mit welchen weiteren Personen hat sie zu tun?

Die Leser müssen sich in deiner Erzählung die Person genau vorstellen können und du musst sie ganz nah an die Situation heranführen!

2. Der Anfang der Erzählung

Du weißt, dass du in der Ich-Form schreiben sollst. Es bleibt aber die Frage, wie du am besten beginnst, denn oft ist der Anfang das Schwierigste. – Überlege:

→ Welcher Anfang würde die Leser am ehesten auf deine Erzählung neugierig machen?
→ Was würde gut zur Geschichte passen?

Zur Anregung sind hier einige Beispiele für Textanfänge vorgegeben:

- *Damals, im Juni, es muss kurz nach meinem 13. Geburtstag gewesen sein ...*
- *Ich habe es geschafft, meinen Koffer durch das Gedränge zu bugsieren ...*
- *Ich sitze an unserem leeren Küchentisch. Draußen ...*
- *Noch immer denke ich darüber nach, wie damals eigentlich alles gekommen ist, wie ...*
- *Als die Bremsen quietschten, ging alles ganz schnell ...*
- *Nein, nicht schon wieder, dachte ich, als ...*
- *Es muss im Jahre 1934 gewesen sein, als mein Vater ...*

3. Ort und Zeit

Denke beim Schreiben daran, dass deine Leser eine Vorstellung davon bekommen müssen, wo und wann sich das Ganze abspielt. Du musst das nicht zu Beginn deiner Erzählung angeben, solltest es aber nach und nach deutlich machen.

4. Rückblende/Vorausschau

Damit man die Situation des Ich-Erzählers gut verstehen kann, solltest du Rückblenden einfügen, wo sie passen, zum Beispiel wenn er sich an früher erinnert (Damals ..., noch im Mai, ...).
Er kann auch überlegen, wie es weitergehen wird, was er in Zukunft tun wird.
Diese Überlegungen lassen sich gut als Fragen formulieren!

5. Allgemeines

Achte auf die passende Zeit und füge Absätze ein, wo sie sich anbieten.
Überarbeite deinen Textentwurf auf Rechtschreibung und Zeichensetzung.
Überlege dir zum Schluss eine passende Überschrift und gib auch an, zu welchem Buch du die Erzählung geschrieben hast.

Tipps für das Schreiben einer Ich-Erzählung zu deinem Jugendbuch (**)

1. Zur Textsorte

Eine Erzählung ist ein Text in Prosa in mittlerer Länge. Sie bezieht sich auf reale oder erfundene Geschehnisse und ist örtlich und zeitlich einzuordnen. Auch wenn die Abgrenzung zur Kurzgeschichte nicht in jedem Fall eindeutig ist, so wirkt sie doch oft geschlossener, hat meistens eine Einleitung und einen klaren Schluss. Es gibt aber natürlich auch Mischformen, für die du dich entscheiden kannst.

2. Zur Erzählperspektive

Die Ich-Form ist die konsequenteste Form des personalen Erzählens. Mithilfe von inneren Monologen wird hier das Geschehen aus der subjektiven Perspektive einer bestimmten Person beschrieben und gedeutet, sodass die Leser das Gefühl bekommen, unmittelbar an einem realistischen Geschehen teilzuhaben.
(Im Gegensatz dazu steht die auktoriale Erzählperspektive, bei der der Erzähler das Gesamtgeschehen „allwissend" überblickt.)

3. Das Wecken des Leserinteresses

Ganz entscheidend dafür ist der Beginn der Erzählung. Er entscheidet oft darüber, ob sich der Leser zum Weiterlesen angeregt fühlt oder nicht. Die folgenden Beispiele aus Erzählungen und Kurzgeschichten sollen sprachliche und inhaltliche Möglichkeiten aufzeigen. Lies sie und besprich sie mit einem Arbeitspartner unter folgenden Fragestellungen:

- ➛ Wie wird jeweils in das Geschehen eingeführt?
- ➛ Worauf wird die Aufmerksamkeit des Lesers gerichtet?
- ➛ Wie ist die Wirkung?

Überlege dir dann, wie du deinen eigenen Anfang gestalten willst:

- ➛ Willst du eher auf ein ganz bestimmtes Ereignis hinaus oder willst du eine besonders schwierige oder schöne Situation beschreiben?
- ➛ Geht es dir vor allem um eine bestimmte Handlungsweise oder einen Konflikt oder willst du anschaulich Alltag darstellen?

Überlegungen wie die folgenden stellen für den Anfang eine wichtige Hilfe dar:

- *„Noch immer fragen sie mich alle, wie das gekommen sei, neulich, am Tag vor Allerseelen, und warum ich das getan hätte ..."* (Marie-Luise Kaschnitz: Popp und Mingel)
- *„Vor ein paar Tagen bin ich dem Tod begegnet ..."* (Martin Roda Becher: Tod im Stadion)
- *„Erst mochte ich sie. Dann wieder gar nicht. Dann war alles ganz anders. Und jetzt bin ich ratlos ..."* (Josef Reding: Neben dem lauen Seepferdchen)
- *„Ich hätte besser nicht zu Hause sein sollen, als der Postbote den Brief brachte. Ich hatte geglaubt, damit schon fertig zu sein ..."* (Brigitte Prettner: Der Brief)
- *„Ich sitze an meinem Schreibtisch. Draußen schneit es. Zärtlicher Schnee – Flocke um Flocke ..."* (Gina Ruck-Pauquèt: Erdbeeren)

4. Das Wachhalten des Leserinteresses

Nach einem neugierig machenden Anfang bedarf es noch einiger anderer „Tricks" um die Leser nicht zu vergraulen. Du kannst das erreichen durch

- Fragen, Ausrufe, Selbstgespräche,
- Rückblenden,
- anschauliche Schilderungen der anderen beteiligten Personen/einer anderen Person,
- Beschreibung der Umgebung, sodass sie vorstellbar wird,
- einen Schluss, der den Lesern das Nachdenken über die Erzählung oder aber den Fortgang der offen gehaltenen Handlung abverlangt,
- Absätze/die äußere Textgestaltung.

5. Überarbeitung

Überarbeite dein Konzept hinsichtlich der verwendeten Zeiten (keine oder nur absichtliche Sprünge!), der Rechtschreibung und Zeichensetzung, der Wortwahl.
Finde eine passende, prägnante Überschrift und gib auch an, zu welchem Buch deine Erzählung entstanden ist.

X. Differenzieren durch kreatives offenes Arbeiten

Auch Sport offener unterrichten

Jürgen Funke-Wieneke

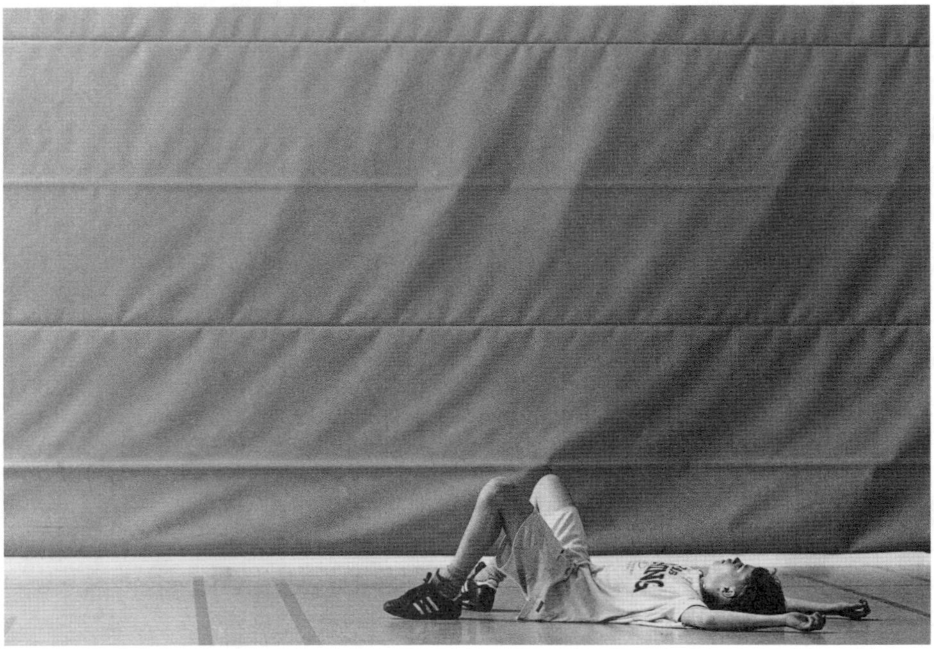

Bewegungsintensiv soll Sportunterricht sein – und Spaß machen soll er. Und was sonst noch?

Fotos: Veit Mette/Bielefelder Fotobüro

Ausdrücklich gemacht für das freie Sich-Bewegen und das Ausleben von raumgreifenden Impulsen, aber auch eingerichtet mit allerlei großem und kleinem Gerät und den davon ausgehenden Herausforderungen an Geschicklichkeit, Kraft, Mut, Ausdauer, Fantasie und produktives Zusammenspiel stellen die Sportanlagen und sonstigen Bewegungsgelände geradezu ein Symbol dar für die „Entschulung", für freie Lerngelegenheiten, die von selbst ergriffen und aus freien Stücken motiviert verfolgt werden können, für ein Lernen ohne Zwang, aber mit Anspruch.

Aus Furcht vor dem Eroberungsdrang ihrer Schülerinnen und Schüler, aber auch in Sorge um die Einlösung der seriösen Bildungsanliegen des Sportunterrichts begegnen Lehrerinnen und Lehrer gerade im Sportunterricht der Offenheit von Lernsituationen allerdings nicht selten mit einem formalen Ordnungskonzept geschlossenen Unterrichts. Wer, was, mit wem, wo, wie und in welcher Aufstellungsform wie lange machen soll, wird genau vorgeschrieben. Der Unterricht läuft ab als Anweisungskette, die nicht abreißen darf, damit die Kontrolle des Lehrers über seine Schüler gewährleistet bleibt. Im Hintergrund schwebt dabei vielleicht das Ideal straffen Vereinstrainings. Der Schulsport bildet dazu dann ein ewiges Defizitmodell. Irgendeine Öffnung des Sportunterrichts ist aus dieser Sicht nur vorstellbar als heilloses Durcheinander, als Chaos, bei dem die ernsthaften Bildungsanliegen auf der Strecke bleiben, ganz abgesehen von den Unfallgefahren, die befürchtet werden.

In meinem Beitrag möchte ich an recht einfachen, aber pädagogisch für die Veränderung üblichen Sportunterrichts wichtigen Maßnahmen zeigen, dass es auch andere Möglichkeiten gibt, Sportunterricht offener zu gestalten, Möglichkeiten, in denen die Bildungsanliegen sogar besser zum Zuge kommen können als im Vorschreibe-Nachvollzug-Schema und in denen die Schüler darüber hinaus lernen, Verantwortung für sich, für andere und für den gemeinsamen Sportunterricht zu übernehmen (sodass aus der Lehrveranstaltung des Lehrers eine Lerngelegenheit für die ganze Klasse werden kann). Meine Vorschläge folgen einer optimistischen Anthropologie, die in Kindern und Jugendlichen Menschen mit Interesse, produktivem Problemlösepotenzial, Verlangen nach Gemeinschaft mit anderen und Freude am spielerischen Handeln um seiner selbst willen sieht.

Lassen Sie Ihre Schüler auch regelmäßig das machen, was sie möchten!

Dieses Vorhaben zur Öffnung von Sportunterricht ist vor allem unter den Namen „Wunschstunde" oder präziser „Initiativstunde" bekannt. Die Initiative für Themenwahl, Organisation und Unterrichtsverlauf wechselt – phasenweise aber vollständig – vom Lehrer auf die Schüler, die sich etwas einfallen lassen müssen und nicht auf ein Angebot ihres Lehrers warten können, zu dem sie dann zustimmend, ablehnend oder indifferent Stellung nehmen.

Aus der Tradition heraus betrachtet, stammt eine solche Praxis aus dem „freien Üben" oder „Einturnen" der Turnvereine. Hier gab der „Vorturner" jeweils einen Zeitabschnitt zu Beginn der Turnstunde frei für individuelle Bewegungstätigkeit an Vorzugsgeräten persönlicher Wahl. Ansatzweise entspricht dem der bekannte „offene Beginn" der Unterrichtsstunde: Die Schüler kommen nacheinander einzeln oder in Gruppen in die Halle oder auf den Sportplatz, ganz nach Maßgabe der Zeit, die sie für den Orts- und Kleiderwechsel benötigt haben. Sie finden Klein-, eventuell auch Großgeräte für Beschäftigungen eigener Wahl vor. Sobald alle eingetroffen und durch ihre Anfangsaktivitäten eingestimmt sind, wird zum gemeinsamen Stundenthema übergegangen.

Die Idee dieses offenen Beginns wird im Rahmen der Initiativstunde auf die gesamte Unterrichtszeit ausgedehnt. Die Schüler sind aufgefordert, sich für die gesamte Zeit eine oder mehrere Aktivitäten auszusuchen, den Platz dafür in Absprache mit anderen zu bestimmen, das Gerät oder die Geräte zu besorgen und auch wieder wegzuräumen, die Sozialform und die Spielregeln auszuhandeln, gegebenenfalls eintretende Unterbrechungen und Störungen selbst zu beseitigen. Der Lehrer unterstützt und berät sie dabei, wendet sich Einzelnen oder Gruppen besonders zu, kann aber auch in bestimmte Spiele oder Tätigkeiten als Mitspieler oder Helfer einbezogen werden. Als ausdrücklich zu vermittelnde Regeln gelten: Alle können alles für sich allein oder mit mehreren machen, was Raum, Geräte, Zeit und gewisse Sicherheitsanforderungen ermöglichen und was in gegenseitiger Verständigung erreicht werden kann. Niemand sollte nichts machen, wenn er keine nachvollziehbare Begründung dafür vorbringen kann.

Typische Bilder des sich daraus entwickelnden Geschehens können so aussehen: 5. Klasse. Eine Gruppe spielt Fußball auf ein über das Halleneck gestelltes Tor. Zunächst wird aufs Tor geschossen, dann ein Hochhaltespiel gemacht und schließlich in zwei Mannschaften gegeneinander gespielt. An zwei Tischtennisplatten haben sich ein Doppel und eine Rundlaufgruppe eingefunden. Zwischen den Tischen wechseln einige Schüler hin und her, andere bleiben beim Rundlauf. Entlang der Seitenwand ist eine Sprungbahn aus Bock und Pferd aufgebaut, die von einer weiteren Gruppe genutzt wird. Auf reges Springen folgen im zweiten Teil der Stunde dem Voltigieren ähnliche Bewegungsabläufe am Pferd. Um eine Mattenlage haben sich Judoka oder Ringkämpfer versammelt. Zwischen allen Stationen, jedoch im Sicherheitsabstand zu den Fußballern, bewegen sich aufmerksam einzelne Schüler auf Rollbrettern und Pedalos.

Auf vergleichbare Weise lassen sich in differenzierten Situationen sozial befriedigend und bewegungsintensiv andere Aktivitäten aus den Zielschuss- und Rückschlagspielen, dem Turnen, dem Kampfsport, den Jonglierkünsten, dem Tanz oder dem psychomotorischen Formenkreis realisieren, die das Interesse der Schüler gefunden haben. Werden derartige Initiativstunden umrahmt von orientierenden Kursen zu verschiedenen Bewegungsfeldern, wie das insbesondere für die Klassen 5 bis 7 zu empfehlen ist, dann bildet die Initiativstunde für viele Schüler auch eine willkommene Gelegenheit zur persönlichen Wiederholung und Vertiefung dieser Kursthemen.

Mut zum Risiko und Angst beiseite!?

Das Verhältnis von Kursstunden zu Initiativstunden kann frei gewählt werden. Ideal ist eine wöchentliche Stunde im Wochenrhythmus eines dreistündigen Sportunterrichts. Andere Rahmenbedingungen legen andere Lösungen nahe. Auch für die Raum- und Sozialordnung gibt es bedenkenswerte und praktikable Alternativen. In Großturnhallen können die Trennvorhänge gehoben und die parallelen Unterrichtsgruppen zu einem großen, gemeinsamen und differenzierten Spiel- und Bewegungsgeschehen integriert werden. Es ist dann auch möglich, ganze Hallendrittel für ein Turnier in Ballsportarten zu reservieren und so mehr Raum dafür zu schaffen. Sozial gesehen ergeben sich hier permanente Gelegenheiten für eine Jahrgangsarbeit oder sogar für jahrgangsübergreifende Lernsituationen.

Lehren Sie eher Probleme als Lösungen!

Anders ausgedrückt: Verzichten Sie, so weit es geht, auf die gewohnten Vorstellungen und Abbilder der „richtigen Bewegung" und formulieren Sie das, was sich die Schüler an neuen Bewegungen erobern sollen, als umweltbezogene Absichten. – Dieses Konzept, das unter den Bezeichnungen „problemorientierter Sportunterricht" oder „an Problemen lernen" bekannt gemacht wurde, beziehe ich hier erst einmal nur auf Kursstunden mit umschriebenen Techniklehrzielen, obwohl es umfassender gedacht ist. Viele Stunden in der Sekundarstufe I werden ja im Gegensatz zum allgemeiner und breiter orientierten Bewegungsunterricht der Grundschule auf den Erwerb spezieller sportlicher Bewegungsabläufe konzentriert, wie Einführung in die Basistechniken der Ballspiele, Überquerung der Latte mit dem Rücken im Hochsprung (*Fosbury*flop), Kugelstoß und Drehwurf in der Leichtathletik, gegebenenfalls auch fortgeschrittene Schwimmtechniken wie Delphin und Rückenkraulen. Sportunterricht soll ja nicht nur beschäftigungsintensiv (und damit trainingswirksam), sondern auch lernintensiv (und damit bildungswirksam) sein.

Während bei den Initiativstunden mehr die Trainingswirksamkeit im Vordergrund steht, ohne dass Neulernen ausgeschlossen ist, hier und da sogar durchaus begünstigt wird, geht es in den Kursstunden um die umgekehrte Akzentuierung. Wie aber kann das Lehren neuer Bewegungen so geschehen, dass die Schüler nicht von vornherein auf ein fixes, verallgemeinertes Bewegungsschema festgelegt werden, das sie ohne funktionale Bezüge und tieferes Verständnis wie ein Abziehbild bloß übernehmen? Wie können sie bewegungstheoretisch notwendige Freiräume zum Herausbilden ihrer persönlich-optimalen Bewegungsweise erhalten und damit zugleich besser verstehen lernen, was sie tun?

Dass hier ein wirkliches Problem verborgen liegt, veranschaulicht das folgende Lehrexperiment. Unter kontrollierten Bedingungen wurden zwei unterschiedliche Lehrmethoden für den Erwerb einer Rudertechnik untersucht:

- Lehrer A unterrichtete anweisungsorientiert und versuchte die Bewegungen des Schülers so herbeizuführen, dass sie einem technischen Leitbild möglichst abweichungsfrei entsprachen. Jede Aktion wurde verbal genau instruiert: Handhaltung an den Skulls, Sitzhaltung, Durchzug der Blätter durch das Wasser, Beinstreckung und Rollsitzeinsatz. Abweichungen vom Leitbild wurden als Fehler zurückgemeldet.
- Lehrer B unterrichtete problemorientiert und emotional stützend. Hinweise zu Bewegungsausführungen unterblieben. Seine Anregungen dienten dazu, den Schüler in die Auseinandersetzung mit und die selbstständige Lösung von Schlüsselproblemen zu führen: das Ufer zu meiden, das Boot zu kippeln und stabil zu halten, es in eine horizontale Drehung zu versetzen. Der Schüler sollte sich merken, wie er etwas bewirkt hatte und was gute und schlechte Aktionen waren. Bei Schwierigkeiten erhielt er den Rat, ruhig zu bleiben und noch einmal gut nachzusinnen, welches sein Problem war und wie er es lösen könnte.

Das Ergebnis mag verblüffend klingen: Die Schüler lernten das Gewünschte sowohl bei dem einen Lehrer wie auch bei dem anderen. Allerdings lernten sie unter den Maßgaben des problemorientierten Vorgehens schneller, nachhaltiger,

Arbeitshilfen zum problemorientierten Lehren:
Tafelbildschemata für Auswertungs- und Orientierungsgespräche zum Bewegungsproblem „So hoch wie möglich springen lernen"

Tafelbildschema 1
(vgl. dazu die **Kopiervorlage auf Seite 185**: Station 1)

Ich springe lieber mit dem linken Bein ab.	Ich springe rechts wie links gleich gut.	Ich springe lieber mit dem rechten Bein ab.
Name	*Name*	*Name*
Name	*Name*	*Name*
...	...	...

Tafelbildschema 2
(vgl. dazu die **Kopiervorlage auf Seite 185**: Station 2)

Um möglichst hoch zu kommen, nehme ich mir etwas vor ...

→ beim Anlauf:	→ beim Absprung:	→ bei der Landung:
Was?	Was?	Was?

Tafelbildschema 3
(vgl. dazu die **Kopiervorlage auf Seite 186**: Station 3 und Station 4)

Ich komme am höchsten bei einer Landung auf ...

→ den Füßen.	→ den Knien.	→ dem Po.	→ dem Bauch.	→ dem Rücken.	→ anderen Körperteilen:
Name	*Name*	*Name*	*Name*	*Name*	*Welches Körperteil?/ Name*
Name	*Name*	*Name*	*Name*	*Name*	
...	...	...	...	...	

Kasten

selbstständiger und bewusster, wie nachfolgende Befragungen ergaben. Das heißt: Das äußerlich sichtbare Bild eines Bewegungsablaufs oder einer sportlichen Technik ist nicht die generalisierbare Ursache dafür, dass etwas gelingt, sondern die bloße Folge des Zustandebringens einer individuell stimmigen Problemlösung. In diese Problemlösung müssen eine ganze Reihe von Voraussetzungen und „Parametern“ vom Sportler bzw. vom Lernenden integriert werden: das Bewegungsziel, die Vorschriften der Regeln, die Bewegungsumstände, die Art der Gerätereaktion in Abhängigkeit von den auf sie wirkenden Aktionen, persönliche Vorzugsbereiche des Sich-Bewegens in dynamischer, rhythmischer und räumlicher Hinsicht, vorhergehende Bewegungserfahrungen und darauf aufbauende Situationsinterpretationen – ganz zu schweigen von den psycho- und soziodynamischen Aspekten der Situation (zum Beispiel ob man sich traut, sich auffällig, geschickt, ungeschickt oder überhaupt bemerkbar zu bewegen; wie einen die anderen sehen bzw. wie man meint, dass einen die anderen sehen).

Ob eine Bewegung richtig oder falsch ist, entscheidet sich hauptsächlich an zwei Kriterien: ob sie bewirkt, was sie soll, und dabei den Sportler nicht schädigt. Genau diese Kriterien werden aber stets in einer Vielzahl von Bewegungsvarianten realisiert und nicht etwa nur in einer, die das Bild des „richtigen Bewegungsablaufs“ beschreibt. Ein Bild zur Nachahmung zu empfehlen bzw. es sogar vorzuschreiben und den Schüler mehr oder weniger kleinschrittig durch ein Anweisungsverfahren auf dieses Bild hin zu instruieren und die Abweichungen davon zum Anlass von Korrekturen zu nehmen, stellt deshalb eine Verwechslung von Ursache und Wirkung dar und führt den Schüler nicht auf den berühmten „kürzesten“ oder „ökonomischsten“ Weg zum Ziel, sondern schlicht auf einen Umweg.

In einem bewegungstheoretisch fundierten Unterricht kann es also nicht darum gehen, wie etwas aussehen soll, sondern es muss um das gehen, was bewirkt werden soll. Dies verlangt nach einer Öffnung des Unterrichts in der Weise, dass die Schüler auf eine Absicht des Sich-Bewegens orientiert werden (einen Ball über das Netz spielen, ihn mit größerer Wucht schlagen, ihn genau platzieren usw.) und dann Gelegenheit bekommen, in eigenen Bewegungsexperimenten herauszufinden, wie sie solche Absichten in ihren möglichen Bewegungsaktionen verwirklichen können, welche Art von Wenn-dann-Beziehungen zwischen Aktionen und Effekten auftreten, was sich gut anfühlt und zum Erfolg führt und was nicht.

Techniklehre muss sich deshalb nicht an Lösungen orientieren, sondern an lohnenden Schlüsselproblemen. Für die Techniken der Ballspiele können als solche Schlüsselprobleme zum Beispiel identifiziert werden: Zielen und Treffen (feste und bewegliche, ungeschützte und geschützte Ziele), Hin- und Herspielen (in Ruhe und in Bewegung), Bälle in der Luft halten. Diese Probleme können auf unterschiedlichsten Anspruchsniveaus, mit verschiedensten Bällen, im direkten Körperkontakt oder indirekt über Schläger, auf Feldern variablen Zuschnitts, im kooperativen oder konkurrierenden Modus artikuliert werden. Es ist möglich, dadurch einen sportspielübergreifenden Techniklehrgang zu entwickeln, aber auch im Kontext eines einzigen Zielspiels zu bleiben. In diesem Lehrgang werden die Schüler von Informationsempfängern zu Informationsproduzenten. Sie können die Güte von Problemsituationen selbst mit einschätzen, sie auch ändern, indem sie zum Beispiel Ziele, Abstände, Felder erfahrungsgeleitet vergrößern oder verkleinern, das Ballmaterial selbstständig aussuchen und wechseln, den Übergang von kooperativen zu konkurrierenden Formen und den Grad der gegenseitigen Herausforderung selbst bestimmen. Besteht unter den Vorgaben des Wahlpflichtbereichs Interesse an einer theoretischen Auseinandersetzung mit den Inhalten des Sportunterrichts, dann lassen sich auf induktivem Wege die gemachten Erfahrungen zuerst dokumentieren und dann verallgemeinern.

Für den Bewegungsbereich „Hochsprung“ finden sich auf den ***Kopiervorlagen*** der Seiten 185 und 186 Arbeitshilfen in Form von (aufeinander aufbauenden) Stationskarten für die selbstständige Auseinandersetzung der Schüler mit dem Bewegungsproblem „So hoch wie möglich springen lernen“. In direktem Zusammenhang damit stehen die drei Tafelbildschemata (vgl. dazu den *Kasten* auf Seite 182), die wiederum Arbeitshilfen für Auswertungs- und Orientierungsgespräche mit den Schülern im Rahmen des Stationsbetriebs geben.

Sorgen Sie für differenzierte Erfahrungssituationen!

Dieses Öffnungsvorhaben lässt sich sinnvoll mit dem vorhergehenden verbinden. Es beruht auf der Einsicht, dass es richtig ist, den Schülern für komplexe und schwierige Lernziele des Technikbereichs eine schrittweise Annäherung an die Problemlösung nach dem Prinzip „Vom Leichten zum Schweren“ zu ermöglichen. Dies geschieht dadurch, dass die so genannte „Zielübung“ unter Bewahrung des zu lösenden Kernproblems auf verschieden abgestuften Anspruchsniveaus zum Beispiel mit Bewegungshilfe, mit Geländehilfe, mit reduzierter Ausholbewegung, mit erleichterter Endbewegung artikuliert wird. Die verschiedenen Niveaustufen werden so betrachtet, dass sie wie Sprossen einer Leiter zum Ziel führen. Problematisch an diesen methodischen Übungsreihen ist aber, dass sie nicht selten so in den Unterricht eingebracht werden, dass sie eher den Leistungsunterschied in der Unterrichtsgruppe testen, statt Lernfortschritte zu ermöglichen.

Folgendes Beispiel kann das anschaulich zeigen: Für das koordinativ und dynamisch anspruchsvolle Lernziel „Springen von den Füßen auf die Füße mit einer ganzen Drehung vorwärts um die Körperbreitenachse (Salto vorwärts)“ können zur sinnvollen Annäherung die Problemsituationen „Rolle vorwärts am Boden“ – „Aufrollen vorwärts auf einen hüfthohen Längskasten“ – „Aufrollen zum Strecksitz auf einen Mattenberg mit Absprunghilfe“ – „Rolle vorwärts mit Absprunghilfe über den ‚Elefanten‘ (Pferd quer mit darüber gebundener Weichbodenmatte)“ – „freier Salto mit Absprunghilfe auf die ‚schiefe Ebene‘“ gewählt werden.

Häufig wird nun eine solche sinnvolle Reihe unterrichtlich so dargeboten, dass zuerst alle Schüler Schritt 1 vollziehen, anschließend Schritt 2 usw. Gewöhnlich wird dann für jeden Schritt das dafür notwendige Gerätearrangement mehrfach aufgebaut, um ein gleichzeitiges Üben in Riegen zu ermöglichen. Dadurch entsteht der erwähnte Testeffekt: Während Übung 1 noch von allen Schülern bewältigt wird (und etliche deutlich unterfordert bleiben), scheiden mit steigender Schwierigkeit der Aufgabe immer mehr Schüler aus, bis schließlich nur noch wenige übrig bleiben, die die Zielübung möglicherweise sogar schon konnten und den gesamten Vorlauf nicht gebraucht hätten.

Dieser notorischen Problematik einer geschlossenen Verwendung des Reihungsprinzips wird wirkungsvoll begegnet, wenn alle in einer Klasse für die schrittweise Heranführung sinnvoll erscheinenden Stationen zugleich aufgebaut und in der Halle oder auf dem Sportplatz verteilt werden. Die Schüler werden dann zum Einstieg über den Sinn und die Aufgabe jeder Station informiert (Demonstration; Erläuterung). Danach setzt ein freier Übungsbetrieb ein, in dessen Rahmen jeder sich seinen Weg selbst suchen darf. Einige werden die ganze Reihe durchschreiten, andere setzen in der Mitte des vorgeschlagenen Weges ein, wieder andere gehen eher im Krebsgang von etwas Schwererem zum Leichteren zurück usw. Der Lehrer begleitet dieses selbstständige Üben, indem er sich verschiedenen Stationen zuwendet, Ratschläge erteilt, auf Anforderung Bewegungshilfen gibt oder anleitet. Der Übungsbetrieb wird ab und an zu einem Erfahrungsaustausch unterbrochen, die Schüler können über spezifische Bewegungsprobleme berichten und auch darüber, wie sie gelöst wurden. Zusätzliche Arbeitsaufträge können das gegenseitige Beobachten beim paarweisen Üben und den Austausch von Bewegungserfahrungen betreffen. Die Übenden können aber auch erfahrungsbezogene Vorschläge zur Änderung der angebotenen Übungssituationen einbringen bzw. weitere vorschlagen, die ihnen passender für ihre Lösungssuche erscheinen.

Vergleichbare Situationen lassen sich für alle Bewegungsfelder schaffen, in denen eine schrittweise Annäherung an ein komplexes oder schwieriges Bewegungsproblem ratsam erscheint. Das „Material" für die Herstellung dieser differenzierten Erfahrungssituationen findet sich in jedem Lehrbuch, das sinnvolle methodische Reihen vorschlägt. Es kommt nur darauf an, die jeweilige Reihe als Ganzes anzubieten und eben nicht häppchenweise. Außerdem ist es aus bewegungstheoretischer Sicht wichtig, genau zu prüfen, ob in den Stufen der Reihe wirklich das grundlegende Bewegungsproblem im Kern erhalten bleibt und nicht willkürlich (zum Beispiel chronologisch) zerschnitten wird.

Verlieren Sie Zeit, um Zeit zu gewinnen!

Diesem sicher sehr weitreichenden Vorschlag zur Öffnung des Sportunterrichts sind wir ansatzweise bereits in den Vorschlägen zu Initiativstunde begegnet. Übernahmen die Schüler aber bisher nur Verantwortung für ihre eigenen Aktivitäten im Rahmen einer einzelnen Stunde bei Gewährung eines großen Spielraums für spontanes Umentscheiden, sollen sie nun in längeren Zeiträumen und auch für andere mitdenken, das heißt sich zunehmend an Planungen für den Sportunterricht beteiligen.

Der Beginn einer solchen Planungsarbeit kann zum Beispiel darin liegen, ein Kursangebot für den kommenden Monat oder das kommende Vierteljahr zwischen zwei Ferien in der Klasse abzustimmen. Der Lehrer bereitet eine Übersicht vor, auf der die Kurse des bisherigen Schuljahres oder eines sonstigen relevanten Zeitabschnitts vermerkt sind. Die Schüler bestimmen diejenigen Kurse, die wiederholt werden sollen, und benennen gegebenenfalls auch neue Kurse aus einer weiteren Liste oder aus freien Stücken. Die Vorschläge werden inhaltlich präzisiert: „Was wollen wir uns für diesen Kurs vornehmen?" und dann mithilfe von Argumentationen und Abstimmungen in eine Prioritätenliste umgesetzt, wobei auch der Lehrer die ihm wichtigen Vorhaben und inhaltlichen Anforderungen in einem solchen Rahmen gut vertreten und einbringen kann. Das erreichte Ergebnis wird genau dokumentiert und als Klassenarbeitsplan mit Daten ausgehängt, sodass sich alle über die kommenden Sportzeiten orientieren können.

Die Erfahrung zeigt, dass die zunächst für das Sitzen und Reden benützte und damit scheinbar „vergeudete" Bewegungszeit mehr als nur wiedergewonnen wird, weil vieles überflüssige Erklären und Wiederholen entfällt, die Schüler gut Bescheid wissen, selbst ein Interesse an den verabredeten Inhalten haben und die gesamte Situation geklärter, friedvoller und störunanfälliger ist. Möglicherweise kann diese Arbeit sogar in der Richtung ausgeweitet werden, dass Schülergruppen die Verantwortung für die inhaltliche Gestaltung von Kursstunden oder -sequenzen übernehmen. In der Regel finden sich für einzelne (Trend-)Sportarten immer einige „Experten", die solche Aufgaben – nach entsprechender vorbereitender Schulung – erfolgreich bewältigen können. Und: Nach einer konsequenten längerfristigen Arbeit mit der Unterrichtsgruppe kann schließlich auch die noch offene Frage nach der Bewertung der sportlichen (und sonstigen) Leistungen in einem derart geöffneten Unterricht gemeinsam angegangen werden. Doch das wäre ein neues Thema ... ■

Bewegungsproblem:

So hoch wie möglich springen lernen

Station 1

Zur Sache:
Hochspringer dürfen nach den Regeln der Leichtathletik nur mit einem Bein abspringen.

Worum es an dieser Station geht:
An dieser Station könnt ihr herausfinden, ob ihr ein bestimmtes Bein beim Abspringen bevorzugt oder nicht.

Benötigtes Material:
- kleine Turnkästen
- Übungshürden
- Schaumstoffquader
- Medizinbälle

Illustration: Antje Springstubbe

Stationsaufbau:
Sucht euch Geräte, die als benötigtes Material angegeben sind, und baut daraus eine Hindernisbahn, die ihr flüssig, ohne Unterbrechung und Halt überspringen könnt.

Aufgaben:
- Lauft mehrmals flüssig über die Bahn und korrigiert die Abstände der Hindernisse, wenn es nicht gut geht.
- Passt auf, ob ihr ein Bein beim Überspringen der Hindernisse bevorzugt.
- Versucht einen Durchgang mit dem einen, einen zweiten Durchgang mit dem anderen Bein zu springen.
- Tauscht eure Erfahrungen untereinander aus und schreibt abschließend eure Namen in die zutreffende Spalte an der Tafel.

Bewegungsproblem:

So hoch wie möglich springen lernen

Station 2

Zur Sache:
Es gibt verschiedene Möglichkeiten, beim einbeinigen Springen das Hochkommen durch den Einsatz des ganzen Körpers günstig zu beeinflussen.

Worum es an dieser Station geht:
An dieser Station könnt ihr herausfinden, was ihr alles tut, um hoch hinauszukommen.

Benötigtes Material:
- Klebeband zum Abreißen
- Filzstifte
- Leiter

Illustration: Antje Springstubbe

Stationsaufbau:
Sucht euch eine freie Wand der Halle aus. Nehmt ein Stück Klebeband und schreibt euren Namen oder ein Zeichen darauf.

Aufgaben:
- Geht zu zweit an die Station:
  Einer ist Springer, der andere ist Beobachter auf der Leiter.
  Als Springer versucht ihr, mit einbeinigem Sprung an der Wand so hoch wie möglich zu kommen und mit der Hand hoch anzuschlagen. Der Beobachter klebt einen Streifen als Markierung für die erreichte Höhe an die Wand.
- Tauscht die Rollen.
- Versucht bei den weiteren Durchgängen euren Rekord zu übertreffen.
- Passt auf, was ihr euch vornehmt, um höher zu kommen.
- Tauscht eure Erfahrungen untereinander aus und tragt eure Feststellungen in die zutreffende Spalte an der Tafel ein.

Bewegungsproblem:

So hoch wie möglich springen lernen

Station 3

Zur Sache:
Hochspringerinnen und Hochspringer versuchen eine günstige Form der Landung zu finden, die ihnen die Überwindung größtmöglicher Höhen aus dem einbeinigen Absprung erlaubt.

Worum es an dieser Station geht:
An dieser Station könnt ihr herausfinden, mit welcher Art von Landung ihr eine möglichst große Höhe erreicht.

Benötigtes Material:
- 6 kleine Turnkästen
- 3 Weichbodenmatten
- normale Turnmatten

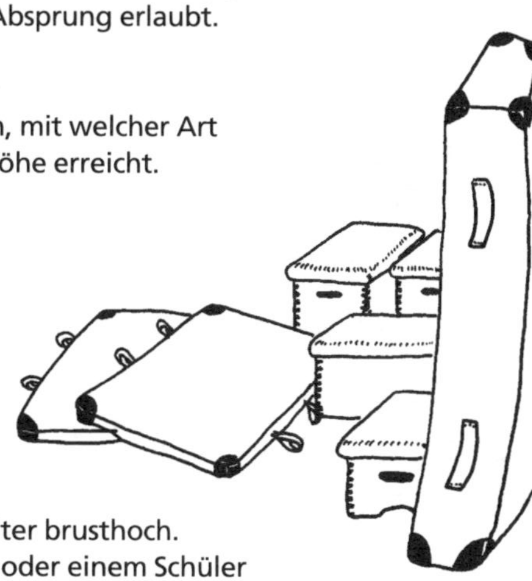
Illustration: Antje Springstubbe

Stationsaufbau:
Baut aus dem angegebenen Material zwei verschieden hohe „Tische" auf.
Ein „Tisch" sollte hüfthoch sein, ein zweiter brusthoch.
(Richtet euch dabei nach einer Schülerin oder einem Schüler mittlerer Größe!)

Aufgaben:
- Versucht mit einbeinigem Absprung auf den „Tisch" zu gelangen, ohne die Hände als zusätzliche Stütze beim Hochkommen zu gebrauchen.
- Versucht die Landung auf unterschiedlichen Körperteilen.
- Wenn ihr den niedrigen „Tisch" bewältigt, versucht euch an dem höheren „Tisch".
- Erhöht die „Tische", wenn nötig, durch Unterlegen von normalen Turnmatten und führt dann weitere Versuche durch.
- Findet heraus, mit welcher Landungsart ihr am höchsten kommt.
- Tauscht eure Erfahrungen untereinander aus und und tragt eure Erkenntnisse in die zutreffende Spalte an der Tafel ein.

Bewegungsproblem:

So hoch wie möglich springen lernen

Station 4

Zur Sache:
Wie gut sich eine Sprung- und/oder Landetechnik eignet, um möglichst hoch zu kommen, lässt sich verlässlich erst dann bestimmen, wenn beides in Kombination und unter realistischen Bedingungen geübt wird.

Worum es an dieser Station geht:
An dieser Station könnt ihr herausfinden, ob eure persönliche Sprung- und Landetechnik euch tatsächlich zu der gewünschten Sprunghöhe verhilft.

Benötigtes Material:
- 6 kleine Turnkästen
- 3 Weichbodenmatten
- 2 Ständer
- Seil oder Band

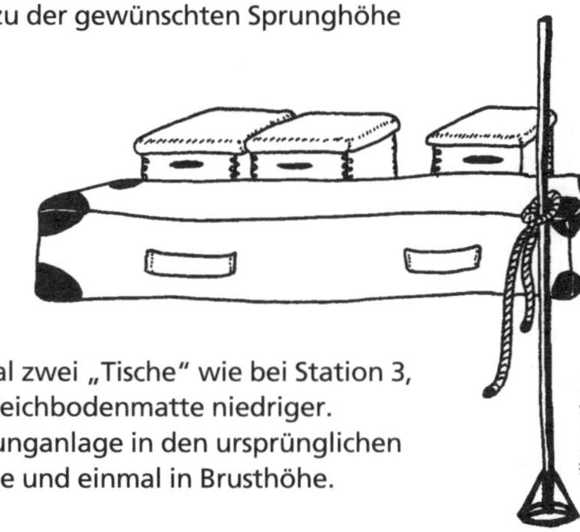
Illustration: Antje Springstubbe

Stationsaufbau:
Baut aus dem angegebenen Material zwei „Tische" wie bei Station 3, jedoch jeweils um die Höhe einer Weichbodenmatte niedriger.
Stellt vor die „Tische" eine Hochsprunganlage in den ursprünglichen Höhen, das heißt einmal in Hüfthöhe und einmal in Brusthöhe.

Aufgaben:
- Versucht die „Hochsprunglatte" mithilfe eurer persönlichen Sprung- und Landetechnik in einem möglichst flüssigen Bewegungsablauf zu überqueren.
- Findet heraus, ob sich Sprung- und Landetechnik gut miteinander verbinden lassen oder ob im Bewegungsablauf möglicherweise doch noch etwas verändert werden muss.
- Wenn ihr die niedrige „Hochsprunglatte" problemlos überspringen könnt, versucht euch an der größeren Höhe.
- Tauscht eure Erfahrungen untereinander aus und schreibt die Probleme, die ihr beim Springen und Landen hattet, an die Tafel.

Das reisende Klassenzimmer

Ingrid Ahlring

Individualisierendes und differenzierendes Erforschen des Raums Europa

„Liebe Klasse 6d!
Da Ihr nun alle in Europa unterwegs seid und ich mich allein im Klassenraum langweile, habe ich mich auch auf den Weg gemacht – und zwar in Richtung Amsterdam, Holland. Ich habe mich entschlossen, mit dem Zug zu fahren (in Amsterdam findet man nur sehr schwer einen Parkplatz!) und mein Fahrrad mitzunehmen. Da kam nur ein Interregio in-frage, denn im ICE kann man keine Räder mitnehmen. Mein Zug fuhr um 10.00 Uhr morgens los. Um kurz vor eins war ich in Duisburg, wo ich umsteigen musste. Leider habe ich dort den Anschlusszug verpasst, weil ich mir noch eine Zeitung kaufen wollte. So ist mein Fahrrad erstmal allein nach Amsterdam gefahren."

(Ansichtskarte der Klassenlehrerin an ihre Klasse, die während der Unterrichtseinheit „Europa" in alle europäischen Winde zerstreut ist)

Foto: Ingrid Ahlring

Abbildung 1: Zu der Reise durch Europa gehörte ein Länderpuzzle, das nach und nach an einer Klassenraumwand entstand.

Die Idee, die klassische Unterrichtseinheit „Europa" als Reiseerlebnis zu organisieren, entstand durch eine Anregung der neuen hessischen Rahmenpläne für Gesellschaftslehre, die im Themenfeld Europa für die Jahrgangsstufe 5/6 das Thema „Reisen in Europa" vorsehen. Rahmenplänen und Handreichungen zufolge sollten topografische Kenntnisse keinen Selbstzweck darstellen, sondern einhergehen mit der Frage, wann und zu welchem Zweck sich Kinder in diesem Alter Räume aneignen. Reisen ist eine solche „Aneignung", die für Kinder nachvollziehbar und im wahrsten Sinne des Wortes „erfahrbar" ist.[1]

Die Einheit begann mit einer „Fantasiesituation": Der Kultusminister, so teilte ich den Kindern mit, beabsichtige, den trockenen Landkartenunterricht abzuschaffen. Alle Schülerinnen und Schüler erhalten Geld, um drei Wochen in einem europäischen Land ihrer Wahl zu verbringen – unter der Bedingung, dort auf bestimmte Dinge zu achten und die ganze Klasse durch mindestens vier Ansichtskarten von ihrem Zielland zu informieren. Außerdem sollten sie zur Wiedersehensfeier ein typisches Souvenir mitbringen und die Klasse in der Landessprache begrüßen können. Eine Art „Fliegendes Klassenzimmer-Fantasie", angepasst an die Schulsituation der 90er Jahre.

Die Reise geht los

Mit Begeisterung machten sich die Schüler an die Reisevorbereitungen. Zur Unterstützung ihres Vorhabens wurde an die Schüler ein Arbeitsblatt verteilt, auf dem sie die einzelnen Arbeitsschritte finden konnten (vgl. dazu die ***Kopiervorlage*** auf Seite 191). Die Reiseländer waren bald ausgewählt, nur wenige mussten gelost werden. Eine Reihe von Ländern wurde den Schülern zur Auswahl vorgeschlagen, damit nicht aufgrund mangelhafter Materiallage (leider gibt es noch sehr wenige Informationen beispielsweise über Weißrußland und die Ukraine) Spaß und Lernerfolg verhindert wurden.

Als Erstes orientierten sich die Schüler im Atlas bzw. Autoatlas über Entfernungen, Reisewege, Eisenbahnrouten sowie Flughäfen und entschieden sich für das günstigste Verkehrsmittel. Die erste Ansichtskarte sollte von der Reise selbst berichten und Informationen über Reiseweg, Reisezeit, durchfahrene Länder, Interessantes auf dem Reiseweg, mögliche Stationen und Unterbrechungen usw. enthalten (siehe den *Kasten 1* auf Seite 188). Schülern, die zunächst wenig eigene Fantasie entwickelten, half die erste Ansichtskarte von mir und diente als Orientierung.

Ein Briefkasten mit Aufforderungscharakter

Die fertigen Ansichtskarten wanderten in den Briefkasten im Klassenraum; ein rotes Fähnchen zeigte an, wenn etwas drin war.

Zu Beginn jeder Stunde saßen alle im Kreis, der Briefkasten wurde geleert, die einzelnen Karten vorgelesen und die Reisewege auf der Wandkarte verfolgt. Fragen wurden geklärt, offensichtliche Fehlinformationen auf einigen Karten (z. B. dass die beiden Frankreichreisenden „Zoll" bezahlen mussten) sofort korrigiert und erklärt. Auf diese Weise konnte ich die notwendigen Informationen über die Reisebestimmungen in der EU geben. Das erklärte auch, weshalb die beiden Mädchen, die nach Polen reisten, einen Reisepass brauchten und die anderen nicht. Die Schülerinnen und Schüler suchten dann die EU-Länder auf der Europakarte. In Windeseile hatte sich herumgespochen, dass man in Reisebüros und am Bahnhof Zugverbindungen ausdrucken lassen konnte, die über den DB-Städteverbindungsplan, der im Materialkasten in der Klasse lag, weit hinausgingen. So konnten die Schülerinnen und Schüler sehr präzise Angaben über die Dauer ihrer Reise machen, und ihre Fantasien wurden konkreter:

Hannes erzählte der Klasse auf seiner ersten Karte von dem Schweißfußgeruch im Schlafwagenabteil nach Süditalien, *Svenja* und *Sarah* langweilten sich auf ihrer langen Zugfahrt von Trelleborg nach Stockholm so sehr, dass sie einer alten Dame das Wollknäuel aus dem Zugfenster warfen, und *Anna* und *Lisa* hatten während des Fluges nach Athen so viele Wolken, dass sie nichts von Bulgarien sehen konnten. *Fabian, Sebastian* und *David* waren als einzige mit einem Reisebus unterwegs und erzählten auf ihrer Karte von Mitreisenden und Erholungspausen unterwegs. *Jan* und *Roland* hatten sich entschlossen, mit dem Auto nach Großbritannien zu fahren, und berichteten von der schwierigen Umstellung auf den Linksverkehr nach der Überfahrt.

Wir berichten von unserer Reise

Jede Reisegruppe soll der Klasse vier Ansichtskarten von ihrer Reise schreiben:

- Eine Karte von der Reise selbst (Reiseroute, Verkehrsmittel, Dauer der Reise, besondere Erlebnisse, Zwischenstopps usw.)
- Eine Karte über Sehenswürdigkeiten und berühmte Städte
- Eine Karte über Landschaft, Begegnung mit Menschen, Ess- und Trinkgewohnheiten, Feste usw.
- Eine Karte darüber, wie die Menschen im Zielland arbeiten (Gibt es Industrie? Arbeiten die meisten in der Landwirtschaft? Leben die Menschen vom Tourismus?)
- Wer noch Lust und Zeit hat, kann noch eine fünfte Karte über ein ganz besonderes Thema schreiben (etwas aus der Geschichte, ein bekanntes Gebäude, eine berühmte Gegend)

Kasten 1

Reiseinformationen kann man überall finden …

Im Klassenraum stand den Schülern ein Materialkasten mit verschiedenen Atlanten, Autoatlanten, Reiseführern (insbesondere Kinderreiseführern[2]), Reiseprospekten aus dem Reisebüro und diversen Geographiebüchern zur Verfügung. Die Materialien wurden zu Beginn einer Stunde vorgestellt. Die Geographiebücher enthielten Hinweise von mir, über welche Länder dort etwas zu finden war.[3] Später stellte die Schulbibliothek dem Jahrgang noch einen Handapparat zur Verfügung.[4] Schnell merkten die Kinder auch, dass in einem bekannten Möbelhaus Informationen über Schweden, in einer bekannten Restaurantkette über die Schweiz zu holen waren.

Für die meisten war es noch relativ leicht, über Sehenswürdigkeiten von Großstädten wie Paris, London, Athen, Rom usw. zu erzählen. Die Aufgabe, Landschaft und Land und Leute einzufangen oder gar darüber zu berichten, womit die Menschen im Zielland ihren Lebensunterhalt bestritten, war da schon schwieriger. Zu Beginn dieser Phase wurde von mir eine Fantasiereise inszeniert, die den Schülerinnen und Schülern bei leiser, entspannender Musik Möglichkeiten aufzeigte, „zu sehen". So schafften es auch die meisten Kinder allein durch das Betrachten möglichst vieler Bilder ihres Ziellandes, Atmosphären recht gut einzufangen. Hierfür eigneten sich vor allem Länderbücher mit großflächigen Fotos.[5] Die Interpretation von Wirtschaftskarten im Atlas schafften einige Kinder nach einer kurzen Einführung allein, andere erarbeiteten sich diese Informationen mit mir gemeinsam.

Sehr bald zeigte sich, dass auch die Eltern zu Hause mit in die Reise „eingespannt" wurden. Mütter wurden aufgefordert, mit in Reisebüros zu gehen, um die Seriosität der Reiseabsicht zu unterstreichen, Väter besorgten Material von Autoclubs, Großeltern kramten in ihren Fotoalben und Diakästen, Bekannte mit jahrelanger Urlaubserfahrung in Österreich wurden angerufen und interviewt.

Die Ansichtskarten oder: Was Kinder am Reisen interessiert

Die Ansichtskarten sollten DIN-A4-Größe haben, auf der einen Seite Bilder oder Zeichnungen enthalten (wie eine typische Ansichtskarte) und auf der anderen neben der Adresse und Briefmarke natürlich möglichst interessanten Text. Bei ihren Berichten hielten sich die Schüler an die Vorgaben, verbanden diese aber mit ihren ganz eigenen Reisewünschen und Vorstellungen.

So brausten *Nima* und *Marcel* mit Motorrädern durch Sardinien, *Swantje* und *Humeira* badeten nach dem Besuch der großen Moschee in Istanbul erst mal im Schwarzen Meer (!), *Paula* und *Anja* trafen in Irland nette Mädchen, mit denen sie Bekanntschaft schlossen – fast alle amüsierten sich irgendwann einmal bei einer Dependance von *Madame Tussaud's*. *Andreas* und *Stefan* fuhren nach dem „Pflichtprogramm" in Paris zu Euro-Disney, um sich dort über die saftigen Preise zu ärgern, und *Jan* und *Roland* machten in Südengland extra einen Abstecher nach Portsmouth, um zu sehen, ob dort wirklich alles so war wie im Englischbuch. Die beiden „Schwedenmädchen" berichteten von Sprachschwierigkeiten auf ihrem Campingplatz, und die Spanienfahrer schilderten uns zwar die Paella als „Nationalspeise", drückten aber gleichzeitig aus, dass ihnen Pizza und Hamburger eigentlich lieber waren.

Abbildung 2:
Wir wollen nach Paris und dort den Eiffelturm besichtigen. Aber wie kommen wir dorthin und was kostet das alles? In Kleingruppen planen die Schüler selbstständig ihre Reise.

Foto: Ingrid Ahlring

Dezentrales Arbeiten lässt alle Kinder zu ihrem Recht kommen

Bis auf die erwähnten Anfangs- und Fantasiereisesituationen sowie das Vorlesen der Ansichtskarten arbeiteten die Schüler während der drei Wochen dezentral in ihren jeweiligen Partner-Reisegruppen. Dies ermöglichte den stark motivierten oder leistungsorientierten Kindern, sich ganz intensiv in ihre Materialien zu vertiefen und sehr konzentriert zu arbeiten. Sie wurden in ihrem Tatendrang nicht von den langsameren und weniger motivierten Kindern gehindert. Entsprechend positiv waren ihre Rückmeldungen über den Wochenplan.

Den langsameren Kindern konnte ich mich in diesen Phasen besonders intensiv widmen. In zwei Mädchengruppen gab es beispielsweise starke Beziehungsprobleme, die erst einmal benannt, besprochen und „geknackt" werden mussten, bevor es den Schülerinnen überhaupt möglich war, mit der Arbeit anzufangen. Den Richtwert von vier Ansichtskarten hatten alle Kinder vor Augen, allerdings schafften zwei Reisegruppen nur drei Karten, und einige Karten kamen „zu spät", erst nach dem Wiedersehensfest, in Kassel an. Während der laufenden Woche wurden die eintrudelnden Karten aber noch akzeptiert – schließlich arbeitet nicht überall die Post so schnell. Etliche Reisegruppen schrieben sogar fünf Karten, wobei sie sich in der fünften Karte ein Thema „aussuchen" durften. Auf diese Weise gab es noch einmal ein „special" über *Madame Tussaud's*, die Klasse erfuhr alles über den griechischen Gott *Herkules* (Kassels Wahrzeichen) und Vulkane in Italien.

Während die Schüler arbeiteten, gestaltete ich eine kleine Ecke der Klasse mit „Euro-News" aus: Ich hängte gesammelte brandaktuelle Zeitungsartikel, die sich mit Europa beschäftigten, an die Wand. Die Schüler wurden darauf zu Unterrichtsbeginn hingewiesen, ansonsten diente diese Wand als „stummer Impuls" für leistungsstarke Kinder. Viele Informationen flossen dann auch in die Ansichtskarten ein: Der Streik im französischen Nahverkehr behinderte die zwei Frankreichfahrer ganz erheblich, ein Schüler fügte die erneute Tätigkeit des Ätna in seinen Reisebericht ein, und ein Mädchen entdeckte einen LKW aus dem ihr benachbarten Industriegebiet in Polen wieder – Einfluss eines Zeitungsberichts über gestohlene deutsche LKWs, die in Polen wiedergefunden wurden.

Das Wiedersehensfest oder: Europa abgehakt?

Die Unterrichtseinheit endete offiziell mit einem großen Wiedersehensfest, zu dem alle Schüler gesondert eingeladen wurden. Damit die Schüler auch alle über den Ablauf des Festes informiert waren und sich entsprechend darauf vorbereiten konnten, erhielten sie ein Merkblatt (siehe den *Kasten 2* auf Seite 190).

Ich hatte vier Stunden am Vormittag im Block organisiert, sodass für alles ausreichend Zeit war. Das Fest begann nach „offizieller" Begrüßung mit dem Verlesen weiterer eingetrudelter Karten, dann durfte jeder mehrere Käsestückchen aus Holland probieren. Anschließend gab es noch ein Zitronengetränk aus der Türkei, Tee und Beatlesmusik aus Großbritannien, ein kleines Kolosseum zum Anfassen aus Rom, Sirtakimusik und Oliven aus Griechenland, ein bisschen „Nils Holgersson" auf einer Kinderkassette aus Schweden, ein polnisches Kindermärchen, Poster aus Österreich usw. Zwischendurch Quizspiele, mit denen man zeigen konnte, wie viel man noch von den Karten im Gedächtnis behalten hatte, Orientierungs- und Ratespiele sowie zum Schluss ein Riesen-Kreuzworträtsel, in dem nur Informationen von den Ansichtskarten der Schüler verarbeitet worden waren.

War damit Europa „abgehakt"? Keineswegs. Die bunten Ansichtskarten blieben noch eine ganze Weile in der Klasse hängen und wurden auf einem Elternabend vorgelesen. Weiterhin war parallel zur Reise an der Wand ein riesiges Europapuzzle entstanden (*Abbildung 1*). Die Schüler hatten zu Beginn ihrer Reise ein farbiges, leeres Puzzleteil in Form ihres Reiselandes erhalten, sollten dieses beschriften und mit Bildern versehen. Nach und nach wurde auf diese Weise Europa an die Wand gepuzzelt. All diejenigen Länder, in die niemand gereist war, lagen aus Pappe im Klassenschrank zur Bearbeitung für Kinder bereit, die schneller fertig waren als ihre Mitschüler.

Gleichzeitig stand im Jahrgang 6 das Thema „Europa" im Fach Gesellschaftslehre im Zentrum des freien Lernens: Im Klassenraum stand der „Europaordner" mit insgesamt 20 Themenbereichen zu Europa, die nach und nach während des Schuljahres im freien Lernen bearbeitet werden sollten. Im Morgenkreis wurden jetzt, gleichsam als Anschluss an die „Euro-News", verstärkt Zeitungsberichte über Europa vorgelesen – es wurde also offensichtlich der Blick für den europäischen Raum geschärft.

Lernkontrollen einmal anders

„Liebe Mascha! Hiermit bedanke ich mich noch einmal recht herzlich für die Ansichtskarten, die Anja und du uns aus Österreich geschrieben habt ...".

Am Ende dieser Unterrichtseinheit erhielten alle Schüler einen Brief von mir, in dem die Karten bezüglich ihrer Gestaltung, ihres Informationsgehaltes und ihrer Kreativität gewürdigt wurden. Die Beurteilung ihrer Leistung war damit ein Teil der Reiseinszenierung, und nachdem es sich herumgesprochen hatte, dass im Briefkasten Briefe lagen, wartete jeder gespannt darauf, bis endlich die Post für ihn ankam.

Auf eine klassische Lernkontrolle verzichtete ich, da Europa durch die Verzahnung von Gesellschaftslehre und freiem Lernen noch bis zum Ende des Schuljahres immer wieder auftauchendes Thema war. Erst gegen Ende wurde den Schülern ein „individueller Test" angeboten: Wer sich durch die Unterrichtseinheit, durch das Arbeiten mit dem Ordner, durch topografische Lernspiele und das Europaquiz fit genug fühlte, seine „Europatauglichkeit" prüfen zu lassen, der konnte sich „anmelden". Der Test war eine bunte Mischung aus Topografie, kleinen Reiseassoziationen, Basisdaten über Leben und Arbeiten in Europa, wie sie sich die Schüler gegenseitig berichtet hatten. Die „Gleitzeit" bei der Lernkontrolle bot jedem Kind die Chance, sich den Test zuzumuten, wenn es selbst die Zeit für gekommen hielt. Da der Test natürlich erst zurückgegeben werden konnte, als alle sich ihm unterzogen hatten, erhielten die „Schnellen" als Zwischenergebnis ein Prädikat als „Topeuropäer", „guter Europäer", „zufriedenstellender" bzw. schlicht „geprüfter Europäer".

Ob jetzt jeder alles über Europa weiß? Sicher nicht. Vielleicht sogar nicht einmal viel mehr als durch Auswendiglernen und Abfragen mit Atlas und Buch. Aber sicher hat es mehr Spaß gemacht, keiner ist in seier Motivation „auf der Strecke" geblieben, und in Erinnerung bleiben dann möglicherweise gerade die kleinen, ganz individuellen Fantasien und „Erlebnisse". ■

---

[1] *Der Hessische Kultusminister* (Hrsg.): Rahmenplan Gesellschaftslehre, Themenblatt 8: „Eine Reise durch Europa", Wiesbaden 1996; *Hessisches Institut für Bildungsplanung und Schulentwicklung* (Hrsg.): Handreichungen zum Rahmenplan Gesellschaftslehre, Wiesbaden 1996

[2] Hier seien insbesondere die Reisebücher für Kinder zu erwähnen, die vom Ravensburger Verlag (z. B. über Spanien und Frankreich) bzw. von dtv junior (z. B. über Österreich und Italien) herausgebracht wurden. Leider sind diese Bücher inzwischen vergriffen und nur noch in Büchereien erhältlich. Von der Edition Moses gibt es in der Reihe „Zum Reingucken – Reisebücher für Kinder" je einen Band über Italien, Frankreich und Schweden, der Verlag an der Ruhr hat eine Arbeitsmappe zum „Leben in der Türkei" mit vielen guten Anregungen herausgebracht.

[3] Hier sei stellvertretend für verschiedene Kapitel in Geographiebüchern das „Themenheft Europa" vom Klett Verlag erwähnt (Reihe „Terra"). Auch der Westermann Schulbuchverlag hat im ersten Band des neuen Erdkundebuches ein großes Kapitel „Europa – Regionen im Wandel", das für diese Zwecke sehr brauchbar ist.

[4] Man kann auch ohne Bücherei in der Schule arbeiten, wenn einige wichtige Grundsatzwerke von dem Lehrer bei der Stadtbücherei ausgeliehen und mit in den Unterricht gebracht werden. Reisebücher aus der Bücherei sollten sorgfältig ausgewählt sein und als Ergänzung zu Schulbüchern und Kinderreisebüchern dienen, nicht als Ersatz.

[5] Beispielsweise die Time-Life-Serie, Reisebücher der Reihe „HB-Bild-Atlas" sowie GEO-Sonderhefte.

Das europäische Wiedersehensfest

Als krönender Abschluss der Unterrichtsreihe wird das Wiedersehensfest gefeiert. Damit es auch ein europäisches Fest wird, begrüßen sich die Schüler in der Landessprache ihres Reiseziels. Jeder bringt ein Souvenir für die Klasse mit. Dies könnt z. B. sein:

- etwas zu Essen oder zu Trinken,
- ein typischer Gegenstand,
- ein Kleidungsstück,
- eine Geschichte aus dem Land,
- etwas Musikalisches (z. B. einen Popsong von einer einheimischen Gruppe oder typische Volksmusik),
- Bilder oder Dias,
- ein schönes Poster,
- ein typisches Spiel, das gemeinsam gespielt wird.

Sollten noch nicht alle Puzzleteile der Länder im Klassenraum hängen, werden die fehlenden von den Schülerinnen und Schülern mitgebracht.

Kasten 2

Unsere Europa-Reise

Die Reisevorbereitung

① Schaut euch im Atlas genau an, wo euer Reiseland liegt. Schreibt in euer Heft:
- in welche Himmelsrichtung ihr fahren müsst,
- welche anderen Länder ihr durchqueren müsst, um zum Ziel zu kommen.

② Entscheidet euch für einen Zielort, eine Zielgegend, oder plant eine Rundreise. Aber auch bei einer Rundreise braucht man einen „Anfangspunkt". Wenn ihr euch nicht gleich entscheiden könnt, solltet ihr erst einmal in Reiseführern, Prospekten, Materialien stöbern. Denkt aber daran, dass eine Reise erst dann losgehen kann, wenn das Ziel klar ist. Dieses notiert ihr in euer Heft mit einer Begründung, warum ihr gerade dort hinfahren wollt.

③ Entscheidet, womit ihr fahren wollt:
- mit dem Auto
- mit dem Reisebus
- mit dem Zug
- mit dem Fahrrad
- mit dem Flugzeug
- mit mehreren Verkehrsmitteln

Denkt dabei an
- die Zeit (die Reise dauert ungefähr drei Wochen)
- die Kosten
- die Umweltbelastung
- die Entfernungen

Notiert diese Entscheidungen in euer Heft und begründet sie.

④ Überlegt nun, was ihr mitnehmen wollt oder müsst. Das kann für die Fahrt wichtig sein. Denkt daran, dass man auf einer Radtour nicht so viel Gepäck mitnehmen kann. Auch im Flugzeug sind nur zwei Koffer erlaubt. Wenn ihr Sonderwünsche habt, erkundigt euch bei Eltern, Freunden, Lehrern, im Reisebüro usw. Notiert auch dies in euer Heft.

Die Reise geht los

① Verfolgt im Atlas genau euren Reiseweg. Schreibt die Städte und Ländergrenzen auf, durch die ihr kommt. Notiert auch die Flüsse, an denen ihr eventuell entlangfahrt.

② Je nach gewähltem Verkehrsmittel müsst ihr folgende Punkte beachten:
- Wenn ihr mit dem **Auto** fahrt: Welche Strecken legt ihr auf der Autobahn zurück? Wo sind häufig Staus?
- Wenn ihr mit dem **Zug** fahrt: Sucht den Reiseweg in Deutschland bis zur Grenze aus dem Fahrplan der Deutschen Bahn. Erkundigt euch in einem Reisebüro, ob es eine direkte Zugverbindung gibt oder ob ihr umsteigen müsst.
- Wenn ihr mit einem **Reisebus** fahren wollt, holt euch ein Prospekt im Reisebüro von Busreiseunternehmen.
- Wer mit dem **Flugzeug** fliegen will, braucht einen gültigen Flugplan der entsprechenden Fluggesellschaft oder eine Auskunft aus dem Reisbüro. Überlegt euch, wie ihr vom Flughafen an euren Zielort gelangen wollt.
- Reisende nach Großbritannien, die nicht mit dem Flugzeug fliegen, müssen den **Euro-Tunnel** oder die **Fähre** benutzen. Im Atlas findet ihr die Häfen, von denen eure Fähre ablegen wird.

③ Nun geht's los. Notiert die Stationen eurer Reise im Heft. Achtet auf Landschaften, die ihr durchquert (Atlas, Karten, Bilder). Wollt ihr unterwegs aussteigen und etwas besichtigen? Wo macht ihr Rast? Wie lange dauert eure Fahrt? Müsst ihr zwischendurch übernachten?

④ Nachdem ihr eure Reise beendet habt, schreibt ihr eine Ansichtskarte an die Klasse. Sie soll möglichst viele Informationen über eure Reise enthalten, damit sich alle genau vorstellen können, wie es war.

Einen Baumroman schreiben

Sabine Münchow

Gemeinsam und individuell literarisch arbeiten

Abbildung 1:
Buch der 10^{14} Gedichte von Raymond Queneau

Foto: Screenshot von der CD-ROM „Machines à écrire"; © Gallimard

Sie kennen diese kleinen Tests in den Zeitschriften, in denen man sich mit Ja-Nein-Antworten durch die Fragen arbeitet, um dann am Ende zu erfahren: Sie sind der Typ XYZ. Aber wissen Sie auch, dass diese Struktur in den 60er Jahren von Raymond Queneau als Ausgangsbasis für die Schaffung von literarischen Texten angewandt wurde[1] – und dass sich entsprechende „Literaturexperimente" auch für den (Fremd-)Sprachenunterricht eignen?

Literaturexperimente der Gruppe Oulipo

1960 bildete sich um die Schriftsteller *Raymond Queneau* und *François Le Lionnais* eine kleine Gruppe von Schriftstellern, die sich mit Literaturexperimenten beschäftigten. Sie gaben sich den Namen **Ou**vroir de **Li**ttérature **Po**tentielle (frei übersetzt: Werkstatt/Nähstübchen für mögliche/virtuelle Literatur). Ziel war, nachvollziehbare Formen der literarischen Produktion zu entwickeln, die sich zum Teil auf mathematische Verfahren stützen und nach bestimmten Vorgaben (*contraintes*) geschrieben werden.

Anregungen für kreative Schreibprozesse im Unterricht

Kürzlich kam in Frankreich eine CD-ROM, „Machines à écrire" (Schreibmaschinen oder Maschinen zum [Selbst-]Schreiben; Gallimard 1999) auf den Markt, die viele Arbeitstechniken von Oulipo in graphisch und inhaltlich sehr ansprechend aufbereiteter Form präsentiert und einen enormen Erfolg beim französischen Publikum hat(te). Auf dieser CD-ROM gibt es eine unendliche Fülle von Anregungen für kreative Schreibprozesse, die auch im Unterricht der Sekundarstufe möglich sind. Einige Beiträge stellen Texte in Form von „Baum(roman)-Geschichten" vor: „Un conte à votre façon" von *Raymond Queneau*, „L'augmentation" von *George Perec* und „L'amour à votre façon" von *Harry Mathews*.

Diese Texte heißen deshalb „Baumromane", weil sie sich – bedingt durch ihre binäre Struktur (Ja-/Nein-Antworten) – wie die Äste eines Baumes immer weiter verzweigen.

Die Baumstruktur

Die binäre Struktur findet man in unterschiedlichen Medien wieder:

- In Frankreich haben Kinder- und Jugendbücher, in denen die Leser den Fortgang der Geschichte bestimmen können, großen Erfolg: *Le roman dont tu es le héros ou l'héroïne.* (Hier bist du der Held/die Heldin der Geschichte).
- In französischen Kinder- und Jugendzeitschriften wie *Astrapi* und *Okapi* wird dieses Prinzip immer wieder bei kleinen Comics, Geschichten und Tests angewandt, da es die jugendlichen Leser stärker motiviert, sich mit diesen Texten zu beschäftigen.
- Selbst Kriminalromane und literarische Werke bedienen sich dieser Art der Textproduktion.

Das Prinzip

Am Ende einer (Bild- bzw. Text-)Sequenz werden zwei Entscheidungsfragen gestellt, die den Fortgang der Lektüre bestimmen. Aus dem linearen (konventionellen) Lesen wird ein „surfendes" Lesen, da über die verschiedenen Leseverweise im Text hin und her gesprungen werden muss und der Leser selbst (im Rahmen der vorgegebenen Möglichkeiten) den Fortgang der Geschichte bestimmt. Durch die (individuellen) Entscheidungsmöglichkeiten entstehen neue Situationen und damit auch neue Geschichten.

Diese Textrezeption und -produktion beinhaltet demnach mehrere Erzählstränge mit Knotenpunkten, an denen diese sich verzweigen und zu einem jeweils anderen Ende der Geschichte führen, sodass – zum Beispiel bei einer individuellen Lektüre eines solchen Textes in der Klasse – auf keine gemeinsame Leseerfahrung im Unterricht zurückgegriffen werden kann, da sich je nach Lesergeschmack aufgrund der Variationsmöglichkeiten eine andere Geschichte ergeben hat (für die grafische Darstellung der Struktur eines Baumromans siehe *Abbildung 2*[2]).

Die Interaktivität beschränkt sich jedoch nicht mehr nur auf das gedruckte Wort, sondern ist ein wichtiges Element der neuen informatischen Medien (Internet und CD-ROM) geworden; und auch für das Fernsehen und das Kino wird überlegt, wie die Zuschauer aktiv in den Fortgang von Spielhandlungen eingreifen können (vgl. das „Futuroscope" in Poitiers). Ein großer Teil des Erfolges des Internets, der programmierten Spiele und der CD-ROMs beruht auf dem Aktiv-Werden seiner Benutzer. Merkmale eines Baumromans sind also folgende:

- Das lineare Lesen wird ersetzt durch das surfende Lesen;
- jeder Leser bestimmt individuell den Fortgang der Handlung;
- es ergeben sich unterschiedliche Erzählstränge;
- die Verknüpfungsmöglichkeiten der verschiedenen Text-/Bildsequenzen müssen logisch sein;
- es gibt nicht nur *ein* Ende der Geschichte, sondern *mehrere*;
- ein mehrfaches Lesen ohne Wiederholungen ist möglich;
- die Neugier wird geweckt und es wird Lesemotivation geschaffen.

Einen Baumroman konzipieren

Es gibt verschiedene Möglichkeiten einen Baumroman/eine Baumgeschichte/*un roman dont tu es le héros* zu erstellen. Im Folgenden werden verschiedene Verfahren vorgestellt, die alle in der Praxis ausprobiert wurden und zum Teil auch im Internet anzusehen sind.[3]

Die Grundform: ein „Test"

Diese Struktur findet man oft in „Psychotests". Über Entscheidungsfragen wird der Leser zu einem Ergebnis geführt: *„Aimes-tu les vêtements à la mode?"* – *„Oui/non."*[4] Nach der Entscheidung für ein JA oder NEIN geht es zur nächsten Frage und so weiter, bis das Ende mit dem „persönlichen" Ergebnis erreicht ist: *„Tu es type C."*

Der Leser kann diesen Test jederzeit von neuem beginnen und unterschiedliche Antworten geben um zu einem neuen Ergebnis zu gelangen. Schon in dieser sehr einfachen Form zeigt sich ein besonders für den Fremdsprachenunterricht sehr nützliches Element: Man möchte mehr wissen, mehr lesen, andere Lösungen kennen lernen. Welche Lektion schafft schon eine solche Lesemotivation in der Fremdsprache? Mit dieser einfachen Form des „Quiz" können Schüler auch im Anfangsunterricht arbeiten und Fragen, auf ihren eigenen Unterricht bezogen, erstellen (zum Beispiel zu Lehrbuchtexten, zu einzelnen Schülern usw.).

Verknüpfung von linearen Geschichten

Voraussetzungen zur Erstellung von Baumroman-Geschichten sind bereits vorhandene Erzählstränge. Nur woher bekommen Schüler diese Geschichten? *Francis Debyser* gibt sehr einfache, aber praktikable Anweisungen zum Schreiben eines Liebesromans, eine Thematik, die Schüler immer interessiert. Auf der ***Kopiervorlage*** der Seite 196 sind die genauen Schreibanweisungen für die Schüler wiedergegeben.[5] Will man verschiedene Geschichten zu einem Baumroman verknüpfen, ist es wichtig, dass alle Schreiber die gleichen Personen als Hauptakteure haben und sich an die vorgegebenen Kapitelstrukturen halten. In Tandems, das heißt partnerweise, wird je ein Liebesroman geschrieben, wobei jedes Kapitel genau und eindeutig gekennzeichnet sein muss.

Nachdem jedes Tandem die verschiedenen Kapitel geschrieben hat, werden die Texte ausgedruckt, in die einzelnen Kapitel zerschnitten und für alle beteiligten Schüler zur linearen Lektüre ausgelegt. Neues Ziel ist nun, die eigenen Texte mit fremden Kapiteln durch Entscheidungsfragen zu verknüpfen um eine möglichst große Verzweigung zu erreichen. Die Schüler müssen alle Kapitel der anderen Tandems

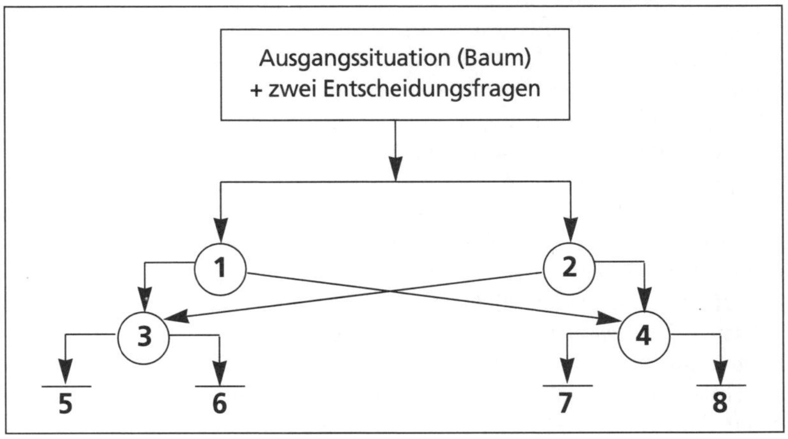

Abbildung 2

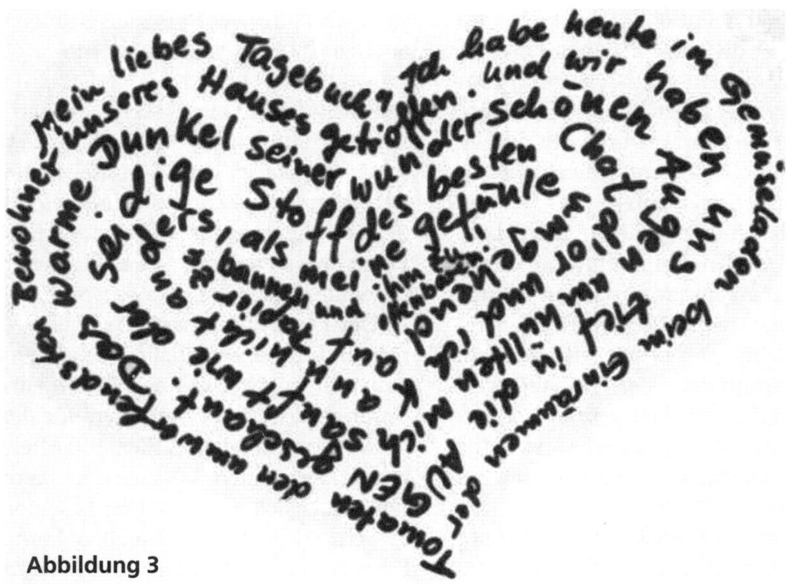

Abbildung 3

genau lesen um die inhaltlichen Bezüge zu den (fremden) Kapiteln richtig zu formulieren. Da jede Gruppe Entscheidungsfragen entwickelt, kommen zu einzelnen Kapiteln meist mehrere Fragen bzw. Verzweigungen zustande und damit dann auch der sehr individuelle Leseparcours.

Diese Phase der Arbeit ist gekennzeichnet durch

- erneute Textproduktion (über Fragen oder Aussagen zum surfenden Lesen);
- intensive Lesephasen;
- eine Darstellung der Verknüpfungen auf einem großen Plakat, damit alle Schüler die Baumstruktur vor Augen haben;
- die Zusammenstellung der weiterführenden Texte bzw. Fragen der Tandems unter den einzelnen Kapiteln.

Das Ergebnis sind die linearen Geschichten der einzelnen Tandems und die durch Verknüpfung entstandenen Varianten der linearen Ausgangsgeschichten.

Methoden und Möglichkeiten der Präsentation

Das Faszinierende an diesem Verfahren ist, dass die Texte ohne Angleichung zusammenpassen, da die Schüler ja über ihre Fragen auf den folgenden Text verweisen. Dabei haben sehr verschiedene Schülerindividuen mit unterschiedlichen Ideen und literarischen Geschmäckern an diesem Klassenroman gearbeitet. Wenn alle Geschichten verknüpft sind, gibt es so viele Startmöglichkeiten wie Geschichten, aber sehr viel mehr Lesestränge und Enden als bei linearen Texten.

Zusätzlich zur Versprachlichung kann auch eine Bebilderung in Form von (digitalen) Fotos, Zeichnungen oder Collagen stattfinden, sodass aus dem Baumroman ein Foto-Baumroman oder ein Comic-Baumroman[6] wird. Auf diese Weise können Schüler einer Klasse sehr unterschiedliche Fähigkeiten in das gemeinsame Produkt einbringen – von verschiedenen Sprachniveaus über Kreativität bis hin zu zeichnerischen Fähigkeiten.

Wichtig bei der Abfassung der Texte sind Hinweise auf bzw. Arbeitsaufträge für bestimmte Schreibzwänge. So sollten in den Erzähltext andere Textsorten in Form von (pseudo-)authentischen Materialien eingebaut und auf besondere Formen des kreativen Schreibens Wert gelegt werden. Dadurch könnte besonders den sonst weniger kreativen Schülern Hilfestellung durch Strukturvorgaben gegeben werden. Damit wird zwar der kreativen Fantasie einiger Schüler Grenzen gesetzt, anderen aber durch Schreibaufgaben die schriftliche Produktion erleichtert. Aus der Fülle der Methoden für das kreative Schreiben seien hier nur einige erwähnt:

- Texte in Form eines „Calligramme“ visualisieren (siehe *Abbildung 3*);
- Texte in einer bestimmten Textsorte abfassen[7];
- kleine Gedichte („Elfchen“) oder ein Akrostichon verfassen;
- jedes Wort in einem Text mit dem gleichen Buchstaben beginnen lassen (siehe *Abbildung 4*);
- authentische Materialien benutzen, zum Beispiel Formulare, Briefmarken u. Ä.;
- anonyme Briefe schreiben, die, um anonym zu bleiben, aus ausgeschnittenen Einzelbuchstaben bestehen;
- einen kleinen Text aus der Perspektive eines Gegenstandes schreiben (vgl. dazu die ***Kopiervorlage*** auf Seite 197);
- Rezepte erstellen, die sich nicht auf Speisen, sondern auf unerwartete Situationen beziehen.

Die übersichtlichste Veröffentlichung eines Baumromans ist in Form von Hypertext-Seiten (Websites)[8], in denen über Links die Verknüpfungen hergestellt werden. Diese Art von Seiten lässt sich auch schon in normalen Textverarbeitungsprogrammen problemlos erstellen. Arbeitserleichternd für die endgültige Verknüpfung sind Verknüpfungspläne der einzelnen Tandems (siehe als Beispiel die *Abbildung 5*). Die klassische Methode in Form einer kleinen Broschüre ist vom (technischen) Aufwand her einfacher, aber man verliert leichter den Überblick über die Verknüpfungen.

Je mehr der Baumroman Gestalt annimmt, umso mehr nimmt der Ideenfluss zu und desto bewusster achten die Schüler auch auf die (ästhetische) Präsentation ihres Endprodukts. Die Erstellung eines Baumromans auf der Grundlage von zunächst linearen Ausgangstexten ist meiner Meinung die leichtere Form, da die Arbeitsphasen sehr klar gegliedert sind und der Überblick erhalten bleibt. Die Verknüpfung von unabhängigen Texten dagegen erfordert ein gutes Gedächtnis und einen genauen Überblick über die jeweils schon geschaffenen Erzählstränge.

Verknüpfung von unabhängigen Texten

Der Baumroman „Vindunum – une ville au moyen âge“[9] kam während eines Schüleraustausches mit einer 9. Klasse

Geliebter **G**hanesh!
Gestern **g**anz **g**ewöhnlich
Gar nicht **g**lamourös
Glaubte **g**anz **g**espenstisch
Graues **G**ut **g**esät
Guckte **g**erade **g**anz **g**efangen
gen **G**hanesh ...
großer **G**alan –
ganz **g**lücklich **g**eworden
gebannt, **g**espannt, **g**eläutert
Ghanesh **G**lück **g**estehen?
Zu ihm **g**ehen?
Ghaneshs **G**emüse**g**löckchen

Abbildung 4

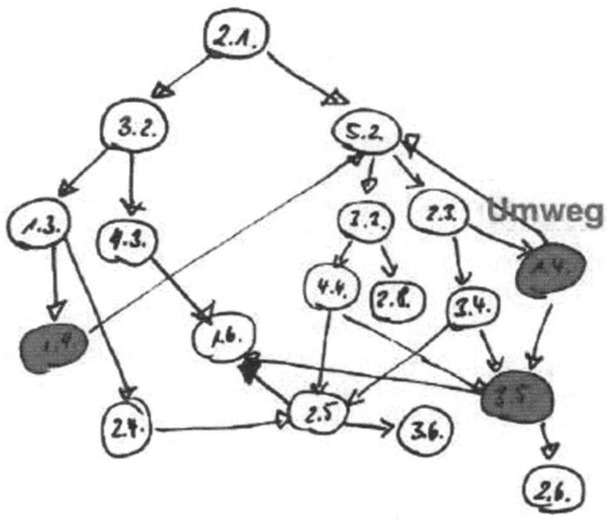

Abbildung 5

nach Le Mans zustande. Da die Schüler Lust hatten die Stadt zu besichtigen und Le Mans intensiver kennen zu lernen, planten wir ein Projekt zum Thema Mittelalter. Die Textproduktion fand während der und im Anschluss an die verschiedenen Besichtigungen und Erkundungen statt:

- Aus der Stadtrallye und der Traumreise am folgenden Tag zu dieser Stadterkundung entstanden kleine Gedichte („Elfchen").
- Die von der Stadterkundung mitgebrachten kleinen Gegenstände (Steine, alte Zettel und sogar Wasser aus einem Springbrunnen) erzählten ihr Schicksal in der Ich-Form („Ich, der Zettel, habe schon viel erlebt ...").
- Die Besichtigung der Abtei von Fontevraud erbrachte Hör- und „Fühl"-Texte, denn die Schüler hatten sich mit geschlossenen Augen etwa zwei Minuten lang auf Geräusche im Kreuzgang konzentriert und anschließend ihren Tastsinn erprobt, indem sie als „Blinde" von einem „Sehenden" durch den Kreuzgang geführt wurden.
- Zu den Steinskulpturen im Kreuzgang wurden Biografien erstellt (Name, Größe, Augenfarbe, Kleidung, Beruf im Kloster, Freundschaften dort, aktuelle Beschäftigung usw.).

Um die so entstandenen, sehr unterschiedlichen Texte miteinander zu verbinden, wählten wir die Struktur des Baumromans. Durch die Fülle der verschiedenen Texte entstanden mehrere kleine „Geschichtchen" mit verschiedenen Erzählsträngen, die sich die Schüler nicht vorher ausgedacht hatten (vgl. Liebesroman), sondern die sich im Lauf der Diskussionen über die Texte ergaben. Der schwierigste Teil bei dieser Art einen Baumroman zu gestalten, besteht in der mühseligen Aufgabe, die Übersicht über die verschiedenen Geschichtenabläufe zu behalten. In jeder Phase müssen die Verknüpfungen festgehalten werden, weil sonst ein heilloses Durcheinander entsteht. Hier sind die Hypertext-Seiten eine große Hilfe, weil automatisch die Verbindungen überprüft und abgerufen werden können.

Dieses Schreibprojekt zum Mittelalter sollte eine Verbindung zwischen den unterschiedlichen Sinneswahrnehmungen und deren Ausdrucksmöglichkeiten schaffen, die Wahrnehmung über verschiedene Kanäle (Sehen, Hören, Tasten, Riechen, Schmecken) schärfen und ein produkt- sowie handlungsorientiertes Vorgehen anbieten. Die Schüler haben diese Form der (fremdsprachlichen) Textproduktion nach anfänglichem Zögern gut angenommen und mit großem Arbeitsaufwand einen Beitrag für den Bundeswettbewerb für Fremdsprachen erstellt. ■

---

[1] Vgl. auch *http://www.bnf.fr/web-bnf/pedagos/queneau/index.html*
[2] Einen Baumroman, erstellt von einer 9. Klasse, findet man unter der Adresse *http://www.wis.uni-bremen.de/wis/fup/projekte/Vindunum/roman.start.html*, ein Baumschema unter *http://www.wis.uni-bremen.de/wis/fup/projekte/Vindunum/Baumschema.html*.
[3] Zahlreiche weiterführende Internet-Adressen – zu *Raymond Queneau*, zu kreativen Schreibformen mit Oulipo und zu (Schüler-)Beispielen in Form von Baumromanen – finden sich als direkt anwählbare Links in der Rubrik „Aktuell" auf den Internetseiten der Praxis Schule 5–10 unter *http://www.praxisschule.de/*.
[4] Vgl. *http://www.wis.uni-bremen.de/wis/fup/faecher/französisch/mode/start.mode.html/*
[5] Vgl. auch den daraus entstandenen Liebesroman einer 10. Klasse unter *http://www.lis.uni-bremen.de/wis/fup/projekte/frz/amour/index.html.*
[6] Siehe unter *http://www.schule.bremen.de/schulen/rockwinkel/franz/internet/inhalt.htm.*
[7] Vgl. *Münchow, S.*, 1998
[8] Vgl. beispielweise *Plieninger, M.*: Was ist „hyper" an Texten? In: Praxis Schule 5–10, H. 5/2000, S. 10 ff.
[9] Siehe unter *http://www.wis.uni-bremen.de/wis/fup/projekte/Vindunum/roman.start.html*

Literatur

Bertocchini, P./Costanzo, E.: Productions écrites. Le mot, la phrase, le texte. Hachette, Paris 1987
Janz, J./Münchow, S./Piontek, R.: Kreativität und Lebensweltorientierung im Fremdsprachenunterricht. Projekt 16, Reihe: wissenschaftliche Schulbegleitforschung. Bremen 2000
Debyser, F.: L'immeuble, Hachette, BELC, Paris 1990
Münchow, S.: CD-ROM Machines à écrire. In: Fremdsprachlicher Unterricht Französisch, H. 48/2000, S. 48 ff.
Münchow, S.: Une clé à molette à casser la tête ou: 15 façons de faire une histoire. In: Der fremdsprachliche Unterricht Französisch, H. 4/1998, S. 27–42.
Münchow, S.: CD-ROMs für den Französischunterricht. In: CD-ROM im Fremdsprachenunterricht. Stuttgart 2001, S. 51.
Oulipo, Atlas de littérature potentielle. Paris, Gallimard, coll. „Idées/Gallimard" n°439, 1981
Oulipo, La littérature potentielle. Paris, Gallimard, coll. „Idées/Gallimard" n°289, 1973
Yaiche, F.: Photo-Expression, CIEP, 1990

Einen Liebesroman schreiben (1)

Heute sollt ihr zu zweit einen kitschigen oder wahren oder schönen/schrecklichen Liebesroman schreiben und zwar in Fortsetzungen. Der Roman hat acht Kapitel.
Zu zweit schreibt ihr – unabhängig von den anderen – eure Kapitel.
Versucht so realistisch wie möglich zu sein, damit die Kapitel nicht zu weit auseinander klaffen und das Zusammenbauen anschließend nicht zu schwierig wird.

Die Vorgaben zum Schreiben
Zunächst einigt sich die gesamte Gruppe auf zwei Personen aus einem Bereich, den ihr alle gut kennt (z. B. euer Lehrbuch, eure Schule, eine bestimmte Fernsehsendung o. Ä.). Folgende Situation ist nun eingetreten: Zwei Personen haben sich verliebt.

1. Schreibt den Namen und Vornamen der beiden Personen an die Tafel.
2. Sammelt alle Informationen, die ihr über die Personen bekommen könnt (Geburtsort, Wohnadresse, Alter usw.).
3. Einigt euch auf bestimmte Charakterzüge (positive und negative), die äußerliche Erscheinung (Haar-/Augenfarbe, Gesichtsform usw.).
4. Schreibt alles auf Karteikarten, damit ihr eine einheitliche Vorstellung von den beiden Hauptpersonen habt.

Mit diesen Basisinformationen muss jede Gruppe arbeiten, damit ein einheitlicher Roman entsteht.

Das Abfassen der Texte
Wenn ihr eure Kapitel schreibt, sollt ihr verschiedene Erzählweisen bzw. Texttypen benutzen. Dort, wo keine Erzählperspektive angegeben ist, könnt ihr euch aussuchen, in welcher Person ihr schreiben wollt. Baut in eure Texte (fast) authentische Materialien ein wie z. B. ein Telegramm, einen kurzen Brief, eine Zeitungsnachricht, eine kurze Zettelnotiz oder Ähnliches. (Auch der grafischen Gestaltung steht nichts im Wege, wenn ihr z. B. den Zettel so hinkritzelt, wie er hätte aussehen können, ein Telegrammformular benutzt usw.!)
Wenn alle Kapitel geschrieben sind, werden sie über Entscheidungsfragen, die sich auf das jeweils folgende Kapitel beziehen, miteinander verknüpft.

Die verschiedenen Kapitel

1. Kapitel: Das erste Treffen und schon verliebt	1. In der Ich-Form (Mann? Frau?) schreiben und 2. einen Liebesbrief beifügen, in dem alle Worte mit dem ersten Buchstaben des Vornamens (evtl. auch Spitz- oder Kosename) des Empfängers beginnen (z. B.: Süße Susi, sei so sanft ...). Der Brief kann auch in Form eines „Calligramme" geschrieben sein.
2. Kapitel: Aus Verliebtheit wird Liebe	1. Erzählperspektive aus der Sicht eines Gegenstandes: Was fühlt, riecht, empfindet, sieht er? Beispiele findet ihr unter dieser Web-Adresse: *http://www.wis.uni-bremen.de/wis/fup/projekte/decouvrir/start.html* bzw. auf dem Arbeitsblatt „Einen Liebesroman schreiben (2)". 2. Sucht euch einen Gegenstand im Internet, ladet ihn herunter (oder fotografiert/malt ihn) und baut ihn in euren Text ein.
3. Kapitel: Die Liebe ist stärker als alle Hindernisse und Gegner (Geld – Arbeitsplatz – Bürokratie – falsche Freunde – Eltern – Familien – Neider – Eifersüchtige usw.)	1. Erzählperspektive: 3. Person 2. Einer der beiden Liebenden schreibt einen Brief an einen Gegenstand/ein Tier oder an ein Naturphänomen (Sonne, Mond, Erde, Himmel, Meer, Feuer, Sterne, Wolken, Wellen o. Ä.) mit der dringenden Bitte um die Erfüllung eines Wunsches. Sucht euch den Gegenstand im Netz und ladet ihn herunter oder fotografiert/malt ihn.
4. Kapitel: Die Liebe trägt den Sieg davon	1. Erzählperspektive: 3. Person 2. Eventuell ein Telegramm einbauen und weitere Materialien im Internet suchen. 3. Anregungen für Liebesbriefe findet man unter dieser Adresse: *http://www.love-letter.de*.
5. Kapitel: Die Liebe wird zur Gewohnheit	1. Leserbrief an eine Zeitschrift wie „Bild der Frau" o. Ä. mit der Bitte um Stellungnahme (bitte beide Briefe – Anfrage und Antwort – schreiben). Der Antwortbrief soll in Form eines Rezeptes geschrieben sein. Aus dem Netz ein Logo einer Zeitung herunterladen und mit diesem Briefkopf die Leserbrief-Antwort schreiben.
6. Kapitel: Die Liebe wird Opfer der Hindernisse, der Umstände und fällt den Gegnern zum Opfer	1. Eine Freundin/ein Freund erzählt dieses Kapitel. 2. U.a. spielten ein anonymer Brief eine große Rolle (bitte beilegen) und eine Postkarte mit einer entsprechenden Vorderseite. Postkarten gibt es im Internet!
7. Kapitel: Die Liebe nimmt ab, kommt abhanden, stirbt langsam	1. Der Mann/die Frau telefoniert und gibt das Gespräch in der Ich-Form, d. h. in der indirekten Rede wieder.
8. Kapitel: Die Trennung	1. Schreibt den Tagebucheintrag des Mannes/der Frau. Zahlreiche Beispiele dafür, wie (und was) man (in) ein Tagebuch schreiben kann, findet ihr im Internet in einem „Cybertagebuch": *http://www.koblenz.de/Kultur/tagebuch/alle.htm*.

Einen Liebesroman schreiben (2)

Faites parler un objet ...

Dans le vieux Mans on a trouvé les objets suivants:

- de l'eau – des pierres – des bouts de papiers – une ceinture en tissu, des feuilles – et encore d'autres objets ...
- Imaginez à qui ces objets ont appartenu.
- Pourquoi et comment est-ce qu'ils sont arrivés à cette personne?

Rapport:
personne-objet: aimer, détester, avoir besoin de l'objet, avoir envie de, préférer

La personne:
nom, prénom, âge, métier, adresse, dans quelle sorte de maison/appartement habite-t-elle, quel étage, rapport de la personne à cet objet

L'objet:
description de l'objet, couleur, quantité, taille, caractéristique

Exemple 1[1]

J'étais une ceinture d'une robe et c'était agréable. On m'a mise avec d'autres vêtements dans une poubelle. C'était très sombre, mais quand même ce n'était pas mal. Quelques enfants ont mis leurs têtes dans la poubelle et ont pris quelques vêtements. Bientôt ils m'ont prise et m'ont attaché avec une épingle. Cela m'a fait très mal. Je ne sais pas s'ils n'ont plus voulu de moi ou s'ils se sont perdus mais tout à coup j'ai été jetée dans la rue. J'ai dû supporter le beau et le mauvais temps. Sur moi il y avait un vélo. J'avais très peur, parce que si le propriétaire revenait, il m'aurait écrasée avec ses grandes chaussures, le propriétaire. Mais celui qui m'a trouvée finalement c'était un vieil homme bien pauvre qui est arrivé et qui m'a mis autour de son ventre pour retenir son pantalon.

(Monika, Klasse 9)

Exemple 2[2]

[1] http://www.wis.uni-bremen.de/wis/fup/projekte/Vindunum/p.5.html
[2] http://www.wis.uni-bremen.de/wis/fup/projekte/frz/seite/liebe/1/1.2htm

XI. Differenzieren durch Projektarbeit

Naturwissenschaftliche Interessen über Projektarbeit initiieren

Renate Bendrien[1]

Es zeigt sich, dass das Interesse von Schülerinnen und Schülern an naturwissenschaftlichen Themen und Zusammenhängen wächst, wenn sie sich selbst als „Forscher" betätigen können.

Foto: Wolfgang Gortzewitz

Vielen Themen in den Naturwissenschaften begegnen die Schülerinnen und Schüler mit Skepsis und Vorbehalten. Können sie allerdings in Projekten ihrer eigenen Forschertätigkeit nachgehen, wachsen das Interesse und die Motivation.

Wenn wir uns also Gedanken darüber machen, wie wir die naturwissenschaftlichen Interessen unserer Schülerinnen und Schüler fördern können, dann gibt es hierfür keinen Königsweg, aber ich möchte doch zusammentragen, mit welchen Methoden wir dabei an unserer Schule, der Reformschule in Kassel, arbeiten, auf welche Probleme wir stoßen und wie wir damit umgehen. Dabei beziehe ich mich vorwiegend auf Erfahrungen in den Jahrgängen 6, 7 und 8 der Sekundarstufe I.

Übers Jahr verteilt arbeiten die Schülerinnen und Schüler altersgemischt an fünf bis sechs Projekten. Um das Interesse an den Naturwissenschaften zu fördern, ist eines dieser Projekte ein naturwissenschaftliches Gruppenprojekt. Und da bei diesen Projekten auch experimentiert wird, werden sie zurzeit von zwei Lehrern gemeinsam unterrichtet, wovon mindestens eine(r) eine Fachfrau oder ein Fachmann ist.

Welche Voreinstellungen und Vorerfahrungen bringen die Schüler mit?

Sehr unterschiedliche! Die einen bringen viel Vorwissen mit, das sie zum Beispiel durch Fernsehsendungen („Die Sendung mit der Maus" u. Ä.) erworben haben, andere bringen Halbwissen und Fantasien mit, wie sie oft in Science-fiction-Filmen vermittelt werden. Andere bringen einfach ihre Alltagserfahrungen mit, einige haben auch schon viele technische Gegenstände gebaut, manche sogar recht komplizierte (z. B. mit „Lego-Technik" und anderen Spielmaterialien), und manche haben bereits mit Experimentierkästen gearbeitet. Dass Schüler auf eigene Faust Versuche in der Natur machen, ist heute eher die Ausnahme, zumindest bei Stadtkindern. Über eigene Erfahrungen mit Tieren verfügen aber eigentlich alle. Und sie bringen Erfahrungen aus dem Sachunterricht der Grundschule mit.

Ihre Einstellungen naturwissenschaftlichen Projekten gegenüber reichen von Neugier bis Ablehnung oder Desinteresse. Oft erwarten sie Sensationen: Es muss stinken, dampfen und krachen wie im Fernsehen. Interesse daran, zu ergründen, warum etwas wie funktioniert, hat nur eine Minderheit der Schüler.

Ich möchte nun anhand von zwei unterschiedlich strukturierten Projekten aufzeigen, wie wir versucht haben, die Schüler bei der Entwicklung ihrer naturwissenschaftlichen Interessen anzuregen und zu unterstützen. Dabei lege ich bei dem Projekt aus der Physik, „Elektrostatik", ein Schwergewicht auf die Motivationsphase und die Arbeitsorganisation und bei dem Projekt aus der Biologie, „Der Körper des Menschen“, auf die Arbeitsprozesse in den einzelnen Gruppen.[2]

Das Projekt „Physik: Elektrostatik“

Einstieg

Das Projektthema war vom Lehrer vorgegeben. In der Einstiegsphase versuchte er, die Schüler auf zweierlei Weise zu motivieren: durch gemeinsames praktisches Tun und durch einen Film.

- Gleich zu Anfang wurden die Schüler aufgefordert, einen Radiergummi und einen Zahnstocher als Versuchsmaterial sowie außerdem einen Schuhkarton als persönliche Experimentierkiste zur Aufbewahrung ihrer Versuchsmaterialien von zu Hause mitzubringen. In dieser Anfangsphase führten alle denselben Versuch durch: „Wie man einen Zauberstab herstellt“ (vgl. dazu die ***Kopiervorlage*** auf Seite 204), der sie auf das Thema neugierig machen sollte und anhand dessen einige grundlegende Experimentierregeln besprochen wurden. Der Versuch war so ausgewählt worden, dass er bei allen klappte – aber die Schüler konnten ihn noch nicht erklären. Einige fingen an, erste Theorien zu entwickeln, warum sich der selbst gebaute Stern drehte, nachdem der Fineliner am T-Shirt gerieben worden war und in seine Nähe gehalten wurde, andere hörten erstaunt zu und der Lehrer gab einige notwendige und grundlegende Erklärungen zum Thema: Alle Stoffe bestehen aus positiven und negativen Ladungen, aus Atomkern und Hülle, und durch das Reiben werden positive und negative Ladungen voneinander getrennt und ziehen sich dann gegenseitig an.
- Als weiteren Motivationsschub sahen die Schüler den Spielfilm „Der junge Tom Edison“ von *Norman Taurog*. Hier geht es darum, dass ein Junge in seiner Freizeit auf eigene Faust naturwissenschaftlich experimentiert, seine Umwelt genau beobachtet und sich die Versuche teilweise selbst ausdenkt. Dabei findet er nur bei einem älteren Freund, bei seiner kleinen Schwester und bei seiner Mutter Unterstützung, nicht aber bei seinem Vater und den anderen Leuten im Dorf. Am Ende des Films können die beiden Kinder aufgrund ihrer Experimente sogar ein Zugunglück im vorderen Westen der USA verhindern. – Obwohl der Film um die Jahrhundertwende spielt, wirkte er auf die Schüler doppelt motivierend: Das Forschen des Jungen war in eine spannende Handlung eingebettet und er wurde am Ende von allen Seiten – auch von seinem Vater – in seinem Tun anerkannt.

Hauptprojektphase

Die Schüler hatten Lust bekommen, sich selbst als Forscher zu betätigen. Das wurde ihre Aufgabe in der nächsten Projektphase: Sie sollten, jeweils zu zweit, weitere vorgegebene Versuche zur Elektrostatik (vgl. dazu nochmals die ***Kopiervorlage*** auf Seite 204 und die ***Kopiervorlagen*** auf den Seiten 205 und 206) nachbauen und ausprobieren, eventuell abwandeln, beobachten, was passiert, und eine Erklärung dafür finden. Sie sollten dann eine für andere Schüler verständliche Versuchsanleitung aufschreiben und ihren Versuchsaufbau fotografieren.

Materialsuche und Identifikation mit dem Lerngegenstand

Das Versuchsmaterial sollten die Schüler so weit wie möglich selbst organisieren; der Lehrer gab dabei, wenn nötig, Tipps, half aber nur im Notfall aus. Beispiele: Die Schüler brachten selbst Fellstückchen und Luftballons mit. Eine Glasplatte, einen Glas- und einen Gummistab erhielten sie aus der Physiksammlung. Eine Gummiplatte, so wurde überlegt, kann man aus einem Autoreifen ausschneiden; also besorgten sie einen an einer Tankstelle. Eine Leuchtstoffröhre brachte der Lehrer mit, ebenso die nötigen Kabel. Marmeladengläser zum Isolieren bzw. Styroporwürfel besorgten die Schüler. Der Bandgenerator wurde aus der Physiksammlung geholt. – Durch die eigene Materialsuche übernahmen die Schüler mehr Verantwortung für ihren Versuch, als wenn der Lehrer alles Material einfach bereitgestellt hätte, und sie hatten mehr Spielraum bei der Gestaltung ihres Versuchsaufbaus. Auch dadurch wurde eine größere Identifikation mit ihrem Lerngegenstand erreicht als sonst.

Schwierigkeitsgrad der Experimente

Die Versuche waren im Schwierigkeitsgrad unterschiedlich. Bei der Verteilung auf die Schülergruppen achtete der Lehrer darauf, dass die einzelnen Schüler nicht überfordert wurden – daher ließ er teils freie Wahl zu, teils empfahl er den Schülern aber auch gezielt bestimmte Versuche. So arbeiteten sie auf unterschiedlichen Niveaus nebeneinander: Die einen rieben Luftballons und Overheadfolien mit Seide,

Hinweise zu einigen Versuchen auf den Kopiervorlagen der Seiten 204 bis 206

- *Versuch 5:* Das Papier beginnt zu „hüpfen“: Durch die induzierte Ladung auf dem Glas wird das Papier angezogen. Wenn die Ladung wieder verloren geht, fällt das Papier zurück.

- *Versuch 7:* Das Flugzeug springt an den Stab und erhält die gleiche Ladung wie der Stab. Dann springt es wieder weg. Die Flugrichtung kann durch Abstoßung geführt werden.

- *Versuch 10:* Das Kügelchen wird zuerst angezogen und dann abgestoßen.

- *Versuch 11:* Das Kügelchen sollte (bei dem ersten Versuch) zuerst angezogen und dann abgestoßen werden.

Versuch 13: Wenn ein geladener Körper in die Nähe des freien Drahtendes gebracht wird, streben die Seiten des Papiers auseinander, weil sie die gleiche Ladung haben.

Wolle und anderen Materialien und untersuchten, ob sie an der Wand oder der Decke hängen blieben oder Haare zum Spreizen bringen konnten, die anderen bauten selbst Messinstrumente, wieder andere entluden eine Leuchtstoffröhre nach dem Reiben mit Baumwolle über ein Elektrokabel an der Heizung usw.

Das Ziel: Physik zu erleben

Für die einen war die wiederholende Beschäftigung mit demselben Thema wichtig – sie machten immer wieder neu dieselbe Erfahrung, eigneten sie sich so an und suchten schließlich nach Erklärungen, die sie mit dem Lehrer besprachen. Die anderen führten ihren Versuch nur ein- oder zweimal durch und wollten ihn dann gleich abwandeln oder erweitern. Für die dritten war bei der Konstruktion eines physikalischen Gerätes die damit verbundene Lösung technischer Probleme das Wichtigste. Hierbei stand der Lehrer oft helfend zur Seite.

Problem Luftfeuchtigkeit

Dass viele Elektrostatikversuche bei hoher Luftfeuchtigkeit nicht gelingen können, wurde als Lernschritt genutzt und erklärt, und es war gut, dass es während der Projektzeit wenigstens einen ganz trockenen Tag gab, an dem alle Versuche klappten – sonst hätte die Motivation sicher nachgelassen.

Präsentation

Am Ende des Projekts präsentierten die Schüler ihre Versuche an verschiedenen Stationen: Die selbst geschriebenen Versuchsanleitungen waren fertig, die Mitschüler konnten alles ausprobieren, „die Experten“ konnten sie animieren und ihnen Rede und Antwort stehen. Je ansprechender der Versuch war, desto positivere Rückmeldungen erhielten die Schüler. In einem zweiten und dritten Durchgang luden sie auch Schüler anderer Gruppen zum Experimentieren ein, was bei allen auf positive Resonanz stieß.

Das Projekt „Biologie: Der Körper des Menschen“

Auch dieses Projekt war von den Lehrerinnen nach fachlichen Gesichtspunkten ausgewählt worden, es stieß aber bei einem Teil der Schüler zunächst auf Skepsis. Zur Motivation wählten wir wiederum einen handlungsorientierten Einstieg, dieses Mal eine Stationenarbeit: Die Schüler konnten einen menschlichen Torso auseinander nehmen und wieder zusammensetzen, den Verdauungsvorgang des Menschen mithilfe von Legekarten nachvollziehen, einen Wundverband anlegen, Blutdruck und Puls sowie die Anzahl der eigenen Atemzüge pro Minute messen.

Vorgaben für die Projektarbeit und die Gruppenwahl

Danach besprachen wir die Vorgaben für dieses Projekt: Die Schüler sollten sich vorzugsweise in Dreiergruppen zusammenfinden – auf diese Weise wollten wir die Anzahl der Gruppen und Themen überschaubar halten und die Kommunikation untereinander anregen – und sich dann ein Organ oder Thema des Körpers auswählen. Dazu erhielten sie die folgenden Arbeitsaufträge:

- das gewählte Organ in seiner Funktionsweise zu beschreiben,
- einen (oder mehrere) Versuch(e), die in Bezug zu ihrem Thema stehen, herauszufinden und durchzuführen oder – alternativ – ein Modell dazu zu bauen,
- eine das Organ betreffende Krankheit und ihre Heilungschancen zu beschreiben (dazu konnten Interviews mit betroffenen Personen oder Ärzten durchgeführt werden).

Die Projektarbeit sollte in einer Mappe dokumentiert werden. Während der Gruppenarbeit sollten sie zwei bis drei Fachgespräche mit dem Lehrer über den Stand und Fortgang ihrer Arbeit führen und fachliche Fragen klären. Das war auch nötig für das Verstehen der teilweise komplizierten naturwissenschaftlichen Zusammenhänge und die Planung und Auswahl von Experimenten. Am Ende sollten die wichtigsten Ergebnisse der Gesamtgruppe vorgetragen und vorgeführt werden.

Materialsuche und Umgang damit

Erst nach der Formulierung eigener Fragen zu ihrem Thema begannen die Schüler mit der Materialsuche. Neben den gängigen Schulbüchern stellten wir ihnen Bildbände zum Körper des Menschen und eine CD-ROM zur Verfügung. Außerdem besorgten sie sich selbstständig Spezialliteratur aus der Bibliothek und einige suchten auch im Internet nach Informationen.

Arbeitsprozesse

- Die Schülergruppe, die über *„Diabetes und die Bauchspeicheldrüse“* arbeitete, führte gleich zu Anfang zwei Interviews durch um in ihr Thema hineinzukommen: eines mit einem betroffenen Mitschüler und eines mit einem Arzt.
- Die *„Herz“*-Gruppe setzte sich zunächst mit der Funktionsweise des Herzens auseinander, las in einem Spezialbuch über den Herzinfarkt und besuchte dann die Arztpraxis eines Herzspezialisten. Von diesem Besuch kamen die Schüler hoch motiviert zurück: Sie hatten beim Anlegen eines EKGs helfen dürfen und es wurde auch bei ihnen selbst eins durchgeführt, sie hatten etwas über Herzoperationen und die Bedeutung der Herzkranzgefäße erfahren und sie durften sich für ihren Vortrag noch das in der Praxis vorhandene große Herzmodell ausleihen. Hier fand durch das Engagement des Arztes eine geglückte Verbindung zwischen eigenen Studien der Schüler und der Berufswelt statt.
- Die Gruppe *„Viren und Bakterien“* züchtete voller Eifer Bakterien (und Pilze) auf Nährböden, die zum Teil selbst hergestellt und zum Teil von der Universität Kassel bereitgestellt wurden, und sah sie sich unter dem Mikroskop an. Allerdings blieb die Auswertung etwas unbefriedigend, denn wir fanden keine geeignete Literatur und das demotivierte die Schüler etwas. Trotzdem arbeiteten sie intensiv theoretisch, und eine Schülerin weitete ihr Thema noch aus und beschäftigte sich mit verschiedenen Formen der Hepatitis und der Funktion der Leber.
- Die Fachgespräche in der Gruppe *„Das Nervensystem“* zeigten, dass die Schüler durch zu unübersichtliches und schwieriges Material überfordert gewesen waren, noch nichts zu Wege gebracht hatten und sich außerdem unter ihrem Thema etwas anderes vorgestellt hatten. Auf den Vorschlag der Lehrerin, sich mit einem weniger abstrakten Thema zu beschäftigen, gingen sie aufgrund dieser vorangegangenen Erfahrung gern ein und wählten das Thema *„Knochenaufbau und Skelett“* aus. Die Arbeit mit dem Menschenskelett, das die Schule besitzt, reizte sie, und sie arbeiteten jetzt voller Elan, untersuchten auch verschiedene Modelle der Wirbelsäule, konnten im Fachgespräch den Knochenaufbau gut erklären und überlegten sich eine kleine Aktion für ihre Präsentation.

• In der Jungengruppe *„Lunge und Atmung"* arbeitete ein Junge chinesischer Abstammung mit – seine Frage war: „Was haben sich die Leute früher in China und in Europa vorgestellt, was beim Atmen passiert?" Die beiden anderen Jungen aus seiner Gruppe reizte das Experimentieren: Ganz engagiert bauten sie ein Lungenmodell und organisierten sich selbst die Materialien: Eine große Plastikwasserflasche und Luftballons waren kein Problem, eher schon ein 3-Wege-Hahn, der als Verbindungsstück zwischen Luftröhre und den beiden Lungenflügeln dienen sollte; ihn konnten sie dann in einem Haushaltswarengeschäft erstehen. Sie waren stolz, als ihr Modell funktionierte.
• Zwei Mädchen des Jahrgangs 8 arbeiteten am Thema *„Immunsystem"* eigenständig, entlang ihrer eigenen Interessen und Fragen, mit viel Literatur und einer großen Themenvielfalt; u. a. setzten sie Schwerpunkte bei der Auseinandersetzung mit Aids und gingen der Frage nach, wie man das Immunsystem stärken kann.
• Auch die Mädchengruppe *„Blutkreislauf"* arbeitete die ganze Zeit über sehr selbstständig und intensiv und kooperierte zeitweise mit der „Herz"-Gruppe. Über die übliche Beschreibung des Blutkreislaufes hinaus und die Konstruktion eines einfachen Venenklappenmodells hinaus kamen sie so weit, dass sie erklären konnten, warum sich die Blutbahnen zu Kapillaren verzweigen: um in den Darmkapillaren die Nährstoffe aufzunehmen, um in den Kapillaren der Muskeln den Sauerstoff zu Kohlendioxid zu „verbrennen" und so Bewegungs- und Wärmeenergie für unseren Körper bereitzustellen.
• Die beiden behinderten Mädchen der Gruppe (Downsyndrom) waren in die Projektarbeit gut mit eingebunden und arbeiteten gemeinsam mit ihrer Integrationslehrerin voller Interesse am Thema *„Schwangerschaft und Geburt"*.

Selbstreflexion durch die Schüler

Nur teilweise beliebt sind bei unseren Schülern Projekttagebücher, in die sie – möglichst einmal pro Woche – kurze Aufzeichnungen über den Verlauf ihrer Arbeit eintragen. Eine andere Möglichkeit bietet die „Projekttreppe" (vgl. dazu die ***Kopiervorlage*** auf Seite 207). Sie erinnert die Schüler an verschiedene Arbeitsschritte während ihrer Projektarbeit, die sie dann abhaken können. Auch hier wird ihnen klar, wie weit sie gekommen sind und welche Arbeiten noch vor ihnen liegen. Sie müssen allerdings immer wieder daran erinnert werden.

Das Interesse wächst mit der eigenen Forschertätigkeit

In beiden Projekten erwies sich das Maß an Vorgaben und an Freiraum für die Schüler als ausgewogen und gut. Es ermöglichte ihnen, eigene Interessen zu entwickeln, und die meisten Schüler arbeiteten über weite Strecken intensiv. Besonders beim arbeitsteiligen Experimentieren in einer kleinen Gruppe fiel auf, dass die Schüler dies meist mit großem Interesse taten. Sie fühlten sich dann offenbar ein wenig wie Forscher, die etwas Einmaliges tun, und allein schon das war spannend für sie. Jetzt stellten sie sich wirklich die Fragen: „Was passiert hier? Finden wir heraus, was da aufgeschrieben wurde?" Und: „Können wir den anderen erklären, was da passiert?" Bei dieser Arbeitsweise tritt das Konkurrenzdenken zurück; es gibt niemanden, der schneller ist oder gleich eine Erklärung parat hat, nein, sie selbst müssen sie finden und sich notfalls Hilfe holen. Auf diese Weise erhält ihr Tun eine Einmaligkeit und einen besonderen Wert.

In diesem Sinne betrachten wir auch die Präsentation als unverzichtbaren Teil der Projektarbeit, weil sie das Selbstvertrauen der Schüler stärkt, sie Verantwortungsgefühl entwickeln lässt und den Ausbau ihrer Kommunikationsfähigkeit fördert. In unserer Arbeit hat sich folgende Vorgehensweise bei der Präsentation bewährt:
• Wir fordern die Schüler vorher auf: Bereitet eure Präsentation entsprechend vor! Nehmt euch auch dafür Zeit! Findet, wenn möglich, ausgefallene Präsentationsformen! Umso besser wird euer Ergebnis ankommen!
• Nach der Präsentation geben als Erstes die Mitschüler ihre Rückmeldungen. Dabei gilt die Regel: Es darf nicht nur kritisiert werden, auch Positives muss hervorgehoben werden. Dinge zu benennen wie „Was ist gut gelungen? Habe ich alles verstanden oder noch offene Fragen?" und „Was könnte beim nächsten Mal eventuell verbessert werden?" schärfen das Urteilsvermögen der Mitschüler und erhöhen ihre Konzentration, da sich jeder in der Klasse dieser Prozedur stellen muss und sie ernst nimmt. Bei der abschließenden Einschätzung durch die Lehrkraft sollte insbesondere herausgestellt werden, was gut gelungen ist und woran noch gearbeitet werden muss. Bei den Schülern, mit denen wir so arbeiten, wächst das Interesse an naturwissenschaftlichen Projekten; es gibt inzwischen mehr Schüler, die auch freie Projekte mit naturwissenschaftlichen Inhalten wählen, und das ist ja ein Gradmesser für Beliebtheit.[3] Wichtig ist jedoch nicht allein, *was* wir in den Naturwissenschaften erforschen, sondern *wie* wir damit umgehen – Fragen, die auch bei Schülern auf Interesse stoßen! ■

[1]Unter Mitarbeit von *Wolfgang Gortzewitz* und *Berit von Carlowitz*.
[2]Darüber hinaus möchte ich auf das fächerübergreifende Projekt „Das Leben auf der Erde" hinweisen, das *Margret Wittern* in dem Buch „Was versuchen Versuchsschulen?" beschrieben hat. Dieses Projekt zeichnet sich u. a. dadurch aus, dass auch der Themenfindungsprozess gemeinsam mit den Schülern erfolgte.
[3]Sehr bedenkenswert und weiterführend für naturwissenschaftliche Projekte halte ich den Ansatz, der dem inzwischen abgeschlossene BLK-Modellversuch PING (= Praxis integrierter naturwissenschaftlicher Grundbildung) zugrunde liegt und sich im In- und Ausland etabliert: Die Natur wird nicht losgelöst vom Menschen erforscht, sondern das Natur-Mensch-Verhältnis wird in den naturwissenschaftlichen Unterricht einbezogen. Altersgemäß werden folgende Fragestellungen in den dort entwickelten und erprobten Materialien verfolgt – im 5./6. Jahrgang: „Wie erlebe ich die Natur?", im 7./8. Jahrgang: „Wie begegne ich der Natur?" und im 9./10. Jahrgang: „Wie gestaltet der Mensch die Natur?".
Die Materialien sind zu beziehen über Uwe Amthor, Olshausenstraße 62, 24098 Kiel, und einzusehen auf der Homepage *http://ping.lernnetz-sh.de*.

Literatur

Benner, K. U.: Der Körper des Menschen. Augsburg 1995
Koechlin, C./Zwaan, S.: Informationen beschaffen, bewerten, benutzen. Mülheim/Ruhr 1998
Parker, S.: Spannendes Wissen über den menschlichen Körper. München 1994
Röhner, Ch./Skischus, G./Thies, W.: Was versuchen Versuchsschulen? Hohengehren 1998
Smith, T.: Der menschliche Körper, Aufbau, Funktion, Störungen. Ein Bildatlas. Augsburg 1997

Versuche zur Elektrostatik (1)

Versuch 1: Wie man einen Zauberstab herstellt

Du brauchst einen Fineliner oder Strohhalm, einen Zahnstocher, einen Radiergummi, eine Schere und ein quadratisches Stück dünnes Papier (etwa 10 x 10 cm).

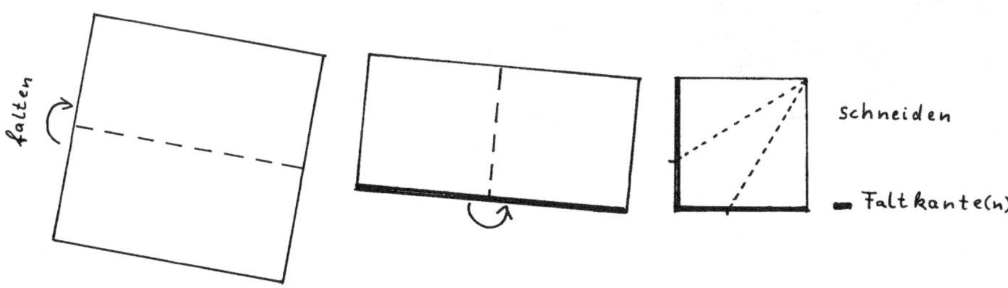

Falte das Papier so, dass du vier gleich große Quadrate erhältst.
Zeichne die beiden gestrichelten Linien wie im *Bild* ein und schneide an ihnen entlang, sodass sich ein Stern ergibt.
Stecke den Zahnstocher in den Radiergummi und lege den Mittelpunkt des Sterns auf die freie Spitze des Zahnstochers.
Reibe den Fineliner oder Strohhalm an einem Kleidungsstück aus Wolle oder deiner Kleidung und bewege ihn kreisförmig über den Stern ohne ihn zu berühren.

Versuch 2:
Elektrizität kann entstehen, wenn man Dinge aneinander reibt

Erzeuge einen Haufen fein zerteilten Korks, indem du einen Korken mit der Feile bearbeitest. Zerschneide dünnes Papier in kleinste Stücke.
Beschaffe einen Kunststoffkamm, einen Kunststoffstift, ein Stück Wachs, einen Luftballon, ein Glas oder ein Porzellanschälchen und irgendwelche nicht metallischen Dinge, die du findest.
Reibe jedes dieser Dinge flott an deinem Haar oder einem Stück Fell und bringe es in die Nähe des Haufens mit den dünnen Papierschnipseln.
Beobachte, was passiert.
Wiederhole das Experiment, indem du jeden Gegenstand abwechselnd an einem Stück Seide reibst. Wiederhole das Experiment, indem du ein Stück Baumwolle benutzt.

Versuch 3:
Statische Elektrizität ist überall

Reibe einen aufgeblasenen Luftballon an deinen Haaren und bringe ihn in die Nähe der feinen Papier- oder Korkpartikel.

Reibe einen Fineliner an deinem Hemdärmel und überprüfe, ob er statisch aufgeladen ist.

Halte zwei Zeitungsstreifen zusammen (etwa 5 cm breit und 30 cm lang). Streiche sie der Länge nach zwischen Daumen und Zeigefinger deiner freien Hand.

Was passiert jeweils?
Versuche dir andere Experimente auszudenken, die zeigen, dass überall statische Elektrizität ist.

Versuch 4:
Statische Elektrizität erzeugt Licht

Beschaffe dir eine Leuchtstoffröhre. Reibe sie flott mit einem Stück Baumwolle oder Fell in einem verdunkelten Raum. Verbinde sie an einer Seite über ein Experimentierkabel und Krokodilklemmen mit einem Heizkörper.

Was beobachtest du?

Versuch 5:
Was muss man tun, damit Papier hüpft?

Platziere ein Stück Papier zwischen zwei Bücher und lege eine Glasscheibe obenauf.
Reibe das Glas mit Seide oder Baumwolle.
Was geschieht?

Das Papier kann auch in der Form eines Frosches geschnitten werden.

Versuche zur Elektrostatik (2)

Versuch 6:
Statische Elektrizität lässt Puppen tanzen

Besorge dir einen Suppenteller aus Aluminium (ca. 2,5 cm tief) und eine Glasscheibe um ihn vollständig zu bedecken.
Schneide einige kleine Puppenfiguren aus dünnem Seidenpapier aus (siehe *Bild*).

Du kannst ebenso gut andere Figuren ausschneiden, z. B. Boxer.
Die Figuren sollten etwas kürzer sein als die Tiefe des Tellers.

Lege die Figuren in den Teller und bedecke ihn mit der Glasscheibe.

Reibe die Oberfläche der Glasscheibe mit einem Stück Fell oder weichem Leder und betrachte den Tanz der Figuren.

Versuch 7:
Ein elektrostatisches Flugzeug

- Schneide aus einem Stück Aluminiumfolie die Form eines kleinen Flugzeuges aus.
Bringe einen geladenen Ebenholz- oder Kunststoffstab in die Nähe des Flugzeuges.

Was passiert?

- Versuche auch, das Flugzeug in der Luft zu halten und es in verschiedene Richtungen zu führen.

Versuch 8:
Funken durch Reibung

- Nimm vier Wassergläser und stell sie umgekehrt dicht zusammen auf den Fußboden. Sie sollten in der Nähe einer Wasserleitung oder eines Heizkörpers stehen. Bitte jemanden, sich auf die Gläser zu stellen (ein Fuß auf jeweils zwei Gläser). Reibe seine Kleidung eine längere Zeit mit einem Stück Fell oder einem gefalteten Fahrradschlauch oder einer Wärmflasche. Lass ihn seinen Finger ausstrecken, zu jemandem, der auf dem Boden steht.
- Wiederhole das Reiben und lass seinen Finger in die Nähe der Wasserleitung oder der Heizung kommen.

Beobachte, was jeweils passiert.

Versuch 9:
Die Zeitung an der Wand

Breite eine Zeitungsseite an einer Wand aus und streiche sie glatt.
Reibe die Zeitung mit einem Bleistift ein paarmal über die ganze Fläche.
Zieh eine Ecke der Zeitung von der Wand und lass sie wieder gehen.
Beobachte, wie die Ecke wieder von der Wand angezogen wird.

Wenn die Luft sehr trocken ist, dann kann man das Knistern der statischen Ladung hören.

Versuch 10:
Wie man ein Mark-Kugel-Messgerät für statische Ladungen baut

Nimm ein wenig Mark aus dem Inneren eines Pflanzenstengels (Holunder).
Trockne das Mark gründlich und forme daraus einige Kügelchen von ca. 5 mm Durchmesser. Bemale die Kügelchen mit Gold- oder Silberfarbe.
Befestige an jedem Kügelchen einen Seidenfaden von ca. 15 cm Länge.
Konstruiere einen Holzständer für das Markkügelchen.
Bringe Gegenstände in die Näge des Kügelchens, die du vorher mit Seide, Fell oder Baumwolle gerieben hast, und beobachte, wie es sich verhält.

Solch ein Markkügelchen-System nennt man Elektroskop.

Versuche zur Elektrostatik (3)

Versuch 11:
Metallfolienkugel-Elektroskop

Forme aus 6 cm^2 Alufolie (Zigarettenpackung) ein Kügelchen von ca. 6 mm Durchmesser. Befestige an dem Kügelchen einen 7,5 cm langen Seiden- oder Nylonfaden. Befestige das freie Ende Seide an einem Fineliner oder einem anderen Isolator (z. B. Holzstab) und lagere ihn auf der Öffnung eines Marmeladenglases so, dass das Kügelchen auf der freien Seite hängt. Bringe nun irgendwelche geladenen Gegenstände in die Nähe des Bällchens.

- Reibe jetzt einen anderen Kunststoffstift an einem Geodreieck. Halte den Stift in die Nähe des Bällchens und lass es die Ladung aufnehmen.
- Nun bringe das Geodreieck in die Nähe des Bällchens.

Was zeigen dir diese Versuche über die zwei verschiedenen Arten von Ladung, die durch Reibung erzeugt werden?

Versuch 12:
Wie man ein Elektroskop aus einer Zeitung herstellt

Schneide einen Streifen Zeitungspapier aus, 60 cm lang und 10 cm breit. Falte ihn in der Mitte und lege ihn über ein Lineal, wie es im *Bild* gezeigt wird.
Lege es auf den Tisch und bestreiche es ein paarmal mit Fell oder Baumwolle. Hebe den Streifen mit dem Lineal vom Tisch und beobachte, wie er sich verhält.

Reibe einen Kamm oder andere Kunststoffgegenstände mit Fell oder Baumwolle und bringe ihn bzw. sie zwischen die ausgestreckten Zeitungsstreifen. Wiederhole den Versuch so lange, bis du sicher bist, was passiert ist.

Nun reibe eine Glasflasche mit einem Stück Seide und nähere sie dem ausgestreckten Zeitungsstreifen. Beobachte, was passiert, und wiederhole den Versuch, bis du sicher bist, dass das Experiment richtig ist.

Was zeigen dir diese Experimente?

Versuch 13:
Wie man ein Metallfolien-Elektroskop konstruiert

Um elektrische Ladung nachzuweisen, benötigt man ein Marmeladenglas, ein wenig Draht und leichte Folie oder Papierstückchen. Ein gewachster Kork zum Verschließen des Glases ist notwendig um zu verhindern, dass die Ladung austreten kann. Stoße ein wie ein L gebogenes Stück Kupfer- oder Messingdraht durch den Korken und hänge ein Stück Seidenpapier oder ein Stück Folie über das untere Ende des Drahtes.
Was passiert?

Versuch 14:
Spaß mit küssenden Luftballons

- Blase einen Luftballon auf und befestige daran einen 1 m langen Bindfaden. Nimm einen weichen Filzstift und bemale den Luftballon mit einem Gesicht. Halte die Schnur, während jemand das Gesicht des Ballons mit Fell oder Baumwolle reibt. Lass den Ballon los und beobachte, wie er alles um sich herum berühren will.
- Bereite einen zweiten Ballon vor. Reibe die Gesichter mit Fell. Halte die Schnüre zusammen und beobachte, wie sie sich abstoßen. Halte deine Hand zwischen sie und beobachte, was passiert. Bringe einen Ballon in die Nähe deines Gesichtes.
- Wiederhole den Versuch mit drei Ballons.

Versuch 15:
Ein elektrostatisches Pferderennen

Schneide aus einem Stück gefalteten Papier kleine Pferde aus, so dass sie auf dem Tisch stehen können.

Reibe einen Kunststoffkamm oder einen Füllfederhalter mit Fell und beobachte, wie man die Papierpferde über den Tisch ziehen kann. Mit verschiedenen Pferden kann man ein Pferderennen veranstalten.

Projekttreppe

Name: ______________________________

**Die ist eine Checkliste.
Unten geht's los!**

❒ Ich habe meine Leistung kritisch überprüft und über das nachgedacht, was ich gelernt habe, und einen persönlichen Bezug hergestellt.

❒ Ich habe meine Arbeitsergebnisse präsentiert und mich mit anderen ausgetauscht.

❒ Ich habe die Vorstellung meiner Arbeitsergebnisse vorbereitet.

❒ Ich habe mich für eine Präsentationsform entschieden, mich mit den anderen ausgetauscht und einen Plan für eine Präsentation erstellt.

❒ Ich habe eventuell einen Interviewpartner gefunden, Fragen entwickelt, mich mit den anderen ausgetauscht und ein Interview durchgeführt.

❒ Ich habe diese Krankheit beschrieben.

❒ Ich habe mir eine Krankheit zu meinem Thema ausgesucht.

❒ Ich habe die Versuche analysiert bzw. das Modell auf Tauglichkeit überprüft und mit meiner Lehrerin/meinem Lehrer besprochen.

❒ Ich habe das Modell hergestellt oder die Versuche durchgeführt und protokolliert.

❒ Ich habe Arbeitsmaterialien für unsere Versuche/unser Modell besorgt und mich mit den anderen abgesprochen.

❒ Ich habe die Auswahl der Versuche oder des Modells mit meiner Lehrerin/meinem Lehrer besprochen.

❒ Ich habe praktische Versuche zu meinem Thema gefunden bzw. überlegt oder ein Modell überlegt.

❒ Ich habe meine Fragen beantwortet.

❒ Ich habe ein Quellenprotokoll erstellt.

❒ Ich habe mich mit anderen ausgetauscht.

❒ Ich habe die Funktionsweise des Organs erklärt.

❒ Ich habe das Organ/mein Thema beschrieben.

❒ Ich habe Informationsquellen gefunden und ausgewählt.

❒ Ich habe mich mit den anderen aus meiner Gruppe ausgetauscht.

❒ Ich habe mir Fragen zu meinem Thema überlegt.

❒ Ich habe eine Arbeitsmappe angelegt.

❒ Ich habe mein Thema gefunden und erkundet.

Hier geht's los. Aufwärts! Verfolge deine Fortschritte und behalte die Übersicht. Kreuze jeweils an.

Quelle: Die „Projekttreppe" ist in Anlehnung an „Die Treppe zum Erfolg" konzipiert worden. Vgl. dazu *Koechlin, C./Zwaan, S.*: Informationen beschaffen, bewerten, benutzen. Mülheim an der Ruhr 1998

„Fata Morgana"

Sybille von Soden **Szenische Darstellung mit Musik**

Abbildung 1: Die Aufführung des Kurzmusicals am Elternabend

Fotos: Sybille von Soden

Musikunterricht in einer heterogenen Lerngruppe in der Gesamtschule erfordert eine besondere Vorgehensweise und Materialien, die viele Schülerinnen und Schüler interessieren und den Neigungen, aber auch Vorkenntnissen Rechnung tragen.
Eine Fülle von Differenzierungsmöglichkeiten bietet das hier vorgestellte Kurzmusical „Fata Morgana".

Die Schüler der Klasse 5 c stehen am Freitagabend im großen Musikraum hinter ihren Instrumenten, an den Mikrofonen und auf der Bühne und führen den Eltern das Kurzmusical „Fata Morgana" auf: Anne sitzt am Schlagzeug, Janusz und Christian bedienen das Mischpult und singen beim Refrain mit, Mariascha freut sich auf ihr Solo am Mikrofon, Robert und Stefan haben ihre Einsätze auf den Becken des Schlagzeugs. Laura und Sahand an den Metallophonen warten auf die 1 für ihren Einsatz, Dirk und Patrick mit Stirnband hocken am Boden mit den Bongos zwischen den Beinen, Nora, Theresa und Boris spielen unterschiedliche Bassfiguren auf den Keyboards, Oliver beherrscht das Intro bestehend aus Melodie und Improvisation mit Holzschlegeln auf dem Metallophon.

Julia erzählt die Geschichte von dem Forscher (Göksan), der von Nina als Leila/Fata Morgana in der Wüste verführt wird und trotz Warnungen des Muezzin (Zishan) in der Wüste sehnsüchtig stirbt. Nora, Kira und Caroline spielen ein Dromedar und singen die Strophen mit, Antonio, Admir und Christian spielen die Geier und immer wieder haucht Nourredine mit beschwörender Stimme: „Abera Kadabera und sie war nicht mehr da!" Jeder Schüler hat seine Rolle oder sein Instrument gefunden.

Klassenmusizieren mit einer heterogenen Lerngruppe – geht das?

Das Lied „Fata Morgana" der Musikgruppe EAV (Erste Allgemeine Verunsicherung) fand in meiner Klasse schon nach dem ersten Hören großen Anklang. Die Mädchen und Jungen hatten viel Spaß am Singen mit verteilten Rollen oder im Playback-Verfahren*, an der Ironie und der lustigen Geschichte über den armen Forscher, der seiner Sehnsucht in der Sahara erliegt (vgl. die ***Kopiervorlage*** auf Seite 211). Dieser motivierende Anfang veranlasste mich, eine auf die Klasse zugeschnittene, dem derzeitigen Leistungsvermögen der einzelnen Schüler entsprechende Partitur zu erstellen (vgl. die ***Kopiervorlage*** auf Seite 212).

Vom Klassenmusizieren bis zur szenischen Aufführung

Der Ablauf der Unterrichtseinheit gliedert sich wie folgt:
- Die Schülerinnen und Schüler singen das Lied „Fata Morgana".
- Notieren des Stückaufbaus (Intro, Strophe, Refrain, Zwischenspiel, Schlussteil).
- Die Schüler benennen die verschiedenen Schichten eines Arrangements.

Gesamtablauf des „Kurzmusicals Fata Morgana"

Intro/Kurz-Ouvertüre: Refrainmelodie auf Metallophon, Begleitung Becken und Keyboard – zweimal
Erste Szene: erste Strophe mit Refrain
Zwischenspiel: Refrain und Improvisationsteil – zweimal
Zweite Szene: zweite Strophe mit Refrain und Improvisation – zweimal
Zwischenspiel: Refrain und Improvisationsteil – zweimal
Dritte Szene: dritte Strophe mit Refrain
Schlussteil: dreimal Refrain, beim vierten Mal „fade out"

• Einstudieren der noch fehlenden Schichten des Arrangements:
– Rhythmusschicht, Basis mit Drum-Set und anderen Rhythmusinstrumenten und
– Harmonieschicht, bestehend aus Akkorden und Basstönen und -figuren, werden mit Keyboards und Metallophonen/Xylophonen geübt.

Manche Schüler können bereits recht schnell die Akkorde dreistimmig auf dem Xylophon spielen, andere gestalten ihre Begleitung mit Einzeltönen, schwierige und leichtere Rhythmen ermöglichen eine weitere Differenzierung.

• Entscheidung, wer welchen Part übernehmen will.
Es ist sinnvoll, hierbei zwei Prinzipien von Differenzierung anzuwenden: die *Neigungs- und Qualitäts- bzw. Fähigkeitsdifferenzierung*. Da die Schüler beim Üben der Einzelelemente zum Teil schon ihre Möglichkeiten oder derzeitigen Grenzen erkannt haben, können sie qualifiziert entscheiden. Aber auch Fähigkeiten und Vorerfahrungen spielen eine Rolle, müssen aufgegriffen und in die Planung einbezogen werden. Alle Schüler sollten darüber hinaus die Einzelelemente einmal geübt und kennen gelernt haben, denn es zeigt sich häufig, dass Schüler ohne Keyboarderfahrungen dieses Instrument auswählen, während erfahrene Klavierspieler ein ganz neues Feld für sich erschließen möchten. Außerdem ist eine Beratung von Lehrerseite notwendig, um Enttäuschungen und Scheitern vorzubeugen.

• Gruppenarbeit in verschiedenen Ecken des Musiksaales:
– Akkordbegleitung mit Basstönen (Abfolge der Akkorde mit Tafelanschrieb),
– Melodie singen mit Playback-CDs,
– Rhythmus mit Schlagzeug und anderen Rhythmusinstrumenten.

Die Unterstützung des Lehrers ist vor allem beim Ablauf der Akkorde und beim Finden von unterschiedlichen Rhythmuspattern notwendig. Beim Spielen auf dem Schlagzeug sollte ein ausgewogenes Verhältnis von Mädchen und Jungen herrschen (Ich habe die Erfahrung gemacht, dass Mädchen viel sensibler und häufig ausgewogener Schlagzeug spielen als die Jungen).

• Präsentation der Gruppenarbeits-Ergebnisse vor der ganzen Klasse mit Unterstützung durch das Keyboard (Lehrerin).
• Zusammensetzen des Stücks zum Gesamtkunstwerk „Fata Morgana", beginnend mit dem Refrain.
• Einstudieren der Strophe (Teil A: mit allen, Teil B: Sängerinnen und Sänger mit Rhythmusgruppe und Keyboard).
• Erarbeiten des Intros, der Zwischenspiele und des Schlussteils mithilfe der Ideen und Improvisationen der Schüler (einzelne zogen sich dazu mit ihrem Instrument zurück, um „etwas auszuprobieren").
• Weitere Differenzierungen ergaben sich dadurch, dass
– Oliver Spaß daran fand, zu singen, die Melodie auf dem Metallophon einzuüben und als Zwischenspiel zu verwenden,
– Sahand keine Akkorde mehr, sondern nur noch Einzeltöne auf seinem Metallophon spielen wollte,
– Theresa ein Bassostinato, das sogar mit Auftakt beginnt, auf dem Keyboard versuchen wollte,
– Laura unbedingt dreistimmig auf dem Metallophon spielen wollte,
– Mariascha sich nun zutraute, eine Strophe solo zu singen.
• Als ich der Klasse vorschlug, dieses Musikstück den Eltern vorzuspielen, hatte Julia die Idee, das Stück aufzuführen. Sie schrieb ein Theaterstück in drei Szenen.
• Eine Neigungsgruppe entschied sich für das Theaterspielen – leider die besten Sängerinnen. Wer sang nun die Strophen? Hier zeigte sich wieder das Problem zwischen Neigungs- und Fähigkeitsdifferenzierung. Die Klasse musste eine Lösung finden.
• Kreisgespräch, Vorschläge wurden gemacht und wieder verworfen. Zum Schluss erklärten sich einige Mädchen aus der Theatertruppe bereit, beides zu versuchen, solo zu singen und Theater zu spielen.
• Proben des Theaterstücks, Erstellen der Kulissen im Kunstunterricht.
• Proben des Kurzmusicals „Fata Morgana der Klasse 5 c" und Aufführung vor den Eltern im Musiksaal.

Aus der Schilderung wird die Vielschichtigkeit des Projekts deutlich, die Spannung zwischen Differenzierung nach Neigungen und Fähigkeiten und der Erkenntnis, dass ein gelungenes Projekt das Ergebnis eines komplizierten Prozesses zwischen gemeinsam erlernten Fertigkeiten, Techniken, individuellen Vorlieben und besonderen musikalisch-technischen Fertigkeiten ist.

Regeln und Rituale für gemeinsames Lernen

Um soziales Lernen zu ermöglichen und zu optimieren, können die folgenden Anregungen hilfreich sein:
– Der Unterricht beginnt oft mit fünf Minuten Hören von „ruhiger" oder klassischer Musik im Stuhlkreis.
– Dabei gilt die Regel „Solange wir Musik hören, wird nicht gesprochen".
– Anschließend Blitzlicht „Woran habe ich beim Hören der Musik gedacht?"
– Jeder Schüler bringt im Laufe des Schuljahres etwas mit, was mit Musik zu tun hat (ein Instrument, ein Musikstück, einen persönlichen Hit, eine Geschichte und ähnliches). Dazu gibt es immer eine Bühne und ein Publikum, das applaudiert.
– Anschließend können Fragen gestellt werden oder eine Gesprächsrunde findet statt: „Mir hat besonders gut gefallen ..."
– Zweimal im Jahr veranstaltet die Klasse eine Hitparade, in der die Schüler ihre Lieblingshits vorstellen. Sie lernen so die unterschiedlichen Vorlieben ihrer Mitschüler kennen und respektieren.
– Bewegung zur Musik sowie das Einüben von Tänzen mit der ganzen Klasse und Klassenmusizieren erfordern ein hohes Maß an Toleranz und Geduld sowohl von allen Schülern als auch Ruhe und Gelassenheit beim Lehrer.
– Bei Konflikten oder Streitereien werden die Aktivitäten unterbrochen und es wird versucht, eine Klärung herbeizuführen.
– Alle Gespräche, auch das Sprechen über Musik und musikalische Aktivitäten wie beispielsweise das Einüben von

rhythmischen Pattern, finden nach Möglichkeit im Stuhl- oder Sitzkreis statt. Alle sehen sich und können sich aufeinander beziehen.

Auf einer solchen gemeinsamen „Basis“ gelingt ein Projekt, das den unterschiedlichen Neigungen und Fähigkeiten der Schüler Rechnung trägt.

Musikalische Grundlagen und technische Voraussetzungen

Im 5. Schuljahr erhalten die Klassen in kleinen Einführungskursen musikalische und spieltechnische Grundlagen auf vielen Instrumenten. Es sind keine theoretischen Lehrgänge, sondern mit allen Sinnen erfahrbare: mit Hörbeispielen, Bewegungsspielen sowie Aktivitäten mit körpereigenen (beispielsweise: in die Hände klatschen) und anderen Instrumenten. Am Ende des 5. Schuljahres ist eine Klasse in der Lage, Musikstücke nachzuspielen, ein Arrangement zu gestalten, zu verändern oder weiterzuentwickeln. So haben sie dann zum Beispiel gelernt:
- Schlagzeug spielen mit den Grundrhythmen von Bassdrum, Hihat und Snaredrum,
- die Handhabung und Spielweise anderer rhythmischer Instrumente mithilfe von Rhythmuspartituren, die im Klassenverband gespielt werden (die Einführung in rhythmische Pattern findet in fast jeder Musikstunde im Kreis für ungefähr zehn bis fünfzehn Minuten statt),
- die Notation von rhythmischem Pattern,
- das Spielen mit den Stabspielen (Xylophone, Metallophone sowie Glockenspiel),
- den Umgang mit Tasteninstrumenten (beispielsweise Keyboard), in diesem Zusammenhang schließt mithilfe der Tastatur ein Notenlehrgang an,
- singen und den Umgang mit Mikrofonen.

Grundsätze für das Klassenmusizieren

Folgende Punkte sollten beim Einstudieren eines Musikstückes mit einer heterogenen Lerngruppe beachtet werden, damit das Projekt für alle Beteiligten erfolgreich wird:
- Jeder Schüler beteiligt sich an der Reproduktion des Stücks,
- jeder hat die einzelnen Pattern/Parts (differenziert) gespielt und kann sie nachvollziehen,
- alle schon bekannten Instrumente werden eingesetzt,
- die wesentlichen Merkmale des Originals bleiben erhalten,
- die Schüler gestalten im kreativen Miteinander das Stück, es wird zum eigenen Stück erweitert und verändert, der Weg zum eigenen Ausdrucksmittel wird gefunden,
- das Arrangement für den Klassenverband sollte Raum für improvisatorische Veränderungen und Zusätze lassen,
- das Arrangement sollte möglichst viele unterschiedliche Niveaus aufnehmen und Differenzierungsmöglichkeiten anbieten, um allen Schülern den Einstieg in das Stück zu ermöglichen. So findet jeder seine Rolle, seinen eigenen Part,
- die wichtigsten Bausteine eines Stückes werden zu Beginn der Proben isoliert zusammen geübt, um schnell „Erfolge“ erzielen zu können,
- längere Phasen des gemeinsamen Musizierens werden eingebaut - zum Beispiel Refrain in der „Endlosschleife“ (ständige Wiederholung ohne Schluss),
- Gruppenarbeit - zum Beispiel „Rhythmusgruppe spielt mit Lehrerin“ oder „jetzt dürfen die Keyboarder ihr Solo spielen“ - und Klassenmusizieren wechseln sich ab,

Abbildung 2: Das Keyboard wurde sogar vierhändig gespielt.

Abbildung 3: Das Singen am Mikrofon war für die Schülerinnen und Schüler kein Problem.

Abbildung 4: Das Metallophon-Ensemble

- Entspannungsmomente für Schüler sollten eingebaut, im „richtigen“ Augenblick gestoppt werden. und ein gutes Ende gefunden haben, bevor der „Frust kommt“.

Musiklehrerinnen und -lehrer wissen, wie anstrengend und nervenaufreibend Klassenmusizieren sein kann. Wenn jedoch Regeln im Miteinander und musikalische Grundlagen mit der Lerngruppe eingeübt sind und konsequent angewendet werden, bestimmen Ruhe und Gelassenheit das Lernklima. ■

*Ausgezeichnete Aufbereitungen von Rockmusikstücken, Anregungen und aktuelle Hits zum Musizieren mit Gruppen finden sich in den folgenden Publikationen: Pop und Rock – Singen und Spielen. Band 1–5. Mit Partituren inklusive Texten sowie Originaleinspielungen und Playback-Stücke auf CD. Zeitschrift für die Praxis des Musikunterrichts. Mit CD oder Tonkassette sowie Computer-Diskette. Beides zu beziehen bei: Institut für Didaktik populärer Musik, Hauptstraße 34, 21436 Oldershausen.

Fata Morgana

Lei-lei-lei-la, lei-lei-lei-la, ...

1. Tief in der Sahara auf einem Dromedara,
ritt ein deutscher Forscher durch den Dattelhain.
Da sah der Mumienkeiler ein Mädchen namens Leila,
magische Erregung fährt ihm ins Gebein.
Er rief: „Sag mir, wer bist Du, die mich trunken macht?
Komm und heile meine Wunden!"
Sie sprach: „Ich bin Leila, die Königin der Nacht!"
Simsalabim war sie verschwunden.

Wie eine Fata Morgana, so nah und doch so weit!
Wie eine Fata Morgana, Abera Kadabera
und sie war nicht mehr da!

2. Er folgt den Gesängen, dort wo die Datteln hängen,
dem Trugbild namens Leila und sah nicht die Gefahr.
Ein alter Beduine saß auf einer Düne,
biss in die Zechine und sprach: „Inschallah!
Oh, Effendi, man nennt mich Hadschi Halef Ibrahim!
Befreie dich von ihrem Zauber,
sonst bist Du des Todes!", rief der Muezzin
und weg war der alte Dattelklauber!

Wie eine Fata Morgana, so nah und doch so weit!
Wie eine Fata Morgana, Abera Kadabera
und sie war nicht mehr da!

3. Es kroch der Effendi, mehr tot schon als lebendi,
unter heißer Sonne durch den Wüstensand!
„Beim Barte des Propheten, jetzt muss ich abtreten!",
sprach er und erhob noch einmal seine Hand.
Und er sah am Horizont die Fata Morgana,
dann starb er im Lande der Araber.
Die Geier über ihm krächzten: „Inschallah!
Endlich wieder ein Kadaver!"

Wie eine Fata Morgana, so nah und doch so weit!
Wie eine Fata Morgana, Abera Kadabera
und sie war nicht mehr da!

... Aberi Kadaberi
und fort war sie.

Quelle: Die Gruppe *„Erste Allgemeine Verunsicherung"* mit dem Lied
„ Geld oder Leben" (Blanko Musik, München/Wintrup Musik, Detmold)/
Schülerzeichnung zum Lied: *Göksan Pehliran/Boris Ivankovic*

Fata Morgana (Partitur)

Keine Angst vor dem Fremden

Matthias Feuser

Anderssein zum Projektthema machen

Gespräche über persönliche Lebensumstände müssen sehr sensibel angegangen werden ...

Foto: Matthias Feuser

Jeder Mensch fühlt sich irgendwo einmal fremd. An diese Erfahrung knüpften wir an, als wir uns in einem Projekt in einer 6. Klasse einer Integrierten Gesamtschule mit dem Thema „Keine Angst vor dem Fremden" beschäftigten. Gleichzeitig beabsichtigten wir mit diesem Projekt, dass die Schülerinnen und Schüler in ihrer Auseinandersetzung mit dem Fremden und dem Vertrauten den Blickwinkel des Anderen einnahmen, um die eigene Wahrnehmung zu erweitern und dadurch zu einer reflektierten Fremdwahrnehmung und gleichzeitig zu verstärktem Selbstvertrauen zu gelangen.[1]

Die Gestaltung des Projektes, an dem die Fächer Deutsch, Gesellschaftslehre sowie Werte und Normen bzw. Religion beteiligt waren und das sich über einen Zeitraum von vier Wochen mit insgesamt 30 Unterrichtsstunden erstreckte, erfolgte handlungsorientiert: Der Lernprozess der Schülerinnen und Schüler sollte durch Elemente geprägt werden, die ihnen Handlungsmöglichkeiten eröffneten. Ebenso war aber auch der Planungsprozess selbst handlungsorientiert. Im Unterricht wurden die einzelnen Schritte des Projektes gemeinsam mit den Schülerinnen und Schülern entwickelt und festgelegt.[2]

Der Einstieg

Die Schüler wurden gebeten, drei Nomen, drei Verben und drei Adjektive aufzuschreiben, die ihnen spontan beim Stichwort „fremd" einfallen. Danach lasen sie ihre Assoziationen in der Klasse vor. Aus den am häufigsten genannten Wörtern wurden von allen gemeinsam je ein Substantiv, Verb und Adjektiv ausgewählt, die am deutlichsten etwas darüber aussagten, was fremd ist. Die Schüler begründeten dabei auch, warum sie ein bestimmtes Wort für besonders aussagekräftig zum Thema „fremd" hielten.

Als die drei Wörter ermittelt waren (*Außenseiter*, *ärgern* und *traurig*), sollte jeder eine kleine Geschichte schreiben, die etwas mit den eigenen Erfahrungen mit „dem Fremden" zu tun hatte und in der die Wörter in beliebiger Reihenfolge vorkommen konnten.

Eine Schreibkonferenz wertete die Geschichten aus. Es wurde deutlich: Fremdheit und Fremdsein sind zentrale Erfahrungen von Schülern, die sie aus ihrem eigenen Alltag und ihrer nächsten Umgebung kennen. Fremd ist für sie das, was ihnen nicht vertraut ist, was Angst erzeugt, weil die eigene Identität infrage gestellt wird.

Wer bin ich eigentlich?

Auf Wunsch der Lerngruppe beschäftigten wir uns im nächsten Schritt mit der Frage nach der eigenen Identität. Die Schüler brachten ein Foto von sich mit, das sie in die Mitte eines Arbeitsblattes klebten. Jeder Schüler schrieb einen eigenen Steckbrief mit den wichtigsten Identitätsmerkmalen dazu auf. Im anschließenden Klassengespräch wurden die Steckbriefe vorgestellt und folgende Fragen erörtert:

- Welche Eigenschaften und Verhaltensweisen nenne ich, wenn ich gefragt werde, wer ich bin?
- Welche davon sind selbst gewählt? In welche bin ich hineingeboren?

Die Schüler erkannten anhand der Aussagen in ihren Steckbriefen zweierlei: Jeder Mensch hat seine eigene, persönliche Identität, die sich aus verschiedenen Elementen zusammensetzt und sich im Lauf des Lebens verändert. Einzelne Merkmale wiesen aber auch darauf hin, dass Identität oft aus Herkunft und Nationalität abgeleitet wird, wodurch die persönlichen Lebensumstände des einzelnen Menschen nicht weiter berücksichtigt werden.

Fremde Situationen

Die Schüler äußerten in der Aussprache über die weitere Vorgehensweise den Wunsch, Situationen genauer zu beschreiben, in denen sie sich in ihrer eigenen Haut fremd gefühlt hatten, weil ihre Identität infrage gestellt wurde. Diesem Wunsch wurde mithilfe von vorgegebenen Satzanfängen entsprochen, die die Schüler zu Texten ergänzten (vgl. dazu die ***Kopiervorlage*** auf Seite 216: „Wenn ich mich fremd fühle").

Die Texte wurden anschließend ausgehängt und unter folgenden Fragestellungen gelesen und ausgewertet:

- Wann ist das Gefühl, sich fremd zu fühlen, am stärksten?
- Wie kann das Gefühl überwunden werden? Wer bzw. was hilft dabei?

Die Auswertung der Texte bestimmte die weitere Planung entscheidend. Je nach Neigung und Interesse näherte sich die Lerngruppe nun ihren eigenen Fragestellungen an. Eine Gruppe wollte die in den Texten angesprochenen Situationen spielerisch umsetzen. Eine zweite Gruppe entschied sich dafür, Informationen über die Situation von ausländischen Mitschülern in unserer Schule zu sammeln. Die dritte Gruppe beabsichtigte ein Theaterstück aufzuführen, das sich mit der Situation von Fremden in Deutschland auseinander setzt.

Fremdheit erfahren

In dieser Gruppe wurde beschlossen, Stationen einzurichten, die so gestaltet werden sollten, dass man sich fremd fühlen würde, wenn man sich mit den dort jeweils gestellten Aufgaben beschäftigte und sie spielerisch umsetzte.

1. Station: Hier wurde eine Grenze eingerichtet. Jeder sollte dort einen Pass erhalten, ausgefüllt mit seinen persönlichen Daten. Mit dem Daumenabdruck sollte die persönliche Identität zusätzlich gesichert werden. Jeder sollte vor der Grenze außerdem einen Koffer in die Hand gedrückt bekommen, der durchsucht werden konnte.

2. Station: Auf einem Stuhl sitzend sollte sich hier jede Person eine Liste mit Redewendungen in Jugoslawisch und Deutsch innerhalb von drei Minuten einprägen. Dann konnte man zu einem Schreibtisch gebeten werden, um dort einen Fragebogen auszufüllen, der in jugoslawischer Sprache abgefasst war.

3. Station: Dort sollten Fragen gestellt werden, zum Beispiel: Wie ist Ihre Meinung zum Thema „Ausländer"? Stimmt es, dass Ausländer den Deutschen die Arbeitsplätze wegnehmen? Was halten Sie von der Forderung „Ausländer raus!", die in Deutschland immer wieder laut wird? Wie können Sie dazu beitragen, dass Ausländer sich nicht fremd bei uns fühlen? Die Antworten der Befragten wurden – durch einen Tonträger verstärkt – in den Raum übertragen.

4. Station: Die Schüler stellten Masken her, die Fremdheit ausdrücken mussten. Die Besucher dieser Station sollten sich für eine Maske entscheiden, die auf sie besonders fremd wirkte, und ihre Entscheidung anschließend begründen.

5. Station: Hier sollte das Gesicht jedes Besuchers vor einer weißen Wand von allen Seiten fotografiert werden.

6. Station: Zwei Schülerinnen wählten aus einer Vielzahl von Gedichten den folgenden Text von *Ute Andresen*[3] aus und schrieben ihn auf eine Wandzeitung:

Widmung
Du bist nicht allein.
Es gibt Menschen, die wissen,
Was du siehst und hörst,
Was du denkst und fühlst,
Was dich froh macht und fürchtet.
Sie finden Worte, es zu sagen.
Und du begegnest ihnen
In einem Gedicht,
Das dich versteht.

Jeder Besucher sollte seine Eindrücke zu dem Gedicht auf einem Zettel notieren, der auf die Wandzeitung geheftet wurde.

7. Station: Hier sollte man wieder zur Grenze zurückkehren. Dort war eine strenge Passkontrolle vorgesehen, zum Beispiel indem die persönlichen Daten noch einmal abgefragt und der Daumen mit dem Daumenabdruck auf dem Pass verglichen wurde. Manchmal sollten willkürlich einzelne Personen an Stationen zurückgeschickt werden, etwa wenn die Kontrolleure meinten, sie hätten die Aufgaben nicht zufriedenstellend gelöst. Auch der Koffer konnte noch einmal kontrolliert werden. Erst dann durften die Besucher „ausreisen".

Die Situation von Fremden in unserer Schule

Die Erfahrungen der Schüler mit Ausländern waren unterschiedlich und wurden unterschiedlich bewertet. Wichtig war also, sich durch Gespräche Informationen zu beschaffen, und zwar bezogen auf die örtlichen Verhältnisse der Stadt, in der die Schüler leben.

Ausländische Mitschüler wurden daher anhand eines Fragebogens interviewt (vgl. dazu die ***Kopiervorlage*** auf Seite 216: „Ich will dich kennen lernen").

Das Theaterstück: „Herbergssuche 1991"

In dem 1992 entstandenen Stück „Herbergssuche 1991" der Bremer Jugendbuchautorin *Annelies Schwarz*[4] wird in vier Szenen das Schicksal von Kindern dargestellt, die von ihren Eltern aus den Gebieten des Golfkrieges, nur mit einer Flugkarte ausgestattet, nach Bremen geschickt wurden, um dort bei ehemaligen Freunden zu leben. Im Mittelpunkt der Handlung des Stückes stehen die Reaktionen der Freunde in Bremen auf den unvorhergesehenen Besuch aus der Fremde.

Die Schüler fühlten sich in die Rollen des Stückes und die dazugehörigen Situationen anhand von Fragen ein, die sie schriftlich beantworteten.[5] Im Gespräch in der Gruppe wurden gemeinsam die unterschiedlichen Charaktere beschrieben und ihre Darstellungsweisen besprochen. Anschließend entschied sich jede Schülerin und jeder Schüler endgültig für eine Rolle und übte sie ein.

Der Abschluss des Projektes: ein Theaterabend zum Thema „fremd"

Da zwei Gruppen die Inhalte, die sie sich im Verlauf des Projektes erarbeitet hatten, szenisch darstellen wollten, bot es sich an, die Ergebnisse des Projektes in Form eines Theaterabends zu präsentieren. Dazu wurde beschlossen, im Vorraum der Mensa die sieben Stationen aufzubauen. Sämtliche Besucher mussten am Eingang also die „Grenze" passieren, um von dort aus – mit dem Pass ausgestattet und dem Koffer in der Hand – die einzelnen Stationen zu bereisen.

Die Schülerinnen an den Stationen waren schwarz gekleidet, weiß geschminkt und verhielten sich unnahbar und unhöflich. Nach ausgiebiger Endkontrolle an der siebten Station durften die Besucher endlich in die Mensa „ausreisen". Dort konnten sie bis zum Beginn des Theaterstücks „Herbergssuche 1991" die Arbeitsergebnisse derjenigen Gruppe begutachten, die die Umfrage unter ihren ausländischen Mitschülern durchgeführt und diese auf Wandzeitungen dokumentiert hatte. In dem Theaterstück selbst wurde durch zehn Schülerinnen und Schüler schließlich eindrucksvoll unsere Umgangsweise mit fremden Menschen dargestellt.

Mit diesem Abend endete ein Projekt, das sicherlich nicht nur den beteiligten Schülern verdeutlicht hat, dass es für jeden Menschen sehr wichtig ist, sich bewusst zu machen, wann und warum man sich fremd fühlt – selbst einmal die oder der Andere zu sein, um besser zu verstehen, wie das ist, was das heißt, ein Fremder zu sein. ■

[1] Vgl. „Interkulturelle Bildung und Erziehung in der Schule". Beschluss der Kultusministerkonferenz vom 25.10.1996, S. 5.
[2] *Gudjons, H.*: Handlungsorientiert lehren und lernen. Projektunterricht und Schüleraktivität. Bad Heilbrunn 1989, S. 77.
[3] *Andresen, U./Wiesmüller, D.*: Im Mondlicht wächst das Gras. Ravensburg 1996, S. 5.
[4] *Schwarz, A.*: Herbergssuche 1991. In: *Gärtner, H.* (Hrsg.): Komm, Weihnachtsstern! Neue Geschichten für die ganze Familie. Würzburg 1992
[5] Vgl. *Scheller, I.*: Wir machen unsere Inszenierungen selber. Oldenburg 1990, S. 49.

Foto: Matthias Feuser

Am Theaterabend sollten auch die Eltern sich „fremd" fühlen.

Wenn ich mich fremd fühle

Foto: Veit Mette/Bielefelder Fotobüro

Erinnere dich an Situationen, in denen du dich fremd gefühlt hast! Was hast du in solchen Situationen gedacht und gefühlt?
Ergänze die folgenden Satzanfänge.

Wenn ich mich fremd fühle,

dann ______________________

____

Wenn ich mich fremd fühle,

dann ______________________

____

Wenn ich mich fremd fühle,

dann ______________________

____

Aber: Ich fühle mich nicht fremd,

wenn ______________________

____

Ich will dich kennen lernen

Foto: Veit Mette/Bielefelder Fotobüro

Stelle die folgenden Fragen ausländischen Mitschülerinnen und Mitschülern. Trage die Antworten in den Fragebogen (oder auch auf einem gesonderten Blatt) ein.

1. Woher kommst du? ______________________
2. Worin unterscheidet sich dein Leben bei uns von dem Leben in deiner Heimat?

____

____

3. Nenne Situationen, in denen du dich fremd gefühlt hast oder noch fremd fühlst. ______________________

____

4. Schildere eine Situation genauer, in der du dich fremd gefühlt hast. ______________________

____

5. Wer bzw. was hat dazu beigetragen, dass du dich in dieser Situation dann doch nicht mehr fremd gefühlt hast?

____

XII. Differenzierung und Begabungsförderung

Besondere Begabungen erkennen und fördern

Sabine Platzer

**Abbildung 1:
Hoch begabte Kinder sind manchmal schwer zu erkennen – und Hochbegabung ist nicht gleich Hochbegabung ...**

Foto: Veit Mette/Bielefelder Fotobüro

Wie erkennt man überhaupt, ob eine Schülerin bzw. ein Schüler hoch begabt ist? Kann man einfach davon ausgehen, dass es die oder der Klassenbeste ist? Ist es ein Zeichen für Hochbegabung, wenn ein Kind vor der Einschulung Lesen gelernt hat? Und vor allem, was fängt man mit den Hochbegabten an?

Die Diskussion über Hochbegabung und die angemessene Förderung von Hochbegabten in der Schule nimmt in der letzten Zeit sehr stark zu. Berichte in den Medien beschreiben immer wieder hoch begabte Kinder und Jugendliche mit schwierigen oder gescheiterten Schulkarrieren. Hochbegabte scheinen in besonderem Maße anfällig für verschiedene Probleme und Störungen in der Schule und im Kontakt mit Gleichaltrigen zu sein. Große Unsicherheit bei Eltern und Lehrkräften ist die Folge.

Wie erkennt man Hochbegabte?

Viele Lehrkräfte haben keine Schwierigkeiten, hohe Begabungen bei ihren Schülerinnen und Schülern zu erkennen und entsprechend darauf einzugehen. Dies gilt vor allem für Schüler, die ihre Begabung in gute Leistungen umsetzen können. Manche Hochbegabte sind allerdings schwerer zu entdecken. Es gibt Jungen, die zwar ständig originelle Einfälle haben, aber ziemlich chaotisch und nicht zum Arbeiten zu bewegen sind. Es gibt sehr begabte Mädchen, die aber schüchtern sind und sich in ihren Leistungen an die anderen Mädchen ihrer Klasse anpassen um nicht aufzufallen. Es gibt zynische Kritiker, die alles infrage stellen, was Lehrkräfte verlangen, anstatt einfach einmal mitzuarbeiten. Solche Schüler stellen Lehrkräfte vor große Herausforderungen. Ob in solchen Fällen eine Hochbegabung vorliegt, ist nicht leicht herauszufinden.

Lehrkräfte und auch Eltern hätten deshalb gern eine genaue Anleitung, nach der sie zweifelsfrei bestimmen können, ob ein Schüler als hoch begabt gelten kann oder nicht. Es gibt jedoch sehr verschiedene Begabungen und sehr unterschiedliche Entwicklungsverläufe, sodass von „den" Hochbegabten eigentlich gar nicht gesprochen werden kann. Im *Kasten 1* auf Seite 220 befindet sich eine Übersicht über Merkmale, die oft bei hoch begabten Kindern und Jugendlichen beobachtet wurden. Derartige Checklisten müssen allerdings mit großer Vorsicht betrachtet werden. Die aufgeführten Charakteristika wurden nicht wissenschaftlich überprüft. Es ist möglich, dass einzelne Merkmale auch von normal begabten Kindern gezeigt werden oder tatsächlich hoch begabte Schüler durch die Merkmale nicht erkannt werden. Dennoch kann eine Merkmalsliste die Aufmerksamkeit für das Phänomen Hochbegabung schärfen und damit dafür sorgen, dass Lehrkräfte überhaupt damit rechnen, in ihren Klassen auch Hochbegabte vorzufinden. Es wird möglich, die beschriebenen Merkmale tatsächlich als Anzeichen besonderer Fähigkeiten zu verstehen und nicht nur als Ausdruck von Wichtigtuerei des Kindes oder Ergebnis des übermäßigen Ehrgeizes der Eltern. Die vorgestellte Checkliste kann insofern erste Hinweise auf eine mögliche Hochbegabung liefern.

Definition von Begabung

In der wissenschaftlichen Literatur gibt es eine Fülle von Definitionen für den Begriff Hochbegabung, wobei jeweils verschiedene Aspekte von Begabungen betont und unterschiedliche Intelligenzmodelle angenommen werden. „Begabung ist mehrdimensional, das heißt sie erstreckt sich nicht nur auf die intellektuelle Fähigkeit, sondern umfasst auch kreative, künstlerische und soziale Kapazitäten. Sie ergibt sich aus individuellen Anlagen, also aus einer angeborenen Disposition für besondere Leistungen, im Zusammenwirken mit der vom Kind jeweils durchlaufenen Sozialisation. Von besonderen Begabungen soll gesprochen werden, wenn Schülerinnen und Schüler in bestimmten Bereichen ihrer geistigen und motorischen Entwicklung den Altersgenossen deutlich voraus sind“ – so heißt es in der Broschüre „Kinder mit besonderer Begabung“, die das Land Schleswig-Holstein 1998 herausgab. Begabung ist also nicht mit Intelligenz gleichzusetzen.

Für die Schule ist die intellektuelle Begabung aber von besonderem Interesse. Wenn von Hochbegabung gesprochen wird, ist damit meist eine hohe Ausprägung der allgemeinen Intelligenz gemeint.

Diagnose von Hochbegabung

Intelligenz ist anders als Größe oder Gewicht kein physikalisches Merkmal, das man mit einem entsprechenden Messinstrument direkt erfassen kann. Intelligenz ist stattdessen ein Konstrukt, das aus bestimmten Merkmalen und Kennzeichen wie zum Beispiel der richtigen oder falschen Lösung von Aufgaben in einem Intelligenztest erschlossen wird.

Das Ergebnis eines solchen Tests lässt sich in Zahlen ausdrücken, die sich auf die durchschnittlichen Leistungen Gleichaltriger beziehen. Die glockenförmige Normalverteilung (siehe *Abbildung 2*) stellt die relative Häufigkeit von Merkmalen (z. B. Körpergröße, Gewicht und eben auch Intelligenz) der Bevölkerung grafisch dar. Der Mittelwert der Verteilung liegt bei einem Intelligenzquotienten (IQ) von 100. Dies entspricht einem Prozentrang von 50. Erzielt ein Kind diesen Prozentrang, hat es eine durchschnittliche Leistung erbracht.

Die *Abbildung 2* macht deutlich, dass die meisten Menschen (etwa zwei Drittel oder 68 %) Intelligenzquotienten zwischen 85 und 115 erreichen. Dieser Bereich gilt als Normalbereich der Intelligenz. Extrem niedrige wie auch extrem hohe Leistungen sind gleichermaßen selten. Nur jeweils 2 % eines Altersjahrgangs haben einen sehr niedrigen Intelligenzquotienten (unter 70) bzw. einen extrem hohen IQ (über 130). Als hoch begabt werden im strengen Sinne nur diese obersten 2 % jedes Jahrgangs bezeichnet. Von 50 Schülern ist also im Durchschnitt einer hoch begabt.

Leider werden in der Diagnostik manchmal Verfahren eingesetzt, die im oberen Begabungsbereich nicht genügend differenzieren. Dazu gehört auch der verbreitete Intelligenztest für Kinder und Jugendliche HAWIK-R bzw. die überarbeitete Version HAWIK III (Hamburg-Wechsler-Intelligenztest für Kinder). Obwohl sogar im Testhandbuch ausdrücklich vermerkt ist, dass eine Diagnostik von Hochbegabung mit diesem Verfahren nicht möglich ist, wird es immer wieder herangezogen.

Bei der Einschätzung der Begabung eines Kindes kann es in zwei Richtungen zu Problemen kommen. Einerseits kann ein Kind fälschlicherweise als hoch begabt bezeichnet werden. Dies passiert manchen Eltern, die die Fähigkeiten und Fertigkeiten ihres Kindes überschätzen. Auch Lehrkräften unterlaufen solche Fehleinschätzungen, wenn sie von dem hohen Fleiß und Lerneifer oder der guten Konzentrationsfähigkeit eines Kindes auf eine hohe Begabung schließen. Eine solche fälschliche Einschätzung als hoch begabt hat oft zur Folge, dass sowohl das betreffende Kind selbst wie auch die Erwachsenen in der sozialen Umgebung immer hohe Leistungen erwarten. Das kann insbesondere bei guten Schülern schnell zur Selbstüberforderung führen.

Andererseits kann eine tatsächlich vorhandene Begabung nicht erkannt werden, sodass das Kind nicht seinen Fähigkeiten entsprechend gefordert und gefördert wird. Insbesondere in der Entwicklung von Arbeitsverhalten und Motivation dieser Kinder und Jugendlichen kann es zu massiven Störungen und Defiziten kommen, weil diese nicht gelernt haben, sich anzustrengen und längere Zeit und Mühe für eine Arbeit aufzuwenden. Schule wird auf diese Weise schnell zu einem Ort der Langeweile. In

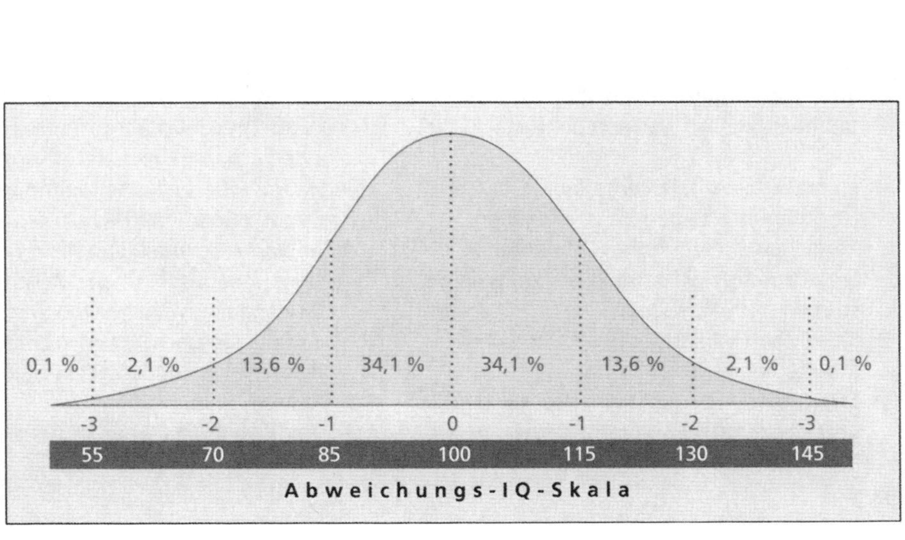

Abbildung 2: Normalverteilung der Intelligenzquotienten

Nach Conrad, W.: Intelligenzdiagnostik. In: Enzyklopädie der Psychologie, Bd. II.2. Hrsg.: Groffmann, K.J./Michel,L., Göttingen 1983.

manchen Fällen kann das bis zur Schulverweigerung führen.

Welche Fehleinschätzung für das einzelne Kind schwerwiegender ist, ist kaum auszumachen. Der hohe Erwartungsdruck, dem sich ein fälschlicherweise als hoch begabt bezeichnetes Kind gegenübersieht, beeinflusst nicht selten das Selbstwertgefühl ebenso massiv wie die mangelnde Unterstützung und Förderung eines hoch begabten Kindes, das nicht als solches erkannt wird.

Oft sind es auffällige Verhaltensweisen, die zu der Vermutung führen, dass das Kind oder der Jugendliche hoch begabt sein könnte. Begabt zu sein bedeutet in der Tat nicht, dass auch tatsächlich hohe Leistungen erbracht werden. Auch hohe Ergebnisse in einem Intelligenztest sind nur ein Hinweis auf eine hohe intellektuelle Begabung, garantieren aber nicht Erfolg in der Schule oder auch im späteren Beruf. Es gibt Kinder und Jugendliche, die entgegen der Erwartung unter ihrem Leistungspotenzial bleiben, keine überdurchschnittlichen und vielleicht sogar lediglich unterdurchschnittliche Leistungen zeigen, obwohl sie eigentlich begabt sind.

Die Zahl solcher „underachiever" stieg in den letzten Jahren deutlich an. Die betroffenen Kinder und Jugendlichen sind häufig sehr unglücklich und anfällig für Störungen. Wiederholt finden sich Fälle völliger Schulverweigerung, wenn das Kind oder der Jugendliche Angst hat, den sich selbst oder durch andere gesetzten Erwartungen ohnehin nicht entsprechen zu können. Dann scheint es angenehmer und leichter zu sein, gar nichts zu tun und sich darauf zu berufen, dass man „halt so faul sei", als zu ertragen, dass die gemachten Anstrengungen nicht zu dem gewünschten Resultat führen.

Erst eine genaue Diagnostik kann Aufschluss darüber geben, ob in solchen Fällen eine Hochbegabung vorliegt. Oft sind diese Kinder und Jugendlichen zwar überdurchschnittlich begabt, aber eben nicht hoch begabt. Bei manchen Kindern und Jugendlichen war tatsächlich ein Übersehen oder ein unangemessener Umgang mit einer besonders hohen Begabung Ausgangspunkt der problematischen Entwicklung. In Einzelfällen finden sich auch Lernbehinderungen und Teilleistungsstörungen, die die Kinder und Jugendlichen an einer Umsetzung ihrer Begabung in Leistung hindern. Häufig stehen die Auffälligkeiten mit Problemen im Lern- und Arbeitsverhalten, in den sozialen Beziehungen oder mit Konflikten in der Familie im Zusammenhang.

Mögliche Auswirkungen der Diagnose eines Kindes als hoch begabt

Viele Eltern sind erleichtert, wenn sie hören, dass ihr Kind tatsächlich hoch begabt ist. Mit dieser Diagnose haben Probleme und Schwierigkeiten des Kindes eine Ursache und können erklärt werden. Und für viele Eltern ist es eine angenehme Erklärung, weil sie weder über Schwächen und Schwierigkeiten des Kindes noch über eigene Konflikte und Erziehungsschwierigkeiten nachdenken müssen. Diese Erklärung, so glauben sie, sei bereits auch die Veränderung oder es sei doch zumindest klar, was jetzt zu geschehen habe: Ein veränderter Unterricht und eine verstärkte Aufmerksamkeit für die Hochbegabung des Kindes werden die Probleme des Kindes lösen. Oft gibt es in die-

Merkmale von Hochbegabung

Merkmale des Lernens und Denkens

- Ihr Wortschatz ist in Menge und Qualität anderen Kindern der gleichen Altersstufe überlegen.
- Sie können sich Fakten schnell merken.
- Sie können gut beobachten.
- Sie erfassen Ursache-Wirkung-Beziehungen.
- Sie erkennen leicht zugrunde liegende Prinzipien und können Verallgemeinerungen herstellen.
- Sie lesen viel von sich aus und bevorzugen oft Bücher, die ihrer Altersstufe voraus sind.
- Ihre Äußerungen zeigen oft, dass sie kritisch, unabhängig und wertend denken.

Merkmale des Arbeitsverhaltens

- Hochbegabte zeigen oft in einzelnen Bereichen ein sehr hohes Detailwissen.
- Sie setzen sich selbst hohe Leistungsziele und streben nach Perfektion.
- Sie können selbstständig arbeiten und arbeiten gern unabhängig.
- Erregt eine Arbeit ihr Interesse, können sie sehr konzentriert und selbstvergessen arbeiten und sich konzentrieren.
- Bei eher anspruchslosen Aufgaben, die Routineabläufe verlangen, sind sie leicht gelangweilt oder verweigern die Arbeit ganz.
- Sie sind mit Tempo und Ergebnis ihres Arbeitens nicht leicht zufrieden.
- Sie sind aufgeschlossen oder zeigen ein hohes Interesse gegenüber folgenden Themen: Religion, Philosophie, Politik, Umweltfragen, Gerechtigkeit u. a. m.

Merkmale des sozialen Verhaltens

- Sie beschäftigen sich viel mit Begriffen wie Recht/Unrecht oder gut/böse und haben einen ausgeprägten Gerechtigkeitssinn.
- Sie akzeptieren keine Meinung von Autoritäten ohne sie kritisch zu prüfen.
- Sie sind eher individualistisch und stimmen nicht unbedingt mit der Mehrheit.
- Sie können gut Verantwortung übernehmen und planen und organisieren zuverlässig.
- Sie suchen Freundschaften häufig unter Älteren.
- Sie neigen dazu, über Situationen bestimmen zu wollen.

Kasten 1

sen Fällen ein böses Erwachen, wenn klar wird, dass die Kinder und Jugendlichen große Defizite in ihrem Lern- und Arbeitsverhalten haben und sich vielleicht zudem über die Jahre auch noch massive Wissenslücken gebildet haben. Für die Diagnostik bedeutet das, auch die Lern- und Arbeitsverhaltensweisen zu betrachten um mögliche problematische Entwicklungen frühzeitig zu erkennen und zu beheben.

In einigen wenigen Fällen haben die Eltern das Gefühl, ein hoch begabtes Kind sei etwas Besseres als andere Kinder. Dieses Gefühl der Überlegenheit überträgt sich leicht auf die betroffenen Kinder, die entsprechend von ihrer Umgebung als hochmütig und arrogant erlebt werden. Andere Kinder verstehen das hohe Testergebnis als Verpflichtung, jetzt grundsätzlich Außergewöhnliches zu leisten, und überfordern sich in der Folgezeit selbst.

Was ist bei der Diagnose von Hochbegabung außerdem zu beachten?

Eine stabile Diagnose von Hochbegabung ist erst ab dem 12. Lebensjahr möglich. Bei jüngeren Schülern ist es ratsamer, von Entwicklungsvorsprüngen zu sprechen. Die Diagnostik muss von ausgebildeten Diplom-Psychologen durchgeführt werden. Sie arbeiten in schulpsychologischen Diensten, in Erziehungsberatungsstellen und in freier Praxis.

Eine qualifizierte Diagnostik sollte mindestens zwei verschiedene Intelligenztests umfassen. Dabei sollte ein Verfahren den so genannten bildungsabhängigen, das andere den sprachfreien Bereich der Intelligenz erfassen. Bildungsabhängige Verfahren definieren Intelligenz als kognitive Fähigkeitsdimension, die insbesondere für das schulische Lernen relevant ist. Dagegen sehen sprachfreie Verfahren Intelligenz als Problemlösefähigkeit, als Fähigkeit zum logischen und zum schlussfolgernden Denken. Gegebenenfalls müssen weitere Verfahren zur Erfassung des Lern- und Arbeitsverhaltens durchgeführt werden. Diagnostik löst aber noch keine Probleme. Im Gegenteil: Hier beginnt die Arbeit erst.

Was kann die Schule für begabte Kinder und Jugendliche tun?

Es ist der Auftrag der Schule, jedem Kind die optimale Entfaltung seiner Fähigkeiten und Möglichkeiten und eine individuelle Entwicklung der Persönlichkeit zu ermöglichen. Neben der Vermittlung von Wissen und Fertigkeiten müssen deshalb auch soziale und Arbeitsverhaltensweisen, die die Lernbereitschaft und die Leistungsfähigkeit des Kindes fördern, gelernt werden. In einer solchen umfassenden Förderung sind die Ansprüche an eine Förderung besonders Begabter enthalten. Mehr und mehr wird Begabtenförderung aber auch in den Richtlinien der Bundesländer als eigenständiger Punkt genannt und als wichtige Aufgabe der Schule verstanden.

Die Schule muss dazu versuchen, durch Maßnahmen der äußeren Differenzierung sowie durch stärkere Individualisierung im Unterricht den jeweiligen individuellen Begabungsniveaus der Schüler zu entsprechen. Die traditionelle Rolle und Funktion einer Lehrkraft, den Unterricht frontal zu lenken und vorgegebenen Lernstoff zu lehren, reicht für diese Aufgaben nicht mehr aus. Nötig werden Modelle von Schule und Unterricht, die unter dem Schlagwort „offener Unterricht“ oder „offene Schule“ seit einer Reihe von Jahren konzeptualisiert und zunehmend auch in die Praxis umgesetzt werden (vgl. *Bönsch*). Offenheit des Unterrichts bedeutet allerdings eine stärkere Arbeitsbelastung sowie auch eine höhere didaktische Verantwortung für die Lehrer. Zusätzliche finanzielle, personelle, räumliche und materielle Ressourcen sind notwendig. Welche Maßnahmen sind zur Förderung von hoch begabten Schülern denkbar?

Alle Fördermaßnahmen lassen sich in zwei Kategorien einteilen: Unter Akzeleration werden alle Maßnahmen zusammengefasst, die ein schnelleres Durcharbeiten des regulären Stoffes zum Ziel haben. Praktiziert werden in der Bundesrepublik die vorzeitige Einschulung und das Überspringen von Klassen. Obwohl es mit diesen Maßnahmen gute Erfahrungen gibt, sind diese Modelle nicht unumstritten. Noch strittiger und organisatorisch auch aufwendiger ist die vereinzelte Teilnahme am Unterricht höherer Klassen. Dabei gehen Schüler stunden- oder auch fächerweise in den Unterricht einer höheren Klasse. Es gibt positive Erfahrungen insbesondere mit der Teilnahme von Schülern der 6. Klasse am Unterricht in der zweiten (später von ihnen nicht gewählten) Fremdsprache in der 7. Klasse – eine Möglichkeit, die in Niedersachsen wegen der (noch) separaten Orientierungsstufe nicht bzw. nur in Einzelfällen durchführbar ist.

Dagegen werden mit dem Begriff „Enrichment“ alle Modelle verstanden, die einen qualitativ anderen Lehrplan beinhalten. Dabei werden entweder die vorgeschriebenen Lerninhalte vertieft oder aber im normalen Unterrichtsprogramm gar nicht vorgesehene Themen bearbeitet. Möglichkeiten, den normalen Unterricht auszuweiten und zu vertiefen, entstehen sowohl durch äußere wie auch innere Differenzierung.

Äußere Differenzierung

Entsprechende Maßnahmen ermöglichen es den Schülern, zusätzlich zu ihrem normalen Unterricht und außerhalb ihres Klassenverbandes an weiteren Programmen teilzunehmen. So können einzelne Schüler oder auch Gruppen von Schülern aus einer oder verschiedenen Klassen vom Unterricht freigestellt werden und in diesen Stunden an selbst bestimmten oder auch vorgegebenen Projekten arbeiten. Wichtig ist, dass die Schüler nach Abschluss ihrer Arbeiten die Mitschüler darüber informieren, was sie in den Stunden geleistet haben, und ihre Tätigkeiten und Ergebnisse vorstellen. Auf diese Weise sind die Kinder und Jugendlichen gezwungen, ihre Arbeiten und Ergebnisse in eine angemessene Form zu bringen, sie müssen über ihre Tätigkeiten kommunizieren und noch einmal über ihre Arbeit reflektieren. Die zuhörenden Schüler werden aufgefordert, Fragen zu stellen. Sie lernen von Mitschülern etwas Neues und können auf diese Weise zu eigenständigem Lernen und Arbeiten angeregt werden.

Organisatorisch besonders einfach wird diese zeitweilige Freistellung vom obligatorischen Unterricht, wenn die Schule nach amerikanischem Vorbild „resource-rooms“ oder „Lernwerkstätten“ einrichten kann. In den USA ist dieses Modell Bestandteil der Arbeit sowohl mit behinderten als auch mit hoch begabten Kindern und Jugendlichen. Im – häufig mit vielfältigem Material wie Spielen, Arbeitsheften, Modellen, Medien, Geräten, Sammlungen usw. ausgestatteten – „resource-room“ sind eine oder auch mehrere Lehrkräfte tätig, die die Kinder und Jugendlichen einzeln oder auch in kleineren Gruppen betreuen, beraten, instruieren oder in anderer Weise bei ihren Tätigkeiten begleiten.

In jahrgangsübergreifenden Arbeitsgemeinschaften oder so genannten Pluskursen können anspruchsvollere Themen, für die im normalen Unterricht keine Zeit ist, erarbeitet wer-

Fragen/Selbstreflexion zur eigenen Einstellung und zum eigenen Verhalten von Lehrkräften

❶ Welche Schülerinnen und Schüler meiner Klassen halte ich für hoch begabt – und warum?

❷ Über welche Schülerinnen und welche Schüler mache ich mir Gedanken, welche „rutschen mir durch"?

❸ Wie gehe ich damit um, wenn Schülerinnen und Schüler andere Themen behandeln wollen als ich?

❹ Wie groß ist der zeitliche Anteil in meinem Unterricht, in dem Schülerinnen und Schüler
- ohne direkte Aufsicht arbeiten?
- selbst entscheiden können, wie sie ein bestimmtes Thema bearbeiten?
- sich mit selbst gewählten Themen beschäftigen können?

❺ **a)** Wie geht es mir, wenn Schülerinnen und Schüler unbeaufsichtigt arbeiten?
b) Traue ich ihnen zu, dass sie mit Interesse und Engagement ihrer Arbeit nachgehen?

❻ Kann ich im Unterricht auch einmal über mich selbst lachen?

Kasten 2

den. Denkbar ist auch die Anmeldung der begabten Schüler zu den bundesweiten Schülerwettbewerben in den verschiedenen Fächern. Die Vorbereitung der Schüler auf diese Wettbewerbe ist oft entscheidender als der Wettbewerb selbst. Die Information über diese Wettbewerbe und die Ermunterung, daran teilzunehmen, lässt sich gut in den normalen Unterricht integrieren. Aufgabe der Lehrkraft ist es dann, den interessierten Schülern mit Rat und Tat zur Seite zu stehen.

Schüleraustauschprogramme kommen für hoch begabte Schüler insbesondere dann infrage, wenn das Überspringen einer Klasse zum betreffenden Zeitpunkt nicht angeraten ist oder der Betreffende bereits einmal gesprungen ist. Denkbar sind halb- oder auch ganzjährige Aufenthalte im Ausland. Nicht nur die Kompetenz in der Fremdsprache wird durch dieses Angebot gefördert. Oft berichten die betroffenen Schüler rückblickend selbst, wie wichtig die Auslandserfahrung für die Entwicklung ihrer Persönlichkeit insgesamt war.

Die Arbeit zusammen mit anderen gleich oder noch höher Begabten wirkt sich häufig förderlich auf die Motivation und das Sozialverhalten des Einzelnen aus. Der begabte Jugendliche kann erleben, dass es andere gibt, denen es ganz ähnlich geht wie ihm selbst, und erfährt vielleicht zum ersten Mal, dass er in einer Gruppe nicht eine Außenseiterposition einnimmt. Die stärkere Anforderung in den Kursen lässt viele Schüler darüber hinaus in ihren Klassengemeinschaften geduldiger und toleranter werden.

Alle Förderungen von begabten Kindern und Jugendlichen in Form solcher äußeren Differenzierungen kommen allein den Schülern zugute, die bereits als besonders begabt oder leistungsfähig aufgefallen sind. Zudem sind sie, insbesondere wenn zusätzliche finanzielle Aufwendungen notwendig werden, lediglich für Schüler möglich, deren Eltern bereit und in der Lage sind, sich für zusätzliche Fördermaßnahmen für ihr Kind zu engagieren. Eine Veränderung von Schule im Sinne einer begabungsentwickelnden und begabungsgerechten Förderung aller Schüler ist deshalb dringend notwendig.

Innere Differenzierung und Individualisierung

Immer dann, wenn die Fähigkeiten der Kinder und Jugendlichen in starkem Maße unterschiedlich sind, ist ein Unterricht, der auf einen imaginären Durchschnitt gerichtet ist, fehl am Platz. Schüler, deren Lerntempo und Fähigkeiten über oder unter diesem Durchschnitt liegen, kommen zu kurz. Individualisierung des Unterrichts heißt, das Begabungsniveau jedes einzelnen Kindes zu berücksichtigen und das Arbeits- und Lernniveau entsprechend den Fähigkeiten des einzelnen Kindes zu bestimmen. Zwei Möglichkeiten der Individualisierung werden in der Schule angewendet.

Die erste Form der Individualisierung wird von der Lehrkraft bestimmt. Ziel ist es, alle Vorgaben, Inhalte und Materialien an den aktuellen Lernstand des Schülers anzupassen. Die Analyse des Lernstandes berücksichtigt dabei die gesamte Persönlichkeit des Kindes bzw. Jugendlichen: die Begabungen, Fähigkeiten, Fertigkeiten und allgemeinen Kenntnisse, das Lerntempo, die Geschicklichkeit und auch die sozialen Bedürfnisse. Diesem Ideal zu entsprechen ist schwierig. Insbesondere in den weiterführenden Schulen geraten Lehrkräfte schnell an organisatorische Grenzen, wenn die Klassen zum Beispiel häufig den Raum wechseln müssen. Schnell werden allerdings auch persönliche Grenzen spürbar, wenn eigene Materialien und Aufgabenstellungen nahezu für jedes einzelne Kind hergestellt werden müs-

sen. Denkbar sind solche eher vermittelnden und beratenden Unterweisungen aber immer dann, wenn sie an Fragen des Schülers direkt anknüpfen. Warum also nicht die Fragen des Schülers zurückgeben und mit einem Auftrag verbinden?
Die zweite Form der Individualisierung überlässt die Verantwortung für das Lernen den Kindern und Jugendlichen weitgehend selbst. In diesem Fall vertraut die Lehrkraft darauf, dass Schüler selbst lernen können und wollen und aus dem Interesse an der Sache Motivation, Anstrengungs- und Leistungsbereitschaft entwickeln. Wochenplan-Arbeit, freie Arbeit und Projektunterricht sind die Stichworte, die dieses aktive Lernen möglich machen. Den Kindern und Jugendlichen werden komplexe Aufgaben gestellt, die in ihren Anforderungen weder nach oben begrenzt sind, noch in der Breite eingeschränkt werden, sodass jeder eine eigenständige Leistung erbringen kann, die seinem individuellen Niveau entspricht. Durch eine stärkere Themen- und Problemorientierung im Unterricht sowie fächerübergreifende Zusammenarbeit lernen die Schüler darüber hinaus, in Zusammenhängen und Vernetzungen zu denken.

Die veränderte Rolle der Lehrkräfte

Vielleicht die wichtigste Voraussetzung für die Schaffung von Möglichkeiten zur besonderen Förderung von begabten Schülern ist die Einsicht, dass solche Maßnahmen überhaupt notwendig sind. Häufig wird dagegen angenommen, dass begabte Kinder ohnehin schon im Vorteil seien und nicht noch mehr Aufmerksamkeit, Geld und Engagement benötigten. Besser seien diese Ressourcen für benachteiligte Kinder und Jugendliche zu verwenden, anstatt ohnehin Privilegierten weitere Privilegien zu verschaffen.

Ein minutiös geplanter Unterricht, in dem Inhalte und Methoden des Lernens sehr streng an vorgegebenen Normen orientiert sind und verlangt wird, dass alle Schüler diesem Ablauf folgen, erzeugt am häufigsten Probleme mit möglicherweise höher begabten Schülern. Diese finden diesen Unterricht langweilig, weil sie ihre eigenen Ideen nicht einbringen können. Lehrkräfte wiederum beklagen die mangelnde Motivation der Schüler. Offene Unterrichtsformen können die Leistungs- und Anstrengungsbereitschaft dieser Schüler hingegen wecken. Die Möglichkeit, sich mit einem Problem selbstständig zu beschäftigen, löst häufig eine intensive Hingabe bis zur „Besessenheit“ aus. Aufgabe der Lehrkraft ist es, Anregungen zu selbstständigem Lernen und Forschen zu geben und die Schüler auf ihrem Weg zu begleiten und zu beraten.

Herausfordernde, schwierige und komplexe Aufgaben, die vielfältige Lösungswege und eine Aufhebung des „Gleichschritts“ im Unterricht zulassen, kommen dabei auch den schwächer begabten Kindern und Jugendlichen entgegen, da auch sie in ihrem eigenen Tempo lernen können.

Notwendig für alle Arten der Begabtenförderung ist allerdings eine veränderte Rolle der Lehrkräfte. Von ihnen wird einerseits ein hoher Grad an Fachkompetenz gefordert. Die Lehrkraft ist Expertin/Experte in ihrem/seinem Unterrichtsfach. Gleichzeitig wird allerdings auch ein hohes Maß an Einfühlungsvermögen, Reflexionsfähigkeit und Offenheit verlangt. Offenheit im Unterricht, macht *Wulf Wallrabenstein* deutlich, beginnt bei der Lehrkraft selbst. Selbstreflexion (siehe *Kasten 2*) ist zum Beispiel notwendig über die Frage, ob die Lehrkraft sich sicher genug fühlt zuzulassen und zu akzeptieren, dass manche Kinder und Jugendliche intelligenter sind und schneller lernen können oder in einzelnen Bereichen über erheblich mehr Wissen verfügen als andere – manchmal auch als die Lehrkraft selbst! Die unter Umständen schwierige Auseinandersetzung mit den eigenen Begabungen und deren Entwicklung und Förderungen ist unumgänglich, wenn die Lehrkraft besonders begabte Kinder verstehen will.

Fazit: Schule verändern!

Von einer pädagogischen Konzeption, die Offenheit und Individualisierung in den Mittelpunkt stellt, profitieren alle Schüler – nicht nur die Hochbegabten!

Viele hoch begabte Schüler kommen gut mit sich und ihrer Umwelt zurecht. Sie sind auch in der Schule zufrieden und nicht zuletzt auch erfolgreich.

Hochbegabte brauchen Herausforderungen: Besondere Förderangebote sollten möglichst dort stattfinden, wo die Schüler leben, also in der Klasse, Schule oder näheren Umgebung.

Bei hoch begabten Schülern mit Problemen im Lern- und Arbeitsverhalten und/oder im sozialen Verhalten können Beratungsangebote weiterhelfen, die die Zusammenhänge zwischen den aktuellen Problemen und der besonderen Begabung berücksichtigen. ■

Literatur

Bönsch, M.: Differenzierung in Schule und Unterricht. Ansprüche – Formen – Strategien. München 1995

Bundesministerium für Bildung und Forschung (Hrsg.): Begabte Kinder finden und fördern. Ein Ratgeber für Eltern und Lehrer. Bonn 1999

Wallrabenstein, W.: Offene Schule – Offener Unterricht. Ratgeber für Eltern und Lehrer. Reinbek 1998

Die Autorinnen und Autoren

Dr. Ingrid Ahlring ist Studiendirektorin, unterrichtet die Fächer Englisch und Gesellschaftslehre an der Offenen Schule Waldau sowie der Herderschule in Kassel und ist zurzeit als Wissenschaftliche Mitarbeiterin an der Gesamthochschule Kassel tätig.

Helga Artelt ist Lehrerin für die Fächer Deutsch, Gesellschaftslehre und Biologie sowie Pädagogische Leiterin an der Schule Hegelsberg in Kassel (1998).

Georg Baumbach ist Studienrat für die Fächer Englisch und Gesellschaftslehre an der IGS List in Hannover.

Gerold Becker ist Wissenschaftlicher Mitarbeiter am Hessischen Institut für Bildungsplanung und Schulentwicklung in Wiesbaden (1997).

Renate Bendrien ist Studienrätin für die Fächer Mathematik, Naturwissenschaften und Projektunterricht an der Reformschule Kassel.

Markus Bente ist freiberuflicher Redakteur und Autor im Bereich Schulbuch und Didaktische Literatur (1998).

Werner Broders ist Rektor der Friedrich-Hebbel-Schule in Wesselburen sowie Studienleiter für das Fach Deutsch am Seminar für Grund- und Hauptschulen.

Bärbel Brömer ist Lehrerin für die Fächer Deutsch und Gesellschaftslehre sowie Stufenleiterin der 5./6. Jahrgänge an der Offenen Schule Waldau in Kassel.

Dr. Katarina Düringer ist Lehrerin für die Fächer Deutsch, Englisch und ev. Religion an der Stiftsschule St. Johann in Amöneburg.

Matthias Feuser ist Studienrat und Didaktischer Leiter an der IGS Delmenhorst (1998).

Dr. Jürgen Funke-Wieneke ist Professor im Fachbereich Sportwissenschaft der Universität Hamburg (1998).

Peter Gautschi ist Dozent für Fachdidaktik Geschichte und Bereichsdidaktik sowie Leiter der Lehrpraktischen Ausbildung am Didaktikum in Aarau/Schweiz.

Barbara Groß ist als Frauenbeauftrage für Lehrerinnen des Staatlichen Schulamtes Kassel tätig.

Dr. Karl-Wolf Hoffmann ist Lehrer für die Fächer Mathematik, Physik und Chemie sowie Fachleiter Naturwissenschaften an der IGS Nordend in Frankfurt am Main.

Wilfried Jannack ist Lehrer für die Fächer Mathematik, Deutsch, Gesellschaftslehre und Informatik an der IGS Roderbruch in Hannover (1999).

Andreas Koepsell ist Lehrer für die Fächer Mathematik, Physik und Musik sowie Konrektor an der IGS Roderbruch in Hannover und Lehrbeauftragter im Fachbereich Mathematik der Universität Hannover (1999).

Wolfgang Kottisch ist Rektor der Orientierungsstufe an der Kooperativen Gesamtschule Stuhr-Brinkum und unterrichtet die Fächer Mathematik und Physik (1998).

Wolfgang Krippner ist Leiter des Staatlichen Schulamtes Eschwege (1997).

Hartmut Löhr ist Lehrer für das Fach Englisch an der Georg-Christoph-Lichtenberg-Gesamtschule sowie Fachseminarleiter in Göttingen (1997).

Sabine Münchow ist Studienrätin und Lehrbeauftragte für Ausbildung im Fach Französisch am Landesinstitut für Schule in Bremen.

Sabine Platzer ist Diplom-Psychologin und als Schulpsychologin an der Jugenddorf-Christophorusschule in Braunschweig tätig.

Jos Schnurer ist Vorsitzender des Vereins „Initiativen Partnerschaft Dritte Welt e. V." sowie Lehrbeauftragter an der Universität Hildesheim.

Sybille von Soden ist Pädagogische Leiterin an der IGS Nordend in Frankfurt am Main und unterrichtet die Fächer Gesellschaftslehre und Musik.

Barbara Soltau ist Seminarleiterin am IPTS-Landesseminar für Gesamtschulen in Neumünster (1998).

Brigitte Vater ist Fachleiterin für Englisch und Erziehungswissenschaften am Wissenschaftlichen Institut für Schulpraxis in Bremen sowie in der Lehreraus- und -fortbildung tätig. (1999)

Dr. Dieter Vaupel ist Rektor der Georg-August-Zinn-Schule in Gudensberg und unterrichtet die Fächer Deutsch, Gesellschaftslehre und Arbeitslehre. (1998)

Beate Vogel ist Referentin für Curriculumentwicklung und Innovation am Landesinstitut für Schule in Bremen.

Dagmar Volger ist Lehrerin für die Fächer Weltkunde und Deutsch an der Gesamtschule Faldera in Neumünster sowie in der Lehrerfortbildung tätig (1998).

(Ist eine Jahreszahl angegeben, beziehen sich die Autorendaten auf den Zeitpunkt der Erstveröffentlichung des Artikels.)